# 부귀빈천 길흉화복
## 이 책에 다 있다!!!

관상학의 성전 II
# 유장상법정해

조병철/전용원

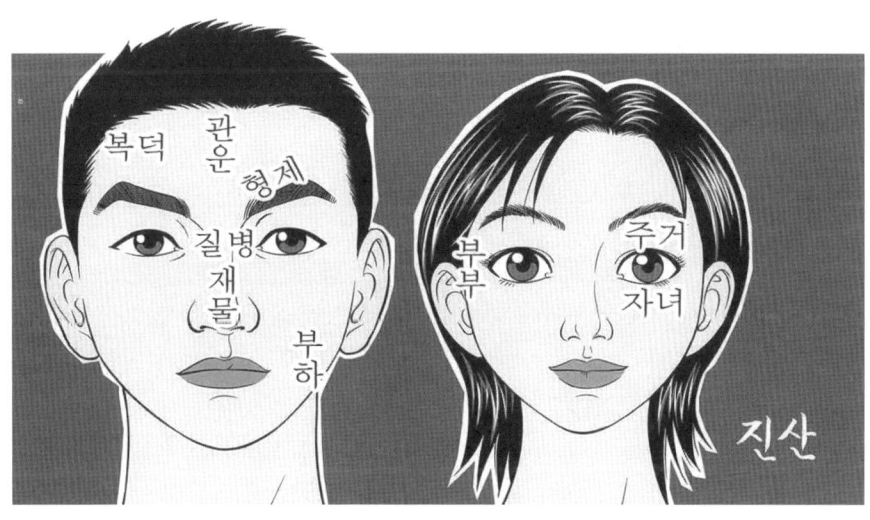

진산

**유장상법정해**

저자　　| 조병철 · 전용원
펴낸곳　|진산
서울 중구 퇴계로 88길20 대신빌딩 104호
전화 02)2264-0258
홈페이지| www.kbs.cc
출판등록|2004.2.13. 제2-3924호

2022년 4월15일 초판 발행

저자와 출판사의 허락없이 이 책의 일부 또는 전부를
복제·전재·발췌할 수 없습니다.
유통 중 파손된 책은 구입처에서 교환
또는 환불받으실 수 있습니다.

값 45,000원

ISBN 978-89-93392-14-2
(03180)

Printed in Korea 2022

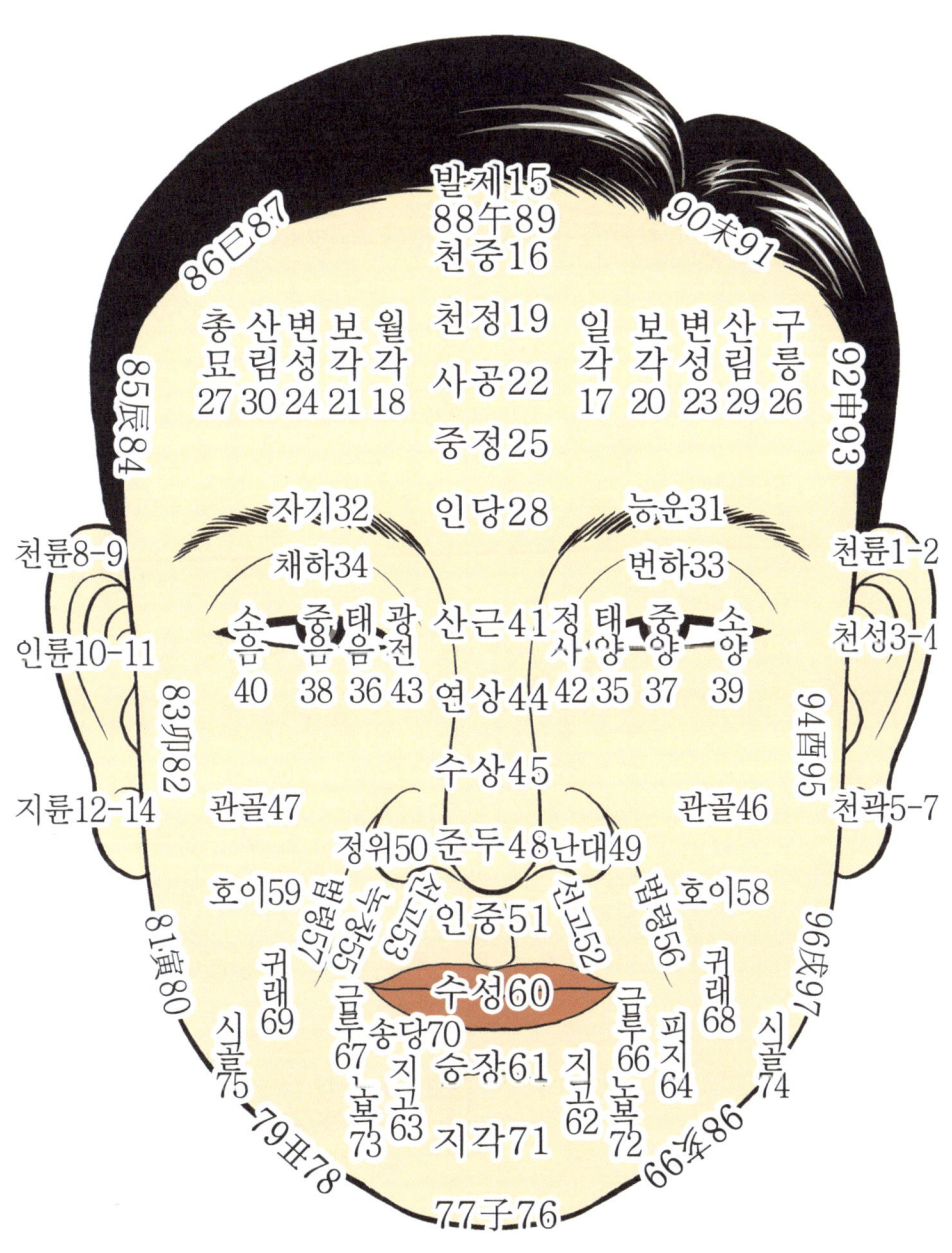

연령부위도

# 十三部位總要圖

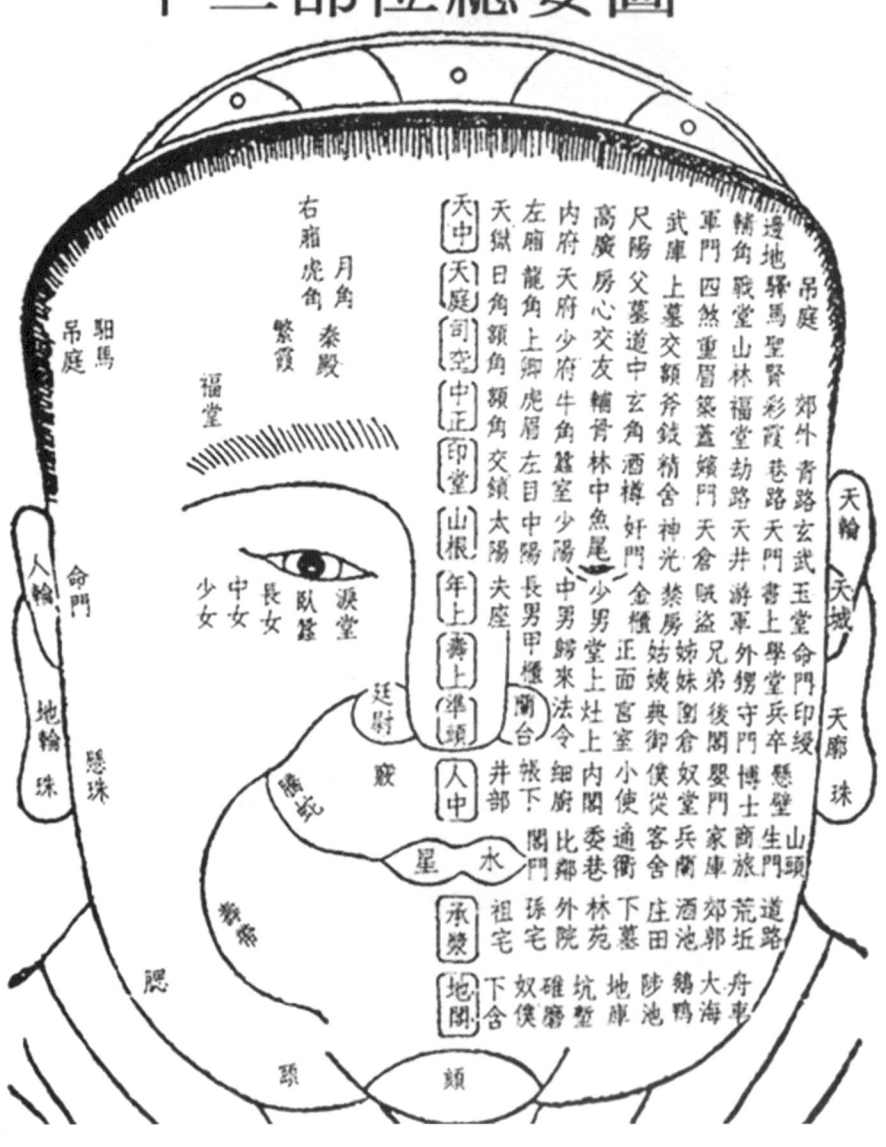

# 서문

《유장상법》은 《마의상법》과 함께 중국 상학의 양대 기축을 이루는 책이다. 《마의상법》은 송나라 때 화산 석실에 살던 마의선사가 제자 진단(陳摶, ? - 989)에게 전한 상학의 비전을 진단이 기록하여 세상에 전한 책으로 상학의 기본적이고 원칙적 내용을 담고 있는 고전이다. 그에 비해 《유장상법》은 명나라 초기 황제의 측근에서 인사에 관여하던 인물이 저술했으므로 그만큼 실용적이고 세미한 내용이 담겨 있는 것이 특징이다. 특히 그 가운데 〈영락백문(永樂百問)〉편은 황제와 저자가 상술에 대해 나눈 대화를 기록한 것으로 그 내용이 파격적이고 구체적인 점이 특징이다. 《유장상법》은 상학에 뜻을 둔 학자들이리면 필독해야 할 심비(深秘)이므로 원문과 독음을 함께 싣고 정미하게 해석하려 노력했다.

한 가지 덧붙여 말할 것은 상학은 반드시 단정한 마음으로 해야 한다는 점이다. 바르지 않은 마음이나 부정한 방법으로 이 법술을 취득한 사람은 세상을 어지럽히고 마침내 자기 일신이 화를 당하게 되는 것을 역사를 통해서 누누이 보아 왔기 때문이다. 부디 상학이 세상에 이롭게 사용되기를 바란다.

2022년 4월
저자 공지(共識)

## 목차

서문 5
유장상법과 저자 9
유장상법서 16

## 유장상법 19
12궁 24
오악 37
오관 38
오성 49
육요 55
오행설 58
오색설 60
오형체 62
오행부 68
총론가 70
학당론 74
수요득실 76
영고득실 84
부귀빈천 85
십청십미 87
빈천지상 91

신체각론 *92*
행동거지편 *129*
태아영아편 *141*

**유장진영락건곤부** *167*
총괄인신연론만정방 *176*
고학사영건부 *181*
남자의 귀천과 영고성쇠 *183*
18가지 상귀(上貴)한 상 *184*
18가지 중귀(中貴)한 상 *187*
18가지 하귀(下貴)한 상 *190*
남녀의 흉한 상과 파상 *194*
남자의 51가지 고독한 상 *194*
남자의 10가지 극하는 상 *198*
12가지 처를 극하는 상 *198*
여자의 72가지 천한 상 *199*
여자의 36가지 형상하는 상 *204*
여자의 24가지 고독한 상 *206*

**영락백문** *209*

오행상설 *316*

사철기색 319

춘하추동 기색 324

분월론 329

총론 341

손바닥 기색 343

기색의 길흉 346

기색분해 364

여러 길흉 기색에 관한 예 403

**비전구결** 445

남자의 41가지 빈궁지상 470

여자의 24가지 빈천한 상 472

## 《유장상법》과 저자

《유장상법》은 명나라 원공(袁珙, 1335-1410)이 저술한 《유장신상(柳莊神相)》의 내용을 토대로 그의 아들 원충철(袁忠徹, 1377-1459)이 저술한 것이다. 본래 《유장신상》은 《마의상법》의 정수를 계승하여 발전시킨 책으로 여성의 상을 살피는 여상법을 개창한 책이다. 원충철이 부친으로부터 전수한 상술과 《유장신상》의 주요 내용을 결합하여 펴낸 책이 바로 《유장상법》이다. 이 책은 내용이 매우 영험하고 왕공·귀족으로부터 서민의 상에 이르기까지 자세하게 기록되었으므로 청나라 건륭(乾隆) 연간 상술의 경전으로 지정되었고 이후 《사고전서》에 수록되었다.

이 책의 내용을 심도있게 이해하기 위해서는 먼저 원공과 원충철의 상술 습득과정을 살펴볼 필요가 있다. 원공은 이승(異僧) 별고애(別古崖)로부터 상술을 전수하고 명나라 영락제(재위 1403-1424)가 북경지역의 연왕이던 시기부터 교류하며 깊은 인연을 쌓았는데 《명사·원공전》에는 다음과 같이 기록되어 있다.

> 황제께서 동궁을 세우려 했으나 뜻이 풀리지 않아 오랫동안 결정치 못했는데, 원공이 인종을 살핀 후 "천자입니다"라고 하고, 선종을 살핀 후 "만세천자입니다"라고 했다. 이렇게 해서 태자의 자리가 정해졌다. 원공은 천성적으로 비범한 재능을 타고났는데 학문을 좋아하여 시문(詩文)에 능했다. 일찍이 바다 건너 낙가산에 유람갔다가 이

승 별고애를 만나 상인술을 전수받았다. 먼저 밝은 해를 올려다보다가 눈이 어두워지면 천으로 가려 어둡게 한 암실에서 검은콩과 붉은 콩을 하나씩 구분하게 했다. 또한 오색실을 창밖에 달아매고 햇살을 받아 비추는 색을 구분토록 하여 모두 그릇됨이 없어진 후에야 사람을 살피도록 했다. 그런 방법으로 밤중에 두 개의 등불을 켜놓고 사람의 형상과 기색을 보게 하고 태어난 해와 달을 참고토록 했는데 백번 가운데 한 번도 틀림이 없었다. 원공은 원(元)나라 시기부터 이미 유명하여 사대부 수천 명을 살폈는데, 생사와 화복·운의 늦음과 속함·크고 작음, 날짜와 시각에 이르기까지 탁월하지 않음이 없었다.

위 내용에 의하면 명나라 영락제가 태자 정하는 문제를 장기간 결정치 못하다가 원공에게 부탁하여 장자와 장손의 상에 관한 내용을 듣고 태자를 정했음을 알 수 있다. 원공은 장자인 仁宗(재위 1425-1426)이 장수할 수 없는 상을 지녔음을 "천자입니다(天子也)"라고 표현하고 인종의 장자인 선종(재위 1426-1436)의 상을 "태평천자입니다(太平天子)"라고 표현했다. 이는 인종이 장수하지 못할 것임을 암시한 것으로 당시 제위를 결정하는 데까지 상술이 활용되었음을 보여주고 있다. 또한 승려 별고애가 원공에게 상술을 비전하는 과정이 소상하게 기록되어 있는데, 원공은 뛰어난 기색 판별법을 습득해서 이미 원나라 말부터 유명했다. 그는 이러한 유명세를 바탕으로 사대부 등 많은 실력자의 상을 살필 수 있었으므로 원나라 멸망과 명나라 개국에 따른 내란 등 시대적 변혁기에 명멸하는 권력과 배신·생사의 갈림 등 필연적인 인간의 운을 예리하게 살피고 분석하여 지식을 더욱 축적할 수 있었다. 원공은 일생 연마한 상술을 아들 충철에게 비전했으므로 충철 또한 상술에 탁월했다. 이러한 내용은 《은현통지(鄞縣通志)》에 보인다.

> 원충철은 다른 이름이 원유장이며 자가 공달 또는 정사이다. 명대 은현 사람으로 집이 지금 영파시 서문 밖에 있었으며 부자가 상술로 일가를 이루었다. 그 아비 원공은 호가 유장거사로서 일찍이 연왕 주체가 틀림없이 제위를 탈취할 결심을 할 것이라고 예언했고 주체가 등극한 후에는 그 아비 원공이 태상사승에 제수되었다. 원충철은 학문을 좋아하고 어려서 부친의 상술을 전수하고 널리 다니며 견문을 넓혔다. 명나라 성조 때 상보사소경에 봉해졌으며 날마다 고관 문사들과 시문을 연마하고 읊었다.

원충철의 부친 원공의 인물됨을 알기 위해 다시 《명사·원공전》을 살펴보자.

> 원공은 사람의 상을 보면 그 사람의 마음 씀이 선한지 악한지 알았다. 사람들이 의를 두려워하지 않고 재난과 우환만을 두려워하여 자주 그 불선한 것을 선하게 지도했기에 마침내 그 행동을 고친 사람이 매우 많았다. 사람됨이 효성스럽고 우애로우며 단정하고 후덕하여 친척과 고향에 은혜를 베풀었으며 은성의 서쪽에 살며 집 주위

에 버드나무를 심고 스스로 호를 유장거사라고 했다. 《유장집》이 있으며 영락 8년 사망했는데 76세였다. 황제께서 제사를 하사하고 태상소경에 추서했다.

위 내용에 따르면 원공은 불선한 사람을 착하게 인도할 뿐만 아니라 효심이 지극하고 친구에게 신의를 지키며 친척과 마을 사람들에게 은혜를 베푸는 등 인품이 매우 고매했다고 한다. 또한 은지방의 성 서쪽에 살며 집 주위에 버드나무를 심고 스스로 호를 '유장거사'라고 했다. '학문을 좋아하여 시문에 능했다(好學能詩)'라고 한 것으로 미루어 중국 동진시대의 시인 도연명(陶潛, 365-427)의 취향을 사랑했던 것 같다. 도연명이 집 주변에 버드나무 다섯 그루를 심어 놓고 스스로 호를 '오류선생(五柳先生)'이라고 했었기 때문이다. 원공은 영락 8년(1410) 76세로 사망했는데 42세에 충철을 낳았다. 명·청시기의 기이한 내용을 기록한 《경이편(庚巳編)》에는 원충철의 성격에 관해 다음과 같이 수록되어 있다.

은지방 사람 상보 충철은 그 부친 태상소경 공으로부터 전수받아 상술이 천하에 뛰어났다. 일찍이 오소지방을 지나는 길에 심씨 집 대문 앞을 지나게 되었는데 심씨의 큰아들이 한돌 되었다. 아이를 안고 충철에게 보아 달라고 했다. 상보는 웃으며 그 아이의 머리를 어루만지며 말하기를 "목이 잘리겠군, 목이 잘려!"라고 할 뿐 다른 말이 없었다. 심씨는 그저 희롱하는 것으로 여겼다. 그 아들이 자라 이름이 홍이었는데, 흉폭하고 성격이 비뚤어져 사람

구실을 못 하더니 마침내 중죄를 범하여 그해에 감옥에 갇히고 멸족하게 되었다. 또한 남호에서 서생약 집에 들렀는데 새로 태어난 지 3일 된 아들을 목욕시키고 있었다. 아이가 울었다. 상보가 그 마루에서 울음소리를 듣고 말하기를 "큰 도둑이로군!"이라고 했다. 서씨가 듣고 노하여 때려서 내어 쫓았는데 그 아이가 후일 살인강도를 해 사형에 처하게 되었다. 예로부터 곰의 형상을 보면 멸족할 것을 알고 승냥이 소리를 듣고 대가 끊길 것을 판단한다 했는데, 원충철의 상술이 그와 같아서 위태로워도 사양함이 없었다.

위 내용으로 보아 원충철이 부친인 원공으로부터 상술을 전수했을 뿐만 아니라 그의 상술 또한 탁월했음을 기록하고 있다. 그러니 원충철의 인격이 고상하지 않았음을 그의 신중하지 않은 언행을 통해서 알 수 있다. 원충철은 소년의 나이에 권력과 접하게 되는데 그가 처음 연왕을 알현하는 과정이 《명사·원충철전》에 다음과 같이 수록되어 있다.

(원공의)아들 충철은 자가 정사이며 어려서 부친으로부터 상술을 전수받았다. 그 부친을 따라와 연왕을 알현했는데 왕은 북평의 여러 문무관의 상을 충철에게 살피게 했다.

위 내용은 충철이 부친을 따라 연왕을 알현한 것인데 연왕은 1399년 '정변의 난'을 일으키고 1402년 황제가 되었으니 원충철이 연왕을 만난 것은 1399년 이전이다. 1399

년 원충철의 나이는 22세지만 '부친을 따라와 연왕을 알현했다'는 기록으로 보아 대략 20세 이전이었을 것으로 추정된다. 또한 원충철의 말년에 관해서는 같은 책에 다음과 같이 수록되어 있다.

> 일찍 하급 관리의 일에 연좌되어 재물로써 속죄한 적이 있는데 정통 중에 다시 하급 관리의 일에 연좌되어 관직에서 물러나게 되고 20여 년 후에 죽으니 연령이 83세였다. 충철의 상술이 그의 부친과 다르지 않았으며 앞질러 말하는 일이 심히 많았는데 모두 틀림이 없었다. 왕문을 살핀 후 "얼굴에 사람의 기색이 없는데 상법에 역혈두(피를 떨어뜨리는 머리)라고 했다."라고 하고, 우겸을 살핀 후 "눈동자가 항상 위를 바라보니 상법에 망도안(칼을 바라보는 흉상)이라고 했다."라고 했는데 후일 과연 그의 말과 같았다. 그러나 원충철은 성정이 음험하여 그의 부친과 같지 않았다. 동료 대신과 틈이 생기면 황제 앞에서 상법을 이용해 그를 물어뜯듯 헐뜯었다. 두루 독서를 좋아했으며 저서로 《인상대성》과 《봉지금고》가 있다.

正統은 영종(1436-1449, 1456-1465)의 초기 집권 시기인 1436-1449년 사이의 연호이다. 원충철은 이 시기에 자신이 관장하는 부서의 하급 관리의 죄에 연좌되어 관직에서 물러나고 20여 년 후 83세까지 장수를 누리다 사망했다. 왕문과 우겸은 영락제 때 진사에 합격하여 여러 관직을 거쳤으나 제6대 황제인 영종이 1449년 북방으로 침입한 오이라트 부족에게 대패하고 포로가 되었다가 귀환하여 제8대 황제로 복위한 후 석형(石亨) 등의 무고로 기시(棄市)에 처해졌다. 또한 원충철은 자신과 견해가 맞지 않는 인물의 약점을 집중적으로 설파하고 자신과 사이가 좋지 않은 대신은 황제의 면전에서 핍박하는 등 매우 음험하고 편파적인 성격을 가지고 있었다. 그러나 83세까지 여생을 편안히 보낸 것을 보면 그가 결코 폄하할 수 없는 상술을 지녔었음을 알 수 있다.

## 柳莊相法敍　유장상법서

개천이음양화생만물, 기이성형, 이산천초목, 각유형세, 비주곤충, 함함성체, 이인위만물지령, 동장병이, 기중유귀천요수지이, 기천지후박어기간재.

蓋天以陰陽化生萬物, 氣以成形, 而山川草木, 各有形勢, 飛走昆蟲, 咸含性體, 而人爲萬物之靈, 同長秉彝, 其中有貴賤夭壽之異, 豈天之厚薄於其間哉.

무릇 하늘은 음양으로써 만물을 낳고 기로 형체를 이루었으므로 산천초목이 각각 형세가 있고 날짐승과 들짐승·벌레들도 모두 성정과 모습을 갖추고 있다. 사람은 만물의 영장이니 모두 길이 떳떳함을 지녀야 하거늘 그 가운데 귀천과 단명, 장수의 다름이 있으니 어찌 하늘이 내려준 복의 후함과 박함이 그 사이에 있단 말인가?

수부지천지생인, 원무구별, 이인지자생, 각유소병, 비근명지이, 이병유상지이야. 재팔자지이, 재오관, 총불월오행생극지리.

殊不知天之生人, 原無區別, 而人之自生, 各有所秉, 非僅命之異, 而幷有相之異也, 在八字之異, 在五官, 總不越五行生克之理.

더구나 하늘이 사람을 냄에 원래 구별이 없으나, 사람이 처음 태어남에 각자 가진 바가 있는 것은 단지 명의 다름만이 아니라 아울러 상의 다름에 있고 팔자의 다름에 있으며, 오관에 있으니 모든 것이 오행생극의 이치를 벗어나지 않는다.

연추명자파다성서, 이변상자소유진결, 류장원선생지신상야, 식어룡분옥석, 무불험, 구비탐미규이, 언능불상섬호, 관기백문대답, 사명리순, 즉불학사술자, 역하방치제안두.

然推命者頗多成書, 而辨相者少有眞訣, 柳莊袁先生之神相也, 識魚龍分玉石, 無不驗, 苟非探微窺異, 焉能不爽纖毫, 觀其百問對答, 辭明理順, 卽不學斯術者, 亦何妨置諸案頭.

또한 추명하는 데에는 내용이 치우친 책이 많고 상을 분별하는 데에는 진결이 드물다. 유장 원선생의 신상은 물고기와 용을 식별하고 옥석을 구분하니 영험하지 않음이 없다. 진실로 미세함을 탐구하고 서로 다름을 엿볼 수 있으니 어찌 작은 터럭만 한 것까지도 명백하지 않음이 있으리오. 영락백문의 대답을 보면 말씀이 명확하고 이지가 순조로우니 이 법술을 배우지 않고 또한 어찌 책상머리에 그대로 버려둘 수 있겠는가.

기가별인지현우, 우가감기지부태, 소위감모변색, 추길피흉, 기무보조지익야, 자방우중전이광세, 청서어여, 람이락지, 서차이변기단.

旣可別人之賢愚, 又可鑑己之否泰, 所謂鑒貌辨色, 趨吉避凶, 豈無補助之益耶, 玆坊友重鐫以廣世, 請序於余, 覽而樂之, 書此以弁其端.

이미 타인의 현명함과 어리석음을 구분하고 더욱 자신의 곤고함과 통함을 성찰할 수 있으니, 이른바 모양을 살피고 기색을 분별하여 길한 것을 취하고 흉한 것을 피한다면 어찌 도움되는 이로움이 없겠는가. 이에 가까운 곳의 친구가 다시 새기어 세상에 널리 알리고자 나에게 서문을 청하므로 살펴보고 즐거워 여기 첫머리를 쓴다.

건륭갑신 납월 송릉 리신지 정보 서어 구사재 서옥.
**乾隆甲申臘月松陵李宸志亭甫書於九思齋書屋.**

건륭 갑신년 섣달에 송릉 이신지 정보가 구사제 서실에서 쓰다.

*건륭은 청나라 건륭제의 연호이며 갑신년은 서기 1764년이다. 납월은 섣달이며 松陵은 지역 이름, 亭甫는 이신지의 호이다. 이로 보아 이신지의 친구 가운데 한 사람이 1764년이나 1765년에 이 책을 다시 펴낸 것을 알 수 있다.

# 柳莊相法 유장상법

상내선전, 요인안력; 안력자안명서숙, 용심용력, 세세간일신상하, 병처처홍흔반점, 모발지손, 즉만무일실.

相乃仙傳，要人眼力；眼力者眼明書熟，用心用力，細細看一身上下，幷處處紅痕班點，毛髮痣損，則萬無一失．

상법은 신선이 전한 것으로 사람의 안력이 필요하다; 안력이란 눈이 열리고 책을 익히는 것으로 마음과 힘을 다하며 일신의 상하를 자세히 살펴야 한다. 더불어 어떤 부위에 붉은 상처나 반점이 있고 모발과 사마귀, 부족한 점이 있는지를 살핀다면 만 번 가운데 한 번의 실수도 없게 된다.

고상다반, 일시난편, 금시기삭, 난의고서; 차이구, 내언고지희이상법, 시마의노사, 재석실중수진옹, 후진옹이위적음덕어세, 대즉구인성명, 소즉구인곤고, 거선천현, 지흉지길, 기불시음공.

古相多般，一時難遍，今時氣數，難依古書；此二句，乃言古之希夷相法，是麻衣老師，在石室中授陳翁，後陳翁以爲積陰德於世，大則救人性命，小則救人困苦，擧善薦賢，知凶知吉，豈不是陰功．

옛날의 상법은 여러 가지가 있으므로 단번에 두루 습득하기는 어렵다. 지금은 기를 헤아려야 하는 때이니 옛날 책에만 의존키는 어렵다; 이 두 구절은 옛날 희이의 상법을 이르는 것으로 마의대사께서 석실에서 진옹에게 전수하고 후에 진웅이 세상에 음덕을 쌓은 것으로 크게는 사람의 목숨을 구하고 작게는 사람의 고난을 구제하며, 착함을 기르고 현명함을 높여 길흉을 알게 하였으니 어찌 음공이 아니겠는가?

*희이(希夷)·진웅(陳翁): 진단(陳搏, 906? - 989). 자가 도남(圖南)이며 호주(毫州) 진원(眞源)사람으로 당나라 말 이전에 출생하여 송나라 태종 단공(端拱) 2년인 989년 80세 이상의 나이로 사망하였다. 어려서부터 총명하여 경서와 사서·백가서를 읽었으며 후당(後唐) 명종(明宗) 장흥(長興, 930 -934)시기에 진사에 천거되었으나 벼슬을 사양하고 산수를 즐겨 무당산(武當山) 구실암(九室巖)에 은거하여 곡식을 끊고 기를 마시며 20여 년을 보냈다. 마의대사로부터 화산(華山) 석실에서 역학과 상법을 전수받았다. 후일 화산으로 옮겨갔는데 한번 잠자리에 누우면 1백여 일 동안 일어나지 않았다. 주나라 세종이 불러 간의대부(諫議大夫)를 하사하였으나 사양하였다. 이후 송나라 태종이 그를 불러 중용하고 희이선생(希夷先生)이라는 호를 하사하였다. 그는 평소 주역을 즐겨 읽고 스스로 부요자(扶搖子)라는 호를 지어 불렀으며 자신이 예언한 기일에 사망하였는데 시(詩)를 잘하였으므로 당시(唐詩)를 즐겨 쓰고 《안절좌공법(安節坐功法)》·《하락진결(河洛眞訣)》등을 후세에 전하였다.

후유여조달마귀곡당거제선현, 공유칠십삼가상법, 논각부동, 후송인저위인상편, 총운, 상유만반, 난도생극지중, 이수각별, 일생상유비전.

後有呂祖達摩鬼谷唐擧諸先賢, 共有七十三家相法, 論各不同, 後宋人著爲人相編, 總云, 相有萬般, 難逃生克之中, 理雖各別, 一生相有秘傳.

후에 여조·달마·귀곡·당거 등 여러 선현이 있었으므로 모두 73가의 상법이 있게 되고 그 이론이 서로 같지 않았으나 후에 송나라 사람이 인상편을 지었다. 결론적으로 말하자면, 상에는 만 가지가 있으나 생극의 이치로부터 피하기는 어려우니 이치가 비록 각기 다르다 해도 일생 상법은 비전되는 것이 있다.

*여조(呂祖): 여동빈(呂洞賓, 797-?). 당나라 덕종 정원(貞元) 12년(797년) 4월 14일에 출생했으며 도가의 팔선(八仙) 가운데 한사람이다.

*달마(達摩, ?-528?): 중국 남북조시대에 중국 선종(禪宗)을 창시한 인물로 좌선을 통하여 사상을 실천하는 새로운 불교를 강조했다.

*귀곡(鬼谷, ?-?): 중국 전국시대 초(楚)나라의 사상가. 영천(潁川)·양성(陽城)의 귀곡지방에 은둔하였으므로 귀곡자라고도 했다. 진(秦)·초(楚)·연(燕)·조(趙) 등 7국이 천하의 패권을 다투던 시기에, 권모술수의 외교책을 우자(優者)의 도(道)라고 주장한 종횡가(縱橫家)이며, 소진(蘇秦)과 장의(張儀)도 그의 제자였다고 전한다.

*당거(唐擧, ?-?): 전국시기 양(梁)나라 사람으로 초(楚)나라 구방인과 함께 상술에 뛰어났다. 《순자·비상편》에 의하면 "옛날에는 고포자경이 있었고 지금은 양나라에 당거가 있어 사람의 형상과 안색을 살펴 그 사람의 길흉화복을 알기 때문에 세상 사람들이 그렇게 부른다."고 한 것으로 보아 기색을 함께 연구한 최초의 인물로 보인다.

금시천도남행, 하원갑자, 비약고인기장신강, 생득신여육후, 금인박삭고건자극다, 내중유대부대귀, 금인세약, 고인품득박불후, 고서류장로자심상차등속사, 공비심신, 부지결법, 고용황지주필, 한중작차심경, 입서수서, 이광기전.

今時天道南行, 下元甲子, 非若古人氣壯身强, 生得神餘肉厚, 今人薄削枯乾者極多, 內中有大富大貴, 今因世弱, 故人稟得薄不厚, 古書柳莊老子深想此等俗士, 空費心神, 不知訣法, 故用黃紙硃筆, 閒中作此心境, 立書授婿, 以廣其傳.

지금은 천도가 남행하는 하원갑자의 시기로 옛날 사람들과 같이 기와 신체가 강장하지 않다. 태어나면서 정신이 여유롭고 살집이 두터워야 하거늘 지금 사람들은 몸이 얇거나 깎이고 마른 사람이 극히 많다. 안으로 대부와 대귀함이 있으나 지금은 세상이 박약하므로 사람의 품성이 얇고 두터움을 얻지 못했다. 그러므로 글을 지어 유장 아버님께서 깊이 생각하여 이처럼 속세의 선비를 기다려 마음과 정신을 소비하였으나 그 비결법을 알 수 없었으므로 누른 종이에 주사 붓으로 틈틈이 이런 심경을 지어 글로 엮어 넓혀 아들에게 전하려 한다.

*하원갑자(下元甲子): 음양설에서 180년마다 시대가 크게 변하는 것으로 보고 상원갑자·중원갑자·하원갑자로 각각 60년씩 나눈다.

*유장노자(柳莊老子): 유장은 원충철의 부친 원공의 호이다. 老子는 발음을 '라오-즈〔lǎo·zi〕'라고 하면 '아버지'의 뜻이고, '라오즈으〔Lǎozǐ〕'로 발음하면 《도덕경》을 저술한 노자의

뜻이다. 따라서 위에서는 '아버지'의 뜻으로 쓰인 것이다.

상무결법, 불가란언; 차설가기후변단법, 재의고서부위, 만무일차, 불가이일미이언선, 막이일악이언흉. 시상유승제가감지법야.

相無訣法, 不可亂言; 此說可記後辨斷法, 再依古書部位, 萬無一差, 不可以一美而言善, 莫以一惡而言凶. 是相有乘除加減之法也.

상에는 비결법이 없으니 함부로 어지럽게 말하지 말라; 이 말은 뒤에 기록할 판단법을 기억하고 다시 옛글에 있는 부위에 의거한다면 만 가지 가운데 하나도 틀림이 없을 것이다. 한 가지가 좋다 하여 좋다고 말할 수 없고 한 가지가 나쁘다 하여 흉하다 할 수 없으니 상에는 곱하고 제하며 더하는 법도가 있기 때문이다.

# 十二宮

본 《유장상법》 12궁은 《마의상법》 12궁의 내용을 요약한 것으로 내용이 대동소이 하지만 저자가 오랜 경험을 통해 체득한 내용이 매우 직설적이고 간결하게 포함된 특징이 있다.

## 1) 命宮 명궁

명궁양미간, 산근지상, 광명여경, 학문개통. 산근평만, 필주복수. 토성고용, 필주재원.

命宮兩眉間, 山根之上, 光明如鏡, 學問皆通. 山根平滿, 必主福壽. 土星高聳, 必主財源.

명궁은 양미간(인당)으로 산근의 윗부분이다. 빛이 밝기가 거울 같으면 학문에 모두 통달하게 되고 산근이 평평하고 가득하면 반드시 복과 장수를 누리게 된다. 토성이 높이 솟았으면 이는 반드시 재복의 근원이 된다.

안약분명, 정보쌍전부귀. 액여천자, 명봉역마대현. 관성함침, 필주고한, 미접교가성하천. 문란이향우극처. 고액착미고, 내일세빈궁지상.

眼若分明, 定保雙全富貴. 額如川字, 命逢驛馬大顯. 官星陷沈, 必主孤寒, 眉接交加成下賤. 紋亂離鄕又剋妻. 故額窄眉枯, 乃一世貧窮之相.

눈이 분명하면 부귀를 온전히 보존하게 되며, 이마가 川자와 같으면 운명이 관직에 나가 크게 현달한다. 관성(이마)이 꺼지거나 깊이 함몰되어 있으면 반드시 고독하고 빈한하게 되고, 두 눈썹이 인당을 침범해 서로 붙거나 겹치면 하천한 인물이다. 어지러운 주름이 있으면 고향을 떠나고 처를 극하게 되며, 이마가 좁고 눈썹이 마르면 이는 일생 빈궁한 상이다.

시왈, 미안중간시명궁, 광영윤택학수통. 약환문란다건체, 파진가재욕조종.

詩曰, 眉眼中間是命宮, 光瑩潤澤學須通. 若還紋亂多蹇滯, 破盡家財辱祖宗.

시왈, 눈썹과 눈 중간이 명궁으로 빛이 밝고 윤택하면 학문에 반드시 통달한다. 주름이 어지러우면 막히는 일이 많아 가정이 깨어지고 재물이 다하여 조상을 욕되게 한다.

## 2)財帛宮 재백궁

비내재백, 위거토수. 절통현담, 천창만상, 용직풍륭, 일생부귀, 중정불편, 수지복록도도.

鼻乃財帛, 位居土宿. 截筒懸膽, 千倉萬箱. 聳直豊隆, 一生富貴. 中正不偏, 須知福祿滔滔.

코는 재백으로 토수(토성)에 위치한다. 대나무를 쪼개어 엎어 놓은 듯하거나 짐승의 쓸개를 매어 단 듯하면 천 개의 창고와 만 개의 돈 궤짝을 갖게 된다. 높이 솟고 반듯하게 내려오고 준두가 풍만하고 높이 솟았다면 일생 부귀하다. 반듯하고 기울거나 비뚤어지지 않았으면 복록이 끊임없이 이어짐을 알라.

앵소첨봉, 도로빈한하천. 막교공앙, 주무격숙지량. 주조약공, 필정가무소적.

鶯小尖峰, 到老貧寒下賤. 莫敎孔仰, 主無隔宿之糧. 廚灶若空, 必定家無所積.

매부리 같이 작고 준두가 뽀족하면 늙어가면서 빈한하고 하천하게 된다. 콧구멍이 위쪽으로 들리게 되는 것을 막아야 하니 하루걸러 먹을 양식이 없게 된다. 콧방울이 없다면 반드시 집안에 쌓아 놓을 것이 없게 된다.

시왈, 비내재백고차융, 양변정조막교공. 앙로영무재여속, 지각상조곡록풍.
詩曰, 鼻乃財帛高且隆, 兩邊井灶莫敎空. 仰露永無財與粟, 地閣相朝穀祿豊.

코는 재백이니 높고 풍륭해야 하며, 양쪽 콧방울이 비는 것을 막아야 한다. 콧구멍이 들려 드러나면 길이 재물과 곡식이 없게 된다. 지각이 마주 보면 곡식과 복록이 풍성하다.

## 3) 兄弟宮 형제궁

형제위거양미. 속라계. 미장과목, 형제삼사무형, 미수이청, 형제환수유귀. 형여신월, 화목영원초군.
兄弟位居兩眉, 屬羅計. 眉長過目, 兄弟三四無刑, 眉秀而淸, 兄弟還須有貴. 形如新月, 和睦永遠超群.

형제궁의 위치는 두 눈썹에 있으며 나후(羅睺: 좌측 눈썹) 계도(計都: 우측 눈썹)에 속해 있다. 눈썹이 눈보다 길면 형제 3-4명 모두에게 형살이 없고, 눈썹이 빼어나며 맑고 깨끗하면 또한 반드시 형제가 귀하다. 눈썹이 단정하여 초승달 같으면 동기간과 영원히 화목할 뿐만 아니라 여러 사람 가운데 단연 뛰어나다.

약시단조, 수족난동정별, 양양미모, 정수이성. 교련황탁, 신상타향. 두고미저, 형제불여.

若是短粗, 手足難同定別, 兩樣眉毛, 定須異姓. 交連黃濁, 身喪他鄕. 頭高尾低, 兄弟不如.

눈썹이 짧고 거칠면 동기간이 어려워 이별하게 정해져있고, 양쪽 눈썹 모양이 서로 다르면 반드시 성이 다른 형제가 있다. 두 눈썹이 서로 맞닿거나 누렇고 탁하면 자신이 타향에서 죽게 된다. 눈썹 머리는 높은데 눈썹꼬리가 낮으면 형제가 모두 그만 못하다.

시왈, 미위형제연청병, 형제생성사오강. 양각부제수이모, 교련황탁상타향.

詩曰, 眉爲兄弟軟淸屛, 兄弟生成四五强. 兩角不齊須異母, 交連黃濁喪他鄕.

눈썹은 형제를 보는 부위이니 부드럽고 맑으며 잘 둘러싸였다면 형제 4-5인이 모두 강성하다. 양쪽 미각이 서로 다르면 반드시 다른 어머니가 있고, 서로 이어지고 누렇고, 탁하면 타향에서 객사한다.

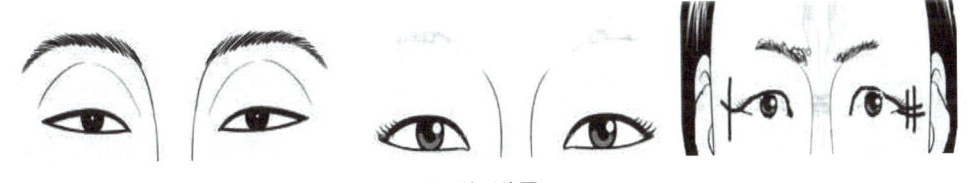

눈썹 비교

## 4)田宅宮 전택궁

안위전택, 최기적맥관정, 초년파진가원. 명양실함, 도로무량정업, 안여점칠, 종신산업영화. 봉목고미, 치세삼주오현. 황암신로, 재산가경.

眼爲田宅, 最忌赤脈貫睛, 初年破盡家園. 明陽失陷, 到老無糧停業. 眼如點漆, 終身産業榮華. 鳳目高眉, 置稅三州五縣. 黃暗神露, 財散家傾.

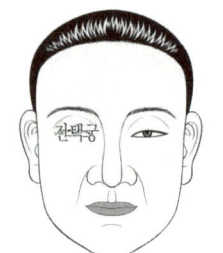

눈이 전택이다. 가장 꺼리는 것은 붉은 실핏줄이 눈동자를 꿴 것으로 초년에 집과 전원을 파하여 없애게 된다. 밝은 태양이 격을 잃거나 함몰되었으면 늙어서 양식이 없고 가업이 멈추게 된다. 눈동자가 옻칠한 것 같으면 평생토록 생업이 영화롭다. 봉황의 눈에 눈썹이 높으면 세 주(三州) 다섯 현(縣)의 세금을 거둔다. 눈이 누렇고 어두우며 신기가 노출되면 재산이 흩어지고 집안이 기운다.

시왈, 안여전택주기궁, 정수분명일양동. 약시음양고재로, 부모가재총시공.

詩曰, 眼如田宅主其宮, 睛秀分明一樣同. 若是陰陽枯再露, 父母家財總時空.

눈은 전택을 주관하는 궁으로 눈동자가 빼어나고 분명하며 두 눈이 같은 모양이어야 한다. 만약 두 눈이 마르고 눈동자가 튀어 나왔다면 부모와 집안 재산이 끝내 모두 없어지게 된다.

## 5) 子女宮 자녀궁

남위좌, 여위우, 구재안하, 명동당, 우명와잠. 삼양평만, 남녀복록영화. 은

은와잠, 자식종수유귀. 누당심함, 남녀무연. 흑지사문, 부득남송녀로. 취여 취화, 여인독수난방. 인중평만, 자식난언.

男位左, 女位右, 俱在眼下, 名洞堂, 又名臥蠶. 三陽平滿, 男女福祿榮華. 隱隱臥蠶, 子息終須有貴. 淚堂深陷, 男女無緣. 黑痣斜紋, 不得男送女老. 嘴如吹火, 女人獨守蘭房. 人中平滿, 子息難言.

아들의 위치는 좌측이고 딸의 위치는 우측이다. 모두 눈 아래 있고, 동당이라고 부르면 또한 와잠이라고도 부른다. 이 부분의 살집이 평평하고 가득하면 아들과 딸로 인해 복록과 영화가 있다. 와잠이 은은하면 자식이 끝내 반드시 귀하다. 누당이 깊이 꺼졌으면 아들이나 딸과 인연이 없다. 검은 사마귀나 비낀 주름이 있으면 아들을 얻지 못하고 딸을 보내고 늙는다. 입 끝이 불을 부는 듯하면 여인이 난초처럼 독방을 지키게 되며, 인중이 평만하면 자식을 말하기 어렵다.

시왈, 남녀삼양, 기와잠, 형연광채호아랑. 약시문리래침위, 숙얼평생불가당.

詩曰, 男女三陽, 起臥蠶, 瑩然光彩好兒郞. 若是紋理來侵位, 宿孽平生不可當.

자식궁은 삼양으로, 와잠이 일어나고 밝고 빛이 고우면

좋은 자식을 두게 된다. 어지러운 주름이 이 부위를 침범하면 묵은 근심을 평생 감당하지 못한다.

## 6)奴僕宮 노복(부하)궁

노복내금루지각, 중접수성. 해원풍만, 시립성군, 보필상공, 일호백락, 구여사자, 주호취갈산지권. 창고편사, 시은반성한원. 노복궁심, 용인무력.

奴僕乃金縷地閣, 重接水星. 頦圓豊滿, 侍立成群, 輔弼相共, 一呼百諾. 口如四字, 主呼聚喝散之權. 倉庫偏斜, 施恩反成恨怨. 奴僕宮深, 用人無力.

노복궁은 금루·지각으로 수성과 연결된다. 아래턱이 둥글고 풍만하면 시립하는 부하가 무리를 이룬다. 관골이 서로 마주 보면 한번 부르면 백 사람이 대답하게 된다. 입이 四자 같으면 부르면 모여들고 호령하면 흩어지는 권세를 지니게 된다. 천창과 지고가 기울어지거나 비뚤어지면 은혜를 베풀고 도리어 원한을 사게 되며, 노복궁이 깊으면 사람을 쓰는데 무력하다.

*輔弼相共(보필상공): 판본에 따라 '輔弼相共' 또는 '輔弼相其' 등으로 인쇄된 것들이 있다. '輔弼'은 본래 북두칠성의 끝별인 파군성(破軍星)과 무곡성(武曲星) 사이 양쪽에 있는 좌측의 보성(輔星)과 우측의 필성(弼星)을 말하는 것으로 사람 얼굴에서는 양쪽 관골이다. '相共'은 서로 균형을 이루는 것인데, 이 뜻은 노복궁이 잘생기고 그에 더해 관골이 솟았으면 권세를 잡는다는 것이다. 《마의상법》에는 '輔弼星朝'라고 했다.

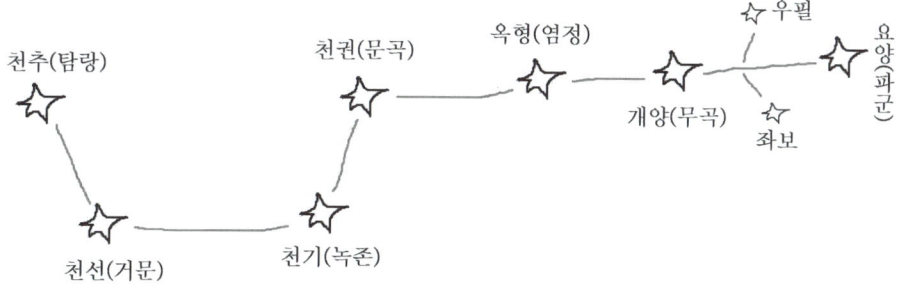

시왈, 노복환수지각풍. 수성양각불상동, 약환삼처도무응, 경함문흔노복공.

詩曰, 奴僕還須地閣豊, 水星兩角不相同, 若還三處都無應, 傾陷紋痕奴僕空.

노복궁은 반드시 지각이 풍륭해야 한다. 수성(입)의 양끝이 서로 다르거나 세 곳(수성·금루·지각)이 모두 응하지 않고 기울거나 함몰되었거나 주름이나 흉터가 있으면 노복을 두지 못한다.

## 7)妻妾宮 처첩(부부)궁

처첩위거어미, 호왈간문. 광윤무문, 필보처전사덕. 풍륭평만, 취처재백영상. 관골침천, 인처득록. 간문심함, 상작신랑. 어미다문, 처방악사. 간문심참, 장요생리. 암체사문, 자다서출.

妻妾位居魚尾, 號曰奸門. 光潤無紋, 必保妻全四德. 豊隆平滿, 娶妻財帛盈箱. 顴骨侵天, 因妻得祿. 奸門深陷, 常作新郎. 魚尾多紋, 妻防惡死. 奸門深黲, 長要生離. 暗滯斜紋, 子多庶出.

처첩궁은 위치가 어미로 간문이라고도 부른다. 밝고 윤택

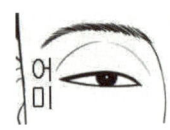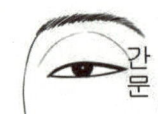
하며 주름이 없으면 반드시 사덕(四德: 부인이 갖추어야 할 네 가지 덕. 부언(婦言말)·부덕(婦德마음)·부공(婦功솜씨)·부용(婦容맵시))을 갖춘 부인을 얻게 된다. 평평하고 가득하면 처를 얻어 재산이 가득 차게 되며, 관골이 천창까지 뻗었으면 처로 인해 관록을 얻게 된다. 간문이 깊이 함몰되었으면 항상 신랑이 되고 어미에 주름이 많으면 처가 악사 하는 것을 방비해야 한다. 간문이 깊고 어둡고 침침하면 끝내 부부간 이별하며, 어둡고 체한 듯하며 비낀 주름이 있으면 자식 가운데 서출이 많다.

시왈, 간문광택보처궁, 재백영상견시종. 약시간문생참암, 사문암체자편생.
詩曰, 奸門光澤保妻宮, 財帛盈箱見始終. 若是奸門生黲黯, 斜紋暗滯子偏生.

간문이 빛나고 윤택하면 처궁을 보존하며 처음부터 끝까지 재물이 상자에 가득하다. 만약 간문이 침침하고 어둡거나 비낀 문양이나 어둡게 체해있으면 자식을 치우쳐 낳게 된다.

## 8)疾厄宮 질액(질병과 재액)궁

질액궁자, 연수산근지위. 산근광윤무병. 혼암주재질연면.
疾厄宮者, 年壽山根之位. 山根光潤無病. 昏暗主災疾連綿.

질액궁은 연상·수상·산근의 위치이다. 산근이 빛나고

윤택하면 병이 없고, 어둡고 침침하면 재액과 질병이 계속 이어진다.

시왈, 산근질액기평평, 일세무재화불생. 약치문흔병고골, 평생신고각난성.

詩曰, 山根疾厄起平平, 一世無災禍不生. 若值紋痕幷枯骨, 平生辛苦却難成.

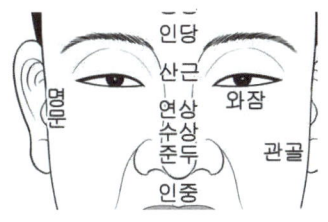

산근은 질액궁으로 평평하게 일어났으면 일생 재앙과 화가 없다. 주름이나 흉터, 야위어 뼈가 드러나 있으면 평생 신고가 있고 성공하기 어렵다.

## 9) 遷移宮 천이궁

위거미미, 호왈천창. 융만풍영, 화채무우. 차위윤평, 도로득인흠선, 등등역마, 수귀유환사방. 액각저함, 도로주장난멱, 미모일결, 차인파조리종. 천지편함, 도로구변. 생상여차, 이문개기.

位居眉尾, 號曰天倉. 隆滿豊盈, 華彩無憂. 此位潤平, 到老得人欽羨, 騰騰驛馬, 須貴遊宦四方. 額角低陷, 到老住場難覓, 眉毛一缺, 此人破祖離宗. 天地偏陷, 到老九變. 生相如此, 移門改基.

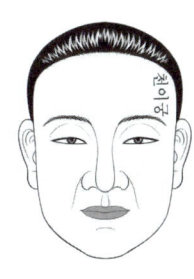

위치는 눈썹꼬리로 천창이라고 부른다. 두텁고 풍만하며 가득하면 일생이 빛나고 아름다워 근심이 없다. 이 부위가 윤택하고 평평하면 늙어서 남들의 공경과 부러움을 사게 된다. 역마궁이 가득하면 반드시 귀하여 사방으로 벼슬을 하게 된다. 액각이 낮고 함몰되면 늙어서 살 곳을 구하기 어렵다. 눈썹에 결함이 있으면 이 사람은 조업을 파하고 문중을 떠나게 된다. 천창과 지고가 기울거나 함몰돼 있으면 늙으면서 아홉 번 변화를 겪는다. 태어난 상이 이와 같다면 문을 옮기고 기반을 새롭게 하라.

시왈, 천이궁분재천창, 심함평생소주장. 어미말년래상응, 정인유환불심상.
詩曰, 遷移宮分在天倉, 深陷平生少住場. 魚尾末年來相應, 定因遊宦不尋常.

천이궁은 양쪽 천창 부위로 나뉘어 있으니 깊거나 함몰되었으면 평생 주거가 부족하다. 어미가 말년에 상응하면 두루 관직을 거치게 되는 예사로운 사람이 아니다.

## 10) 官祿宮 관록궁

위거중정, 상합이궁. 복서관정, 일생부도공정, 역마조귀, 종신관사불요. 광영명정, 현달초군, 액각당당, 범착관사귀해. 문흔함파, 관교상초횡사, 안여적리, 결범형명.

位居中正, 上合離宮. 伏犀貫頂, 一生不到公庭, 驛馬朝歸, 終身官司不擾. 光瑩明淨, 顯達超群, 額角堂堂, 犯着官司貴解. 紋痕陷破, 管敎常招橫事, 眼如赤鯉, 決犯刑名.

부위가 중정으로 위로는 이궁(이마)과 연결된다. 복서골이 정수리까지 이어졌으면 일생 법정에 가는 일이 없고, 역마궁이 서로 마주보면 일생 관재로 어지럽지 않다. 빛나

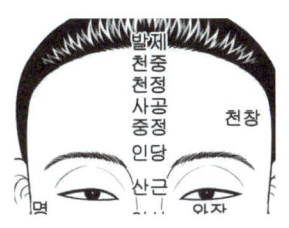 고 밝으며 맑고 깨끗하면 현달하여 많은 사람 가운데 뛰어나다. 액각이 당당하면 관재를 당해도 귀하게 해결된다. 주름이 나 상처, 함몰되거나 깨지면 언제나 하는 일마다 막히니 주의하라. 눈이 잉어처럼 붉으면 죄를 범하여 형벌을 당하게 된다.

시왈, 관록영궁자세관, 산근창고요상당, 홀연명정무흔점, 정시위관귀구장.
詩曰, 官祿榮宮仔細觀, 山根倉庫要相當. 忽然明淨無痕點, 定是爲官貴久長.

관록궁은 영예를 누리는 부위이니 자세히 살펴라. 산근과 천창 지고는 서로 합당해야 한다. 홀연히 빛나고 맑으며 상처나 점이 없으면 틀림없이 관리가 되어 귀함을 오랫동안 누리리라.

## 11) 福德宮 복덕궁

위거천창, 접연변지, 평생복록도도, 천지상조, 덕행수전오복, 해원액착, 응지고재초년, 액대액첨, 곤고환래만경, 미고이용, 환가영신, 미압이고, 휴언복덕.

位居天倉, 接連邊地, 平生福祿滔滔. 天地相朝, 德行須全五福. 頰圓額窄, 應知苦在初年. 頭大額尖, 困苦還來晩景. 眉高耳聳, 還可榮身. 眉壓耳枯, 休言福德.

복덕궁은 천창이다. 변지까지 연결되어 있으면 평생 복록

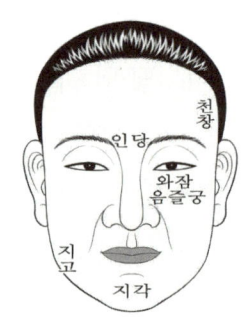
이 끊임없이 이어진다. 이마와 턱이 서로 마주 보면 덕행이 있고 반드시 오복을 온전하게 누린다. 아래턱은 둥근데 이마가 좁다면 반드시 초년에 고난이 있음을 알라. 머리가 큰데 이마가 뾰족하면 고생스럽게 말년을 보내게 된다. 눈썹이 높고 귀가 높다면 또한 몸에 영화가 있다. 눈썹이 눈을 누르고 귀가 마르면 복덕을 말할 수 없다.

시왈, 복덕천창지각원, 오성광조복면면. 약환결함병첨파, 의식평생갱부전.

詩曰, 福德天倉地閣圓, 五星光照福綿綿. 若還缺陷幷尖破, 衣食平生更不全.

복덕은 천창·지각이 둥글어야 오성의 빛이 비쳐 복이 면면히 이어지리. 결함이 있거나 뾰족하고 깨어지면 의식이 평생 온전하지 못하리라.

## 12) 相貌宮 상모궁

상모자, 내총론야. 선관오악, 차찰삼정, 약오악조귀, 삼정평등, 행좌위엄, 위인존중. 차인부귀다영. 여오악왜사, 삼정부등, 일세빈고.

相貌者, 乃總論也. 先觀五嶽, 次察三停, 若五嶽朝歸, 三停平等, 行坐威嚴, 爲人尊重. 此人富貴多榮. 如五嶽歪斜, 三停不等, 一世貧苦.

상모는 총론이다, 먼저 오악을 보고 다음으로 삼정을 살핀다. 오악이 서로 마주 보고 삼정이 평등하며 움직임과 앉은 자태에 위엄이 있으면 사람됨이 존중하다. 이 사람은 부귀와 영화가 많다. 만약 오악이 비뚤어지고 비꼈으며 삼정이 균등하지 않으면 일생 가난하고 고생스럽다.

액주초한, 비주중한, 수성지각, 주말한. 유일불호, 단위흉오.
額主初限, 鼻主中限, 水星地閣, 主末限. 有一不好, 斷爲凶惡.

이마는 초년의 운에 한하고 코는 중년 운을 주관하며 수성과 지각은 말년 운을 주관한다. 한 가지라도 좋지 않으면 흉하고 나쁘다고 판단한다.

시왈, 상모수교상하정, 삼정평등경상생. 약시일처무균배, 불시도도향복인.
詩曰, 相貌須敎上下停, 三停平等更相生. 若是一處無勻配, 不是滔滔享福人.

상모는 반드시 상하가 균형을 이뤄야 한다. 삼정이 평등하고 또한 상생해야 한다. 한 곳이라도 균형을 이루지 못하면 계속해서 복을 누릴 수 있는 사람이 아니다.

## 五嶽 오악

오악자, 액위남악, 양관위동서이악, 토성중악, 지각북악. 약유일악불고, 불성격국, 불위귀상.
五嶽者, 額爲南嶽, 兩顴爲東西二嶽, 土星中嶽, 地閣北嶽. 若有一嶽不高, 不成格局, 不爲貴相.

오악이란, 이마는 남악이며 양쪽 관골은 동서 2악이며, 토성은 중악, 지각은 북악이다. 만약 오악 가운데 하나라도 높지 않다면 격국을 이루지 못한 것으로 귀한 상이 될 수 없다.

약천지부조, 창고함삭, 독관고야불위묘. 서운, 관고대귀, 요사악상고. 금서언, 독관생이전원불수, 자사처상, 대불묘지상야. 여독토성고만이구삭, 위고봉독용, 처자난언, 고독지상야.

若天地不朝, 倉庫陷削, 獨顴高也不爲妙. 書云, 顴高大貴, 要四嶽相顧. 今書言, 獨顴生而田園不守, 子死妻傷, 大不妙之相也. 如獨土星高滿而俱削, 爲孤峰獨聳, 妻子難言, 孤獨之相也.

천지가 서로 조응하지 않고, 창고가 함몰되거나 깎였으며 유독 관골만 높다면 좋다고 할 수 없다. 옛글에 이르기를 '관골이 높으면 대귀하지만 사악이 서로 돌아봐야 한다'라고 했다. 지금 책에 이르기를 '유독 관골만 높게 생겼다면 재산을 지키지 못하고 자식이 죽고 처를 잃으니 크게 좋지 못한 상이다'라고 했다. 유독 토성만 높고 크며 다른 부위는 모두 깎인 듯 부족하면 이는 외로운 산봉우리가 홀로 솟은 것이니 처자를 말하기 어려운 고독한 상이다.

## 五官 오관

일왈이위채청관, 이왈미위보수관, 삼왈안위감찰관, 사왈비위심변관, 오왈구위출납관. 대통부운, 일관성십년귀현, 일부명십재부풍, 오관구성종신부

**귀.**

一曰耳爲採聽官, 二曰眉爲保壽官, 三曰眼爲監察官, 四曰鼻爲審辨官, 五曰口爲出納官. 大統賦云, 一官成十年貴顯, 一府明十載富豊, 五官俱成終身富貴.

첫째 귀는 채청관이며, 둘째 눈썹은 보수관, 셋째 눈은 감찰관, 넷째 코는 심변관, 다섯째 입은 출납관이다. 《대통부》에 이르기를 '오관 가운데 일관이 잘 생기면 십년 간 귀할 수 있고 육부 가운데 한 부가 밝으면 십년 부가 넉넉할 수 있으며, 오관이 모두 잘 생겼으면 종신토록 부귀를 누리게 된다'라고 하였다.

*《대통부》: 금나라 장행간(張行簡)이 지은 《인륜대통부》로 '귀천은 골법에 정해지고, 근심과 기쁨은 형용으로 드러나며, 후회와 안타까움은 동작의 시초에서 생기며, 성패는 결단에 있다(貴賤定於骨法, 憂喜見於形容, 悔吝生於動作之始, 成敗在乎決斷之中.).'는 구절이 유명하다.

이수요색명, 고용과어미, 윤곽완성, 첩육돈후, 명문관대, 위지채청관성.
耳須要色明, 高聳過於眉, 輪廓完成, 貼肉敦厚, 命門寬大, 謂之採聽官成.

귀는 반드시 색이 밝아야 한다. 눈썹보다 높이 솟아 있으며 윤곽이 완전하고 살이 두툼하게 붙고 귓구멍이 넓다면 그것을 채청관이 잘 이루어졌다고 한다.

미수요관광청장, 쌍분입빈, 흑여현서신월, 수미풍영, 고거액중, 내위보수

**관성.**

眉須要寬廣淸長, 雙分入鬢, 或如玄犀新月, 首尾豊盈, 高居額中, 乃謂保壽官成.

눈썹은 반드시 넓고 맑고 길어야 한다. 양쪽 눈썹 끝이 옆머리까지 이어지고 검어 마치 코뿔소 뿔이나 초승달 같으며, 눈썹 머리와 꼬리가 넉넉하고 높게 이마에 있다면 이를 보수관이 잘 이루어졌다고 한다.

**안수요함장불로, 흑백분명, 동자단정, 광채사인, 혹봉목세장장수, 내위감찰관성.**

眼須要含藏不露, 黑白分明, 瞳子端正, 光彩射人, 或鳳目細長藏秀, 乃爲監察官成.

눈은 반드시 잘 감추어져서 드러나지 않아야 한다. 흑백이 분명하고 동자가 단정하며 광채가 사람을 쏘는 듯하며 봉황의 눈처럼 가늘고 길며 빼어난 기를 갖고 있다면 이것이 감찰관이 잘 이루어진 것이다.

**비수요량주명직, 상접산근, 인당명윤, 하련년수고륭, 불의기절, 준두고기, 형여현담, 비여절통, 황명색윤, 위심변관성.**

鼻須要樑柱明直, 上接山根, 印堂明潤, 下連年壽高隆, 不宜起節, 準頭庫起, 形如懸膽, 鼻如截筒, 黃明色潤, 爲審辨官成.

코는 비량이 밝고 곧아야 한다. 위로는 산근과 닿아 인당이 밝고 윤택하며 아래로는 연상·수상과 이어져 높이 솟아야 한다. 마디가 일어난 것은 좋지 않으며 준두와 양쪽 콧방울이 높고 형태가 쓸개를 매어 단 듯하거나 코가 대나무를 쪼개서 엎어 놓은 듯하며 밝은 황색으로 윤택하면 심변관이 잘 이루어진 것이다.

구수요각궁, 개대합소, 상하순배, 치배사방, 위출납관성.
口須要角弓, 開大合小, 上下脣配, 齒配四方, 爲出納官成.

입은 반드시 활처럼 생겨야 한다. 열리면 크고 다물면 작으며 위아래 입술이 균형을 이루고 치아가 균형이 맞으며 四자 처럼 모나게 생겼다면 출납관이 잘 이루어진 것이다.

## 耳爲探聽官 이위채청관

성패경의, 총명고용, 색백여옥, 년소작삼공. 첩육수주홍윤, 자연치산, 재록형통. 직여전우, 안득불고궁.
成敗傾欹, 聰明高聳, 色白如玉, 年少作三公. 貼肉垂珠紅潤, 自然置産, 財祿亨通. 直如箭羽, 安得不孤窮.

성공과 실패 기우는 것이 달려있다. 분명하게 듣고 높이 솟아 있으며 색이 옥처럼 희다면 젊은 나이에 삼공의 지위에 오르게 된다. 살이 붙고 수주가 붉고 윤택하면 자연히 재산이 쌓이고 재록에 형통하게 된다. 작고 일직선으로 생겨 화살의 날개와 같다면 어찌 고독하고 빈궁함을 면할 수 있으랴.

명문착난용지, 수원단촉, 지천우몽. 무륜반박흑, 가파낭공, 기인호생규내, 천년팔십방종.

命門窄難容指, 壽元短促, 志淺愚蒙. 無輪反薄黑, 家破囊空, 其因毫生竅內, 天年八十方終.

귓구멍이 좁아서 손가락이 들어가지 않으면 수명과 원기가 부족하고 뜻이 천하며 어리석고 미련하다. 윤곽이 없고 뒤집히고 얇고 검으면 가정을 파하고 주머니가 비게 된다. 귓구멍 안에 긴 털이 나면 수명이 팔십 세에 이른다.

후대수견극귀, 백두로룡종,두수지, 우배요궁, 팔십수방종. 로인행로, 두수배굴, 위손부전, 위지룡종.

厚大垂肩極貴, 白頭老龍鍾, 頭垂地, 又背腰弓, 八十壽方終. 老人行路, 頭垂背屈, 逶遞不前, 謂之龍鍾.

두텁고 크며 어깨까지 드리워지면 극귀하며 흰머리로 용종으로 늙게 된다. 머리를 땅으로 수그리고 등과 허리가 활처럼 휘어지면 팔십 세까지 산다. 노인이 걸을 때 머리가 수그러지고 등이 굽어 구불구불 걷고 반듯하게 나가지 않는 것을 용종이라고 한다.

## 眉爲保壽官 미위보수관

농후엄류, 박소고독, 단촉형제비의. 골능고기, 성용호위비, 수만여신월, 문장현요영기, 인당광쌍분입, 경상귀하의.

濃厚淹留, 薄疎孤獨, 短促兄弟非宜. 骨稜高起, 性勇好爲非, 秀灣如新月, 文章顯耀榮奇, 印堂廣雙分入, 卿相貴何疑.

눈썹이 너무 짙고 두터우며 털이 많거나, 엷고 드물면 고독하다. 짧으면 형제들이 잘되지 못한다. 눈썹 뼈가 높이 솟아 있으면 성격이 용맹스러워 좋지 않다. 맑고 빼어나며 초승달처럼 굽었다면 문장이 뛰어나고 영화를 누린다. 인당이 넓고 두 눈썹 끝이 옆머리까지 이어졌다면 경과 재상이 되는 것을 어찌 의심하랴.

모다주살, 신강성폭소사유. 교련병인촉, 배록분치. 횡방처극자, 선라필집기창, 저염안상련부단, 운지필조휴, 삼십외도차불호.

毛多主殺, 神剛性暴少思維. 交連倂印促, 背祿奔馳. 橫妨妻克子, 旋螺必執旗槍, 低厭眼相連不斷, 運至必遭虧, 三十外到此不好.

털이 많으면 주로 살기인데 정신이 강하고 성격이 난폭하며 깊이 생각하는 일이 적다. 양쪽 눈썹이 이어져 인당이 좁으면 복록이 없고 바쁘고 고단하게 살게 된다. 옆으로 곧추선 털이 많으면 처를 해롭게 하고 자식을 극하며 소라처럼 말린 눈썹은 반드시 군대에 나가 깃발과 창을 잡게 된다. 낮아 눈을 누르고 서로 이어져 나뉘지 않으면 운이 이름이 반드시 이지러짐을 만나게 되고 30대가 넘어도 좋지 않다.

미위보수, 불가불찰고저; 미위라계이성, 의고불의저, 의장불의단, 의청불

**의농, 여미농저탁단, 종신난문친정. 미산우소, 수족시동맥로.**

眉爲保壽, 不可不察高低; 眉爲羅計二星, 宜高不宜低, 宜長不宜短, 宜淸不宜濃, 如眉濃低濁斷, 終身難問親情. 眉散又疎, 手足視同陌路.

눈썹은 보수관이니 높고 낮은 것을 살피지 않을 수 없다; 눈썹은 라후·계도 2성으로 높아야 좋고 낮으면 좋지 않다. 길어야 좋고 짧으면 좋지 않다. 맑은 것이 좋고 짙은 것은 좋지 않다. 눈썹이 짙고 낮으며 탁하고 끊겼다면 종신토록 육친의 정을 묻기 어렵다. 눈썹이 흩어지고 드물면 형제가 모두 다른 길로 가는 것처럼 흩어진다.

**미장과목, 형제오륙, 수신유지, 소이최의상면미수. 서운, 등과일쌍안, 급제양도미. 우운, 무직무권, 지위쌍미불수. 여미불호, 삼십외가지파패, 노불생호, 난허화갑일주.**

眉長過目, 兄弟五六, 須信有之, 所以最宜上面眉秀. 書云, 登科一雙眼, 及弟兩道眉. 又云, 無職無權, 只爲雙眉不秀. 如眉不好, 三十外可知破敗, 老不生毫, 難許花甲一週.

눈썹이 길어 눈을 지나면 5-6형제가 반드시 신의와 우애가 있으니 그런 까닭으로 얼굴 상부에서 가장 좋은 것은 눈썹이 빼어난 것이다. 글에 이르기를 '등과는 한 쌍의 눈에 있고, 급제는 훌륭한 두 눈썹에 달려있다'라고 하였다. 또한 이르기를 '벼슬에 나가지 못하고 권세가 없는 것은 다만 두 눈썹이 빼어나지 않기 때문이다. 눈썹이 좋지 않으면 30세 이후에 실패할 것을 알며, 나이 들어 긴 털이 나지 않으면 60갑자를 채우기 어렵다'라고 하였다.

## 眼爲監察官 안위감찰관

양안광부, 쌍륜분화, 살인적호간모. 정여점칠, 응불시상류. 안대자다공예업. 상시자, 물여교유. 사시랑목강독승, 성간린갱탐구.

兩眼光浮, 雙輪噴火, 殺人賊好奸謀. 睛如點漆, 應不是常流. 眼大者多攻藝業. 上視者, 勿與交遊. 斜視狼目强獨勝, 性慳吝更貪求.

두 눈빛이 들뜬 듯하거나 두 눈동자가 불을 뿜는 듯하면 사람을 죽이는 도적으로 간교한 모사를 좋아한다. 눈동자가 옻칠한 듯 검으면 보통 무리가 아니라 뛰어니 사람이다. 눈이 큰 사람은 공인(工人)이나 예술업에 종사하는 사람이 많다. 위를 바라보는 사람과는 교류하지 말라. 곁눈질로 비껴보거나 이리의 눈은 모든 일을 자기 위주로 하고 성격이 비루하고 인색하며 탐심이 많다.

원대신광로, 심회흉랑, 송옥감우, 사계사서목, 불음즉투, 삼각심장, 독해동륜, 빈투시, 정무량주, 신청상수, 장여봉목, 신현작왕후.

圓大神光露, 心懷凶狼, 訟獄堪憂, 似鷄蛇鼠目, 不淫則偸, 三角深藏, 毒害同倫, 頻偸視, 定無良儔, 神淸爽秀, 長如鳳目, 身顯作王侯.

눈이 둥글고 크며 눈빛이 드러나면 마음속에 흉한 이리를 품은 것이니 송사와 감옥에 가는 근심이 있게 된다. 닭이나 뱀·쥐눈은 음란하지 않으면 도둑이다. 눈이 삼각으로 눈동자가 깊으면 독하여 형제간도 해친다. 슬금슬금 훔쳐보는 사람은 좋은 짝이 없게 마련이다. 눈의 신기가 맑고 밝고 빼어나며 길어서 봉황의 눈과 같으면 현달하여 왕후가 될 사람이다.

안위일월정화, 품일신수기; 안위태양, 태양여동천지일월, 요명요수. 일신지본, 정재쌍정, 흑백분명, 광채사인, 모자단정, 불상불하, 불왜불사불투, 방위유용.

眼爲日月精華, 稟一身秀氣; 眼爲太陽, 太陽如同天之日月, 要明要秀. 一身之本, 定在雙睛, 黑白分明, 光彩射人, 眸子端正, 不上不下, 不歪不斜不偸, 方爲有用.

눈은 일월의 정화로 일신의 빼어난 기를 품수받은 것이다; 눈은 태양이니 태양은 하늘의 일월과 같아서 밝아야 하고 빼어나야 한다. 일신의 근본은 두 눈동자에 있으니 흑백이 분명하고 광채가 사람을 쏘는 듯해야 한다. 눈동자가 단정하고 위로 보거나 아래로 보지 않으며 비뚤어지지 않고 곁눈질하지 않으며 훔쳐보지 않아야 비로소 쓸 수 있는 사람이다.

서운, 평시평정, 위인강개심평. 상시다패, 하시다간, 사시다투, 부광다음, 로신다요, 차수자약범일건, 불위취용, 즉비귀인야.

書云, 平視平正, 爲人剛介心平. 上視多敗, 下視多奸, 斜視多偸, 浮光多淫, 露神多夭, 此數者若犯一件, 不爲取用, 卽非貴人也.

글에 이르기를 '바르게 보면 평안하고 바른 사람으로 사람됨이 강개하고 마음이 바르다. 위로 보면 실패가 많고, 아래로 보면 간사함이 많고, 곁눈질하면 도심이 많고 눈빛이 들뜬 듯하면 음란함이 많으며, 신기가 드러나면 요절한다. 이 몇 가지 가운데 한 가지라도 해당하면 취하여 쓸 수 없는 귀하지 않은 사람이다'라고 하였다.

## 鼻爲審辨官 비위심변관

규소간탐, 고용현귀, 편사곡함감탕. 약환단촉, 미감허영창. 최파십분앙로. 약여현담, 필작조랑.

竅小慳貪, 高聳顯貴, 偏斜曲陷堪蕩. 若還短促, 未敢許榮昌. 最怕十分昂露. 若如懸膽, 必作朝郎.

콧구멍이 작으면 쩨쩨하고 탐심이 많으며, 높이 솟으면 현달하고 귀하게 된다. 기울고 비뚤어지고 구부러지고 콧대가 함몰되었으면 방탕하다. 코가 짧으면 영화와 번창하기 어렵다. 가장 두려운 것은 콧구멍이 위를 향한 것이다. 만약 코가 짐승의 쓸개를 매단 듯하면 반드시 조정의 높은 벼슬아치가 된다.

연수상종횡문리, 가파고분망, 산근저절, 전원불수, 처자선망. 비여응취양교랑난당, 광대조호수온, 광명주재록수당, 준두흑, 난대암참, 순일필신망.

年壽上縱橫紋理, 家破苦奔忙, 山根低折, 田園不守, 妻子先亡. 鼻如鷹嘴樣狡狼難當, 廣大朝呼須穩, 光明主財祿殊當, 準頭黑, 蘭台暗鬱, 旬日必身亡.

연상과 수상에 가로세로 주름이 있으면 가정을 파하고 고통스럽고 바쁘게 살게 되며, 산근이 낮거나 꺾였으면 재산을 지키지 못하고 처자를 먼저 잃게 된다. 코가 매부리 모양이면 교활하기가 이리와 같아서 감당하기 어렵다. 코가 넓고 크며 콧구멍이 잘 생겼으면 반드시 부자가 되어 편히 살게 되며, 빛이 밝으면 반드시 재록이 이르게 된다. 준두가 흑색이고 난대와 정위가 어둡고 침침하면 10여 일 후에 죽게 된다.

## 口爲出納官 구위출납관

단촉순흔, 색청치로, 편사골육상전. 활이부정, 허사기감언. 첨박시비. 구유여주말, 재상명전.

短促脣欣, 色靑齒露, 偏斜骨肉相煎. 闊而不正, 虛詐豈堪言. 尖薄是非. 口有如硃抹, 宰相名傳.

입술이 짧고 위로 말려 올라가거나 입술 색이 푸르고 치아가 드러나거나 입술이 비뚤어지면 골육간에 정이 없다. 넓기만 하고 바르지 않으면 허황되고 거짓되니 어찌 그 말을 감당하랴. 입술이 뾰족하고 얇으면 시비가 많다. 입술이 마치 주사를 바른 듯 붉으면 재상이 되어 이름을 후세에 전하게 된다.

순리자, 식록천종, 의록자천연, 복언상하순재, 다생문리, 엄인과오, 득자손수현. 식찬다경인, 필정주둔전. 수중불합, 설원기, 요절천년. 친증견, 저수

**양각, 상피인혐.**

脣裏紫, 食祿千鍾, 衣祿自天然, 覆言上下脣載, 多生紋理, 掩人過惡, 得子孫須賢. 食餐多哽咽, 必定主迍邅. 垂中不合, 洩元氣, 夭折天年. 親曾見, 低垂兩角, 常被人嫌.

입술 속이 붉어 자색을 띠면 식록이 천종에 달하며 의록이 하늘로부터 오게 된다. 입을 다물었을 때 위아래 입술이 잘 닫히고 주름이 많으면 남의 허물을 감싸주며 자손이 반드시 현명하다. 음식을 먹을 때 자주 목이 메는 사람은 반드시 막히는 일이 많으며 취침 중에 입술이 닫히지 않는 사람은 원기가 새어나가 천수를 누리지 못한다. 가까이에서 볼 때 입술의 양쪽 끝이 아래로 처진 사람은 항상 남으로부터 미움을 받게 된다.

# 五星 **오성**

## 額爲火星 **액위화성**

**화성궁중활방평, 윤택무문기색신, 골용삼조천자양, 소년급제작공경. 우왈, 화성첨착사상류, 문란종횡주배수, 적맥량조침일월, 도병기법사타주.**

火星宮中闊方平, 潤澤無紋氣色新, 骨聳三條川字樣, 少年及第作公卿. 又曰, 火星尖窄似常流, 紋亂縱橫主配囚, 赤脈兩條侵日月, 刀兵起法死他州.

화성궁이 넓고 모나고 평평하며 윤택하고 주름이 없고 기색이 신선하고 세 줄기 뼈가 솟아 川자 모양이면 소년에 과거에 급제하여 공경의 벼슬에 오른다. 또한 이르노니, 화성이 뾰족하고 좁으면 신통치 않은 부류이며, 주름이 종횡으로 어지러우면 귀양 가게 된다. 붉은 핏줄 두 줄기가 일월각을 침범하면 전쟁터나 또는 법에 걸려 타향에서 죽게 된다.

## 耳爲金木二星 이위금목이성

금목성쌍곽유륜, 풍문용지주장명, 단용직조라계상, 부귀영화일일신. 우왈, 금목개화일세빈, 윤비곽반유신근, 어중약유위관자, 종시구구불출명.

金木星雙廓有輪, 風門容指主張明, 端聳直朝羅計上, 富貴榮華日日新. 又曰, 金木開花一世貧, 輪飛廓反有辛勤, 於中若有爲官者, 終是區區不出名.

금성과 목성의 윤곽이 분명하고 귓구멍에 손가락이 들어가면 주장이 명백하며, 단정하고 높아 두 눈썹보다 위에 붙어 있으면 부귀영화가 날로 새롭다. 또한 이르노니, 금성과 목성이 마치 꽃이 핀 듯하면 일생 빈한하며, 귓바퀴가 새의 날개 같고 귀가 뒤집혔으면 신고가 많다. 이러한 사람 가운데 관리가 된 사람은 끝내 용렬하여 이름을 날리지 못한다.

이위풍신정채, 조일면위의: 논금목이성, 의명의백. 고왈, 금청목수, 방언급제등과, 금암목고, 기득종신복리. 일세지이, 십사세방지, 우명근기가의, 불욕저수반박고삭편사.

耳爲豊神精采，助一面威儀；論金木二星，宜明宜白. 故曰，金淸木秀，方言及第登科，金暗木枯，豈得終身福利. 一歲至耳，十四歲方止，又名根基家宜，不欲低垂反薄枯削偏斜.

귀는 신기가 모두 나타나고 정기가 드러나니 얼굴의 위엄을 보조하는 부위이다; 金木 이성을 논하자면 밝아야 하고 흰 것이 좋다. 그러므로 이르노니, 금성이 맑고 목성이 빼어나면 바야흐로 과거에 급제하고 벼슬에 오르게 된다. 금성이 어둡고 목성이 마르면 어찌 종신토록 복과 이로움이 있겠는가. 한 살의 운은 귀에서 비롯되어 14세에 비로소 끝나니 또한 이름하여 조상의 근기와 집안이 드러나는 부위이다. 낮거나 아래로 늘어지거나, 뒤집히고 얇고 마르고 깎이고, 비뚤어지고 기울지 않아야 한다.

서운, 금목무성랑건홍, 의평의개의첩육, 위묘. 우운, 금목개화, 일세허명허리. 우운, 륜암여니사필지, 소아적색병래수, 약시광명여분백, 복수쌍전사사의. 우운, 대면불견이, 문시수가자. 대면불견시, 사인하처래.

書云，金木無成浪建紅，宜平宜開宜貼肉，爲妙. 又云，金木開花，一世虛名虛利. 又云，輪暗如泥死必知，小兒赤色病來隨，若是光明如粉白，福壽雙全事事宜. 又云，對面不見耳，問是誰家子. 對面不見腮，斯人何處來.

글에 이르기를 '金木이 잘못되면 물결이 붉게 뒤집힌 것이다. 균형이 맞고 잘 열리고 살이 붙어있는 것이 좋다'라고 하였다. 또한 이르기를 '두 귀가 꽃이 핀 듯하면 일생 허명과 헛된 이익뿐이다'라고 하였다. 또한 이르기를 '귓바퀴가 진흙처럼 어두워지면 죽게 됨을 알라. 소아의 귀가 적색이면 병이 오게 된다. 만약 빛이 밝고 분을 바른 듯 희면 복과 장수를 누리고 일마다 잘된다'라고 하였다. 또한 이르기를 '앞에서 봐서 귀가 보이지 않으면 누구 집 자식인가, 시골(아래 턱 양쪽)이 보이지 않으면 이 사람은 어디서 온 것인가?'라고 하였다.

## 口爲水星 구위수성

구함사자여주홍, 양각생능동상궁, 정시문장총준사, 소년급제로래영. 우왈, 수성약종양두수, 첨박무능시걸아. 약시편사다란동, 시비간사애하의.

口含四字如硃紅, 兩角生稜同上弓, 定是文章聰俊士, 少年及第老來榮. 又曰, 水星略縱兩頭垂, 尖薄無稜是乞兒. 若是偏斜多亂動, 是非奸詐愛何宜.

입이 四자처럼 모나고 주사를 바른 듯 붉으며 입술 양쪽 끝이 분명하고 활 끝처럼 위를 향해 있으면 틀림없이 문장이 출중하고 총명한 선비로서 소년에 급제하여 나이 들수록 영화를 누린다. 또한 이르노니 수성이 오그라들고 양쪽 끝이 아래로 늘어졌거나 뾰족하고 얇으며 입술 경계가 분명치 않으면 걸인이 되며, 입술이 비뚤어지거나 기울었으면 시비를 좋아하고 간사하며 제멋대로인 사람이다.

구위대해, 용납백도지류; 구위수성, 고명해구, 용납백천, 상통사악(액량관여비위사악), 하윤일신, 최의홍윤, 대후치백순제, 상하득배, 방위귀상.

口爲大海, 容納百道之流; 口爲水星, 故名海口, 容納百川, 上通四嶽(額兩顴與鼻爲四嶽), 下潤一身, 最宜紅潤, 大厚齒白脣齊, 上下得配, 方爲貴相.

입은 大海이니 백방으로부터 오는 물을 받아들인다; 입은 수성이며 해구라고 한다. 백천(百川)의 물을 용납하며 위로는 사악과 통한다(이마·양 관골·코가 사악이다). 아래로는 일신을 윤택하게 하니 가장 좋은 것은 붉고 윤택한 것이며, 두툼하고 치아가 희고 입술이 가지런하며 위아래 균형을 이룬다면 바야흐로 귀한 상이다.

서운, 순홍치백인다록, 박소첨편복불의. 륙십지차, 관십년사. 서운, 정청구활, 문장고인. 약목암구첨, 다빈지배. 면대구소, 하족위기, 면소구대, 하족이도. 면원구활, 방시식록지인.

書云, 脣紅齒白人多祿, 薄小尖偏福不宜. 六十至此, 管十年事. 書云, 睛靑口闊, 文章高人. 若目暗口尖, 多貧之輩. 面大口小, 何足爲奇, 面小口大, 何足以道. 面圓口闊, 方是食祿之人.

글에 이르기를 '입술이 붉고 치아가 흰 사람은 록이 많고, 얇고 작고 뾰족하고 기울었으면 복이 온전치 않다. 60세의 운이 이에 이르러 10년의 일을 관장한다'라고 하였다. 또한 이르기를 '눈동자가 싱그럽고 입이 넓으면 문장이 높은 사람이며, 눈이 어둡고 입이 뾰족하면 빈한한 무리이다. 얼굴은 크고 입이 작으면 어찌 기묘함에 족하랴, 얼굴이 작고 입이 크면 어찌 도에 족하랴'라고 하였다. 얼굴이 둥글고 입이 넓으면 녹을 먹게 될 사람이다.

## 鼻爲土星 비위토성

토성단정사절통, 조문공대시삼공, 난대정위래상응, 필정신명달제총. 우왈, 토수편사수고성, 준두첨삭주고빈, 방관구곡여응취, 심리여사필해인.

土星端正似截筒, 竈門孔大是三公, 蘭台廷尉來相應, 必定身名達帝聰. 又曰, 土宿偏斜受苦星, 準頭尖削主孤貧, 傍觀勾曲如鷹嘴, 心裏如邪必害人.

土星이 단정하고 마치 대나무를 쪼개서 엎어놓은 듯하며 콧구멍이 크면 삼공의 지위에 오른다. 난대와 정위가 상응하면 반드시 몸과 이름이 황제에게 알려질 만큼 총명하다. 또한 이르노니 토성이 기울거나 비뚤어지면 고생을 하게 되고, 준두가 깎인 듯하면 고독하고 가난하다. 옆에서 볼 때 굽고 휘어져 매부리 같으면 마음이 사악하여 반드시 사람을 해친다.

비동량주, 위일면지근본; 비위일면지본, 상접천정, 하통해구, 우명토성, 우명중악, 우명재백궁, 최요자내비야. 만물생어토, 고위일면지근본.

鼻同樑柱, 爲一面之根本; 鼻爲一面之本, 上接天庭, 下通海口, 又名土星, 又名中嶽, 又名財帛宮, 最要者乃鼻也. 萬物生於土, 故爲一面之根本.

코는 대들보와 기둥으로 얼굴의 근본이다; 코는 얼굴의

근본으로 위로는 천정과 이어지고 아래로는 해구로 통한다. 또한 토성이라고 부르고 중악이라고 부르고 재백궁으로 부르니 가장 중요한 것이 코이다. 만물은 땅에서 생기므로 얼굴의 근본이 되는 것이다.

불가편사구곡, 불의산근단, 불의년수기절, 불의문불주, 차수건약범일건, 내빈궁지상. 산근고기, 년수평명, 준두풍만, 금갑제완, 내일생재록족, 부귀지상. 서운, 비내재성, 관중년지조화, 사십일지오십일지.

不可偏斜勾曲, 不宜山根斷, 不宜年壽起節, 不宜門不週, 此數件若犯一件, 乃貧窮之相. 山根高起, 年壽平明, 準頭豊滿, 金甲齊完, 乃一生財祿足, 富貴之相. 書云, 鼻乃財星, 管中年之造化, 四十一至五十一止.

비뚤거나 기울거나 갈고리 같거나 굽어서는 안 되며, 산근이 끊어지거나 주름이 있거나, 연상 수상에 마디가 있거나, 콧구멍을 둘러싸지 못한 것은 좋지 않다. 이 몇 건 가운데 한 가지라도 해당하면 빈궁한 상이다. 산근이 높게 일어나고 연상 수상이 평평하고 밝으며, 준두가 풍만하고 금갑이 가지런하고 온전하면 이는 일생 재록이 족하며 부귀한 상이다. 글에 이르기를 '코는 재성이니 중년의 조화를 관장하니, 40세부터 51세까지이다.'라고 하였다.

## 六曜 육요

일자기

## 一紫氣

자기궁중윤우방, 공조제왕시현량. 난대정위래상응, 정주관영일월창. 우왈, 자기궁중협우첨, 소단무시경소염, 자소위인무실학, 일생허모불감언.

紫氣宮中潤又方, 拱朝帝王是賢良. 蘭台廷尉來相應, 定主官榮日月昌. 又曰, 紫氣宮中狹又尖, 小短無腮更少髥, 自小爲人無實學, 一生虛耗不堪言.

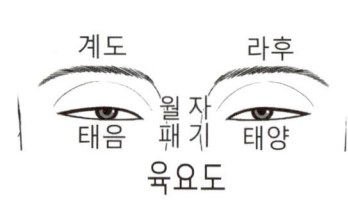
육요도

자기궁 가운데가 윤택하고 넓으면 제왕 앞에 두손을 맞잡고 서게 되는 현명한 사람이며 난대와 정위가 상응하면 틀림없이 관직에 나가 영화가 날마다 달마다 창성한다. 또한 이르노니, 자기궁 가운데가 좁고 뾰족하며 작고 짧으며 턱이 없고 수염이 적으면 사람됨이 소인으로 학문을 할 수 없고 일생을 헛되이 보내니 말로 감당할 수 없다.

월패, 산근우명월패.

## 二月孛, 山根又名月孛.

월패, 산근을 또한 월패라고 한다.

월패의고불의저, 형연광채사유리, 위관필주충신상, 갱주현처우호아. 우왈, 월패궁중협우첨, 소단파패사상련, 위관기득영고록, 학문무성곤소년.

月孛宜高不宜低, 瑩然光彩似琉璃, 爲官必主忠臣相, 更主賢妻又好兒. 又曰, 月孛宮中狹又尖, 小短破敗事相連, 爲官豈得榮高祿, 學問無成困少年.

월패는 높아야 하고 낮은 것은 좋지 않다. 밝고 광채가 아름다워 유리와 같으면 관리가 되어 반드시 충성스러운 신하와 재상이 되며 또한 어진 처자를 얻게 된다. 또한, 이르노니 월패궁이 좁고 뾰족하며 작고 짧으면 실패가 끊임없이 이어지니 관리가 된들 어찌 영화와 높은 복록을 얻을 수 있겠으며, 학문을 이루지 못하고 소년기를 곤란하게 보낸다.

### 삼사나계
## 三四羅計

**나계성군수차장, 분명첩육응삼양, 불유차안거관정, 언의창명파사방. 우왈, 나계희소골용능, 위인성급우흉련, 호사장사수양류, 형제여수유선문.**

羅計星君秀且長, 分明貼肉應三陽, 不惟此顏居官正, 言義彰明播四方. 又曰, 羅計稀疎骨聳稜, 爲人性急又凶連, 好邪狀似垂楊柳, 兄弟如讐有旋紋.

나계성이 빼어나고 또한 길며, 분명하고 살이 붙어 삼양과 조화를 이루면 이 얼굴은 관직에 나가게 되며 말과 의기가 명확하여 사방으로 드날리게 된다. 또한, 이르노니 두 눈썹에 털이 드물고 그 아래 뼈가 솟았으면 사람됨이 싱급하고 흉사가 이이진다. 간시함을 좋아하는 것은 눈썹이 버드나무 가지처럼 늘어졌기 때문이며, 형제 사이가 원수 같은 것은 눈썹이 돌돌 말려있기 때문이다.

### 일월요
## 日月曜

안위일월사태양, 정신광채일반강, 위관불작당조상, 야합재고작동량. 우왈, 일월사단적관동, 경겸고로우무신, 음양실위다도사, 고암장년필악종.

眼爲日月似太陽, 精神光彩一般强, 爲官不作當朝相, 也合才高作棟梁. 又曰, 日月斜短赤貫瞳, 更兼孤露又無神, 陰陽失位多刀死, 枯暗長年必惡終.

눈은 일월이니 태양과 같다. 정신이 충만하고 광채가 강하면 관리가 되어 일부러 애쓰지 않아도 재상이 되니 또한 재기가 높은 동량지재이다. 또한, 일월이 기울고 짧으며 붉은 실핏줄이 동자를 꿰었으면 음양이 위치를 잃은 것이니 칼로 죽는 일이 많고, 마르고 어두우면 장년의 나이에 좋지 않게 죽는다.

## 五行說 오행설

오행귀천난도생극지중. 오행내금목수화토위오행, 불가일대일소, 불배부정, 부주불합, 좌이금성, 우이목성, 액위화성, 구위수성, 비위토성.

五行貴賤難逃生克之中, 五行乃金木水火土爲五行, 不可一大一小, 不配不停, 不週不合, 左耳金星, 右耳木星, 額爲火星, 口爲水星, 鼻爲土星.

오행에 따른 귀천은 생극 관계로부터 피할 수 없다: 오행은 金·木·水·火·土로 다섯 가지의 운행이다. 한 가지가 크고 한 가지가 작거나, 고르지 않거나 운행을 멈추거나, 회전하지 않거나 화합하지 않을 수 없는 것이다. 좌측 귀는 金星 우측 귀는 木星, 이마는 火星 입은 水星 코는 土星

이다.

우명오관, 미위보수관, 안위감찰관, 비위심변관, 이위채청관, 구위출납관.
又名五官, 眉爲保壽官, 眼爲監察官, 鼻爲審辨官, 耳爲採聽官, 口爲出納官.

오관이라고도 부르니 눈썹이 보수관, 눈이 감찰관, 코가 심변관, 귀가 채청관, 입이 출납관이다.

우명육부, 천창위상이부, 관골중이부, 지고하이부. 삼정득위, 육부상균, 오관구정, 자대부대귀지상야.
又名六府, 天倉爲上二府, 顴骨中二府, 地庫下二府. 三停得位, 六府相勻, 五官俱正, 自大富大貴之相也.

또한 육부라고 하니 천창은 위의 2부가 되고, 관골은 중간의 2부, 지고는 아래의 2부이다. 삼정(三停)이 위치를 얻고 육부가 서로 균등하며, 오관이 모두 바르면 자연히 큰 부자가 되고 크게 귀하게 되는 상이다.

우명육요, 일자기, 이월패, 삼라, 사계, 오일륙월야.
又名六曜, 一紫氣, 二月孛, 三羅, 四計, 五日六月也.

육요라고도 한다. 첫째가 자기, 둘째가 월패, 셋째가 라후, 넷째가 계도, 다섯째가 해, 여섯째가 달이다.

액고이반화극금, 부모가재총시공, 구대액첨수극화, 일교십오신수고, 구대정청액우고, 정시고현대귀호.
額高耳反火克金, 父母家財總是空, 口大額尖水克火,一交十五身受苦, 口大睛淸額又高, 定是高賢大貴豪.

이마가 높고 귀가 뒤집혔으면 火가 金을 극한 것이므로 부모와 집안의 재물이 모두 空이 된다. 입이 크고 이마가 뾰족하면 水가 火를 극한 것이므로 15세에 신고를 겪게 된다. 입이 크고 눈동자가 맑으며 이마 또한 높으면 틀림없이 고상하고 현명하며 크게 귀한 호걸이다.

비대구소토극수, 십삼십사리향간. 오행단유일극, 불위호상, 단득일생자대호. 여유천창이무지고, 초영모패, 유지고이흠천창, 초곤모영, 여유권골이무천창지고, 역불호, 주대고독지상.

鼻大口小土克水, 十三十四離鄕間. 五行但有一克, 不爲好相, 但得一生者大好. 如有天倉而無地庫, 初榮暮敗, 有地庫而欠天倉, 初困暮榮, 如有顴骨而無天倉地庫, 亦不好, 主大孤獨之相.

코가 크고 입이 작으면 土가 水를 극한 것이므로 13-14세에 고향을 떠나 타향을 떠돌게 된다. 오행은 무릇 한 가지라도 극함이 있으면 좋은 상이 될 수 없다. 그러나 생함을 얻으면 크게 좋은 것이다. 천창은 있는데 지고가 없으면 초년은 영화롭지만 노후에 실패하며, 지고는 있는데 천창에 흠이 있으면 초년은 곤궁해도 노년에 영화가 있다. 관골은 있는데 천창과 지고가 없으면 또한 좋지 않아서 크게 고독한 상이다.

## 五色說 오색설

## 四季推斷 사계추단

사계절에 따라 판단함

심속화, 발출기조색홍, 다재인당. 비속토, 기암색황, 다재토성. 폐속금, 색백이기청, 다재사고, 고금행사지.

心屬火, 發出氣燥色紅, 多在印堂. 脾屬土, 氣暗色黃, 多在土星. 肺屬金, 色白而氣靑, 多在四庫, 故金行四肢.

심장은 火에 속하며 발하여 나오면 기는 건조하고 색은 붉으며 인당에 많다. 비장은 土에 속하며 기는 어둡고 색은 황색으로 주로 토성에 많다. 폐는 金에 속하며 색은 희고 기는 푸르며 사고에 많다. 그러므로 金기는 사지로 운행된다.

신속수, 기탁색흑, 다재량현벽, 지고각유부위. 여인당속화지위, 약암색, 내수극화야, 불가불의오행생극언지.

腎屬水, 氣濁色黑, 多在兩玄壁, 地庫各有部位. 如印堂屬火之位, 若暗色, 乃水克火也, 不可不依五行生剋言之.

신장은 水에 속하며 기는 탁하고 색은 검으며 양쪽 현벽에 많고 지고 주변 부위에 있다. 인당은 火에 속하는 부위인데 어두운색을 띠면 이는 水가 火를 극한 것이다. 오행의 생극에 의하여 말하지 않을 수 없다.

여토성속토, 여청즉목극토야, 즉사. 기외방차, 이상기색길흉, 후유백문상명.

如土星屬土, 如靑則木克土也, 卽死. 其外倣此, 以上 氣色吉凶, 後有百問詳明.

토성은 土에 속하므로 만약 푸른색을 띠면 木이 土를 극한 것이니 곧 죽게 되는 것이다. 그 외도 이와 같은데, 이상 기색의 길흉은 뒤의 <영락백문>에 상세히 밝혀 놓았다.

# 五形體 오형체

## 金形人 금형인

금목수화토, 일신지체, 불출오행지외. 부금형인하취, 범금형, 면방이정, 미목청수, 순치득배, 수소요원, 백색, 방시금형.

金木水火土, 一身之體, 不出五行之外. 夫金形人何取, 凡金形, 面方耳正, 眉目淸秀, 脣齒得配, 手小腰圓, 白色, 方是金形.

金木水火土형 등 일신의 체형은 오행의 밖으로 벗어날 수 없다. 대저 금형인은 어떤 것을 취해야 하는가. 무릇 금형은 얼굴이 넓고 모나며 귀가 바르고 눈썹과 눈이 청수하며 입술과 치아가 균형을 이루고, 손이 작고 허리가 둥글며 피부가 백색이면 비로소 금형에 알맞은 것이다.

약성고, 고여금성, 주대귀. 약잡격, 주소귀. 불의체대적. 여일대적색, 여토

매금, 주곤고.

若聲高, 高如金聲, 主大貴. 若雜格, 主小貴. 不宜滯帶赤. 如一帶赤色, 如土埋金, 主困苦.

음성이 높아서 쇳소리처럼 높으면 대귀하지만 다른 형과 섞였다면 조금 귀하다. 적색을 띠어 체했다면 좋지 않은데 적색을 띠었다면 금이 흙 속에 묻힌 것과 같아 곤고하게 된다.

적재준두삼양, 주유재난, 경즉파패, 중즉주사. 금형불의대화. 서운, 부위요주전, 삼정우대방, 금형입료격, 부귀파명양.

赤在準頭三陽, 主有災難, 輕則破敗, 重則主死. 金形不宜帶火. 書云, 部位要週全, 三停又帶方, 金形入了格, 富貴把名揚.

적색이 준두와 두 눈에 나타나면 재난이 있게 되는데 가벼우면 가정을 파하고 실패하게 되지만 정도가 심하면 죽게 된다. 金形은 火氣를 띠면 좋지 않다. 글에 이르기를 '부위가 두루 온전하고 삼정이 또한 방정하다면 금형에 알맞은 격으로 부귀하고 명성을 드날리게 된다'라고 하였다.

## 木形人 목형인

범목형의첩직수장, 정청구활신족, 불의편삭왜사, 고함성파. 여요원체정, 방가동량.

凡木形宜疊直脩長, 睛淸口闊神足, 不宜偏削歪斜,枯陷聲破. 如腰圓體正, 方可棟樑.

목형은 몸이 곧고 가늘고 길며 눈동자가 맑고 입이 넓으며 신기가 족해야 한다. 몸이 기울거나 깎였거나 삐뚤어졌거나 굽거나 마르거나 몸이 함몰되었거나 음성이 갈라지면 좋지 않다. 허리가 둥글고 몸이 반듯해야 큰인물이 될 수 있다.

편박휴삭, 소인지상. 부근노골, 하수고문공명, 사수대화, 내작목화통명, 약시토적금홍, 불의취용.

偏薄虧削, 小人之相. 浮筋露骨, 何須苦問功名, 些須帶火, 乃作木火通明, 若是土赤金紅, 不宜取用.

기울거나 얇거나 이지러졌거나 깎인 것은 소인의 상이다. 근육이 들뜨고 뼈가 드러났다면 어찌 고생스럽게 공명을 묻겠는가. 목형인이 약간 화형을 띠었다면 이는 木火가 기를 통하여 밝은 것이지만 토형을 띠거나 적색, 금형이나 홍색을 띠었다면 취해 쓰기에 마땅치 않다.

유의대사금. 환구명지객, 목삭금중, 일생성패지인. 서운. 능릉형수격, 늠름갱수장, 수기생미안, 방언작동량.

有宜帶些金. 還求名之客, 木削金重, 一生成敗之人. 書云. 稜稜形瘦格, 凜凜更脩長, 秀氣生眉眼, 方言作棟樑.

약간의 금형을 띠었으면 이름을 구하는 사람이지만, 나무가 깎이고 金이 중하면 일생 성공과 실패를 거듭하게 되는 사람이다. 글에 이르기를 '위엄있고 형상이 야윈 듯 한 격에 의젓하고 당당하며 가늘고 길며, 빼어난 기가 눈썹과 눈에 있다면 가히 동량지재라고 할 수 있다.'라고 하였다.

## 水形人 수형인

범수형요골정육실, 색백대윤, 체발면요, 문간여복, 면관여앙, 복대둔대, 방시수형, 불의기조색흑, 피백여분, 면겸육부.

凡水形要骨正肉實, 色白帶潤, 體發面凹, 紋看如伏, 面觀如仰, 腹大臀大, 方是水形, 不宜氣粗色黑, 皮白如粉, 面兼肉浮.

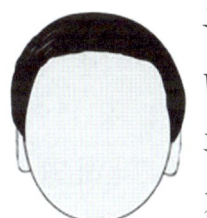

**水形人**

무릇 水形은 골격이 반듯하고 살집이 건실하며 피부가 윤기 띤 백색이어야 한다. 몸이 피어 발달하고 얼굴은 우묵하며 가는 주름이 기어가는 듯하고 얼굴이 위를 우러러보는 듯하며 배가 크고 엉덩이가 크면 비로소 격을 갖춘 水形인 것이다. 기가 거칠거나 피부가 검거나 피부가 분을 바른 듯 윤기없이 희거나 얼굴 살이 들뜬 것은 좋지 않다.

범수형인골소육다, 부자주요, 무수피활자무자, 육냉자역무자. 서운, 안대병미조, 성곽요단원. 차상명진수, 평생복자연.

凡水形人骨少肉多, 浮者主夭, 無鬚皮滑者無子, 肉冷者亦無子. 書云, 眼大幷眉粗, 城郭要團圓. 此相名眞水, 平生福自然.

무릇 수형인이 뼈가 적고 살이 많으며 들떴다면 요절하며 수염이 없고 피부가 매끄러우면 자식이 없고 살이 차가운 사람도 자식이 없다. 글에 이르기를 '눈이 크고 눈썹이 크며 귀의 윤곽이 둥글다면 이러한 상을 참된 수형이라고 하니 평생동안 복이 스스로 이른다.'라고 하였다.

## 火形人 화형인

범화형인상첨하활, 형동조, 수소면홍, 비교, 부대체색, 의명윤이홍, 우의발소, 불의복대, 불의구대.

凡火形人上尖下闊, 形動躁, 鬚少面紅, 鼻翹, 不帶滯色, 宜明潤而紅, 又宜髮少, 不宜腹大, 不宜口大.

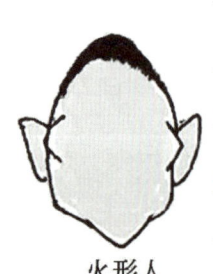
火形人

무릇 화형인은 위쪽이 뾰족하고 아래는 넓으며 형상과 행동이 조급하다. 수염이 적고 얼굴이 홍색이며 코가 활을 당긴 듯 둥글다. 기색이 막히면 좋지 않고 밝고 윤택하며 홍색을 띠어야 좋고 또한 수염이 적어야 좋다. 배가 크거나 입이 큰 것은 좋지 않다.

범화형, 귀불과무직, 부불과백금, 비대부대귀지상야. 범화형우의두고, 방유자, 불연자역난초.

凡火形, 貴不過武職, 富不過百金, 非大富大貴之相也. 凡火形又宜頭高, 方有子, 不然子亦難招.

무릇 화형은 귀하면 무관에 불과하고 부하면 백금(큰 부자는 만금·천금으로 표현한다)에 불과하니 대부 대귀한 상이 아니다. 화형은 머리가 높아야 좋고 자식을 둘 수 있지만 그렇지 않으면 자식을 두기 어렵다.

서운, 욕식화형모, 삼정우대첨, 신체전무정, 시변갱소염.
書云, 欲識火形貌, 三停又帶尖, 身體全無淨, 腮邊更少髥.

글에 이르기를 '화형인의 모습을 알고자 하면, 삼정이 뾰족하고 온몸에 맑은 기운이 없고 턱 옆에 수염이 적은 것이다.'라고 하였다.

## 土形人 토형인

범토형, 비대돈후, 면중실, 배고피흑, 성대여뢰, 항단두원, 내진토야.
凡土形, 肥大敦厚, 面重實, 背高皮黑, 聲大如雷, 項短頭圓, 乃眞土也.

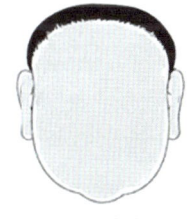

무릇 토형인은 몸집이 비대하고 두터우며 얼굴이 두텁다. 등이 높고 피부가 검으며 음성이 우레처럼 크고 목이 짧고 머리가 둥글어야 진정한 토형인이다.

서운, 단후잉심중, 안상약태산, 심모난측도, 신의중인간.
書云, 端厚仍深重, 安詳若泰山, 心謀難測度, 信義重人間.

글에 이르기를 '단정하고 두터우며 심중하여 편안히 있는 모습이 태산과 같고 심중에 모색함이 깊어 측정할 수 없으며 신의가 있고 인간관계를 중시한다'라고 하였다.

## 五行賦 오행부

부왈, 대재오행, 생물지리, 만상종언. 고목수미화고명, 추위독보, 징청금목, 춘방괴명.

賦曰, 大哉五行, 生物之理, 萬象宗焉. 故木須微火高明, 秋闈獨步, 澄淸金木, 春榜魁名.

크도다, 오행이여! 만물이 태어나는 이치이며 만 가지 상의 근본이 되니! 그러므로 木은 반드시 작은 火로서 고명해져 가을 과거에 독보가 되고 맑고 깨끗한 金木은 봄 과거에 장원을 한다.

화극금기능득용, 금극목부득성명, 목소금다, 환수진기, 목다금소, 일세신영.

火克金豈能得用, 金克木不得成名, 木少金多, 還須進氣, 木多金少, 一世身榮.

火가 金을 극하면 어찌 쓰일 수 있으며 金이 木을 극하면 이름을 이룰 수 없다. 木이 적고 金이 많으면 또한 반드시 두각을 나타내게 되고 木이 많고 金이 적으면 일생동안 몸에 영화가 있다.

금인화극필성기용, 수인토극우완지인. 목약금다, 지호삼순지수. 금견수실, 방위주극지인.

金人火局必成器用, 水人土局愚頑之人. 木弱金多,只好三旬之壽. 金堅秀實, 方爲柱國之人.

金形이 火局을 얻으면 반드시 큰 그릇이 되고 水形이 土局을 만나면 완고하고 어리석은 사람이다. 木이 약하고 金이 많으면 다만 30의 수명을 누릴 수밖에 없고 金이 견실하고 빼어나면 바야흐로 나라의 기둥이 될 인물이다.

토제수, 장전지객. 수생목출사구명, 양동재환수수윤. 국가진금목영명, 금득목방위유용, 목봉금일세신근, 형체리환종생극.

土制水, 庄田之客. 水生木出仕求名, 梁棟材還須水潤. 國家珍金木榮明, 金得木方爲有用, 木逢金一世辛勤, 形體理還從生克.

土가 水를 제압하면 토지로 부자가 될 사람이며 水生木은 벼슬길에 이름을 구하니 동량지재는 또한 윤택한 수형이다. 국가의 보배는 金木이 어우러져 영화가 밝으니 金形이 木을 얻어야 쓰일 수가 있다. 木形이 金을 만나면 일생동안 신고가 많으니 체형의 이치는 또한 오행의 생극에서 비롯된다.

면상리요간상생, 필수상쇠왕승약. 오행배방허득진, 목형인환수목색, 획생색환수득리, 범극색요절수명, 오행리화생천만, 일개론대오종신.

面上理要看相生, 必須詳衰旺勝弱. 五行配方許得眞, 木形人還須木色, 獲生色還須得利, 犯克色夭折須明, 五行理化生千萬, 一概論大悞終身.

얼굴의 이치는 오행의 상생을 보고 성쇠강약을 살펴야 한다. 오행이 균배를 이뤄야 진체(眞體)를 얻은 것이니 木形인은 木색을 얻어야 한다. 생색을 얻으면 반드시 이로움이 있고 극색을 만나면 요절하는 것이 분명하다. 오행의 이치는 천만 가지로 변화하니 한 가지 이론만으로는 평생을 크게 그르치게 된다.

## 總論歌 총론가

목수금방수주비, 토형돈후배여구, 상첨하활명여화, 오양인형자세추. 목색청혜화색홍, 토황수흑시진용, 지유금형의대백, 오반안색불상동.

木瘦金方水主肥, 土形敦厚背如龜, 上尖下闊明如火, 五樣人形仔細推. 木色靑兮火色紅, 土黃水黑是眞容, 只有金形宜帶白, 五般顔色不相同.

목형은 야위고 금형은 모나며 수형은 살쪘다. 토형은 두텁고 등이 거북과 같다. 위가 뾰족하고 아래가 넓으며 불처럼 밝으니 다섯 가지 사람의 형상은 자세히 추단하라. 목형은 푸르고 화형은 홍색이며, 토형은 누르고 수형이 검으니 이것이 진정한 용모이다. 다만 금형만이 백색을 띠어도 좋으니 다섯 가지 안색은 서로 같지 않다.

부인수정어수, 품기어화, 고감리위교구, 방득성신, 선정합이후신생, 선신생이후형전, 자지전어내외, 불출호오행생극지중.

夫人受精於水, 禀氣於火, 故坎離爲交媾, 方得成身, 先精合而後神生, 先神生而後形全, 自知全於內外, 不出乎五行生克之中.

대저 사람은 물로부터 精을 받고 불로부터 氣를 받았으므로 坎과 離가 서로 교합하여 비로소 몸이 이루어졌다. 먼저 精을 합하고 뒤에 神이 생겼으며, 神이 생긴 후 형상이 온전해졌으니 스스로 안과 밖이 오행의 생극 가운데서 벗어날 수 없음을 온전히 안다.

부귀빈천, 진재쇠강왕약지배. 고취위금목수화지설, 환유비금주수지형.

富貴貧賤, 盡在衰强旺弱之配. 故取爲金木水火之說, 還有飛禽走獸之形.

부귀빈천은 모두 성쇠와 강약의 균배에서 비롯되므로 金木水火之說을 취하고 또한 나는 새와 달리는 짐승의 형상이 있는 것이다.

금불혐방, 목불혐수, 화불혐첨, 토불혐중, 수불혐흑, 사금득금재지심, 사목득목자재족.

金不嫌方, 木不嫌瘦, 火不嫌尖, 土不嫌重, 水不嫌黑, 似金得金才智深, 似木得木資才足.

金形은 모난 것을 꺼리지 않고 木形은 야윈 것을 꺼리지 않으며 火形은 뾰족한 것을 꺼리지 않고 土形은 중탁한 것을 꺼리지 않으며 水形은 검은 것을 꺼리지 않는다. 이것은 金이 金을 얻어야 재능과 지혜가 깊어질 수 있고 木이 木을 얻어야 재물과 재기가 족한 것과 같다.

사수득수문학고, 사화득화견기심, 사토득토재록족. 여득기생부위묘, 득기박삭위기야.

似水得水文學高, 似火得火見機深, 似土得土財祿足.

如得其生扶爲妙, 得其剝削爲忌也.

水가 水를 얻어야 문학이 높고 火가 火를 얻어야 기교(技巧)가 깊은 것을 보고 土가 土를 얻어야 재록이 족한 것과 같다. 이것은 생과 도움을 얻어야 좋고 끊고 깎는 것을 만나면 꺼리게 되는 이치와 같은 것이다.

**인동천지, 기가일사무성, 약유일손, 종신불발.**
人同天地, 豈可一事無成, 若有一損, 終身不發.

사람은 천지와 같은데 어찌하여 한 가지도 이루어지는 일이 없고, 손해만 따르고 일생 운이 피지 않는 사람이 있는가?

**차언천내일대천, 인내일소천, 천유일월, 인유쌍목, 천유사시, 인유사지, 천유금석, 인유근골, 천유산악, 인유오관, 천유금목수화토, 인유심간비폐신, 위오행.**
此言天乃一大天, 人乃一小天, 天有日月, 人有雙目, 天有四時, 人有四肢, 天有金石, 人有筋骨, 天有山嶽, 人有五官, 天有金木水火土, 人有心肝脾肺腎, 爲五行.

하늘은 大天이며, 사람은 小天인데, 하늘에 해와 달이 있듯 사람에게는 두 눈이 있고, 천지에 사철이 있듯 사람에게는 사지가 있다. 천지에 금석이 있듯 사람에게는 근육과 뼈가 있고, 천지에 산악이 있듯 사람에게는 오관이 있다. 천지에 金·木·水·火·土가 있듯 사람에게는 심장과 간·

비장·폐·신장이 있으니 이것이 오행이다.

대개두원상천, 족방상지, 모발상산림, 성음상뢰정, 오악상산천. 천유풍운뢰우, 인유희노애락, 천유불측풍운, 인유단석화복.

大概頭圓像天, 足方像地, 毛髮像山林, 聲音像雷霆, 五嶽像山川. 天有風雲雷雨, 人有喜怒哀樂, 天有不測風雲, 人有旦夕禍福.

무릇 머리는 둥글어 하늘을 상징하고, 발은 모나 땅을 상징하며, 모발은 나무와 숲을 상징하며, 음성은 우레소리를 상징하며, 오악은 산천을 상징한다. 하늘에는 바람과 구름 우레와 비가 있고, 사람에게는 희노애락이 있지만, 하늘에는 알 수 없는 바람과 구름이 있고, 사람에게는 아침저녁으로 따르는 화와 복이 있다.

천욕고, 지욕후, 산림욕수, 일월욕명, 뇌정욕향량, 강호욕통류, 산악욕고용, 금석욕견실, 피토욕후장, 차수건내유일건불성자, 즉비부수지상야.

天欲高, 地欲厚, 山林欲秀, 日月欲明, 雷霆欲響喨, 江湖欲通流, 山嶽欲高聳, 金石欲堅實, 皮土欲厚壯, 此數件內有一件不成者, 則非富壽之相也.

하늘은 높아야 하고 땅은 두터워야 하며, 산림은 빼어나야 하고 해와 달은 밝아야 하며, 우레는 울려야 하고 강과 호수의 물은 통하고 흘러야 하며, 산악은 높이 솟아야 하고 금석은 견실해야 하며 흙은 두텁고 풍부해야 한다. 이 가운데 한 가지라도 제대로 이루어지지 않았으면 이는 부귀하고 장수를 누릴 수 있는 상이 아니다.

## 學堂論 학당론
## 四學堂 사학당

일왈안, 위관학당. 안요장이청, 주관직지위.
一曰眼, 爲官學堂. 眼要長而淸, 主官職之位.

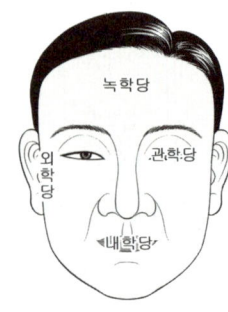

첫째는 눈으로 관학당이다. 눈은 길고 맑아야 하니 관직을 주관하는 위치이다.

이왈액, 위녹학당, 액활이장, 주관수.
二曰額, 爲祿學堂, 額闊而長, 主官壽.

둘째는 이마로 녹학당이다. 이마가 넓고 길어야 관직을 오래 지킬 수 있다.

삼왈당문양치, 위내학당, 요주정이밀, 주충신효경, 소결이소, 주다광망.
三曰當門兩齒, 爲內學堂, 要周正而密, 主忠信孝敬, 疎缺而小, 主多狂妄.

셋째는 당문양치로 내학당이다. 두루 단정하고 빽빽해야 충신효경이 있다. 드물고 결함이 있거나 작으면 망령됨이 많다.

사왈이문지전, 위외학당. 요이전풍만광윤, 주총명, 약혼침우노지인야.
四曰耳門之前, 爲外學堂. 要耳前豊滿光潤, 主聰明, 若昏沈愚魯之人也.

넷째 귓구멍 앞이니 외학당이다. 귓구멍의 앞이 풍만하고 빛이 윤택하면 총명하지만 어둡고 깊으면 어리석고 둔한 사람이다.

# 八學堂 팔학당

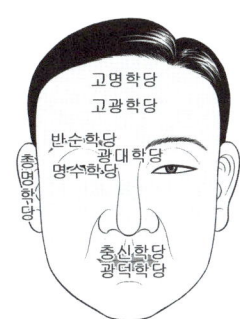

제일고명부학당, 두원혹유이골앙.
## 第一高明部學堂, 頭圓或有異骨昂.

첫째, 고명부학당이니 머리가 둥글거나 이 골이 솟은 것이다.

제이고광부학당, 액각명윤골기방.
## 第二高廣部學堂, 額角明潤骨起方.

둘째, 고광부학당이니 액각이 밝고 윤택하며 뼈가 솟고 모난 것이다.

제삼광대부학당, 인당평명무흔상
## 第三光大部學堂, 印堂平明無痕傷.

셋째, 광대부학당이니 인당이 평평하고 밝고 흉터나 이지러짐이 없어야 한다.

제사명수부학당, 안광흑다인은장.
## 第四明秀部學堂, 眼光黑多人隱藏.

넷째, 명수부학당이니 눈이 빛나고 눈동자가 검고 눈빛은 은은히 감춰져 있어야 한다.

제오총명부학당, 이유윤곽홍백황.

### 第五聰明部學堂, 耳有輪廓紅白黃.

다섯째, 총명부학당이니 귀의 윤곽이 있고 홍색이나 백색 황색이어야 한다.

제육충신부학당, 치제주밀백여상.
### 第六忠信部學堂, 齒齊周密白如霜.

여섯째, 충신부학당이니 이가 가지런하고 고루 빽빽하며 서리처럼 흰색이어야 한다.

제칠광덕부학당, 설장지준홍문장.
### 第七廣德部學堂, 舌長至準紅紋長.

일곱째, 광덕부학당이니 혀가 길어 준두에 이르고 붉으며 문양이 길어야 좋다.

제팔반순부학당, 횡문중절만합쌍.
### 第八斑芛部學堂, 橫紋中節彎合雙.

여덟째, 반순부학당이니 눈썹이 옆으로 길게 뻗다가 중간에 구부러짐이 있고 양쪽 눈썹이 똑같아야 한다.

## 壽夭得失 **수요득실**

차사자, 각유일설, 부수자, 골정견실, 육혈자윤, 범노래최의미호이호수반, 침골음유문, 추경흑견.
### 此四者, 各有一說, 夫壽者, 骨正堅實, 肉血自潤, 凡老來最宜眉毫耳毫壽斑, 枕骨陰有紋, 皺硬黑堅.

이 네 가지에는 각각 한 가지씩 설이 있다. 무릇 장수하는 사람은 골격이 바르고 견실하며 살과 혈색이 스스로 윤택한데, 나이 들면서 점차 좋은 것은 미호·이호·수반이 생기는 것이며, 뒤통수에 문양이 있고 주름이 단단하고 검으며 견실한 것이 좋다.

약노래순청암, 주기사, 이암삼년내사, 이간고이년사. 소년이건암, 주대궁대패, 중년이고, 주무운, 직대명윤, 방득형통.

若老來脣靑暗, 主飢死, 耳暗三年內死, 耳幹枯二年死. 少年耳乾暗, 主大窮大敗, 中年耳枯, 主無運, 直待明潤, 方得亨通.

만약 나이 들면서 입술이 푸르고 어두워지면 굶어 죽게 되며, 귀가 어두워지면 3년 내 죽게 되고, 귀가 마르면 2년 후에 죽게 된다. 소년의 귀가 마르고 어두워지면 크게 곤궁하고 크게 실패하게 되며, 중년인 사람의 귀가 마르면 운이 없게 된다. 귀가 바르게 붙고 밝고 윤택하면 형통하게 된다.

노래이흑주사, 고금목불가불명, 항피건, 주대수궁, 약노래두피일건, 즉사무의. 황광생구각, 암색요순청, 즉고사.

老來耳黑主死, 故金木不可不明, 項皮乾, 土大受窮, 若老來頭皮一乾, 卽死無疑. 黃光生口角, 暗色繞脣靑, 卽苦死.

늙어서 귀가 검어지면 죽게 된다. 그러므로 금성(金星)과

목성(木星)은 밝지 않으면 안 된다. 목의 피부가 마르면 크게 곤궁함을 당하게 되고, 늙어서 머리 피부가 마르면 죽게 됨을 의심할 바 없다. 입 끝에 누런 기색이 나타나거나 어두운 기색이 입을 둘러싸고 입술이 푸르게 변하면 고통스럽게 죽음을 맞게 된다.

미호어사십외생, 유인부조, 오십외생역호, 여조하방, 불형극, 약조상, 주고독.

**眉毫於四十外生, 有人扶助, 五十外生亦好, 如朝下方, 不刑克, 若朝上, 主孤獨.**

눈썹에 긴 털이 40세 이후에 나면 도와주는 사람이 나타나고, 50세 이후에 나는 것 또한 좋다. 털이 아래쪽으로 나면 형벌이나 극함을 당하지 않지만, 위쪽으로 치켜 나면 고독하게 된다.

면상육십외생반, 의흑량, 방유대복대수, 오십내생, 즉사. 노래생발불의, 주극처상자. 지주유수, 환간두피위주.

**面上六十外生斑, 宜黑亮, 方有大福大壽, 五十內生, 卽死. 老來生髮不宜, 主克妻喪子. 只主有壽, 還看頭皮爲主.**

60살 넘어 얼굴에 점이 생기면 검고 밝은 것이 좋아 큰 복과 장수를 누리게 되지만 50살 이내에 생기면 죽게 된다. 늙은이가 머리털이 새로 나는 것은 좋지 않다. 처를 극하고 자식을 잃게 되지만 본인은 장수한다. 머리 피부를 위주로 보아야 한다.

요자하설, 인생천지, 품일월정화, 탈천지수기, 약유일손, 즉성요상. 소자수수, 위천주경퇴, 주사.

夭者何說, 人生天地, 稟日月精華, 奪天地秀氣, 若有一損, 卽成夭相. 少者垂首, 爲天柱傾頹, 主死.

단명하는 것은 무엇을 말하는 것인가. 사람은 천지간에 태어나고 해와 달의 정화를 품수받으며 천지의 빼어난 기운을 받으니, 한 가지라도 부족함이 있으면 단명하는 상이 된다. 어린이가 머리를 수그리고 있으면 이는 하늘을 떠받치는 기둥이 기울고 무너진 것이므로 죽게 된다.

일월무광, 즉사, 상시목소무광, 불만삼십지외, 두대정첨피우건, 사구지수. 서운, 안회수단, 개인신산광부. 태공팔십, 지위이여상설.

日月無光, 卽死, 常時目小無光, 不滿三十之外, 頭大頂尖皮又乾, 四九之壽. 書云, 顔回壽短, 皆因神散光浮. 太公八十, 只爲耳如霜雪.

해와 달은 광채가 없으면 죽게 되듯 언제나 눈이 작고 광채가 없으면 30세를 넘기기 어렵다. 머리는 크고 정수리가 뾰족하며 머리 피부가 말랐으면 49의 수명이다. 책에 이르기를 '안회의 수명이 짧은 것은 눈의 신기가 흩어지고 눈빛이 들떴기 때문이며, 태공이 80세에 운을 만난 것은 귀 색깔이 서리와 눈 같았기 때문이다.'라고 하였다.

*안회(顔回, BC 521- BC 490): 노(魯)나라 출생으로 자는 연(淵). 공자보다 30세 연하의 제자로 학문과 덕행이 뛰어나 같은 실수를 두 번 하는 일이 없었으며, 자기를 이기고 예로 돌

아가야 한다는 '극기복례(克己復禮)'를 신조로 삼았다. 학문을 좋아하여 공자가 가장 사랑했던 제자였으나 32세로 요절하였다. 《논어·안연편》에 공자와 문답한 기록이 있다.

*태공(太公, ? -?): 주(周)나라 초기의 정치가이며 공신. 본명이 강상(姜尙)이었으므로 흔히 강태공으로 불린다. 동해(東海)의 가난한 사람으로 때를 기다리며 낚시만 하고 집안을 돌보지 않았으므로 그의 아내가 집을 나갔다. 위수강(渭水)에서 낚시를 하다가 80세에 주(周)나라 문왕을 만나 그의 스승이 되었다. 병법에 뛰어나 무왕을 도와 상(商)나라 주왕(紂王)을 멸망시켜 천하를 평정하고, 제(齊)나라 제후에 봉해져 그 시조가 되었다. 국가 경영서인 《육도(六韜)》가 그의 저작이라고 전해 온다.

비무량, 삼구지후. 쌍목여니, 이십오귀. 미여투계, 사구난보. 나계월패교가, 삼십지년정절. 나계일월교증, 삼십전후, 입사위승, 불연야요.

鼻無梁, 三九之後. 雙目如泥, 二十五歸. 眉如鬪鷄, 四九難保. 羅計月孛交加, 三十之年定折. 羅計日月交增, 三十前後, 入寺爲僧, 不然也夭.

코에 콧대가 없으면 39세 이후에 죽게 되며, 두 눈이 진흙처럼 어두우면 25세에 돌아간다. 눈썹이 곧추서서 싸움닭의 털 같으면 49세를 보전키 어렵다. 두 눈썹이 이어지고 월패(산근)가 끊겼으면 30세에 꺾이도록 정해져 있다. 두 눈썹이 붙고 두 눈이 붙어 있으면 30세 전후에 죽게 되니 절로 들어가 僧이 되어야 한다. 그렇지 않으면 요절하게 된다.

신대성불향, 삼십외귀. 신비기불완, 사십외귀. 안로비무량, 삼십팔살상. 우운, 발황여초기조, 우시우완정배도, 삼십외주흉신사.

身大聲不響, 三十外歸. 身肥氣不完, 四十外歸. 眼露鼻無梁, 三十八殺傷. 又云, 髮黃如草氣粗, 又是愚頑定配徒, 三十外主凶身死.

몸집은 큰데 음성에 울림이 없으면 30 넘어 돌아가고, 몸이 비대한데 기가 온전치 않으면 40 넘어 돌아간다. 눈망울이 드러나고 코에 콧대가 없으면 38세에 살상을 당하게 된다. 또한 이르기를 '머리털이 마른 풀 같이 누렇고 기가 거칠면 어리석고 고집스러우며 귀양살이하게 되는 무리로 30 넘어 흉사하게 된다'라고 했다.

인혈재광명, 사구정귀음. 발장두안무신, 사래구내삼춘. 우운, 두소발장종적산, 발장두착, 명난량. 발생도이수기사, 권여라필유상.

因血災光明, 四九定歸陰. 髮長頭眼無神, 四來九內三春. 又云, 頭小髮長踪跡散, 髮長頭窄, 命難量. 髮生到耳須飢死, 捲如螺必有傷.

혈색이 화재가 난 듯 빛이 밝으면 49세에 음지로 돌아가게 되고, 머리털이 길게 아래까지 나고 머리와 눈에 신기가 없으면 49세 이후 3년 내 죽게 된다. 또한, 이르기를 '머리가 작고 머리털이 아래까지 나고 길면 종적이 흩어지고, 머리털이 길게 나고 머리가 좁으면 수명을 가늠키 어렵다'라고 하였는데, 머리털이 귀까지 났으면 반드시 굶어 죽고, 소라처럼 말렸으면 반드시 몸을 상하게 된다.

得者, 言人久困之相, 而得一遇之兆, 如人久困準一明, 印乃命宮, 若一開, 卽得三遇爲得弟也.

운을 얻음은, 오랫동안 곤궁한 상이었던 사람이 운을 만나는 조짐이 있다는 말이다. 오랫동안 곤궁하던 사람이 준두가 밝아지고 인당 명궁의 기색이 한번 열리면 3번의 이로움이 잇따르게 된다.

若人久困, 雙眼忽然神足, 大遇一貴. 聲音一響, 必有一得. 如人部位原好足, 因色不開, 色若一開, 神若一足, 乃有萬里雲雷之志. 如血色久不開明, 乃多滯, 若得一明, 滯自退也, 本利得生.

오랫동안 곤궁했던 사람이 어느 날 두 눈에 신기가 족하면 크게 귀한 일을 만나게 된다. 음성이 울리게 되면 반드시 이로운 일이 있게 된다. 본래 얼굴 부위가 매우 좋은 사람이 색이 열리지 않다가 색이 열리고 신기가 족하면 만 리를 진동시키는 큰 뜻을 이루게 된다. 혈색이 오랫동안 밝게 열리지 않은 사람은 막히는 일이 많았지만, 한 번 밝아지면 막혔던 일들이 스스로 물러가고 틀림없이 이로움이 있게 된다.

실자, 내교패운지설, 예방가면일반. 여인기색호, 야발득재. 약도부위부족지처, 필실의. 미안청이근함, 수방사십외실. 천정고, 내부형지운, 약미안불여, 도삼순, 즉실위파가.

失者, 乃交敗運之說, 預防可免一半. 如人氣色好, 也發得財. 若到部位不足之處, 必失矣. 眉眼淸而根陷, 須防四十外失. 天庭高, 乃父兄之運, 若眉眼不如, 到三旬, 則失位破家.

운을 잃는 것은, 운이 패운으로 바뀌는 것을 말하며, 미리 알고 예방하면 피해를 반으로 줄일 수 있다. 사람의 기색이 좋다면 재운이 발하지만, 얼굴 부위가 좋지 못한 때에 이르면 반드시 실패가 있게 된다. 눈썹과 눈이 청수해도 산근이 함몰되었다면 반드시 40세를 넘길 때 실패를 예방해야 한다. 천정이 높은 것은 부모 형제 운이 좋은 것이지만, 눈썹과 눈의 격이 그에 못 미친다면 30대에 이르러 얼굴에서 부족한 부위의 운을 만날 때 가정이 깨어지게 된다.

여기성호, 목성불호, 겸창고삭, 륙구전화심유휴. 일세신영, 도자혈지시, 전조궁곤자, 개인와잠흑암상순청. 노운무량, 지위설하근생경, 내설저하횡생일경야.

如其星好, 木星不好, 兼倉庫削, 六九前火心有虧. 一世身榮, 到子穴之時, 轉遭窮困者, 皆因臥蠶黑暗上脣靑. 老運無糧, 只爲舌下根生硬, 乃舌底下橫生一硬也.

얼굴의 오성 가운데 다른 부위가 좋다해도 목성이 좋지 않고 천창과 지고가 깎였다면 69세 이전에 열의가 이지러지게 된다. 일생 영화를 누리다가 50대에 이르러 운이 바뀌어 곤궁함을 만나게 되는 것은 모두 와잠이 흑색으로 어둡고 윗입술이 푸르기 때문이다. 늙어서 양식이 없는 것은 다만 혀 아래 단단한 돌기가 생기는데 혀 아래 가로로 생기고 단단해지기 때문이다.

## 榮枯得失 영고득실

차사자인개난전, 여천고지익, 토정관개내유영유득지격. 여천정삭, 일월명, 미모수, 소년미필전미, 조부근기소, 재중년삼십이외, 일로행래방호, 재무요손. 여하유휴, 환유일실, 부곤고야.

此四者人皆難全, 如天高地翼, 土正顴開乃有榮有得之格. 如天停削, 日月明, 眉毛秀, 少年未必全美, 祖父根基小, 在中年三十以外, 一路行來方好, 再無夭損. 如下有虧, 還有一失, 復困苦也.

이 네 가지는 사람이 모두 온전하기는 어렵다. 그러나 이마가 높고 지각이 도와주며 코가 바르고 관골이 열렸다면 영화가 있고 이득을 얻는 격이다. 천정이 깎였으나 두 눈이 밝고 눈썹이 수려하면 소년 시기에 모든 것이 온전할 수 없으니, 조상과 부모의 근기가 작은 것이다. 중년 30세 이후부터 모든 일이 잘 풀려나가고 다시는 요절하거나 손실을 보는 일이 없게 된다. 그러나 하정이 이지러지거나 또한 부족한 곳이 있다면 다시 곤고하게 된다.

서운, 천고지박, 초발달중건난성, 중정관고, 도중년가성기업. 비여현담, 백수흥륭, 관삭비저, 일세궁고도로.

書云, 天高地薄, 初發達中建難成, 中正顴高, 到中年可成基業. 鼻如懸膽, 白手興隆, 顴削鼻低, 一世窮苦到老.

글에 이르기를 '하늘이 높고 땅이 얇으면 초년 운이 발달하지만, 중년에 하는 일이 성공하기 어려우며, 중악이 바르고 관골이 높으면 중년에 이르러 가업의 기반을 이룰 수 있다. 코가 쓸개를 매단 듯하면 빈손으로 시작하여 크게 흥성하게 된다. 관골이 깎이고 코가 낮으면 일생 궁색하고 고난스럽게 늙게 된다'라고 하였다.

## 富貴貧賤 부귀빈천

차언사자, 범부수요신발재자발, 신래재자래, 신불발, 재불래, 신불래, 재정난발. 언신상인, 루취목형지격, 목약유신재필발, 목약무신재필상.

此言四者, 凡富須要身發財自發, 神來財自來, 身不發, 財不來, 神不來, 財定難發. 言神相人, 屢取木形之格, 木若有神財必發, 木若無神財必傷.

이 4가지를 말하면, 무릇 富는 반드시 몸이 피어야 재운이 스스로 발하는 것이며, 신기가 와야 재운도 스스로 오는 것이다. 몸이 피지 않으면 재운이 오지 않으며 신기가 오지 않으면 재운은 결단코 발하기 어렵다. 신기로 사람을 살피는 것을 말하자면, 거듭 木형격을 예로 들 때 木

형에게 신기가 있으면 재운이 반드시 발하지만 목형에 신기가 없으면 반드시 재물을 잃게 된다.

상등인발재불발신, 중등인신발재발, 하등인신수발, 불견재, 내일신여토지탁, 육우부실야, 고육장재불래, 약육발의실, 골육양배방묘. 여육다골소, 사구불보.

上等人發財不發身, 中等人身發財發, 下等人身雖發, 不見財, 乃一身如土之濁, 肉又不實也, 故肉長財不來, 若肉發宜實, 骨肉兩配方妙, 如肉多骨少, 四九不保.

상등급인 사람은 재운이 발해도 몸이 발하지 않으며, 중등급인 사람은 몸이 피어야 재운이 발하며, 하등급인 사람은 비록 몸이 피어나도 재운을 만나지 못하는데, 이는 몸이 흙과 같이 탁해서 살도 견실하지 않기 때문이다. 그러므로 살이 쪄도 재운이 오지 않는 것이다. 살이 쪄도 견실하며 뼈와 살이 서로 균형이 맞아야 비로소 좋은 것이다. 만약 살이 많고 뼈가 적다면 49세를 보전할 수 없다.

약체후육실, 골정신강, 대부지상. 범귀여부대부동, 지취청위묘, 청요도저, 불의일탁, 차내개론형국.

若體厚肉實, 骨正神强, 大富之相. 凡貴與富大不同, 只取淸爲妙, 淸要到底, 不宜一濁, 此乃槪論形局.

몸이 두텁고 살이 견실하며 골격이 반듯하고 신기가 강하면 큰 부자의 상이다. 무릇 부와 귀는 크게 다른데 다만 맑은 것을 훌륭한 것으로 취한다. 맑으면 한결같아야 하며 한 점이라도 탁해서는 좋지 않다. 이는 형국에 대해 대략 논한 것이다.

환요간오관육부십이궁귀, 일요두정평, 이요이경, 삼요견고, 사요관고, 오요정청, 육요순홍, 칠요치후, 팔요요원, 구요지장, 십요발흑윤, 차십건구전, 환난득귀.

還要看五官六府十二宮貴, 一要頭頂平, 二要耳硬, 三要肩高, 四要顴高, 五要睛淸, 六要脣紅, 七要齒厚, 八要腰圓, 九要指長, 十要髮黑潤, 此十件俱全, 還難得貴.

또한 오관과 육부 12궁이 귀한지를 봐야 한다. 첫째 머리 정수리가 평평해야 하고, 둘째 귀가 단단해야 하며, 셋째 어깨가 높아야 하고, 넷째 관골이 높아야 하며, 다섯째 눈동자가 맑아야 하며, 여섯째 입술이 붉어야 하며, 일곱째 치아가 두터워야 하며, 여덟째 허리가 둥글어야 하며, 아홉째 손가락이 길어야 하며, 열째 머리카락이 검고 윤기가 나야 한다. 이 열 가지가 모두 온전하다면 어찌 귀함을 얻기 어렵겠는가.

## 十淸十美 십청십미

### 十淸 십청

갱유세간처, 유십청재유십미, 성음향, 선소후대위일청, 고인운, 귀인성운출단전, 기실후관향우견, 우운, 목성고창화성초, 화윤금성복수요.

更有細看處, 有十淸再有十美, 聲音響, 先小後大爲一淸, 古人云, 貴人聲韻出丹田, 氣實喉寬響又堅, 又云, 木聲高唱火聲焦, 和潤金聲福壽饒.

다시 자세히 살펴야 하는 부위가 있으니, 열 가지 맑음이 있고 또한 열 가지 아름다움이 있다. 음성에 울림이 있고 처음에는 음성이 작은 듯해도 점차 커지는 것이 첫째 맑음이다. 옛사람이 이르기를 '귀인의 음성은 단전에서 나오니 기가 견실하고 목구멍이 넓어 울림도 견실한 것이다'라고 하였다. 또한 이르기를 '木聲은 음이 높게 부르짖고, 火聲은 건조하며, 온화하고 윤택한 金聲은 복과 수명이 넉넉하다'라고 하였다.

신상모의세연위이청, 발모즉여산림, 욕윤이청, 연이세. 치여옥위삼청, 서운, 욕식귀인록, 수생귀인치. 장홍윤, 문여사, 지장위사청.

身上毛宜細軟爲二淸, 髮毛卽如山林, 欲潤而淸, 軟而細. 齒如玉爲三淸, 書云, 欲食貴人祿, 須生貴人齒. 掌紅潤, 紋如絲, 指長爲四淸.

몸에 있는 털이 가늘고 부드러운 것이 둘째 맑음이니, 머리털과 체모는 곧 산림과 같아서 윤택하고 맑으며 부드럽고 가늘어야 한다. 치아가 옥과 같은 것이 셋째 맑음이다. 글에 이르기를 '귀인으로 녹을 먹으려면 반드시 귀인의 치아로 생겨야 한다'라고 했다. 손바닥이 붉으며 손금이 명주실 같고 손가락이 긴 것이 넷째 맑음이다.

이백색겸홍윤위오청, 서운, 이백과면, 조야문명, 우운, 이백순홍겸안수, 하

수금방부제명. 발윤미흑위육청, 발제과명문위칠청,

耳百色兼紅潤爲五淸, 書云, 耳白過面, 朝野聞名, 又云, 耳白脣紅兼眼秀, 何愁金榜不題名. 髮潤眉黑爲六淸, 髮齊過命門爲七淸,

귀가 희거나 붉고 윤택한 것이 다섯째 맑음이다. 글에 이르기를 '귀가 얼굴보다 희면 조정에서 이름을 듣게 된다'라고 했고, 또한 '귀가 희고 입술이 붉으며 눈이 빼어나면 어찌 과거에 급제하여 이름이 앞에 걸리지 않음을 근심하랴'라고 했다. 머리카락이 윤기나고 눈썹이 검은 것이 여섯째 맑음이며, 빈발이 가지런히 명문을 지난 것이 일곱째 맑음이다.

지수극혈윤불로골, 위팔청, 차건극귀, 지수유경위구청, 제심위십청, 차십청여득일이가취, 유귀지격.

至瘦極血潤不露骨, 爲八淸, 此件極貴, 至瘦乳硬爲九淸, 臍深爲十淸, 此十淸如得一二可取, 有貴之格.

지극히 야윈 사람이 혈기가 윤택하고 빛나며 뼈가 드러나지 않은 것이 여덟째 맑음으로 이것은 극귀한 것이다. 지극히 야윈 사람이 유두가 단단하면 아홉째 맑음이며, 배꼽이 깊은 것이 열째 맑음이다. 이 열 가지 맑음 가운데 한두 가지를 갖추었다면 귀한 격이다.

# 十美 십미

십미하설, 장연여면겸목수, 자능장권입구중, 위일미, 주이품지격. 일신지육, 여옥여주위이미, 주삼품지격.

十美何說, 掌軟如綿兼目秀, 自能將拳入口中, 爲一美, 主二品之格. 一身之肉, 如玉如珠爲二美, 主三品之格.

열 가지 아름다움이란 무엇을 말하는가. 손바닥이 솜처럼 부드럽고 눈이 빼어나며 자신의 주먹이 입안으로 들어가는 것이 첫째 아름다움으로 2품의 격이다. 몸의 살이 옥 같고 구슬 같으면 둘째 아름다움으로 3품의 격이다.

범수두원위삼미, 연불과소귀. 이후육기위사미, 주부귀. 음낭향, 한윤색장명위오미, 주대귀초군.

凡瘦頭圓爲三美, 然不過小貴. 耳後肉起爲四美, 主富貴. 陰囊香, 汗潤色長明爲五美, 主大貴超群.

야윈 사람이 머리가 둥글면 셋째 아름다움이지만 조금 귀할 뿐이다. 귀 뒤의 살이 솟은 것이 넷째 아름다움으로 부귀하다. 음낭이 향기로우며 땀이 윤택하며 기색이 오랫동안 밝으면 다섯째 아름다움으로 크게 귀하여 보통사람이 아니다.

신면흑이장심백, 내음내생양위육미, 문무직대현. 정청순홍위칠미, 주무직. 인소성청위팔미, 목유야광위구미. 십팔생수청수자위십미, 조등과갑.

身面黑而掌心白, 乃陰內生陽爲六美, 文武職大顯. 睛淸脣紅爲七美, 主武職. 人小聲淸爲八美, 目有夜光爲九美. 十八生鬚淸秀者爲十美, 早登科甲.

몸과 얼굴은 검은데 손바닥이 희면 이는 음 속에서 양이 생하는 것이니 여섯째 아름다움으로 문관이나 무관으로 크게 영달한다. 눈동자가 맑고 입술이 붉은 것이 일곱째 아름다움으로 무관직에 나가게 된다. 체구는 작은 사람이 음성이 맑으면 여덟째 아름다움이며, 밤에 눈에서 광채가 나면 아홉째 아름다움이며, 18세에 수염이 나는데 맑고 빼어나면 열째 아름다움으로 일찍 과거에 급제하게 된다.

## 貧賤之相 빈천지상

빈자하관하부야, 오육삼정, 자연부동, 신쇠색암, 천편지삭, 일월불명, 산악부조, 하해불청, 임목불윤, 피토불영, 혈기불화, 구시빈궁지상, 내천지부정지기야.

貧者何官何府也, 五六三停, 自然不同, 神衰色暗, 天偏地削, 日月不明, 山岳不朝, 河海不淸, 林木不潤, 皮土不瑩, 血氣不華, 俱是貧窮之相, 乃天地不正之氣也.

가난한 것은 오관이 어떻게 생기고 육부가 어떻게 생긴 것인가. 오관과 육부·삼정은 같지 않은 것이다. 신기가 쇠약하고 색이 어두운 것, 천창이 기울고 지각이 깎인 것, 두 눈이 밝지 않은 것, 산악이 조응하지 않는 것, 물과 바다가 맑지 않은 것, 숲과 나무가 윤택하지 않은 것, 피부가 밝지 않은 것, 혈색과 기색이 빛나지 않는 것 등은 모두 빈궁한 상이니 이는 천지의 기가 바르지 않은 것이다.

**부천자우여빈상부동, 어언다범, 두첨액삭, 일월실함, 성신불균, 부위부정, 장단불배, 구내천격야.**

夫賤者又與貧相不同, 語言多泛, 頭尖額削, 日月失陷, 星辰不勻, 部位不停, 長短不配, 俱乃賤格也.

무릇 천한 것과 가난한 상은 다르다. 말하는 것이 허황되고 들뜬 것, 머리가 뾰족하고 이마가 깎인 것, 두 눈이 잘못된 것, 두 눈썹이 고르지 않은 것, 얼굴 부위가 균형에 맞지 않는 것, 신체와 얼굴의 장단이 맞지 않는 것 등은 모두 천한 격이다.

## 身體各論 신체각론

**두위육양괴수, 상합여천; 천정위경양, 천창위태양, 후뇌위후양, 천령위령양(여무차골), 좌우일각위화양, 차내육양야.**

頭爲六陽魁首, 像合與天; 天頂爲景陽, 天倉爲太陽, 後腦爲後陽, 天靈爲靈陽(女無此骨), 左右日角爲華陽, 此乃六陽也.

머리는 여섯 양의 우두머리로 하늘의 상과 합치된다; 천정을 경양이라고 하며 천창을 태양, 머리 뒷부분을 후양이라고 하며, 천령(머리꼭대기 주위부분)을 영양(여자는 이 뼈가 없다)이라고 하며, 좌우측 일월각을 화양이라고 하는데 이 부위들이 육양이다.

**환유이십사골, 각유일명, 위이십사기, 고두위일신지주, 불가흠결편함, 왜**

사박삭, 차수자유일건, 내파상야. 최요평원, 골골기, 각각유성, 방위유용, 육양지중, 여일양불성, 역불취용.

還有二十四骨, 各有一名, 爲二十四氣, 故頭爲一身之主, 不可欠缺偏陷, 歪斜薄削, 此數者有一件, 乃破相也. 最要平圓, 骨骨起, 角角有成, 方爲有用, 六陽之中, 如一陽不成, 亦不取用.

또한 24골이 있고 각기 이름이 있고 그에 해당하는 24기가 있다. 그러므로 머리는 일신의 주인이 되므로 흠결이 있거나 기울고 함몰되거나 비뚤어지고 기울고 얇고 깎였으면 안 된다. 이 몇 가지 가운데 한 가지라도 해당되면 이는 파상이다. 가장 좋은 것은 평평하고 둥글고 머리의 각이 뚜렷하면 비로소 쓸 수 있으니 만약 한 가지 양이라도 잘못돼있으면 또한 취하여 쓸 수 없다.

항위백도, 가관장단세원; 부항자상주륙양, 하통백곡, 불가불관. 고인지서, 지유상후, 미유상항지설, 항자내일신지주, 기무상호.

項爲百道, 可觀長短細圓; 夫項者上週六陽, 下通百谷, 不可不觀. 古人之書, 只有相喉, 未有相項之說, 項者乃一身之主, 豈無相乎.

목은 머리와 몸을 이어주는 백 가시 동로이니 길고 짧음과 가늘고 둥근 것을 살펴야 한다; 무릇 목이란 위로 육양과 이어지고 아래로 백 가지 기관과 통하므로 잘 살피지 않을 수 없다. 옛사람의 글에는 목구멍에 관해서만 있을 뿐 목에 관한 설은 없는데, 목은 일신의 주체가 되는 것인데 어찌 상이 없겠는가.

범여항원장위묘, 남인부동, 수인항욕장, 비인항욕단. 수인항단, 삼십전후난도. 비인항장, 사구불능보신.

凡女項圓長爲妙, 男人不同, 瘦人項欲長, 肥人項欲短. 瘦人項短, 三十前後難逃. 肥人項長, 四九不能保身.

무릇 여자는 목이 둥글고 긴 것이 좋지만, 남자는 이와 다르다. 야윈 사람은 길어야 하고 살찐 사람은 짧아야 한다. 야윈 사람이 목이 짧으면 30세 전후에 실패를 면하기 어렵고 살찐 사람이 목이 길면 49세에 몸을 보전키 어렵다.

범항일기결후, 이기부근, 삼기로골, 사기동기, 차사자구빈궁지상. 수인결후, 불과곤수, 비인결후, 랑사타주. 선생왈, 피급육부우결후, 평생신고주타주. 혈고약로쌍전자, 사십지전수필휴.

凡項一忌結喉, 二忌浮筋, 三忌露骨, 四忌動氣, 此四者俱貧窮之相. 瘦人結喉, 不過困守, 肥人結喉, 浪死他州. 先生曰, 皮急肉浮又結喉, 平生辛苦走他州. 血枯若露雙全者, 四十之前壽必休.

첫째는 결후가 튀어나온 것을 꺼리고, 둘째는 들뜬 근육, 셋째는 뼈가 나온 것, 넷째는 호흡을 따라 움직이는 것을 꺼리니 이 네 가지는 모두 빈궁한 상이다. 야윈 사람이 결후가 나왔으면 곤궁함에 불과하지만 살찐 사람이 결후가 나왔으면 타향을 떠돌다 죽게 된다. 선생(원공)께서 이르시길 '피부가 급하고 살이 들뜨고 결후가 있으면 평생 신고가 많고 타향을 떠돈다. 혈이 마르고 결후가 나온 사람은 40세 전 수명이 그친다'라고 하셨다.

우왈, 항원피후유중문, 정시총명준수인. 량배량견래제우, 관백옥출공경, 고두종원, 항약세, 난언유수. 항유중문, 위항조, 주대수, 일생불초흉.

又曰, 項圓皮厚有重紋, 定是聰明俊秀人. 兩背兩肩來濟遇, 管白屋出公卿, 故頭縱圓, 項若細, 難言有壽. 項有重紋, 爲項條, 主大壽, 一生不招凶.

또한 이르시길 '목이 둥글고 피부가 두툼하고 두 줄의 주름이 있으면 틀림없이 총명하고 준수한 사람이다'라고 하셨다. 등과 양어깨가 제대로 격을 이뤘으면 틀림없이 가난한 집안이라도 공경이 나게 된다. 그러므로 머리가 늘어지고 목이 가늘면 장수한다고 말하기 어렵다. 목에 두툼한 주름이 있는 것이 항조인데 장수하며 일생 흉한 일을 겪지 않는다.

배합음양삼도, 불가부정평고; 배함성갱흉로골, 가무격숙지량. 대개배욕고, 이흉욕평, 견욕활이불용, 범용위한야. 광감집운, 배유삼갑(삼갑내음자야), 복유삼임(삼임용수자야), 의풍식족부귀안영.

背合陰陽三道, 不可不定平高; 背陷成坑胸露骨, 家無隔宿之糧. 大概背欲高, 而胸欲平, 肩欲闊而不聳, 凡聳爲寒也. 廣鑒集云, 背有三甲(三甲乃音字也), 腹有三壬(三壬用垂字也), 衣豊食足富貴安榮.

등은 음양 삼도이니 반드시 넓고 높아야 한다; 등이 함몰되어 구덩이 같고 가슴뼈가 드러났으면 집에 하루걸러 먹을 양식이 없다. 무릇 등은 높고 가슴은 평평하며 어깨는 넓되 솟지 않아야 하니, 솟은 것은 한견(추운 어깨)이다. 《광감집》에 이르기를 '등에 甲자 3개가 있고(삼갑은 音자이다), 배에 壬자 3개가 있으면(삼임은 垂자이다) 의식이 풍족하고 부귀와 평안, 영화를 누린다'라고 했다.

범흉의개활, 불의착소, 흉상유호위기, 연자환가심지심함, 위인심사간사. 배약성갱, 지로무량, 이차수촉.

凡胸宜開闊, 不宜窄小, 胸上有毫爲忌, 軟者還可心之深陷, 爲人心事奸邪. 背若成坑, 至老無糧, 而且壽促.

무릇 가슴은 넓게 열려야 하고 좁고 작은 것은 좋지 않다. 가슴에 털이 있는 것을 꺼리니 부드럽다면 마음이 음험하여 심사가 간사한 사람이다. 등이 구덩이 같으면 늙어서 양식이 없고 수명이 짧다.

수형토형배의고, 목형배의평. 속운, 호면불여호신. 흉배내일신지주. 서운, 양공음몰역동도, 배위음, 흉위양, 내양불가공, 음불가로.

水形土形背宜高, 木形背宜平. 俗云, 好面不如好身. 胸背乃一身之主. 書云, 陽空陰沒亦同途, 背爲陰, 胸爲陽, 乃陽不可空, 陰不可露.

수형과 토형은 등이 높아야 좋고 목형은 평평한 것이 좋다. 속설에 '얼굴 좋은 것이 몸 좋은 것만 못하다'라고 하였으니 가슴과 등은 일신을 주관한다. 옛글에 이르기를

'양이 비거나 음이 없는 것은 같다. 등은 음이 되고 가슴은 양이 되니 양이 비어서는 안 되고 음이 드러나도 안 된다'라고 했다.

유위후예근묘, 최의흑대방원견경; 범유불의소, 금목수토사형의피토후, 여피박, 유필박, 피실. 유두조상, 양자필성, 유두조하, 양자여니.

乳爲後裔根苗, 最宜黑大方圓堅硬; 凡乳不宜小, 金木水土四形宜皮土厚, 如皮薄, 乳必薄, 皮實. 乳頭朝上, 養子必成, 乳頭朝下, 養子如泥.

젖가슴은 후예의 뿌리와 싹이다. 가장 좋은 것은 검고 크고 넓고 둥글고 견실하고 단단한 것이다; 무릇 젖가슴은 작으면 좋지 않다. 금목수토 네 형은 젖가슴의 피부가 두꺼워야 좋다. 피부가 얇으면 반드시 젖이 얇다. 피부가 건실하고 유두가 위를 향해 있으면 자식을 길러 성공한다. 유두가 아래로 처지면 자식을 기르면 진흙처럼 된다.

유두원경, 자부, 유두방경, 자귀, 유파소, 자식난성. 유백색불기, 난언자식. 부인역의유흑대위묘, 소자자소, 대자자다, 유방자귀원고부, 백소저편자식난. 약흑약견호차미, 자귀손영복수창.

乳頭圓硬, 子富, 乳頭方硬, 子貴, 乳破小, 子息難成. 乳白色不起, 難言子息. 婦人亦宜乳黑大爲妙, 小者子少, 大者子多, 乳方子貴圓高富, 白小低偏子息難. 若黑若堅毫且美, 子貴孫榮福壽昌.

유두가 둥글고 단단하면 자식이 부자가 되고, 유두가 모나고 단단하면 자식이 귀하게 된다. 젖이 찌그러지고 작으면 자식이 성공하기 어렵다. 젖이 희고 솟지 않으면 자식을 말하기 어렵다. 부인은 젖이 검고 큰 것이 좋은데, 젖이 작으면 자식이 적고 크면 자식이 많다. 젖이 모나면 자식이 귀하고 둥글면 큰 부자가 많다. 희고 작고 낮으며 짝짝이면 자식을 키우기 어렵다. 검고 견실하며 터럭이 있으면 좋은데 자손이 귀하고 영화와 복록·장수를 누리며 창성하게 된다.

제복내포오장, 외통관목; 태소왈, 제내백모지애, 범제의심, 복의후, 피의실, 골의정. 제근상주지인, 근하주하우.

臍腹內包五臟, 外通關目; 太素曰, 臍乃百毛之隘, 凡臍宜深, 腹宜厚, 皮宜實, 骨宜正. 臍近上主智人, 近下主下愚.

배꼽은 배속의 오장을 포용하며 밖으로 연결된 통로같은 기관이다; 《황제내경·태소》에 이르기를 '배꼽은 백 가지 싹의 요충지이니 배꼽은 깊은 것이 좋고, 배는 두텁고 피부는 견실하며 뼈는 바른 것이 좋다'라고 했는데, 배꼽이 위로 가까우면 지혜로운 사람이며, 아래쪽으로 가까우면 하천하고 어리석다.

심자, 주복록, 천자주빈궁. 관자용부, 명파천리. 제중흑자복수, 내시조랑. 제소우평, 로고하천. 선생왈, 복수하제근상, 천연의록, 복근상제조하, 노주고궁.

深者, 主福祿, 淺者主貧窮. 寬者容孚, 名播千里. 臍中黑子腹垂, 乃是朝郎. 臍小又平, 勞苦下賤. 先生曰, 腹垂下臍近上, 天然衣祿, 腹近上臍朝下, 老主孤窮.

깊으면 복록을 누리고, 얕으면 빈궁하다. 넓으면 성심이 있고 이름이 천리에 퍼진다. 배꼽 가운데 검은 점이 있고 배가 늘어졌으면 조정의 관리가 된다. 배꼽이 작고 평평하면 노고가 많고 하천하다. 선생께서 이르시길 '배가 아래로 늘어지고 배꼽이 위와 가까우면 의록이 있고, 배가 위쪽에 있고 배꼽이 아래쪽을 향해 있으면 늙어서 고독하고 궁벽하게 된다'라고 하셨다.

범복의상소하대, 절기상대하소, 우운, 복내오장지외표, 최의관대혐착소, 거상지혜, 거하우, 차리인간도불효.

凡腹宜上小下大, 切忌上大下小, 又云, 腹乃五臟之外表, 最宜寬大嫌窄小, 居上智慧, 居下愚, 此理人間都不曉.

배꼽은 위쪽은 작고 아래쪽이 커야 좋은데, 절대로 꺼리는 것은 위가 크고 아래가 작은 것이다. 또한 이르시길 '배꼽은 뱃속 오장의 외표이다. 넓고 커야 가장 좋으며 좁고 작으면 좋지 않다. 위쪽에 있으면 지혜롭고, 아래에 있으면 어리석다. 이 이치는 사람들이 알지 못하는 것이다'라고 하셨다.

범부인제, 내자지근, 유내자지묘, 범임, 자재복필홍흑, 여재복중, 삼사월필철출, 약팔구월제철우허시남, 범부인불론비수, 유일분심득일자, 반촌심득오자, 제필대방호, 소즉난문자식, 종생야부존.

凡婦人臍, 乃子之根, 乳乃子之苗, 凡妊, 子在腹必紅黑, 女在腹中, 三四月必凸出, 若八九月臍凸又許是男, 凡婦人不論肥瘦, 有一分深得一子, 半寸深得五子, 臍必大方好, 小則難問子息, 縱生也不存.

부인의 배꼽은 자식의 근본이며 젖은 자식의 싹이다. 임신했을 때, 아들이면 배꼽이 반드시 검붉고, 딸이면 3-4개월 때에 배꼽이 볼록 나온다. 8-9개월에 배꼽이 볼록 나오면 남아이다. 부인은 살이 찌고 마르고를 막론하고 배꼽 깊이가 일 푼이면 아들 하나를 얻고, 반촌(半寸)이면 아들 다섯을 얻으니 배꼽은 반드시 커야 좋고, 작으면 자식을 묻기 어려워 비록 낳아도 살기 어렵다.

제적생자일옥대, 흑생자일금대. 제내생호, 생자필수, 복피관대, 필유오자, 범제소, 요편, 복소, 피박, 피급, 수유면상가취, 연역무자지부야.

臍赤生子一玉帶, 黑生子一金帶. 臍內生毫, 生子必秀, 腹皮寬大, 必有五子, 凡臍小, 腰偏, 腹小, 皮薄, 皮急, 雖有面相可取, 然亦無子之婦也.

배꼽이 붉으면 자식을 낳아 옥띠를 두르고 검으면 자식을 낳아 금띠를 두르며, 배꼽 속에 털이 있으면 반드시 빼어난 자식을 낳는다. 배 피부가 관대하면 반드시 아들 다섯을 낳는다. 배꼽이 작거나 허리가 기울고, 배가 작고, 피부가 얇거나 급하면 비록 얼굴이 좋아도 자식을 두지 못할 부인이다.

둔내후성, 가견흥폐; 소년무둔, 범사불성, 전원난수, 파조리종. 노래무둔, 곤고신근, 처망자상, 분주홍진.

臀乃後成，可見興廢；少年無臀，凡事不成，田園難守，破祖離宗．老來無臀，困苦辛勤，妻亡子喪，奔走紅塵．

엉덩이는 뒤에 있지만 흥성과 실패를 볼 수 있다; 소년이 엉덩이가 없으면 백사불성으로 재산을 지키기 어렵고 조상의 기틀을 파하고 문중을 떠난다. 나이 들어 엉덩이가 없으면 곤고하고 신고가 많으니 처와 자식을 잃고 붉은 먼지 속을 분주히 달리게 된다.

수인무둔, 다학소성, 일생무운, 사구귀음, 비인무둔, 쇄과세분, 무처무자, 고독천빈. 고둔의개윤관대, 불의첨궁. 서운, 흉요둔교부자불화, 여인범차, 흉악지부.

瘦人無臀，多學少成，一生無運，四九歸陰，肥人無臀，刷鍋洗盆，無妻無子，孤獨賤貧．故臀宜開潤寬大，不宜尖弓．書云，胸凹臀嶠父子不和，女人犯此，凶惡之婦．

야윈 사람이 엉덩이가 없으면 많이 배워도 이루는 것이 적고 일생 운이 없으며 49세에 돌아간다. 살찐 사람이 엉덩이가 없으면 솥을 씻고 동이를 씻는 처자가 없이 고독하고 빈천하다. 그러므로 둔부는 크고 윤택하며 관대해야 하고 뾰족하거나 활을 당긴 듯 둥근 것은 좋지 않다. 옛 글에 이르기를 '가슴이 움푹하고 둔부가 둥글면 부자간에 불화하며 여인이 이와 같으면 흉악한 부인이다'라고 하였다.

요소둔첨제흠심, 우위노비수고궁, 약시유두재여백, 일생주고독불수론. 우운, 무둔첨지귀부. 약단장부인, 심흉의관불의철, 요의원불의세, 유의흑불의백,

腰小臀尖臍欠深, 又爲奴婢守孤窮, 若是乳頭再如白, 一生主孤獨不須論. 又云, 無臀尖之貴婦. 若端莊婦人, 心胸宜寬不宜凸, 腰宜圓不宜細, 乳宜黑不宜白,

허리가 작고 둔부가 뾰족하고 배꼽이 깊지 않으면 노비가 되어 고독하고 빈궁하게 살게 된다. 유두가 희면 일생동안 고독하니 논할 것이 없다. 또한 이르노니, 둔부가 뾰족한 귀부인이 없고, 단정하고 엄숙한 부인은 마음과 가슴이 넓어야 하고 불룩 나온 것은 좋지 않다. 허리는 둥글어야 하고 가는 것은 좋지 않다. 젖은 검어야 하고 희면 좋지 않다.

제의심불의천, 발의흑불의황, 육의세불의활, 미의원불의용, 배의고불의함, 면의원불의첨, 안의세불의원. 차내총론, 여범일건, 즉비량인지부야.

臍宜深不宜淺, 髮宜黑不宜黃, 肉宜細不宜滑, 眉宜圓不宜聳, 背宜高不宜陷, 面宜圓不宜尖, 眼宜細不宜圓. 此乃總論, 如犯一件, 則非良人之婦也.

배꼽은 깊어야 하고 얕으면 좋지 않다. 머리털은 검어야 하고 누런 것은 좋지 않다. 살은 섬세해야 하고 미끌미끌하면 좋지 않다. 눈썹은 둥글어야 하고 솟은 것은 좋지 않다. 등은 높아야 하고 함몰되면 좋지 않다. 얼굴은 둥글어야 하고 뾰족하면 좋지 않다. 눈은 가늘어야 하고 둥글

면 좋지 않다. 이는 총론이니 한 가지라도 좋지 않으면 어진 사람의 부인이 아니다.

고굉일신근본, 사지규모; 완포각두위고굉, 내일신근본, 불가무포. 서운, 고굉무포최시흉, 정위차야. 비수대소지인구유방호.

股肱一身根本, 四肢規模; 腕包脚肚爲股肱, 乃一身根本, 不可無包. 書云, 股肱無包最是凶, 正謂此也. 肥瘦大小之人俱有方好.

팔다리는 일신의 근본이며 사지의 본보기이다; 팔목과 종아리 넓적다리를 고굉이라고 하여 일신의 근본이니 잘 싸여있지 않으면 안 된다. 옛글에 이르기를 '팔다리를 감싸지 못한 것이 가장 흉하다'고 한 것이 바로 이를 이른 것이다. 살쪘거나 말랐거나 크거나 작거나 모두 잘 감싸고 있어야 좋다.

소아무고, 삼륙이망, 대인무고, 빈천범상. 여인무고, 정시불량, 수인무고, 패주타향, 비인무고, 후운난량, 범여인역불가무근본야.

小兒無股, 三六而亡, 大人無股, 貧賤泛常. 女人無股, 定是不良, 瘦人無股, 敗走他鄕, 肥人無股, 後運難量, 凡女人亦不可無根本也.

소아가 다리 살이 없으면 18세에 죽고, 어른이 다리 살이 없으면 빈천을 면키 어렵다. 여인이 다리 살이 없으면 불량하고, 마른 사람이 다리 살이 없으면 실패하고 타향으로 달아나게 된다. 살찐 사람이 다리 살이 없으면 후운(後運)을 헤아릴 수 없다. 여인 또한 근본이 없어서는 안 된다.

수위일신지묘, 만반지설; 지갑내근지여, 지갑후, 주인담대, 지세주인총명, 장명재흥, 연시암흑, 가파재공. 장심유육내조부근기,

手爲一身之苗, 萬般之說; 指甲乃筋之餘, 指甲厚, 主人膽大, 指細主人聰明, 掌明財興, 緣是暗黑, 家破財空. 掌心有肉乃祖父根基,

손은 일신의 싹이며 모든 것을 옮긴다는 말이다; 손톱은 근육의 여분이니 두터우면 사람이 담대하며, 섬세하면 총명하다. 손바닥이 밝으면 재물이 흥하지만, 가장자리가 어둡고 흑색이면 가정을 파하고 재물이 없어진다. 손바닥의 살은 조상의 근기이며,

배유육내자창근기. 배심구유육세운위묘, 대저장욕연이장, 박욕명이후, 여골비근부육삭, 갑박, 지편, 개비호상야.

背有肉乃自創根基. 背心俱有肉細潤爲妙, 大抵掌欲軟而長, 膊欲明而厚, 如骨丕筋浮肉削, 甲薄, 指偏, 皆非好相也.

손등의 살은 스스로 창업하는 근기이다. 손등과 손바닥 모두 살이 있고 섬세하며 윤택한 것이 좋다. 무릇 손바닥은 부드럽고 길어야 하며 살은 밝고 두툼해야 한다. 뼈가 크고 근육이 들뜨고 손톱이 얇고, 손가락이 비뚤어진 것 등은 모두 좋은 상이 아니다.

남녀지수의혈윤색명, 지장, 문세, 심배유육위묘. 이궁유정문, 당입한림, 건궁기문도리궁, 위층천문, 백수기만금, 장심홍윤, 수년내가기전원,

男女之手宜血潤色明, 指長, 紋細, 心背有肉爲妙. 離宮有井紋, 當入翰林, 乾宮起紋到離宮, 爲沖天紋, 白手起萬金, 掌心紅潤, 數年內可起田園.

남녀의 손은 혈이 윤택하고 색이 밝으며 손가락이 길고 문양이 섬세하고 앞뒤로 살이 있는 것이 좋다. 離궁에 井자 문양이 있으면 한림학사가 되고, 문양이 乾궁에서 離궁까지 이어진 것을 충천문이라고 하는데 백수로 시작하여 만금의 부자가 된다. 손바닥 중심이 붉고 윤택하면 수년 내 전원을 일으킨다.

범문약란, 주명하소성, 문천, 지역천, 문심지역심, 문란, 심다란, 무문심필건, 유문위묘, 대범지장장후, 문심, 색명, 혈명, 남위경상, 여작부인.

凡紋若亂, 主名下少成, 紋淺, 志亦淺, 紋深志亦深, 紋亂, 心多亂, 無紋心必乾, 有紋爲妙. 大凡指掌長厚, 紋深, 色明, 血明, 男爲卿相, 女作夫人.

문양이 어지러우면 하천하고 이루는 것이 적다. 문양이 얕으면 의지도 얕으며 문양이 깊으면 의지도 깊다. 문양이 어지러우면 마음도 산란하고 문양이 없으면 마음도 건조하다. 문양이 있는 것이 좋다. 종합적으로 살펴보건대, 손가락과 손바닥이 길고 두터우며 문양이 깊고, 색과 혈이 밝다면 남자는 경상이 되고 여자는 부인이 된다.

상수지법, 선간오행, 차찰팔괘, 장유후박, 지유장단, 문유심천, 색유명체, 무요군신득위, 오행득배, 팔괘유정, 빈주상균, 지허주거강빈, 불가빈래강

주. 범문욕세심성형, 불욕천란고건편삭결함왜사.

相手之法, 先看五行, 次察八卦. 掌有厚薄, 指有長短, 紋有深淺, 色有明滯, 務要君臣得位, 五行得配, 八卦有停, 賓主相勻, 只許主去強賓, 不可賓來強主. 凡紋欲細深成形, 不欲淺亂枯乾偏削缺陷歪斜.

손을 살피는 법은 먼저 오행을 보고 다음으로 팔괘를 살피는 것이다. 손바닥에는 두터움과 얇음이 있고 손가락은 길고 짧음이 있으며 손금에는 깊고 얕음이 있고 색은 밝음과 체함이 있다. 팔이 임금과 신하의 위치를 얻고 오행의 배치를 얻어야 한다. 팔괘가 균형을 이루고 손님과 주인이 서로 균형을 이루어야 하니 주인이 손님보다 강건해야 하며 손님이 주인보다 강건할 수 없다. 무릇 손금은 가늘고 깊어 형태를 이루어야 한다. 얕고 어지럽고 마르고 치우치고 깎이고 결함이 있고 비뚤고 굽어서는 안 된다.

선생유어일소항, 견일수경수어창외, 색형여옥, 광채입목, 지여춘순, 혈약주홍. 선생왈, 남약차수, 당입한림, 녀약차수, 당위국모. 후영락선차녀위비생정통(영락위손선덕제비, 후생정통).

先生遊於一小巷, 見一手傾水於窓外, 色瑩如玉, 光彩入目, 指如春筍, 血若硃紅. 先生曰, 男若此手, 當入翰林, 女若此手, 當爲國母. 後永樂選此女爲妃生正統(永樂爲孫宣德帝妃, 後生正統).

선생께서 작은 골목을 지나시는데 창밖으로 드리워진 손

을 보았다. 색이 옥처럼 밝고 광채가 눈에 들어오며 손가락이 봄 죽순 같으며 혈색이 주사와 같이 붉었다. 선생이 '남자의 손이 이와 같으면 한림에 들고 여자의 손이 이와 같으면 국모가 된다'라고 하셨는데 후일 영락제가 이 여인을 선택하여 비로 삼아 정통을 낳았다(영락제가 손자인 선덕제의 비로 삼았으며 후일 정통을 낳았다.)

족재일신, 불가불후불방; 두원상천, 족방상지, 천욕고, 지욕후, 범족배유육, 안온복록. 족심유육, 퇴금적옥. 족배부근, 하증득취반문전. 범족중지욕장, 대지욕단.

足載一身, 不可不厚不方; 頭圓像天, 足方像地, 天欲高, 地欲厚, 凡足背有肉, 安穩福祿. 足心有肉, 堆金積玉. 足背浮筋, 何曾得聚半文錢. 凡足中指欲長, 大指欲短.

발은 일신을 싣고 있으므로 두텁고 넓지 않으면 안 된다; 머리가 둥근 것은 하늘을 상징하며 발이 넓은 것은 땅을 상징한다. 하늘은 높아야 하고 땅은 두터워야 한다. 무릇 발등에 살이 있으면 평안하고 복록을 누린다. 발바닥 중앙에 살이 있으면 금과 옥을 쌓는다. 발등의 살이 들떴으면 어찌 문장과 돈을 얻을 수 있던가? 무릇 가운데 발가락이 길어야 하고 엄지발가락은 짧아야 좋다.

족배모의연, 주총명, 지상생모, 주일생무족질. 대인무각근, 빈천주홍진. 소아무각근, 불과일세춘.

足背毛宜軟, 主聰明, 指上生毛, 主一生無足疾. 大人無脚根, 貧賤走紅塵. 小兒無脚根, 不過一歲春.

발등의 털은 부드러워야 총명하다. 발가락 등에 털이 있으면 일생 발병이 없다. 어른이 발꿈치가 없으면 빈천하고 바쁘게 살며, 소아가 발꿈치가 없으면 일 년밖에 살지 못한다.

발병혈여, 내산림초목; 범발내혈지여, 욕윤이수, 세이장, 연이향. 차수건위묘, 불의고황조결, 여산림불수, 비귀인야.

髮秉血餘, 乃山林草木; 凡髮乃血之餘, 欲潤而秀, 細而長, 軟而香. 此數件爲妙, 不宜枯黃燥結, 如山林不秀, 非貴人也.

머리털은 혈의 여분이니 산림과 초목이다; 머리털은 혈의 여분이니 윤택하고 빼어나야 한다. 가늘고 길며, 부드럽고 향기로워야 좋다. 마르고 누렇고 건조하고 엉킨 것은 좋지 않다. 산림이 빼어나지 않으면 귀인이 아니다.

유목형인, 발불의농장, 의청윤, 불의고황. 기금수급화토사형, 구불의다발, 범재취발소, 불의발생일월각, 주인우완, 우극친.

惟木形人, 髮不宜濃長, 宜淸潤, 不宜枯黃. 其金水及火土四形, 俱不宜多髮, 凡財聚髮疎, 不宜髮生日月角, 主人愚玩, 又克親.

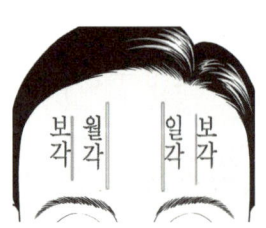

오직 목형인은 머리털이 짙고 길면 좋지 않고, 맑고 윤택하면 좋고, 마르고 누러면 좋지 않다. 금수화토 네 가지 형은 모두 머리털이 많으면 좋지 않다. 무릇 재물이 모이면 머리털이 적어진다. 일월각에 머리가 나면 어리석고 완고하며 양친을 극한다.

여인지발, 의장삼척내외위묘, 소년낙발, 난언자, 노약두오, 수사송. 반백반오, 종유수. 소년백발상쌍친, 좌변다방부, 우변다방모.

女人之髮, 宜長三尺內外爲妙, 少年落髮, 難言子, 老若頭烏, 壽似松. 半白半烏, 終有壽. 少年白髮喪雙親, 左邊多妨父, 右邊多妨母.

여인의 머리털은 길이가 3척 내외가 좋다. 소년이 머리가 빠지면 자식을 말하기 어렵고, 노인의 머리가 까마귀 같으면 수명이 소나무 같다. 반백은 장수한다. 소년의 백발은 부모를 여의는데, 좌측에 많으면 아버지가, 우측에 많으면 어머니가 해롭다.

모호각별, 영유분별; 조경위모, 불구생하처, 주천, 세연위호, 의생퇴족위기. 제하곡도구유모자, 주일생불초음병, 불외신귀.

毛毫各別, 另有分別; 粗硬爲毛, 不拘生何處, 主賤, 細軟爲毫, 宜生腿足爲奇. 臍下穀道俱有毛者, 主一生不招陰病, 不畏神鬼.

털과 터럭은 각기 달라서 별도로 분별이 있다; 거칠고 단단한 것을 毛(털)라고 하는데 어디에 있느냐를 막론하고 천하다. 가늘고 부드러운 것은 毫(터럭)라고 하는데 넓적다리에 있으면 좋다. 배꼽 아래부터 항문까지 털이 있는 사람은 일생 음기로 인한 병이 없고 귀신을 두려워하지 않는다.

흉상생호, 주인성조. 배상생모, 일생로고. 유상생호(삼근자호), 필생귀자.
약모여초란다자, 무자지상야. 수지생모역호, 총지, 모의세연위묘.

胸上生毫, 主人性躁. 背上生毛, 一生勞苦. 乳上生毫
(三根者好), 必生貴子. 若毛如草亂多者, 無子之相
也. 手指生毛亦好, 總之, 毛宜細軟爲妙.

가슴에 털이 있으면 성격이 조급하며, 등에 털이 있으면 일생 신고가 많다. 젖에 가는 털이 있으면(3가닥이 좋다) 반드시 귀한 자식을 낳는다. 마치 털이 풀처럼 어지럽게 났으면 자식을 둘 수 없는 상이다. 손가락에 털이 있으면 좋다. 결론적으로, 털은 가늘고 부드러워야 좋다.

지약산봉인, 불가불고; 범고자위지, 평자위점, 청황자위반, 범반점불의생재면상. 서운, 면다반점공비수고지인. 정위차야.

痣若山峰仞, 不可不高; 凡高者爲痣, 平者爲點, 青黃
者爲斑, 凡斑點不宜生在面上. 書云, 面多斑點恐非
壽考之人. 正謂此也.

검은 사마귀는 산봉우리이니 높지 않으면 안 된다; 무릇 높은 것을 痣라고 하고, 평평한 것을 점이라고 하며, 푸르거나 누른 것을 반이라고 하는데, 반이나 점은 얼굴에 생기는 것이 좋지 않다. 옛글에 이르기를 '얼굴에 반점이 많으면 장수하기 어려울까 두려운 사람이다'라고 한 것이 바로 이것을 이른 것이다.

재면위현지, 재신위은지, 구의유호, 여산림유초목방묘. 배주의관, 흉주지,
두주의록, 복주대, 흑여묵, 적여주, 경원고자방귀, 중평소귀, 색선환미우,

**색암이과료, 연자불과사소이이.**

在面爲顯痣, 在身爲隱痣, 俱宜有毫, 如山林有草木方妙. 背主衣冠, 胸主智, 肚主衣祿, 腹主帶, 黑如墨, 赤如硃, 硬圓高者方貴, 中平小貴, 色鮮還未遇, 色暗已過了, 軟者不過些小而已.

얼굴에 검은 사마귀가 있으면 몸에도 숨은 사마귀가 있는데 모두 긴 털이 나야 좋다. 산림에 초목이 있어야 좋은 것처럼 등에 있으면 벼슬을 하고, 가슴에 있으면 지혜롭고, 배에 있으면 벼슬을 한다. 검으면 먹과 같고, 붉으면 주사와 같고, 단단하고 둥글고 높아야 귀하다. 중간이거나 평평하면 조금 귀하다. 색이 신선하면 아직 운을 만나지 않은 것이며 색이 어두워졌으면 그 점의 운이 지난 것이다. 부드럽다면 작은 사람일 뿐이다.

**골내금석, 불가불견부정; 범골욕견, 육욕실, 골위군, 육위신, 골다육소주빈천, 육다골소주수요, 골육상균, 방언유수유자. 범여인골경필형부, 남인골경필빈천.**

骨乃金石, 不可不堅不正; 凡骨欲堅, 肉欲實, 骨爲君, 肉爲臣, 骨多肉少主貧賤, 肉多骨少主壽夭, 骨肉相勻, 方言有壽有子. 凡女人骨硬必刑夫, 男人骨硬必貧賤.

뼈는 금석이므로 굳건하고 바르지 않으면 안 된다; 뼈는 굳건하고 살은 견실해야 한다. 뼈는 임금이며 살은 신하이므로 뼈가 많고 살이 적으면 빈천하고, 살이 많고 뼈가 가늘며 장수하기 어렵다. 뼈와 살이 서로 균형을 이뤄야 장수하고 자식을 둘 수 있다. 여인의 뼈가 단단하면 반드시 남편을 형상하고, 남자의 뼈가 단단하면 반드시 빈천하다.

용골욕세장, 호골욕조정, 불욕부근로골, 부육왜사. 총언, 골욕정직, 육욕견실, 방위복수지상. 골정신강육우견, 군신덕배복면면, 약견육부다발기, 사구지형수부전.

龍骨欲細長, 虎骨欲粗正, 不欲浮筋露骨, 浮肉歪斜. 總言, 骨欲正直, 肉欲堅實, 方爲福壽之相. 骨正神强肉又堅, 君臣德配福綿綿, 若見肉浮多發氣, 四九之刑壽不全.

용골은 섬세하고 길고 호골은 크고 반듯해야 한다. 근육이 들뜨고 뼈가 드러나지 않아야 하며, 살이 들뜨고 뼈가 비뚤고 기울지 않아야 한다. 결론적으로, 뼈는 바르고 곧으며 살은 견실해야 복과 수를 누리는 상이다. 뼈가 바르고 신이 강하며 살이 견실하면 군신 간의 덕이 균형을 이룬 것으로 복이 끊임없이 이어진다. 그러나 살이 들뜨고 기가 함부로 발하면 49세의 형상으로 수명을 보전할 수 없다.

육위피토, 불가부실불영; 범피속토, 토필후실, 방가자생만물. 육필영윤, 육유혈기위영, 일신피박, 하능영생.

肉爲皮土, 不可不實不瑩; 凡皮屬土, 土必厚實, 方可滋生萬物. 肉必盈潤, 肉有血氣爲榮, 一身皮薄, 何能

# 榮生.

살은 땅껍질이므로 견실하고 밝지 않으면 안 된다; 무릇 피부는 땅에 속하니 땅은 반드시 두텁고 견실해야 만물이 살 수 있다. 살이 촘촘하고 윤택하며 혈기가 있다면 영화를 누린다. 일신의 피부가 얇다면 어찌 영화가 생기랴?

피급수단, 피관수장, 소아피급, 비장수야. 우운, 피급피조최불의, 하증차배립가기, 하천우완다파모, 사구지전수필귀.

皮急壽短, 皮寬壽長, 小兒皮急, 非長壽也. 又云, 皮急皮粗最不宜, 何曾此輩立家基, 下賤愚頑多破耗, 四九之前壽必歸.

피부가 급하면 수가 짧고, 피부가 관대하면 장수한다. 소아의 피부가 급하면 장수할 수 없다. 또한 이르기를, 피부가 급하고 거친 것이 가장 나쁘니 어찌 이러한 무리가 집안의 기틀을 세운 일이 있는가. 하천하고 어리석고 완고하며 실패와 소모가 많고 49세 전에 반드시 돌아간다.

구혁우운인중, 최요장심; 인중위구혁, 오십일세주사, 최요심장위묘, 의상소하대, 왈위구혁득통, 상대하소, 위구혁조체. 면상유강회하제위사독, 오악구종, 고의심장관대, 최혐착소단편.

溝洫又云人中, 最要長深; 人中爲溝洫, 五十一歲主事, 最要深長爲妙, 宜上小下大, 曰爲溝洫得通, 上大下小, 爲溝洫阻滯. 面上有江淮河濟爲四瀆, 五嶽俱從, 故宜深長寬大, 最嫌窄小短偏.

구혁은 인중이라고도 하는데 길고 깊은 것이 가장 좋다; 인중이 구혁인데 51세의 일을 주관한다. 길고 깊은 것이 가장 좋으며 위는 작고 아래가 큰 것을 이른바 구혁이 통했다고 하고, 위가 크고 아래가 작으면 구혁이 막혔다고 한다. 얼굴의 강·회·하·제가 4독인데, 오악이 모두 이를 좇으므로 깊고 길고 넓고 큰 것이 좋다. 가장 나쁜 것은 좁고 작고 짧고 기운 것이다.

강이회비하목제구, 약천, 생자필지. 선생왈, 인중평만, 자식난언. 인중소자하인무상. 우왈, 인중평만자, 사구가연년, 연인중일처내소도야, 언수여차, 환의어주신대처상지.

江耳淮鼻河目濟口，若淺，生子必遲．先生曰，人中平滿，子息難言．人中少髭下人無上．又曰，人中平滿者，四九可延年，然人中一處乃小道也，言雖如此，還宜於週身大處詳之．

강은 귀, 회는 코, 하는 눈, 제는 입인데 얕으면 자식을 낳는 것이 더디다. 선생께서 이르시길 '인중이 평만하면 자식을 말하기 어렵고, 인중에 수염이 적으면 하천한 사람으로 윗사람이 없으며, 인중이 평만한 사람은 49세부터 수명을 연장할 수 있다'라고 하셨는데, 그러므로 인중은 작은길인 것이다. 말씀이 이와 같으니 마땅히 몸 주위를 자세히 살펴야 한다.

수염일면지화표, 내단전원기; 상위록(좌우양변), 하위염(지각), 인중위자,

승장위수, 유차오명, 변지상생, 방위호자. 지가유록무관, 불가유관무록. 지가유자무수, 불가유수무자. 오건구배방위묘, 방시귀인.

鬚髥一面之華表, 乃丹田元氣; 上爲祿(左右兩邊), 下爲髥(地閣), 人中爲髭, 承漿爲鬚, 有此五名, 邊地上生, 方爲鬍髭. 只可有祿無官, 不可有官無祿. 只可有髭無鬚, 不可有鬚無髭. 五件俱配方爲妙, 方是貴人.

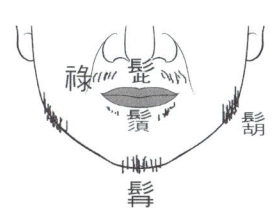

수염은 얼굴의 꽃이며 단전의 원기이다; 윗수염은 녹(祿:좌우 양변), 아랫수염은 염(髥:지각에 있는 수염을 말한다), 인중에 있는 것은 자(髭), 승장에 있는 것은 수(鬚)라고 하는 등, 5가지 이름이 있다. 변지에 있는 것은 호자(鬍髭)라 하고 녹은 있지만 관직은 없다. 관직이 있고 녹이 없을 수는 없다. 髭가 있고 鬚가 없을 수는 있어도 鬚가 있고 髭가 없을 수는 없다. 다섯 가지가 모두 고르게 균형을 이루어야 좋고 귀인이다.

범수의흑여칠, 의적불의황, 여흑적황상잡자, 대불호야. 금적유색, 수미일개위금수, 대발만금. 여면백여분, 원여월, 위은면금수, 이품지직.

凡鬚宜黑如漆, 宜赤不宜黃, 如黑赤黃相雜者, 大不好也. 金赤有索, 首尾一開爲金鬚, 大發萬金. 如面白如粉, 圓如月, 爲銀面金鬚, 二品之職.

무릇 수염은 옻칠한 듯 검거나 붉어야 좋고 누르면 좋지 않다. 만약 흑·적·황색이 서로 섞여 있으면 크게 좋지 않다. 금적색으로 꼬여 있다가 수염의 머리와 꼬리가 열리면 金鬚라고 하여 만금의 재복이 발하게 된다. 얼굴이 분을 바른 듯 희고 달처럼 둥글면 은면금수(銀面金鬚)로 2품의 관직에 오른다.

소수위묘, 의경불의연, 의만불의직, 의청불의탁, 여연빈생수여발, 지상위묘. 여발소수다, 역불발재, 빈천지상야.

疎秀爲妙, 宜硬不宜軟, 宜彎不宜直, 宜淸不宜濁, 如連鬢生鬚與髮, 知相爲妙. 如髮少鬚多, 亦不發財, 貧賤之相也.

수염은 드물고 청수해야 좋고 강해야 좋고 부드러우면 좋지 않다. 굽어야 좋고 곧으면 좋지 않으며 맑아야 좋고 탁하면 좋지 않다. 수염이 옆머리와 머리털과 이어졌으면 좋은 상임을 알라. 만약 머리털은 적고 수염이 많으면 또한 재운이 발하지 않는 빈천한 상이다.

서운, 농탁초황최불량, 양염연미유형상, 청경출육희수자, 취어황가작동량. 범수연빈, 노래백분, 직자위양염, 미개위연미, 주로래극자, 고상야.

書云, 濃濁焦黃最不良, 羊髥燕尾有刑傷, 淸輕出肉稀秀者, 取於皇家作棟梁. 凡鬚連鬢, 老來白粉, 直者爲羊髥, 尾開爲燕尾, 主老來克子, 孤相也.

옛글에 이르기를 '짙고 탁하며 그을린 듯 누런 것이 가장 좋지 않으며, 양의 수염과 제비 꼬리 같으면 형상이 있다. 맑고 옅으며 살이 드러날 만큼 드물고 빼어나면 황실에서 취해 국가의 동량으로 쓴다'라고 했다. 무릇 수염이 옆머리와 이어지고 늙어 분과 같이 희며 곧은 것을 양수염이라고 하는데 끝이 갈라져 제비 꼬리 같으면 늙어서 자식을 극하는 고독한 상이다.

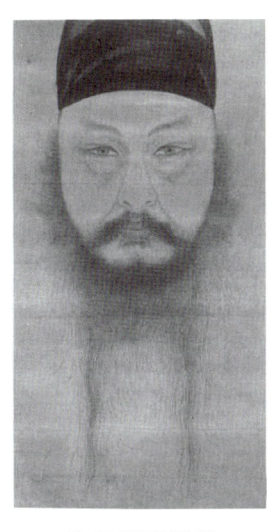

윤두서자화상(국보240호):윤두서(1668-1715)는 윤선도의 증손으로 호가 공재(恭齋)이며 정약용의 외조부이다. 진사에 합격했으나 벼슬에 나가지 않고 詩書로 일생을 보냈다. 詩·書·畵에 능했으며 유학과 경제·지리·의학·음악에도 박학했다. 15세에 혼인하여 2남 1녀를 두었으나 22세 때 부인을 사별했다. 큰형과 함께 모함을 받아 고생했으며 셋째 형은 당쟁에 휘말려 귀양지에서 죽었다. 46세 되던 1713년 서울 생활을 청산하고 해남으로 이주했다가 2년 후 사망했다. 이처럼

윤두서자화상

안타까운 그의 일생은 아마 눈동자가 많이 드러나고 수염이 너무 짙었기 때문이 아니었을까 생각한다.

침골가전복록수, 단희쌍이불희단; 뇌후위침골, 삼팔외즉생. 이후골고위침, 우위수근. 범인구불가무차, 소아약무, 능언이망. 차골재이후, 단이생성여유차.

枕骨可全福祿壽, 但喜雙而不喜單; 腦後爲枕骨, 三八外卽生. 耳後骨高爲枕, 又爲壽根. 凡人俱不可無此, 小兒若無, 能言而亡. 此骨在耳後, 但耳生成如有此.

침골이 온전하면 복록과 장수를 누리게 되는데 쌍골이 좋고 단골은 좋지 않다; 머리 뒤가 침골인데 38세 이후에

뼈가 생긴다. 귀 뒤 뼈 또한 침골이라고 하며 또한 수골이기도 한다. 모든 사람은 이 뼈가 없어서는 안 되니 소아가 이 뼈가 없으면 장수할 수 없다. 이 뼈는 귀 뒤에 있는데 태어날 때부터 있다.

○위회문골, ஃ차위품자골, ○○차위연주골, ᗰ차위삼산골, 이상구주봉후지귀. 북방인두대일척외, 상유차골, 약유차, ஃ위소품자, 川위천자, ‥위쌍환, ⌣위앙월, ⌢위복월, 정위산자, 이상골주삼품직.

○爲回紋骨, ஃ此爲品字骨, ○○此爲連珠骨, ᗰ此爲三山骨, 以上俱主封侯之貴. 北方人頭大一尺外, 常有此骨, 若有此, ஃ爲小品字, 川爲川字, ‥爲雙環, ⌣爲仰月, ⌢爲覆月, 正爲山字, 以上骨主三品職.

○와 같은 형태를 회문골이라고 하고 ஃ와 같은 형태를 품자골이라고 하며 ○○와 같은 형태를 연주골이라고 하고 ᗰ과 같은 형태를 삼산골이라고 하는데, 이상 모두 제후에 봉해지는 귀한 상이다. 북방인은 머리가 커서 일척이 넘고 모두 침골이 있는데, 뼈가 이와 같아서 ஃ형태를 소품자라고 하고 川형태를 川자골이라고 하며, ‥형태를 쌍환골이라고 하고 ⌣형태를 앙월골이라고 하며 ⌢형태를 복월골이라고 하며 반듯한 山자는 山자골이라고 하며 이상과 같은 뼈들은 삼품의 관직에 나가게 된다.

남방인, 구유생자, 약생차복위현침골, 주유형상. ○위고월, 좌╱별성패, 우╲별파모구주고, 내승도지유.

南方人, 俱有生者, 若生此卜爲懸針骨, 主有刑傷. ○

爲孤月, 左ノ撇成敗, 右乀撇破耗俱主孤, 乃僧道之有.

남방인은 모두 이 뼈가 있는데 卜자와 같은 형태를 현침골이라고 하여 형상이 있다. ○을 고월이라고 하고 좌로 ノ 삐치면 실패하게 되며 乀과 같이 우측으로 삐치면 재산을 모두 파하고 고독하게 되니 승려나 도사에게 있는 상이다.

**침골의쌍불의단, 좌우편생수부장, 약시고고생뇌후, 하수가도불영창. 약침골불과주수, 여회문앙월, 삼산품자, 쌍환련주, 필주대귀.**

枕骨宜雙不宜單, 左右偏生壽不長, 若是高高生腦後, 何愁家道不榮昌. 若枕骨不過主壽, 如回紋仰月, 三山品字, 雙環連珠, 必主大貴.

침골은 쌍골이 좋고 단골(한 뼈)은 좋지 않으며 좌나 우측으로 기울어지면 수명이 길지 않다. 만약 뒷머리에 높이 있다면 어찌 가도가 번창하지 않는다고 근심하랴. 침골은 수명을 주관하는 것에 불과하지만 회문골이나 앙월골·삼산골·품자골·쌍환골·연주골이면 반드시 대귀하다.

**고봉독일, 편소필고, 소품자천자, 언월횡산, 내흥가지격, 고륭대기, 발복면면, 삼십무침, 수수난량.**

孤峰獨一, 偏小必孤, 小品字川字, 偃月橫山, 乃興家之格, 高隆大起, 發福綿綿. 三十無枕, 壽數難量.

고독한 봉우리로 하나만 튀어나왔거나 기울어지고 작으면

반드시 고독하지만 소품자골·천자골·언월골·횡산골은 집안을 흥성케 하는 격이며 높이 솟고 크게 일어나면 발복이 끊임없다. 30세에 침골이 없으면 수명을 헤아리기 어렵다.

치내골여, 주일생의록; 범치내골지여, 욕기정제후대, 상아통태양위양경, 하아통요위신경, 고치장주수, 희소주요.

齒乃骨餘, 主一生衣祿; 凡齒乃骨之餘, 欲其整齊厚大, 上牙通太陽爲陽經, 下牙通腰爲腎經, 故齒長主壽, 稀疏主夭.

치아는 뼈의 연장이니 일생의 의록을 주관한다; 무릇 치아는 뼈의 연장이니 바르고 가지런하며 두텁고 커야 한다. 윗니는 태양으로 통하여 양경이 되고, 아랫니는 허리로 이어져 신경이 되므로 이가 길면 장수하고 드물면 요절한다.

치단주우, 백제여옥, 가식천록, 원소부제, 빈궁지배, 중이치위대문, 제대주충효, 편소무신행.

齒短主愚, 白齊如玉, 可食天祿, 圓小不齊, 貧窮之輩, 中二齒爲大門, 齊大主忠孝, 偏小無信行.

치아가 짧으면 어리석고, 옥처럼 희고 가지런하면 천록을 먹을 수 있다. 둥글고 작으며 가지런하지 않으면 빈궁한 무리이다. 가운데 2개의 치아는 대문이 되니 가지런하고 크면 충성스럽고 효성스럽다. 기울고 작으면 행동에 신의가 없다.

여인치의황대위묘, 남치생삼십사개주귀, 삼십이역주복수, 삼십중평, 이십

**팔수소. 우명내학당, 최요정제, 백대후자, 방유학문.**

女人齒宜黃大爲妙, 男齒生三十四個主貴, 三十二亦主福壽, 三十中平, 二十八壽少. 又名內學堂, 最要整齊, 白大厚者, 方有學問.

여인은 치아가 황색을 띠고 크면 좋다. 남자의 치아가 34개면 귀하고 32개면 복과 장수를 누리며 30개면 보통사람이고 28개면 수명이 짧다. 내학당이라고도 하는데 가장 중요한 것은 바르고 가지런하며 희고 커야 학문을 할 수 있다.

**성음합뢰정, 의향의청; 범귀인지성청이장, 향이윤, 화이운, 두대미소, 부귀야. 우운, 목성의고장, 금성의명윤, 기외구부족야.**

聲音合雷霆, 宜響宜淸; 凡貴人之聲淸而長, 響而潤, 和而韻, 頭大尾小, 富貴也. 又云, 木聲宜高長, 金聲宜明潤, 其外俱不足也.

음성은 우레와 같으니 울리고 맑아야 좋다; 무릇 귀인의 음성은 맑고 길며 울리고 윤택하며 온화하고 음운이 있고 크게 시작되고 뒤가 작으니 부귀한 것이다. 또한 이르노니 木聲은 높고 길어야 좋고 金聲은 밝고 윤택해야 좋은데, 그 외의 것들은 모두 부족한 것이다.

**성운출단전, 후관향우견, 내위미성. 우운, 목성고창, 화성초화윤, 금성복자요. 범부귀지인, 성자단전, 청장고향, 소인지성, 출자후음, 고저이파.**

聲韻出丹田, 喉寬響又堅, 乃爲美聲. 又云, 木聲高唱, 火聲焦和潤, 金聲福自饒. 凡富貴之人, 聲自丹田, 淸長高響, 小人之聲, 出自喉音, 故低而破.

음성은 단전에서 나오고 목구멍이 넓어 울리고 견실해야 아름다운 소리가 된다. 또한 이르노니 목성은 높게 부르짖는 듯해야 하고, 화성은 초조한 듯하지만 윤택해야 하며 금성은 복이 스스로 넉넉하다. 무릇 부귀한 사람은 음성이 단전에서 나오고 맑고 길고 높이 울린다. 소인의 음성은 목구멍에서 나오므로 낮고 깨어지는 것이다.

우운, 신소성굉, 정시호가부귀자, 성저신소, 수지자시파가아. 부인지성의청, 남인지성의향, 견실위묘, 성여폐견오양파라지운, 여곡여시, 진빈천지상야.

又云, 身小聲宏, 定是豪家富貴子, 聲低身小, 須知自是破家兒. 婦人之聲宜淸, 男人之聲宜響, 堅實爲妙, 聲如吠犬鳴羊破鑼之韻, 如哭如嘶, 眞貧賤之相也.

또한 이르노니 몸이 작지만 음성이 넓으면 틀림없이 훌륭한 가문의 부귀한 아들이며, 음성이 낮고 몸이 작으면 반드시 집안을 깨트릴 아이임을 알라. 부인의 음성은 맑아야 하고 남자의 음성은 울림이 있어야 좋다. 견실해야 좋고, 음성이 개가 짖거나 양이 울거나 깨어진 징소리 같거나 곡성 같거나 우는 것 같으면 참으로 빈천한 상이다.

음낭옥경, 내성명지근본; 범낭의흑, 문의세실위귀, 불의하추. 여화난생귀자, 여빙랭자주자소. 옥경내령구지설, 황제위옥경, 상인위귀두.

陰囊玉莖, 乃性命之根本; 凡囊宜黑, 紋宜細實爲貴, 不宜下墜. 如火煖生貴子, 如氷冷者主子少. 玉莖乃靈龜之說，皇帝爲玉莖，常人爲龜頭.

음낭과 옥경은 성명의 근본이다; 무릇 음낭은 검어야 좋고 주름이 가늘고 잘 이어져야 귀하며 아래로 늘어지면 좋지 않다. 불과 같이 따뜻하면 귀한 자식을 낳지만 얼음처럼 차가우면 자식이 적다. 옥경에 관해서는 신령스런 거북이에 비교하는 말이 있는데 황제는 옥경이라고 하고 보통사람은 귀두라고 한다.

범구의소백견자귀, 여장대흑약위천, 대자초흉, 인필천, 소이수자호현랑.
범구소자처호자호, 대자불호.

凡龜宜小白堅者貴，如長大黑弱爲賤，大者招凶，人必賤，小而秀者好賢郎. 凡龜小者妻好子好，大者不好.

무릇 거북은 작고 희고 단단한 것이 귀하고, 길고 크고 검고 약하면 천하다. 크면 흉함을 부르니 사람됨이 반드시 천하다. 작지만 빼어난 것이 현명한 남자이다. 무릇 거북이 작아야 좋은 처와 좋은 자식을 두게 되고 크면 좋지 않다.

곡도내오장지후관: 범곡도의량둔협이불로, 여로십분, 빈천차요. 유모자호, 무모자천. 시지호, 쾌즉빈, 세장위귀, 방주무직, 편주문귀.

穀道乃五臟之後關; 凡穀道宜兩臀夾而不露，如露十分，貧賤且夭. 有毛者好，無毛者賤. 屎遲好，快則貧，細長爲貴，方主武職，偏主文貴.

곡도(항문)는 오장의 뒷문이다; 무릇 곡도는 양쪽 엉덩이 사이에 깊이 있고 노출되지 않아야 좋다. 만약 밖으로 드러나면 빈천하고 요절한다. 털이 있는 것이 좋고 털이 없으면 천하다. 대변은 천천히 보는 것이 좋고 빨리 보는 것은 천하다. 가늘고 길어야 귀한데 모나면 무직이고 한쪽으로 치우치면 문관으로 귀하다.

시여첩대, 내부귀지상야. 곡도무모로정빈, 소년노출필조형, 요지취용위기묘, 세세심장시귀인.

屎如疊帶, 乃富貴之相也. 穀道無毛老定貧, 少年露出必遭刑, 要知取用爲奇妙, 細細深藏是貴人.

대변이 띠를 두른 듯 겹쳐지면 부귀한 상이다. 곡도에 털이 없으면 늙어서 틀림없이 가난하고, 소년이 항문이 드러나면 반드시 형벌을 당하니 잘 알아서 취해 쓰면 기묘하다. 세세히 깊이 감추어 있어야 귀인이다.

요내신명이혈, 일신근본; 고인요활사위, 금인언능이득. 지취활직경위묘. 반인욕활, 수인욕원욕경. 양요안위신명이혈, 의유육피후, 방유수, 신명혈함피고, 주사.

腰乃腎命二穴, 一身根本; 古人腰闊四圍, 今人焉能而得. 只取闊直硬爲妙. 胖人欲闊, 瘦人欲圓欲硬. 兩腰眼爲腎命二穴, 宜有肉皮厚, 方有壽, 腎命穴陷皮枯, 主死.

허리는 신명 두 혈이니 일신의 근본이다; 옛사람은 허리가 넓고 사방이 둥글었지만 지금 사람이 어찌 그럴 수 있겠는가. 다만 넓고 곧고 강해야 좋은 것이다. 살찐 사람은 넓어야 하고 야윈 사람은 둥글고 단단해야 한다. 요추의 양쪽 부위는 신명두 혈이 되니 살이 있고 피부가 두터워야 장수할 수 있다. 신명혈이 함몰되고 피부가 마르면 죽게 된다.

신명혈

대개요편세박절삭, 구시빈요지상. 여인요대시복, 세편자소자다천. 서운, 신명피초필수요, 요생첩육수년장.

大槪腰偏細薄折削, 俱是貧夭之相. 女人腰大是福, 細偏者少子多賤. 書云, 腎命皮焦必壽夭, 腰生疊肉 壽年長.

대개 허리가 기울고 가늘며 얇고 꺾이고 깎인 것은 모두 빈천하고 요절하는 상이다. 여인은 허리가 커야 복이 있고 가늘고 기울면 자식이 적고 천하다. 옛글에 이르길 '신명의 피부가 그을린듯하면 수명이 짧다. 허리에 쌓인 살이 있으면 수명이 길다'라고 하였다.

퇴슬내하정, 현우가정; 슬대퇴소위학슬, 주하천, 슬소무골주수요, 소아슬 소자무수. 슬상생근, 일생분주로록.

腿膝乃下停, 賢愚可定; 膝大腿小爲鶴膝, 主下賤, 膝 小無骨主壽夭, 小兒膝小者無壽. 膝上生筋, 一生奔 走勞碌.

넓적다리와 무릎은 하정이니 현명함과 어리석음을 알 수 있다; 정강이가 크고 넓적다리가 작은 것을 학슬(학의 무룰)이라고 하는데 하천한 사람이며, 정강이가 작고 뼈가 없으면 수명이 짧다. 소아가 정강이가 작으면 수명이 짧다. 정강이에 근육이 있으면 일생 분주하고 고생이 많다.

퇴상생호, 일생불범관형. 모경역초험형, 요연위묘. 일신상구호, 여슬대퇴소, 역주하우, 불위취용.

腿上生毫, 一生不犯官刑. 毛硬亦招險刑, 要軟爲妙. 一身相俱好, 如膝大腿小, 亦主下愚, 不爲取用.

무릎에 긴 털이 있으면 일생 형벌을 당하지 않지만 털이 강하면 오히려 험난하고 형벌을 당하게 되니 부드러워야 좋은 것이다. 몸 전체의 상이 모두 좋아도 정강이가 크고 넓적다리가 작으면 또한 하천하고 어리석으니 취해서 쓸 수 없다.

서운, 슬대불의로골, 퇴대최의슬원. 우운, 슬원여주, 일생불도공정, 퇴대슬첨, 반세상초관사.

書云, 膝大不宜露骨, 腿大最宜膝圓. 又云, 膝圓如柱, 一生不到公庭, 腿大膝尖, 半世常招官司.

옛글에 이르기를 '정강이가 커도 뼈가 드러나면 좋지 않고 넓적다리가 커도 정강이가 둥근 것이 가장 좋다'라고 하고, 또한 이르기를 '정강이가 기둥처럼 둥글면 일생 재판정에 가지 않지만, 넓적다리가 크고 정강이가 뾰족하면 반평생 동안 언제나 관사가 있게 된다'라고 하였다.

혈유체탁명왕, 가정부귀수년; 혈재피내, 요지체탁명왕, 가간기색, 혈내기색근본, 혈족방발기색, 혈왕기색방명, 은은내응위명작, 내유색위왕.

血有滯濁明旺，可定富貴壽年；血在皮內，要知滯濁明旺，可看氣色，血乃氣色根本，血足方發氣色，血旺氣色方明，隱隱內應爲明灼，內有色爲旺.

혈색에는 체하고 탁하고 밝고 왕성함이 있어서 부귀와 수명을 정한다; 피는 피부 안에 있지만 체함과 탁함과 밝음과 왕성함을 알아야 기색을 볼 수 있다. 피는 기색의 근본이니 피가 족해야 비로소 기색이 발하게 된다. 피가 왕성하면 기색이 밝다. 은은하게 내부에서 응하는 것이 밝게 타는 듯하면 내부의 색으로 인해 왕성하게 된다.

남녀혈명왕, 가허부귀수년. 혼혼재내위체, 흑적재외위탁, 혈체혈탁, 필주빈궁하천. 혈백여분, 위색불화, 서운, 혈색불화, 일세다건.

男女血明旺，可許富貴壽年. 昏昏在內爲滯，黑赤在外爲濁，血滯血濁，必主貧窮下賤. 血白如粉，爲色不華，書云，血色不華，一世多蹇.

남녀 모두 혈색이 밝고 왕성하면 부귀와 장수를 누릴 수 있지만, 어둡게 내부에서 체하면 흑색과 적색이 밖으로 드러나 탁하게 된다. 혈색이 체하고 탁하면 반드시 빈궁하고 하천하다. 혈색이 분을 바른 듯 희면 색이 아름답지 않은 것이다. 옛글에 이르기를 '혈색이 아름답지 않으면 일생 막힘이 많다'라고 하였다.

반유흑유황유대유소; 범반점수인불의, 인백반흑, 주인총명호색. 인백반황, 주주우천. 수인년소생반, 재면상신상, 주수촉. 비인유반, 주수, 유토형인의반, 금목수화사형인, 구불의반. 대개소년생반, 주요.

斑有黑有黃有大有小; 凡斑點瘦人不宜, 人白斑黑, 主人聰明好色. 人白斑黃, 俱主愚賤. 瘦人年少生斑, 在面上身上, 主壽促. 肥人有斑, 主壽, 惟土形人宜斑, 金木水火四形人, 俱不宜斑. 大概少年生斑, 主夭.

반점에는 검은 것·누런 것·큰 것·작은 것이 있다; 무릇 반점은 마른 사람에게는 좋지 않은데, 피부가 흰 사람이 반점이 검으면 인물됨이 총명하고 호색하다. 피부가 흰 사람이 반점이 누렇다면 어리석고 천하다. 마른 사람으로 나이가 어린데 반점이 얼굴과 몸에 생기면 수명이 짧다. 살찐 사람에게 반점이 생기면 장수하게 되지만, 오직 토형만 반점이 좋고 金木水火 네 가지 형의 사람에게는 모두 반점이 좋지 않다. 대개 어린 나이에 반점이 생기면 장수할 수 없다.

노래생반, 주수. 대자위반, 소자위점, 소년점불방, 최기반. 노래갱희반, 점역무애.

老來生斑, 主壽. 大者爲斑, 小者爲點, 少年點不妨, 最忌斑. 老來更喜斑, 點亦無碍.

노인이 되어 斑이 생기면 장수한다. 큰 것이 반(斑)이고 작은 것은 점(點)인데, 소년에겐 점이 해롭지 않지만 斑은 좋지 안다. 노인은 반이 좋고 점도 해롭지 않다.

## 行動擧止篇 행동거지편

색약선명, 기약화윤, 가보만리고비, 구무조체. 차서상주체, 제사구완, 상유좌행식와소어, 내계신외륙법, 영상어하.

色若鮮明, 氣若和潤, 可保萬里高飛, 俱無阻滯. 此書相週體, 諸事俱完, 尙有坐行食臥笑語, 乃係身外六法, 另詳於下.

색이 선명하고 기가 온화하고 윤택하면 뜻이 만리까지 높이 날며 막히고 체하는 일이 없다. 이 글은 두루 몸을 살피는 것으로 모든 일을 완비하였다. 또한 앉고, 행동하고, 먹고, 눕고, 웃고, 말하는 등 신체 외의 여섯 가지 법칙을 아래에 상세히 기술한다.

논좌부귀빈천: 범좌욕단정엄숙, 남녀일동. 불욕체요신동, 족란두수, 개부족지상야. 좌약구산자, 주대귀, 좌욕견원, 항정체평, 기좌서완, 개귀인지상.

論坐富貴貧賤; 凡坐欲端正嚴肅, 男女一同. 不欲體搖身動, 足亂頭垂, 皆不足之相也. 坐若邱山者, 主大貴, 坐欲肩圓, 項正體平, 起坐舒緩, 皆貴人之相.

앉은 자세로 부귀 빈천을 논함; 앉은 자세는 단정하고 엄숙해야 하는데 남녀가 같다. 몸을 흔들고 경망되게 움직이거나 발을 어지럽게 떨고 머리를 아래로 숙이고 있는 것은 모두 부족한 상이다. 앉은 자세가 마치 산과 같으면 대귀한 사람이다. 앉은 자세가 어깨가 둥글고 목이 바르며 몸이 균형을 이루며 서거나 앉았을 때 편안하다면 이는 모두 귀인의 상이다.

詩曰
좌약구산온차평, 위인충효립공훈. 약시체요병족동, 우완하천불수론.
坐若邱山穩且平, 爲人忠孝立功勳. 若是體搖倂足動, 愚頑下賤不須論.

앉은 자세가 산과 같고 평온하고 균형이 맞으면 충성·효성스러워 공훈을 세우게 될 사람이다. 몸을 흔들고 발을 떤다면 어리석고 고집스럽고 하천하니 논할 필요가 없다.

논행부귀빈천; 범행욕정직앙연, 불가편사곡굴. 보욕활, 두욕직, 요욕경, 흉욕앙. 범편체요두, 사행작찬, 요절항왜, 구불호지격.
論行富貴貧賤; 凡行欲正直昂然, 不可偏斜曲屈. 步欲闊, 頭欲直, 腰欲硬, 胸欲昂. 凡偏體搖頭, 蛇行雀竄, 腰折項歪, 俱不好之格.

걸음걸이로 부귀빈천을 논함; 걸을 때는 몸이 바르고 곧고 당당해야한다. 기울고 한쪽으로 치우치거나 굽어서는 안 된다. 보폭은 넓고 머리는 곧고 허리는 단단하고 가슴은 당당해야 한다. 몸이 기울어지고 머리를 흔들며 뱀이 기는 듯하거나 참새가 달아나는 듯하거나 허리가 꺾이거나 목이 삐뚤어지면 모두 좋지 않은 격이다.

詩曰
행여유수보행래, 체직두앙신항정. 약시요두과보자, 전원패진로래빈.
行如流水步行來, 體直頭昂身項停. 若是搖頭過步者,田園敗盡老來貧.

걸음걸이는 물이 흐르듯 해야하고, 몸이 곧고 머리는 당당하며 몸과 목이 균형을 이뤄야 한다. 머리를 흔들거나 머리가 보폭을 앞서 나간다면 전원을 다 팔아먹고 늙어 빈천해진다.

논식부귀빈천; 식내일생지주, 기무상법. 범식욕개대합소, 속진자위묘. 후찬서찬부족도야. 식다경인필주류도. 탑취여저자, 난면흉사. 항신여마자, 일세신근.

論食富貴貧賤; 食乃一生之主, 豈無相法. 凡食欲開大合小, 速進者爲妙. 猴餐鼠餐不足道也. 食多哽咽必主流徒. 嗒嘴如猪者, 難免凶死. 項伸如馬者, 一世辛勤.

먹는 것으로 부귀빈천을 논함; 먹는 것은 일생의 주됨이니 어찌 상법이 없겠는가. 음식을 먹을 때는 입을 열면 크고 닫으면 작으며 음식을 입속으로 빨리 넣는 사람이 좋다. 원숭이처럼 먹거나 쥐처럼 먹는 것은 도에 부족한 것이다. 음식을 먹을 때 목이 자주 메는 사람은 떠돌게 되며 돼지처럼 쩝쩝거리며 먹는 사람은 흉사를 면키 어렵다. 목을 말처럼 길게 늘이고 먹는 사람은 일생 신고가 많다.

詩曰

호식용찬시귀인, 약환경인주재성. 후식서찬병마식, 일생파패불능성.

虎食龍餐是貴人, 若還哽咽主災星. 猴食鼠餐幷馬食,

**一生破敗不能成.**

호식 용찬은 귀인이며 목이 메면 재액이 따른다. 원숭이나 쥐 그리고 말처럼 먹으면 일생 실패가 많고 성공할 수 없다.

논와부귀빈천; 와내매지안, 불가불온. 범와여룡지반, 견지곡, 내귀인지상. 범수장수포두자, 선명사송. 장각장수, 위정시수, 대불호야. 수중몽다, 자언자어자, 내광사지도.

**論臥富貴貧賤; 臥乃寐之安, 不可不穩. 凡臥如龍之盤, 犬之曲, 乃貴人之相. 凡睡將手抱頭者, 善明詞訟. 長脚長手, 爲停屍睡, 大不好也. 睡中夢多, 自言自語者, 乃狂詐之徒.**

누운 자세로 부귀 빈천을 논함; 눕는다는 것은 잠자리에서의 안식이니 편안하지 않으면 안 된다. 누운 자세가 용이 서린 것 같거나 개가 구부린 듯하면 귀인의 상이다. 잠자리에서 손으로 머리를 감싸고 자는 사람은 송사에 뛰어나다. 팔과 다리를 길고 곧게 뻗고 자는 것을 시체잠이라고 하는데 매우 좋지 않다. 잠을 자며 꿈이 많고 자신이 묻고 자신이 답하는 사람은 광망(狂妄)하고 속임수가 많은 무리이다.

서운, 지인몽리다광어, 매향인전광어다. 범수장배조천자, 주아사. 수중요족자, 내상등인지상. 수계구자, 주요. 불폐안자, 악사.

**書云, 只因夢裏多狂語, 每向人前狂語多. 凡睡將背朝天者, 主餓死. 睡中搖足者, 乃上等人之相. 睡啓口**

者, 主夭. 不閉眼者, 惡死.

책에 이르기를 '꿈속에 광망한 말이 많으면 언제나 남 앞에서 광망한 말을 많이 한다'라고 하였다. 잠자면서 등이 하늘을 향하도록 엎드려 자는 사람은 굶어 죽게 된다. 잠자면서 발을 흔드는 사람은 상등급의 상이다. 잠자면서 입을 벌리고 자는 사람은 장수하기 어렵고 눈을 감지 않고 자는 사람은 악사하기 쉽다.

우운, 수몽광언간사인, 개안장구필조형. 온곡호래환언후. 관교백수기천금, 범호욕동성고방묘. 대개면욕곡, 행의직, 방위묘격.

又云, 睡夢狂言奸詐人, 開眼張口必遭刑. 穩曲呼來還言吼. 管敎白手起千金, 凡呼欲同聲高方妙. 大槪眠欲曲, 行宜直, 方爲妙格.

또한 이르기를 '잠자면서 꿈속에서 광망한 말을 많이 하면 간사한 사람이며 눈을 뜨고 입을 벌리고 자면 반드시 형벌을 당한다'라고 하였다. 편안하게 구부리고 자면서 호흡 소리가 으르렁대듯 하면 백수로 천금의 재산을 모을 사람이다. 호흡 소리는 일정하게 높아야 좋다. 대개 잠은 구부리고 자야 하고 걸을 때는 곧은 것이 좋다.

논소부귀빈천; 범소내희지발, 불욕여상. 냉소자다모족지. 장정자일세빈간. 소욕개구대향, 불욕폐구, 무음자여마시, 개불위미.

論笑富貴貧賤; 凡笑乃喜之發, 不欲如常. 冷笑者多謀足智. 藏情者一世貧奸. 笑欲開口大響, 不欲閉口, 無音者如馬嘶, 皆不爲美.

웃음으로 부귀빈천을 논함; 무릇 웃음이란 기쁨의 발로이니 웃을 때는 평소와 달라야 한다. 냉소하는 사람은 모사하는 지혜가 많고 기쁜 정을 감춰 웃지 않는 사람은 일생 동안 가난하고 간사하다. 웃을 때는 입을 열고 음성의 울림이 있어야 하고 입을 다물고 웃으면 안 된다. 웃음소리가 없거나 말 울음소리 같으면 모두 좋지 않은 것이다.

詩曰
개구장성소자현, 성음후내정다간. 약시마시원후규, 우빈우고우무전.
**開口長聲笑者賢, 聲音喉內定多奸. 若是馬嘶猿猴叫, 又貧又苦又無錢.**

입을 열고 긴 소리로 웃는 사람은 현명하고 웃음소리가 목구멍 속에서만 나면 간사함이 많다. 말 울음 같거나 원숭이처럼 부르짖으면 가난하고 고난이 많고 돈도 없다.

논어부귀빈천; 범어언여성음부동, 성음출어단전, 어언출어순문, 고부동. 대범인지어, 순설균정화완, 불로치위묘. 여급초란범자, 내하천지상, 일세무성야.
**論語富貴貧賤; 凡語言與聲音不同, 聲音出於丹田, 語言出於脣吻, 故不同. 大凡人之語, 脣舌勻停和緩, 不露齒爲妙. 如急焦亂泛者, 乃下賤之相, 一世無成也.**

말로써 부귀빈천을 논함; 말하는 것과 음성은 서로 다르다. 음성은 단전에서 나오고 말은 입술에서 나오므로 같지 않은 것이다. 대범한 사람의 말은 입술과 혀가 균형을 이루므로 온화하고 부드럽다. 말할 때 치아가 드러나지 않아야 좋고 급박하거나 거칠거나 산란하거나 들뜨면 하천한 상으로 일생 성공할 수 없다.

詩曰

어요균정기요화, 귀인어소소인다. 약시범언순란동, 불리빈천병다마.

語要勻停氣要和, 貴人語少小人多. 若是泛言脣亂動, 不離貧賤病多磨.

말은 고르고 氣는 온화해야 한다. 귀인은 말이 적고 소인은 말이 많다. 말이 들뜨고 입술을 어지럽게 움직이면 빈천과 질병이 떠나지 않는다.

건통독실, 천운주류, 육부삼정, 삼정불배, 오행부득, 유의일국실원, 성신실자함위, 수유지역불현달, 내일생건체지상야.

蹇通得失, 天運周流; 六府三停, 三停不配, 五行不得. 惟依一局失垣, 星辰失者陷位, 雖有志亦不顯達, 乃一生蹇滯之相也.

운이 막히고 통하고 얻고 잃음은 하늘로부터 부여받은 운의 운행에 달린 것이다; 육부삼정에서 삼정이 균형을 이루지 못하고 오행의 마땅함을 얻지 못하고, 오성에서 일국이 무너져 성신이 균형을 잃어 그 부위가 없다면 비록 뜻이 있어도 현달할 수 없으니 일생 막히고 체하는 상이다.

통자, 가원가취, 인부위불균, 기색불배, 연년곤고, 홀득일위, 요취기색일

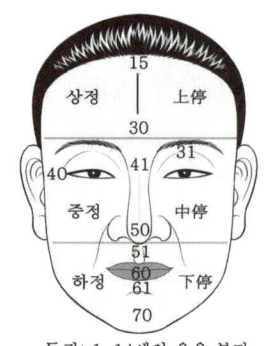
두귀: 1-14세의 운을 본다.

개, 천자유청운지지, 서민유덕택면면.

通者, 可原可取, 因部位不勻, 氣色不配, 連年困苦, 忽得一位, 要取氣色一開, 天子有靑雲之志, 庶民有德澤綿綿.

운이 통함은 원리를 취해야 한다. 부위가 고르지 않고 기색이 좋지 않아 계속 곤고했던 사람이 홀연히 부위가 좋아지고 기색이 열리면 천자는 청운의 뜻을 품을 수 있고 서민은 덕택이 면면히 이어진다.

득자, 인상변부위불호, 하변각호, 일행도호처, 자연득의. 실자, 내기색호, 부위불호. 서운, 기색정행년휴구, 골격정일세영고, 범기색기능구호. 차색일득일실, 범부불호, 색호역방유실.

得者, 因上邊部位不好, 下邊却好, 一行到好處, 自然得矣. 失者, 乃氣色好, 部位不好. 書云, 氣色定行年休咎, 骨格定一世榮枯, 凡氣色豈能久乎. 此色一得一失, 凡部不好, 色好亦防有失.

얻는 것은, 상변(천창) 부위가 좋지 않고 하변(지고)이 오히려 좋다면 얼굴의 좋은 곳에 이를 때가 되면 자연히 운을 얻게 되는 것이다. 잃는 것은 기색이 좋아도 부위가 좋지 않기 때문이다. 책에 이르기를 '기색은 유년의 길흉을 정하고 골격은 일생의 성쇠를 정하니 기색이 어찌 항구할 수 있겠는가?'라고 하였다. 이는 기색의 얻고 잃음을 말한 것으로 부위가 좋지 않은데 색만 좋다면 또한 잃게 됨을 방비하라는 것이다.

**병난곤영, 일신상유; 범병자, 불과재질야, 요재병액궁, 간차궁청암, 불과소질, 차궁흑적, 불과유재, 비주사.**

病難困榮, 一身常有; 凡病者, 不過災疾也, 要在病厄宮, 看此宮暗, 不過小疾, 此宮黑赤, 不過有災, 非主死.

질병과 난관, 곤고함과 영화는 일신에 달려있다; 무릇 병은 재난과 질병이므로 병액궁(질액궁)에 달려있는 것이다. 이 질액궁을 살펴 푸르고 어두우면 작은 병에 불과하지만, 이 부위가 검고 적색을 띠면 재앙이 생길 뿐 죽지는 않는다.

**범구준명이, 차사처범상극지기색, 즉사무의, 극내오행상극지리, 불가불간상세. 일면가몽, 필조대난. 명궁혼암, 필조대난, 천정색체, 필조대난. 변지생암, 필조대난.**

凡口準命耳, 此四處犯相克之氣色, 卽死無疑, 克乃五行相克之理, 不可不看詳細. 一面加蒙, 必遭大難. 命宮昏暗, 必遭大難, 天庭色滯, 必遭大難. 邊地生暗, 必遭大難.

무릇 입·준두·명궁·귀, 이 네 곳에 상극하는 기색이 침범하면 죽게 됨을 의심할 바 없으니 이는 오행의 상극하는 이치로써 상세히 살피지 않을 수 없다. 얼굴 전체의 기색이 어두우면 반드시 대난을 만나게 되고, 명궁이 어두우면 반드시 대난을 만나게 되고, 천정의 기색이 체하면 반드시 대난을 만나게 되며 변지가 어두우면 반드시 대난을 만나게 된다.

고성인조난자, 개유일색; 변지기적운, 당태종유금영백일류설. 인당생암참, 관운장유실마지경.

古聖人遭難者, 皆有一色; 邊地起赤雲, 唐太宗有金營百日縲絏. 印堂生黯黪, 關雲長有失馬之驚.

옛날의 성인들이 난을 만난 것은 모두 한 가지 기색이 있었기 때문이다; 변지(이마의 양쪽 옆)에 적기가 구름처럼 일었으므로 당태종이 금영에서 백 일간 포로가 되었다. 인당에 검푸른 기색이 나타났으므로 관운장이 말을 잃고 놀라는 일이 있었다.

\*관운장 낙마: 위(魏)군과의 전투에서 조인이 5백 궁노에게 화살을 쏘게 하여 관운장이 팔에 화살을 맞고 낙마한 사건.

준두일적, 맹상군야도관진. 간문홀암, 유현덕유장판지액.

準頭一赤, 孟嘗君夜渡關津. 奸門忽暗, 劉玄德有長板之厄.

준두에 붉은 기색이 나타났으므로 맹상군이 밤에 관진을 건넜다. 간문이 홀연히 어두워졌으므로 유비가 장판에서 액을 당하였다.

\*맹상군(?-BC279?): 본명 전문(田文). 제나라 공족으로 전국 말기 사공자(四公子) 가운데 한 사람. 진(秦)·제(齊)·위(魏)나라의

재상을 역임하고 독립하여 제후가 됨. 진나라 소왕이 진나라로 불러들여 죽이려 하자 왕의 첩에게 흰 여우 가죽을 훔쳐 바치고 밤에 닭 울음소리를 내어 성문을 열고 함곡관을 빠져나온 사건으로 계명구도(鷄鳴狗盜)의 일화가 있다.

*장판지액: 유비가 조조의 군대에 크게 패하여 달아나고 장비가 필마단기로 장판교를 지킨 고사.

쌍관여화, 양육랑실직곤여주. 적투삼관, 양문광곤류주삼재.

## 雙顴如火，楊六郎失職困汝州．赤透三顴，楊文廣困柳州三載．

양 관골이 불과 같았으므로 양육랑이 여주에서 실직하는 곤경에 처했다. 적기가 삼관에 투영되었으므로 양문광이 유주에서 삼 년간 곤경에 처했다.

*양육랑: 북송의 관리 양연소(楊延昭).
*三顴(삼관): 이마와 양쪽 관골.
*양문광(?-1074): 북송의 장수로 양연소의 둘째 아들.

인당암관골청, 오자서매검주범양. 이몽액암, 한문공풍설폄조양.

## 印堂黯顴骨靑，伍子胥賣劍走范陽．耳濛額暗，韓文公風雪貶潮陽．

인당이 어둡고 관골에 청기가 나타났으므로 오자서가 검을 팔아 범양으로 달아났다. 귀와 이마가 어두웠으므로 한문공이 조양에서 풍설에 시달리며 귀양살이를 했다.

*오자서(?-BC484): 춘추시대 초나라 사람. 아버지와 형이 초나

라 평왕에게 살해당한 뒤 오나라로 도주하여 오나라 왕 합려를 보좌하여 강대국으로 키우고 초나라에 복수하였다. 후일 합려의 아들 부차에게 중용되지 못하고 백비의 모함을 받고 자결하였다.

*한문공: 한유(韓愈, 768-824). 당나라의 문학가 겸 사상가로 산문(散文) 분야에서 당송팔대가(唐宋八大家)의 한사람으로 시호가 문공이다.

적기태양, 진순검매령심신양(실처지설). 연수암여니, 제효인조실자.

赤起太陽, 陳巡檢梅嶺尋申陽(失妻之說). 年壽暗如泥, 齊孝仁遭失子.

적기가 태양(두 눈)에 일었으므로 진순검이 매령에서 신양을 찾았다(처를 잃는다는 설). 연상과 수상이 진흙처럼 어두웠으므로 제효인이 자식을 잃었다.

*진순검: 송나라 휘종(徽宗)때의 관리로 본명은 陳辛. 직책이 순검이었으므로 진순검으로 전해진다.

*제효인: 미상인물. 다른 판본에는 '遭失子'가 아니라 '遭失牛(소를 잃었다)'로도 전해진다.

이상수단, 불과기색불호, 고유차난. 기색일개, 자보안영, 차내상모원호, 인색불여, 고잠수곤.

以上數端, 不過氣色不好, 故有此難. 氣色一開, 自保安榮, 此乃相貌原好, 因色不如, 故暫守困.

이상의 몇 가지 사건은 기색이 좋지 않은 것에 불과하므로 이러한 난관을 만난 것이다. 기색이 열리면 자연히 편안하고 영화를 누리게 되니 이는 원래 상모는 좋은데, 색이 좋지 않아 잠시 곤란에 처했던 것이다.

## 胎兒嬰兒篇 태아영아편

미출복예지귀천; 차언복중지임, 범남포모, 여배모, 혹상혹하위요태, 혹좌혹우위수태. 귀태동필정균, 자무독병. 천태복내다동, 모상유병.

未出腹預知貴賤; 此言腹中之姙, 凡男抱母, 女背母, 或上或下爲夭胎, 或左或右爲壽胎. 貴胎動必停勻, 自無毒病. 賤胎腹內多動, 母常有病.

태어나지 않은 아이의 귀천을 미리 알 수 있다; 이는 임신하여 배 속에 있는 태아를 말하는 것이다. 무릇 남아는 모체를 마주 보고 껴안고 있지만, 여아는 모체를 등지고 있다. 위아래로 움직이면 요절할 아이이며, 좌우로 움직이면 장수할 아이이다. 귀하게 될 아이는 움직이는 것이 반드시 일정하고 고르므로 자연히 괴로움이 없다. 천하게 될 아이는 뱃속에서 심하게 움직여 모체를 항상 괴롭게 한다.

광감선생왈, 남태모기족, 신상청. 여태모기부족, 신다란. 평상성청, 회잉필생복수지남, 평상성탁, 회잉필생고고지자.

廣鑒先生曰, 男胎母氣足, 神常淸. 女胎母氣不足, 神多亂. 平常聲淸, 懷孕必生福壽之男, 平常聲濁, 懷孕必生孤苦之子.

광감선생이 이르기를 '남아는 모체의 기가 충분하고 정신이 항상 맑지만, 여아는 모체의 기가 부족하고 정신이 산란할 때가 많다. 모체가 평소에 항상 음성이 맑으면 반드시 복과 장수를 누리게 될 남아를 가진 것이지만, 평소에 음성이 탁하면 반드시 외롭고 가난하게 될 아이를 가진 것이다'라고 하였다.

문왈, 순백다산난, 임분욕안정. 대부귀자태자안, 천자태란동, 수자모필안, 요자모다병. 수자모인홍, 요자모순백, 귀자모정광, 천자모신산.

文曰, 脣白多産難, 臨盆欲安靜. 大富貴者胎自安, 賤者胎亂動, 壽者母必安, 夭者母多病. 壽者母印紅, 夭者母脣白, 貴者母精光, 賤者母神散.

글에 이르기를 '입술에 흰빛을 띠는 여자는 난산하는 일이 많으니 출산이 가까우면 안정을 취해야 한다. 큰 부귀를 누리게 될 인물은 태아 때부터 스스로 안정되지만, 천하게 될 인물은 태아 때부터 혼란스럽게 움직인다. 장수할 인물은 모체가 반드시 편안하지만, 수명이 짧을 인물은 모체가 반드시 병이 많다. 장수할 아이를 가진 모체는 인당(印堂)에 홍색 기운을 띠지만 수명이 짧을 아이를 가진 모체는 입술에 흰색의 기운을 띠게 된다. 귀하게 될 아이를 가지면 모체의 눈이 정기로 빛나지만 천하게 될 아이를 가지면 모체의 눈빛이 산란하다'라고 하였다.

재복선지남녀; 남태동필균정, 모쌍안하백형, 준명인윤. 여태안상청암, 우주난산.

在腹先知男女; 男胎動必勻停, 母雙眼下白瑩, 準明印潤. 女胎眼上靑暗, 又主難産.

뱃속 아이의 남녀를 먼저 알 수 있다; 남아는 뱃속에서 움직임이 반드시 고르고 고요하다. 모체의 두 눈 아래가 백옥처럼 밝으며 준두가 밝고 인당에 윤택한 빛을 띤다. 임신한 아이가 여아인 경우는 눈의 윗부분이 푸르고 어두운 빛을 띠고 산통이 심하다.

임분가정일기; 인당홍, 주병정일화왕, 필생남. 준두황, 주무기일토왕, 필생남. 수성구각명, 주임계일수왕, 필생녀. 쌍관명, 주갑을일목왕, 필생남. 천창하고명, 주경신일금왕, 생녀필난산, 시남불방.

臨盆可定日期; 印堂紅, 主丙丁日火旺, 必生男. 準頭黃, 主戊己日土旺, 必生男. 水星口角明, 主壬癸日水旺, 必生女. 雙顴明, 主甲乙日木旺, 必生男. 天倉下庫明, 主庚辛日金旺, 生女必難産, 是男不妨.

분만일을 미리 알 수 있다: 인당에 홍색 기운이 감돌면 주로 丙·丁일 火의 기운이 왕성한 날 반드시 아들을 낳게 된다. 준두에 황색 빛을 띠면 주로 戊·己일 土의 기운이 왕성한 날 반드시 아들을 낳게 된다. 입술 끝이 밝은 빛을 띠면 주로 壬·癸일 水기가 왕성한 날 반드시 딸을 낳게 된다. 양쪽 관골에 밝은 빛을 띠면 주로 甲·乙일 木기가 왕성한 날 반드시 아들을 낳게 된다. 천창과 하고가 밝은 빛을 띠면 주로 庚·辛일 金기가 왕성한 날 딸을 낳으며 반드시 산고가 있게 된다. 그러나 남아를 낳으면 해롭지 않다.

범면상구암색불개, 환유기일, 지대하처명, 방허임분, 홀연일명부일암, 필사무의. 범여인임산지시, 간우수심, 홍재건궁귀자, 홍재감궁부자, 우호양. 재장심위명당홍윤, 필생복수지남, 약시청색, 필산파가지예, 재청재암, 미면난산. 이전구론산부지결.

凡面上俱暗色不開, 還有幾日, 只待何處明, 方許臨盆, 忽然一明復一暗, 必死無疑. 凡女人臨産之時, 看右手心, 紅在乾宮貴子, 紅在坎宮富子, 又好養. 在掌心爲明堂紅潤, 必生福壽之男, 若是靑色, 必産破家之裔, 再淸再暗, 未免難産. 以前俱論産婦之訣.

무릇 얼굴 전체에 어두운 기색이 덮여 사라지지 않고 수일 동안 계속되며 밝은 빛을 볼 수 없는 상태로 분만일을 맞았는데, 갑자기 밝은 기색과 어두운 기색이 번갈아 나타나면 반드시 죽게 됨을 의심할 바 없다. 무릇 여인이 출산이 임박했을 때 우측 손바닥을 보아 乾宮에 홍색을 띠었으면 귀하게 될 아들을 낳게 되고, 坎宮에 홍색을 띠었으면 부자가 되고 기르기 쉬운 아들을 낳게 된다. 또한 손바닥의 明堂에 붉고 윤택한 빛을 띠었으면 반드시 복이 많고 장수하는 아들을 낳게 된다. 만약 이 부분에 청색을 띠었으면 반드시 집안을 망치는 후예를 두게 되며, 더욱 푸르고 더욱 어두운 빛을 띠면 난산을 면키 어렵다. 이상은 임산부에 관해 논한 글이다.

막도영아난상, 일생출복가지; 범하지소아, 홍흑색위묘, 백색주월내신망. 신생백초활여호, 인임분방사다상, 주생창질다병.

莫道嬰兒難相, 一生出腹可知; 凡下地小兒, 紅黑色爲妙, 白色主月內身亡. 身生白瘡滑如糊, 因臨盆房事多傷，主生瘡疾多病．

젖먹이는 살피기 어렵다고 말하지 말라. 태어났다면 알 수 있다; 갓 태어난 아이의 얼굴 피부가 붉고 어두운색을 띠었다면 좋고, 백색을 띠었다면 한 달 내에 사망한다. 신생아의 몸에 백색의 고름 같은 것이 풀을 바른 듯 묻어있다면 출산 일 가까울 무렵 부부간 금욕하지 않아 아이가 다친 것으로 주로 염증 등의 병을 많이 앓게 된다.

유육건호양; 남아두발제미호양, 다복리. 두피관호양, 대귀.
有六件好養； 男兒頭髮齊眉好養，多福利．頭皮寬好養，大貴．

6가지 훌륭하게 자라게 될 아이의 조짐; 남아의 머리카락이 길어 눈썹과 가지런하면 잘 자라 복과 재물이 풍부하게 된다. 머리 피부가 넉넉하고 느슨해 보이면 잘 자라 대귀하게 된다.

비공출기, 폐구수호양. 비고순홍후호양.
鼻孔出氣，閉口睡好養．鼻高脣紅厚好養．

입을 벌려 숨 쉬지 않고 코로 숨을 쉬고 다문 입 모양이 꽃이 오므린 깃 같으면 잘 자라게 될 아이이다. 코가 높고 입술이 붉고 두터우면 잘 자라게 될 아이이다.

유신제득선고후향대자호양. 음낭대추흑이유현자호양.
有神啼得先高後響大者好養．陰囊大縐黑而有弦者好養．

눈이 총명하고 우는소리가 처음은 높고 다음은 울림이 크다면 잘 자라게 될 아이이다. 음낭이 크고 주름이 검으며 줄이 있으면 잘 자랄 수 있는 아이이다.

**유이십일건불호양; 두피급, 삼세관, 면대무비량, 일세관.**
**有二十一件不好養; 頭皮急, 三歲關, 面大無鼻樑, 一歲關.**

잘 자라지 못할 21종 아이; 머리의 피부가 넉넉지 않고 간신히 씌워놓은 듯하면 세 살을 넘기기 어려우며, 얼굴은 크고 콧대가 없으면 한 살을 넘기기 어렵다.

**비량불기, 일세지사. 정여흑두, 신불만주.**
**鼻樑不起, 一歲至死. 睛如黑豆, 身不滿周.**

콧대가 솟지 않으면 한 살을 넘기기 어렵고, 눈동자가 검은콩과 같이 윤기가 없으면 일 년을 넘기기 어렵다.

**정원여계, 일주가지. 이연여면, 삼세부전.**
**睛圓如鷄, 一周可知. 耳軟如綿, 三歲不全.**

눈동자가 동그랗게 드러나 마치 닭과 같다면 일년을 넘기기 어렵고, 귀가 연약해 솜과 같다면 세 살을 채우기 어렵다.

**몰유각근, 난과이춘. 신대후소, 일주난보.**
**沒有脚根, 難過二春. 身大後小, 一周難保.**

다리에 살이 없다면 두 봄을 넘기기 어렵고, 몸의 앞부분은 크고 넓은데 뒤쪽은 작다면 한해를 넘기기 어렵다.

육중여니골소필요, 삼세사. 곡도무봉, 난과일춘.
肉重如泥骨少必夭, 三歲死. 穀道無縫, 難過一春.

살이 많고 빛깔이 마치 진흙과 같은데 뼈가 적고 약하면 일찍 죽게 되어 세 살을 넘기기 어렵고, 항문이 닫히지 않으면 한해 봄을 넘기기 어렵다.

순박여지, 일세필사. 이후무근, 불만삼춘, 이후소고골, 우명옥침, 일명수근, 서운, 옥침불성능언이망, 정합차야.
脣薄如紙, 一歲必死. 耳後無根, 不滿三春, 耳後小高骨, 又名玉枕, 一名壽根, 書云, 玉枕不成能言而亡, 正合此也.

입술이 종잇장처럼 얇으면 한 살에 반드시 죽게 되며, 귀의 뒤에 귀뿌리가 없으면 세 살을 다 채우기 어렵다. 귀 뒤의 조금 솟은 뼈를 또한 옥침이라고 하는데, 오래 산다고 하여 수근(壽根)이라고도 한다. 옛글에 이르기를 '옥침이 없으면 말을 할 수 있게 될 때 죽는다'라고 한 것이 바로 이와 같은 것이다.

소유보필, 지호이칠십사세. 출이행천정상, 차골재발변, 여무차골자, 십사세주사. 육다골연, 일주불만.
沼有輔弼, 只好二七十四歲. 出耳行天停上, 此骨在髮邊, 如無此骨者, 十四歲主死. 肉多骨軟, 一周不滿.

귓바퀴가 귀를 덮었으면 14세까지 살고, 귀가 너무 높은 곳에 붙어 있어 천정(이마)보다 높고 귀 뒤의 뼈가 머리털과 닿아있어서 마치 없는 것 같다면 14세를 넘기기 어려우며, 살은 많은데 뼈가 연약하면 일 년을 채우기 어렵다.

두대정세, 일주불만. 쌍목무신, 불과삼춘. 안여함루, 지호이세. 두첨우박, 오세방액.

頭大頂細, 一周不滿. 雙目無神, 不過三春. 眼如含淚, 只好二歲. 頭尖又薄, 五歲妨厄.

머리는 크지만 정수리가 가늘고 좁으면 한해를 넘기기 어렵고, 두 눈에 정기가 없으면 세 봄을 넘기기 어려우며, 눈에 눈물을 머금은 듯하면 두 살을, 머리 정수리가 뽀족하고 얇다면 다섯 살을 넘기기 어렵다.

복대두소, 삼세필료, 차언무퇴두야. 발황우소, 이세이사. 무미치조, 삼세이사. 범치일주내생, 필호양, 일주외생대귀, 오륙월생주사, 하치선생자극다, 여상치선생자, 주대총명, 주방모.

腹大肚小, 三歲必了, 此言無腿肚也. 髮黃又疎, 二歲而死. 無眉齒早, 三歲而死. 凡齒一周內生, 必好養, 一周外生大貴, 五六月生主死, 下齒先生者極多, 如上齒先生者, 主大聰明, 主妨母.

허벅지에 비해 장딴지가 가늘면 세 살에 마치게 된다. 이는 장딴지가 없는 것을 말한다. 머리카락이 누렇고 드물면 두 살을 넘기기 어려우며, 눈썹 털이 없고 치아가 아주 빨리 난다면 세 살을 넘기기 어렵다. 치아가 출생 일년 내에 나는 것은 잘 자라는 아이이며, 일년 넘어 나는 아이는 대단히 귀하게 될 아이이다. 그러나 5-6개월에 치아가 모두 나면 단명한다. 대개 아랫니가 먼저 나지만, 윗니가 먼저 나면 매우 총명하지만 모친에게 해롭다.

범소아욕정평, 이정겸경, 성고기족신상방호. 서운, 신혼기암, 필시빈궁지한. 제일건총론, 범소아욕성고청향량, 이견자위묘, 비귀즉부. 이전상하지백일내지결.

凡小兒欲頂平, 耳正兼硬, 聲高氣足神爽方好. 書云, 神昏氣暗, 必是貧窮之漢. 第一件總論, 凡小兒欲聲高淸響亮, 而堅者爲妙, 非貴則富. 以前相下地百日內之訣.

어린아이는 정수리가 평평하고 귀가 반듯하며 단단하고, 음성이 높고 정기가 충족되어 있어야 좋다. 옛글에 이르기를 '정신이 혼미하고 기가 어둡다면 반드시 가난해질 사람이다'라고 하였다. 결론적으로 어린아이의 우는소리가 높고 맑으며 울림이 우렁차며, 귀와 살집이 단단하면 훌륭해서 장차 귀해지지 않으면 부자가 된다. 이상은 태어난 지 백일 이내에 살피는 것을 기록한 글이다.

삼일지일생; 차언하지소아, 내원병기극험, 후래공유호양기래전난간. 삼일약순홍우후, 필귀, 이경필귀.

三日知一生; 此言下地小兒, 乃原秉氣極驗, 後來恐乳好養起來轉難看．三日若脣紅又厚，必貴，耳硬必貴．

출생한 지 3일이면 일생을 알 수 있다; 출생한 아이가 원래 타고난 기가 극히 영험해도 갈수록 점차 젖을 먹지 않으려 한다면 잘 자랄 수 있다고 보기 어렵다. 출생한 지 3일째 되는 날 입술이 붉고 또한 두텁다면 반드시 귀하게 되며, 귀가 단단해도 반드시 귀하게 된다.

일련삼사성불환기, 대부귀. 제규자동, 대래유력선무. 정전간자, 필귀. 순박불위묘, 자능동두자시능인. 제규무력자, 일생불여.

一連三四聲不換氣，大富貴．啼叫自動，大來有力善武．睛轉看者，必貴．脣薄不爲妙，自能動頭者是能人．啼叫無力者，一生不如．

한번 울기 시작하여 우는소리가 3-4번 이어지면서도 중간에 호흡을 하지 않으면 크게 부귀를 누리게 된다. 울음소리가 진동하며 크고 힘차면 무예에 능하게 된다. 눈동자를 굴려 바라보는 아이는 반드시 귀하게 된다. 입술이 얇은 것은 좋지 않고, 스스로 머리를 움직이는 아이는 재능이 있게 된다. 그러나 울음소리에 힘이 없는 아이는 일생이 여의치 않다.

삼세정팔십; 차언삼세이불식유, 호간료오관륙부삼정, 골격성정, 현우자현. 소아골견자, 정장신족, 일생병소, 매구합, 어불로치, 내복수도로지상.

三歲定八十；此言三歲已不食乳，好看了五官六府三停，骨格性情，賢愚自見．小兒骨堅者，精壯神足，一生病少, 寐口合, 語不露齒, 乃福壽到老之相.

세 살에 80까지를 알 수 있다; 세 살이면 이미 모유를 먹지 않고 오관·육부·삼정과 골격·성정을 볼 수 있고 현명함과 어리석음이 저절로 드러날 때이다. 아이가 골격이 견실하고 정신이 굳세고 충족되어 있으면 일생 병이 적다. 잠잘 때 입을 굳게 다물고 말할 때 이가 드러나지 않으면 늙을 때까지 복이 많고 장수하는 상이다.

속설삼세정로, 상상원유차설. 삼사세지동, 한의향, 성의청향, 미의흑, 발의세흑, 황세역불묘. 이저백무일성, 다인발생각, 주우천. 골생천정, 주현귀.
俗說三歲定老, 相上原有此說. 三四歲之童, 汗宜香, 聲宜淸響, 眉宜黑, 髮宜細黑, 黃細亦不妙. 耳低百無一成, 多因髮生角, 主愚賤. 骨生天停, 主賢貴.

속설에 '세 살에 평생이 정해진다'라고 하였는데, 상학에 원래 이 말이 있다. 서너 살 먹은 아이는 땀 냄새가 향기롭고 음성이 맑게 울리며, 눈썹이 검고 머리카락이 가늘고 검어야 좋다. 그러나 눈썹이나 머리카락이 누렇고 가늘다면 좋지 않다. 귀가 아래로 쳐졌다면 백 가지 일에 하나도 이루어지는 것이 없게 된다. 머리카락이 너무 숱이 많고 日角·月角에 났다면 어리석고 천히게 된다. 친정에 뼈가 도드라졌으면 현명하고 귀하게 된다.

대개상동지법, 요신혈기골, 위오행지리, 신욕청이욕명, 기욕화, 골욕견, 소아골욕경, 대인골욕연. 피속토, 고위피토. 피위신, 골위군, 군신의배, 피골욕균. 피박골고, 소년사, 피후골소, 소년망, 차오자유일건, 비빈즉요.

大概相童之法, 要神血氣骨, 爲五行之理, 神欲淸而欲明, 氣欲和, 骨欲堅, 小兒骨欲硬, 大人骨欲軟. 皮屬土, 故爲皮土. 皮爲臣, 骨爲君, 君臣宜配, 皮骨欲勻. 皮薄骨高, 少年死, 皮厚骨少, 少年亡, 此五者有一件, 非貧則夭.

대개 아이들의 상을 보는 법은 정신과 혈색·기와 뼈대를 5행의 이치로 살핀다. 정신은 맑고 밝아야 하며 기는 온화해야 하고 뼈는 단단해야 한다. 어린아이의 뼈는 단단해야 하고 어른의 뼈는 부드러워야 한다. 피부는 오행 중의 土에 속하므로 땅껍질과 같다. 피부는 신하이며 뼈는 임금이니 군신의 배합이 맞아야 좋듯 피부와 골격도 균형이 맞아야 한다. 피부가 얇아 뼈가 높이 불거져 나왔으면 어린 나이에 죽게 되고, 피부는 두터운데 골격이 없다면 또한 어린 나이에 죽게 된다. 이 다섯 가지 가운데 한 가지라도 해당되는 사람은 빈한하게 살지 않으면 일찍 죽게 된다.

인종소장, 선관동상위선, 골격미성, 오륙삼정가정; 차언소아불가불상, 범소아대개선간형체정직, 기상앙연, 차내대성. 후자유수, 박자소복, 천삭형상, 지삭빈천, 정황우완, 비소대패, 두편첨불성기. 이저반필궁도, 신산다광파이음.

人從少長, 先觀童相爲先, 骨格未成, 五六三停可定; 此言小兒不可不相, 凡小兒大槪先看形體正直, 氣象仰然, 此乃大成. 厚者有壽, 薄者少福, 天削刑傷, 地削貧賤, 睛黃愚頑, 鼻小大敗, 頭偏尖不成器. 耳低反必窮途, 神散多狂破而淫.

사람은 어린아이로부터 성장하게 되니 먼저 아이의 상을 볼 때는 먼저 보이는 것을 우선으로 하는데, 아직 골격이 자라지 않았으므로 오관과 육부·삼정으로 상을 정한다; 어린아이라도 살피지 않을 수 없으니 무릇 어린아이는 대개 먼저 체형이 바르고 곧은지를 본다. 기상이 우뚝하고 의젓하다면 이 아이는 크게 성공하게 된다. 몸이 두터우면 장수하지만, 몸이 얇으면 복이 적다. 천창이 깎였으면 형상을 당하게 되고, 지고가 깎였으면 빈천하게 된다. 눈동자가 누렇다면 어리석고 고집스럽다. 코가 너무 작으면 하는 일에 실패가 많다. 머리가 기울고 뾰족하면 큰 인물이 되기 어렵고 귀가 아래로 쳐지고 뒤집혔다면 반드시 가난하게 된다. 눈의 정기가 흩어졌으면 정신이 광망하고 음란하다.

부오자오관, 육자육부, 삼정, 천지중위삼정, 소아골격수미성, 단오관육부이성, 불가불의리세간, 하일관호, 하일처불여.

夫五者五官, 六者六府, 三停, 天地中爲三停, 小兒骨格雖未成, 但五官六府已成, 不可不依理細看, 何一官好, 何一處不如.

무릇 五者란 오관, 六者는 육부, 삼정은 천정·지정(하정)·중정 삼정이 된다. 어린아이는 골격이 비록 아직 성장하지 않았지만 오관과 육부는 이미 이루어져 있으므로 어떤 일관이 좋고 어떤 부분은 그만 못한가를 이치대로 세밀히 관찰하지 않으면 안 된다.

일생전요이두위주. 천정불호, 일생불묘, 불성사, 인언과차방호, 내시란도. 두유이십사기, 유이십사골, 각유일명, 요세체인.

一生全要以頭爲主. 天停不好, 一生不妙, 不成事, 人言過此方好, 乃是亂道. 頭有二十四氣, 有二十四骨, 各有一名, 要細體認.

일생의 전체적인 것은 머리를 위주로 해야 한다. 천정이 좋지 않으면 일생이 그리 좋을 수 없으며 일을 이룰 수 없다. 사람들이 이래야만 좋다고 지나치게 말하는 것은 道를 어지럽히는 것이다. 머리에는 24기가 있고 24골이 있으며 각각 이름이 있으니 자세히 살펴 체득하여 깨달아야 한다.

영해동자각유일설: 차언불가일개이추, 삼세위영해, 상신기, 불상오관. 십이세내외위동자, 환상오관육부삼정위주, 불가이유중론.

嬰孩童子各有一說; 此言不可一槪而推, 三歲爲嬰孩, 相神氣, 不相五官. 十二歲內外爲童子, 還相五官六府三停爲主, 不可以乳重論.

갓난아이와 동자는 각기 상을 보는 설이 있다; 한가지로 미루어 추단할 수 없으니 3살 아이를 영아라고 하는데, 신기를 위주로 살피고 오관을 살피지 않는다. 12살 내외를 동자라고 하는데, 또한 5관·6부·3정을 위주로 살펴야 하며, 젖먹이를 살피는 것과 같이 논하지 않는다.

규녀동녀, 영유일상; 영녀지상, 여남부동, 기천정고, 관골용, 성대, 정대, 미중, 성조, 차수건구주방모, 소형제, 우주파가. 십세위동녀, 기성고, 서운, 살부삼관면, 방부액불평, 욕지삼도가, 여작장부성.

閨女童女, 另有一相; 嬰女之相, 與男不同, 忌天庭高, 顴骨聳, 聲大, 睛大, 眉重, 性躁, 此數件俱主妨母, 少兄弟, 又主破家. 十歲爲童女, 忌聲高, 書云, 殺夫三顴面, 妨夫額不平, 欲知三度嫁, 女作丈夫聲.

규녀와 동녀는 별도로 보는 법이 있다; 여영아의 상은 남아와 같지 않다. 천정이 높은 것과 관골이 솟은 것·음성이 너무 큰 것·눈동자가 다 보이는 것·눈썹이 너무 짙은 것·성격이 조급한 것을 꺼리는데, 이러한 여러 건들은 모두 어머니가 해롭고 형제가 적으며 또한 가정이 깨어지게 된다. 10살 된 여아를 동녀라 하며, 음성이 높은 것을 꺼린다. 옛글에 '남편을 죽이는 삼관면이며, 남편을 해롭게 하는 것은 이마가 평평하지 않기 때문이며, 세 번 시집가는 것을 알고자 하면, 여자가 장부의 음성을 내는 것이다'라고 하였다.

상녀지법, 화윤색명위묘, 제일건, 기치백, 세첨, 황대, 소희, 사자불묘. 대개귀남무천이, 귀부무천치. 약이불호, 위금목개화, 일세다성다패, 다학소성, 여인치백첨, 다음소자불묘.

相女之法, 和潤色明爲妙, 第一件, 忌齒白, 細尖, 黃大, 疎稀, 四者不妙. 大槪貴男無賤耳, 貴婦無賤齒. 若耳不好, 爲金木開花, 一世多成多敗, 多學少成, 女人齒白尖, 多淫少子不妙.

여자의 상법은 온화하고 윤택하며 색이 밝은 것이 첫째로 좋다. 그러나 이가 너무 흰 것·가늘고 뾰족한 것·누렇고 큰 것·듬성듬성 드문 것을 꺼리고 이 네 가지는 좋지 않다. 대개 귀한 남자는 천한 귀를 지닌 사람이 없고, 귀한 부인은 천한 이를 가진 사람이 없다. 귀가 잘못 생긴 것을 '금목개화'라고 하며 평생 성공과 실패가 엇갈리는 일이 많고 학문을 많이 해도 이루는 것이 적다. 여인의 치아가 희고 끝이 뾰족하면 음란하며 자식을 두기 어려우니 좋지 않다.

선언삼악, 내출태복소성; 액위남악, 지각북악, 우관서악, 좌관동악, 비내중악, 차내오악, 선간삼악하설.

先言三岳, 乃出胎腹所成; 額爲南岳, 地閣北岳, 右顴西岳, 左顴東岳, 鼻乃中岳, 此乃五岳, 先看三岳何說.

먼저 삼악을 말하자면, 이는 배에서 나오면서부터 생긴 것이다; 이마는 남악이며 지각은 북악, 우측 관골은 서악, 좌측 관골은 동악, 코는 중악으로 이 부위들이 오악인데, 먼저 삼악을 본다는 것은 무슨 말인가.

액비각내면부삼정, 출태이성, 독관골환미성, 범소아최요차삼악.

額鼻閣乃面部三停, 出胎已成, 獨顴骨還未成, 凡小兒最要此三岳.

이마와 코 지각은 얼굴에 있는 삼정으로 태어나면서 이미 완성된 것이며, 다만 관골이 아직 완성되지 않은 까닭에 소아는 이 삼악을 살피라는 것이다.

중정불탑위상, 여남악고, 다복리, 소재호양, 여중악고, 성대기호양, 여북악방원륭만, 주유대부. 내천고주귀. 지후주부. 여일악불성자, 난양불대, 수양대역시패자. 상악저, 즉방부모, 중악함, 즉패조기, 하악삭, 즉일생궁곤. 차개부족지상야.

中正不塌爲上, 如南岳高, 多福利, 少災好養, 如中岳高, 成大器好養, 如北岳方圓隆滿, 主有大富. 乃天高主貴, 地厚主富. 如一岳不成者, 難養不大, 雖養大亦是敗子. 上岳低, 則妨父母, 中岳陷, 則敗祖基, 下岳削, 則一生窮困. 此皆不足之相也.

중정이 낮지 않아야 상급인데, 남악이 높다면 복과 이로움이 많고 재액이 적고 잘 자란다. 중악이 높으면 큰 인물이 되고 잘 자란다. 북악이 넓고 둥글며 풍성하고 가득하면 큰 부자가 된다. 이는 하늘이 높으면 귀하고 땅이 두터우면 부자가 되는 것이다. 그러나 1악도 제대로 이루어지지 않았다면 잘 자라기 어렵고, 비록 성인이 된다 해도 또한 실패하는 자식이 된다. 상악이 낮으면 부모에게 해롭고, 중악이 낮으면 조상의 기반을 무너뜨리며, 하악이 깎였다면 일생 궁색하고 곤란을 당하게 되니 이는 모두 부족한 상이다.

차간오관, 성공후래갱개: 범소아불가이면상위험, 공후래유개환지처, 난간귀천, 지간신색기육사건위요.

次看五官, 誠恐後來更改; 凡小兒不可以面上爲驗,恐後來有改換之處, 難看貴賤, 只看神色氣肉四件爲妙.

다음으로 오관을 보는데, 진실로 두려운 것은 후일 바뀌는 것이다; 무릇 소아는 얼굴만으로는 영험할 수 없으니 두려운 것은 후일 변화하는 곳이 생기므로 귀천을 살피기 어려운 것이다. 다만 神·色·氣·肉 4가지를 살피는 것이 좋은 방법이다.

불가인진, 환의동찰; 불가이미이언호, 막이오이언해, 기중환유이처, 불가정일리이추, 갱의세심성음, 재찰오관륙부, 여구부득호처, 환유일건가취, 혹귀혹부, 약유일면호상, 득일건파처, 즉불리야.

不可認眞, 還宜動察; 不可以美而言好, 莫以惡而言害, 其中還有異處, 不可定一理而推, 更宜細審聲音, 再察五官六府, 如俱不得好處, 還有一件可取, 或貴或富, 若有一面好相, 得一件破處, 即不利也.

확실히 알 수 없을 때는 움직임을 관찰하는 것이 좋다; 아름답다고 하여 좋다고 말할 수 없고, 추하다고 하여 해롭다고 말하지 말라. 그 가운데 또한 다른 부분이 있을 수 있으니 한 가지 이치 만으로 추단할 수는 없다. 음성을 자세히 살펴야 하고, 다시 오관과 육부를 살펴야 한다. 좋은 부분이 없다면 다시 한 가지를 취해 귀한지 부한지를 판단하는데, 얼굴 전체의 상이 좋다 해도 한 가지 좋지 않은 곳이 있으면 이롭지 않은 것과 같다.

소아정평미중피관, 가언호양; 범소아두소, 필불성인, 첨두대래불성기, 고요정평위주, 미경무수, 대인욕미경, 소아욕미중, 피관자정시호양, 피급자성역급, 우주난양, 십무일생.

小兒頂平眉重皮寬, 可言好養; 凡小兒頭小, 必不成人, 尖頭大來不成器, 故要頂平爲主. 眉輕無壽, 大人欲眉輕, 小兒欲眉重, 皮寬者定是好養, 皮急者性亦急, 又主難養, 十無一生.

소아의 정수리가 평평하고 눈썹이 짙으며 피부가 넉넉하면 잘 자라게 된다고 할 수 있다; 무릇 소아의 머리가 작으면 반드시 성인이 될 수 없고, 뾰족한 머리는 큰 인물이 될 수 없다. 그러므로 정수리가 평평한 것을 위주로 해야 한다. 눈썹이 엷으면 장수할 수 없는데, 어른은 눈썹이 엷어야 하지만, 소아의 눈썹이 짙고 피부가 넉넉하다면 틀림없이 잘 자라게 된다. 피부가 급박하면 성격 또한 급하니 또한 자라기 어려워 열 명 가운데 하나도 사는 아이가 없다.

소녀발흑암장이정, 가허귀인: 소녀내십삼사지시, 최희발흑편일, 이정안수. 서운, 봉경봉견겸봉목, 여인가허배군왕. 견원배후위귀, 항장위귀, 항단발장필유삼랑, 이반액방, 사도성쌍, 대개욕세미장목준원액평위묘.

少女髮黑暗長耳正, 可許貴人; 少女乃十三四之時, 最喜髮黑偏一, 耳正眼秀. 書云, 鳳頸鳳肩兼鳳目, 女人可許配君王. 肩圓背厚爲貴, 項長爲貴, 項短髮長必有三郞, 耳反額方, 四度成雙, 大槪欲細眉長目準圓額平爲妙.

소녀의 머리털이 검고 짙으며 길고 귀가 바르게 생겼으면 귀인이 될 수 있다; 소녀는 13-4세 때의 여자로 가장 좋은 것은 머리털이 검고 머릿결이 일정하며 귀가 바르게 생기고 눈이 빼어나야 한다. 옛글에 이르기를 '봉황의 목과 봉황의 어깨·봉황의 눈을 지닌 여인은 군왕의 배필이 될 수 있다'라고 했는데, 어깨가 둥글고 등이 두터우면 귀하고, 목이 길면 귀하다. 목이 짧고 머리카락이 길면 반드시 세 번 시집가게 되고, 귀가 뒤집히고 이마가 넓다면 네 번 시집가게 된다. 대체적으로 눈썹이 가늘고 눈이 길며 준두가 둥글고 이마가 평평하면 좋다.

남상십륙가성, 여상십사가정; 범남상십륙주신이완, 여인십사계수이지, 개지차이피혈불윤, 신기불왕, 필요필천, 약면광여유, 우주음란.

男相十六可成, 女相十四可定; 凡男相十六週身已完, 女人十四癸水已至, 皆至此而皮血不潤, 神氣不旺, 必夭必賤, 若面光如油, 又主淫亂.

남자의 상은 16세에 이루어지고, 여자의 상은 14세에 정해진다; 무릇 남자의 상은 16세가 되면 이미 완전하게 되고 여인은 14세가 되면 생리가 시작되니 모두 이와 같이 성장하게 된다. 그러나 이때 피부와 혈색이 윤택하지 않고 신기가 왕성하지 않으면 반드시 요절하고 반드시 천하게 되며, 얼굴빛이 기름을 바른 듯하면 또한 음란하게 된다.

대개불의태과불급, 요중화위묘. 남인십륙이성야, 불기태과불급, 유기육부광소, 혈쵀신쇠, 불호, 주요. 약신족기장, 육실골정, 진성립지인야.

大概不宜太過不及，要中和爲妙．男人十六已成也，不忌太過不及，惟忌肉浮光少，血滯神衰，不好，主夭．若神足氣壯，肉實骨正，眞成立之人也．

대개 지나치거나 부족한 것은 좋지 않고 중화를 이루어야 좋은 것이다. 남자는 16세가 되면 이미 성인인데, 지나치거나 부족한 것을 꺼리지 않지만, 살이 들뜨고 윤택한 빛이 없는 것을 꺼린다. 혈색이 체하고 신기가 쇠약하면 좋지 않아서 요절하게 된다. 신기가 족하고 기색이 강장하며 살집이 건실하고 뼈가 바르다면 진실로 성공하고 뜻을 세울 인물이다.

남이정신부귀, 여이혈기영화; 남이정신위주, 여이혈기위주, 남이정생신, 여이혈양명, 남자정건즉사, 여인혈고즉망.
男以精神富貴，女以血氣榮華；男以精神爲主，女以血氣爲主，男以精生身，女以血養命，男子精乾卽死，女人血枯卽亡．

남자는 정신으로써 부귀를 보고, 여자는 혈기로써 영화를 살핀다; 남자는 정신이 위주가 되고 여자는 혈기가 위주가 되므로 남자는 정이 있어야 살 수 있고 여자는 혈로써 생명을 기르는 것이다. 그러므로 남자는 정이 마르면 죽고 여자는 혈이 마르면 죽는다.

연수이정신위주, 부지하처가관, 부천이일월위정화, 인이쌍목위정신, 신내정지묘, 정장즉신청, 신청즉목수, 고남인요칠흑, 광채사인.
然雖以精神爲主，不知何處可觀，夫天以日月爲精華，人以雙目爲精神, 神乃精之苗, 精壯則神淸, 神淸則目秀, 故男人要漆黑, 光彩射人.

비록 정신을 위주로 한다지만 어느 부위를 볼 수 있어야 하는지 알 수가 없지 않은가? 무릇 하늘은 해와 달이 정화되고 사람은 두 눈이 정신이 된다. 신은 정의 싹이므로 정이 강장하면 곧 신이 맑고 정이 맑으면 눈이 빼어나므로 남자는 옻칠을 한 듯 검고 광채가 사람을 쏘는 듯해야 한다.

안운왈여점칠, 종신가업영화, 신족기완, 백수창성가업. 고남자이정신위주야.

眼云曰如點漆, 終身家業榮華, 神足氣完, 白手創成家業. 故男子以精神爲主也.

눈을 이르러 말하자면, 옻칠로 점을 찍어 놓은 듯하면 종신토록 가업이 번창하여 영화가 있고, 신이 족하면 기가 완전하니 백수라도 가업을 일으켜 성공하게 된다. 그러므로 남자는 정신이 위주가 되는 것이다.

약여이혈위주, 하처가험, 혈재피내, 색재피외, 피내약혈족, 피외필광명, 혈내색외, 내위일근일묘, 유근방유묘, 유혈방유색, 범혈기량건구유자위묘, 여혈여색불윤역불묘, 위유근무묘.

若女以血爲主, 何處可驗, 血在皮內, 色在皮外, 皮內若血足, 皮外必光明, 血內色外, 乃爲一根一苗, 有根方有苗, 有血方有色, 凡血氣兩件俱有者爲妙, 如血如色不潤亦不妙, 爲有根無苗.

여자는 혈을 위주로 한다지만 어느 부위가 영험한가. 혈은 피부 안에 있고 색은 피부 밖에 있으니 피부 안의 혈이 족하면 피부 밖의 색이 밝다. 혈은 안에 있고 색은 밖에 있으니 이는 서로 뿌리가 되고 싹이 되는 것이다. 뿌리가 있어야 비로소 싹이 있는 것과 같이 혈이 있어야 비로소 색도 있는 것이다. 무릇 혈과 기 두 가지가 모두 갖춰져야 좋은 것인데, 혈과 색이 윤택하지 않으면 좋지 않은데, 이는 뿌리가 있되 싹이 없는 것이다.

여색명내무혈, 위유묘무근, 주음지상. 약혈윤불화, 주요. 혈광색부, 주음. 색암순피건백, 주요. 내위혈불윤, 불출우천부야.

**如色明內無血, 爲有苗無根, 主淫之相. 若血潤不華, 主夭. 血光色浮, 主淫. 色暗脣皮乾白, 主夭. 乃爲血不潤, 不出于賤婦也.**

색은 밝은데 안으로 혈이 없으면 싹이 있되 뿌리가 없는 것으로 주로 음란한 상이며, 혈은 윤택한데 화창하지 않으면 요절하게 된다. 혈은 빛나는데 색이 들뜨면 음란하다. 색이 어둡고 입술이 마르고 희면 요절하는데, 이는 혈이 윤택하지 않은 것으로 천한 부인을 벗어날 수 없다.

우발내혈지여, 발약소박황단, 역불여야. 청흑위귀, 장위현. 서운, 발청지녀귀영고, 장윤생아정부영, 약시선라병단박, 빈천방부우살자묘.

**又髮乃血之餘, 髮若疎薄黃短, 亦不如也. 靑黑爲貴, 長爲賢. 書云, 髮靑之女貴榮高, 長潤生兒定富榮, 若是旋螺幷短薄, 貧賤妨夫又殺子苗.**

또한 머리털은 혈의 여분이니 머리털이 드물고 가늘며 누렇고 짧으면 또한 좋지 않다. 머리털이 싱그럽고 검으면 귀하고, 길면 현명하다. 글에 이르기를 '머리털이 싱그러운 여자는 귀하고 영화가 높으며, 길고 윤기가 있으면 부귀하고 영화를 누릴 자식을 낳는다. 만약 고동처럼 돌돌 말리고 짧고 가늘다면 빈천하고 남편을 해롭게 하고 자식이 죽게 되는 싹인 것이다'라고 했다.

부남자요목청, 여인요발후. 우왈, 피목무광혈불화, 관고액삭목원사, 취첨둔궁겸흉로, 삼십년래가칠가.

**夫男子要目淸, 女人要髮厚. 又曰, 皮目無光血不華, 顴高額削目圓斜, 嘴尖臀弓兼胸露, 三十年來嫁七家.**

무릇 남자는 눈이 맑아야 하고 여자는 머리털이 굵어야 한다. 또한 이르기를 '피부와 눈에 광채가 없고 혈이 화창하지 않으며 관골이 높고 이마가 깎이고, 눈이 둥글고 곁눈질하며 입이 뾰족하고 엉덩이가 활을 당긴 듯 둥글며 가슴이 앞으로 튀어나왔으면 30년간 일곱 집에 시집간다'라고 하였다.

우운, 배함성갱부불의(부인배위복덕), 흉당고기호위비, 정황면적순흔로, 불효불현파패처.

**又云, 背陷成坑婦不宜(婦人背爲福德), 胸堂高起好爲非, 睛黃面赤脣掀露, 不孝不賢破敗妻.**

또한 이르기를 '등이 움푹 파여 구덩이 같으면 좋지 않다(부인은 등이 복덕이다). 가슴이 높게 나왔으면 좋지 않은

짓을 잘하고 눈동자가 누렇고 얼굴이 붉으며 입술이 들려서 잇몸이 훤히 드러나면 불효하고 현명치 않으며 가정을 깨뜨리고 실패하는 처이다'라고 하였다.

**우운, 부녀정장불로광, 피향육윤호현랑, 색영화택벽단면, 생자수당배성왕, 택부하수택미용, 견원배후수여송, 비륭봉목미구액(구여선문, 하평기묘, 득배위기), 양자수당배성군.**

又云, 婦女睛長不露光, 皮香肉潤好賢郎, 色瑩和澤碧蛋面, 生子須當拜聖王, 擇婦何須擇美容, 肩圓背厚壽如松, 鼻隆鳳目眉勾額(勾如線紋, 下平其妙, 得配爲奇), 養子須當拜聖君.

또한 이르기를 '부녀는 눈이 길고 눈빛이 드러나지 않으며 피부가 향기롭고 살이 윤택하면 현명한 낭군을 만나게 되며, 색이 밝고 온화하고 윤택하며 푸른 새알 같은 얼굴이면 반드시 성왕을 배알하는 훌륭한 아들을 낳게 된다. 부인을 선택할 때는 반드시 어떤 아름다운 용모를 보아야 하는가. 어깨가 둥글고 등이 두툼하면 수명이 소나무처럼 길고, 코가 풍륭하고 봉황의 눈과 눈썹, 갈고리 이마(여기서 갈고리는 선모양으로 된 무늬를 말하며, 아래가 평평해야 훌륭하여 배필로 얻으면 뛰어나다)를 지녔으면 자식을 잘 길러 성군을 섬기는 고관이 된다'라고 하였다.

**우운, 봉장비성명, 개인색여영옥, 조부서흥가, 기위성화기기, 부인산녀기조, 내불량하천지배.**

又云, 封章拜聖明, 蓋因色如瑩玉, 助夫壻興家, 豈爲聲和氣起, 婦人産女氣粗, 乃不良下賤之輩.

또한 이르기를 '임금께 글을 올려 밝은 성덕을 입는 것은 모두 색이 옥처럼 밝기 때문이며 남편을 도와 집안을 일으키는 것은 음성이 온화한 기운이 일기 때문이다. 부인이 여아를 출산했는데 기가 거칠다면 이는 불량하고 하천한 무리이다'라고 하였다.

**유장진영락건곤부(전론여인지설)**

## 柳莊進永樂乾坤賦(專論女人之說)

유장이 영락황제께 올린 건곤부이다(오로지 여인을 논한 설이다)

**상왈, 건도성남, 곤도성녀, 음양유별, 강유유체, 고남상여녀상부동, 여상이유위본, 이강위형, 이청위귀, 이탁위천.**

象曰, 乾道成男, 坤道成女, 陰陽有別, 剛柔有體, 故男相與女相不同, 女相以柔爲本, 以剛爲形, 以淸爲貴, 以濁爲賤.

<상전>에 이르기를 '乾의 도는 남자가 되고 坤의 도는 여자가 되었다'라고 한 바와 같이 음양은 서로 다름이 있고 강과 유는 각기 체가 있으므로 남자의 상과 여자의 상은 다름이 있는 것입니다. 여상은 유를 근본으로 삼고 강을 형상으로 삼으니 맑으면 귀하고 탁하면 천한 것입니다.

**인당일정, 조현량인발복흥가. 목수장신, 득계자구추보월. 비여현담, 운발쌍빈옹금관. 양관독고, 극자형부다성조.**

印堂一正, 助賢良人發福興家. 目秀藏神, 得桂子九秋步月. 鼻如懸膽, 雲髮雙鬢擁金冠. 兩顴獨高, 克子刑夫多性燥.

인당이 바르면 어진 남편을 도와 복을 발하여 집안을 일으키며, 눈이 빼어나고 신기를 감추고 있으면 훌륭한 자식을 얻어 가을에 달 위를 걷는 듯합니다. 코가 쓸개를 매단 듯하면 구름 같은 머리채와 양쪽 옆머리에 금관을 쓰게 됩니다. 양쪽 관골이 유독 높으면 자식을 극하고 남편을 형상하며 성격이 조급합니다.

정황발적, 삼십성혼. 견용견한, 유년빈천. 퇴금적옥, 다인문조관서. 의금장주, 지위면원방정. 여면대개관고불영, 액삭불귀, 면금면요, 난방독수.

睛黃髮赤, 三十成婚. 肩聳肩寒, 幼年貧賤. 堆金積玉, 多因門竈寬舒. 衣錦藏珠, 祗爲面圓方正. 女面大概顴高不榮, 額削不貴. 面金面凹, 蘭房獨守.

눈동자가 누렇고 모발이 붉으면 30살이 되어 혼사를 이루며, 어깨가 솟아 추운 어깨와 같으면 어려서 빈천하며, 금을 쌓고 옥을 쌓는 것은 모두 코가 넉넉하고 너그럽게 생겼기 때문이며, 비단옷을 입고 구슬을 다는 것은 오직 얼굴이 둥글고 방정하기 때문입니다. 여자의 얼굴은 대개 관골이 높으면 영화롭지 못하고, 이마가 깎였으면 귀하지 않으며 얼굴이 금빛이거나 오목하면 독수공방하게 됩니다.

색약선명, 필산영호. 인당혈손, 가산급제지남. 장약상홍, 당생상서지자. 안청모수, 가위상부수규문. 혈윤색화, 도저난언통정절. 봉목시원액정, 가위극품부인.

色若鮮明, 必産英豪. 印堂血㗖, 可産及弟之男. 掌若常紅, 當生尙書之子. 顔淸貌秀, 可爲孀婦守閨門, 血潤色和, 到底難言通貞節. 鳳目腮圓額正, 可爲極品夫人.

색이 선명하면 반드시 영웅호걸을 낳게 되며, 인당이 피를 뿜는 듯하면 과거에 급제할 아들을 낳게 되며, 손바닥이 항상 붉으면 상서가 될 아들을 낳게 됩니다. 얼굴이 맑고 용모가 청수하면 과부가 되어 안방을 지키게 되지만, 혈이 윤택하고 색이 온화하면 끝까지 정절을 지킨다고 말하기 어렵습니다. 봉황의 눈에 턱이 둥글고 이마가 반듯하면 극품 부인이 될 수 있습니다.

천함지삭관횡, 하천불감언론. 양비호색, 개인안로광심. 사녀재고, 지위혈화명윤. 녹주신추루전, 가한인당일함. 무즉니우고종, 실내면원순주.

天陷地削顴橫, 下賤不堪言論. 楊妃好色, 皆因眼露光深. 謝女才高, 只爲血和明潤. 綠珠身墜樓前, 可恨印堂一陷. 武則尼遇高宗, 實乃面圓脣硃.

이마가 함몰되고 턱이 깎였으며 관골이 옆으로 나왔으면 하천해서 말로 논할 수 없습니다. 양귀비가 호색한 것은 모두 눈동자가 드러나고 눈빛이 깊었기 때문입니다. 사씨 여자가 재주가 뛰어난 것은 다만 혈이 온화하고 밝고 윤택하기 때문이었으며, 녹주의 몸이 누각 앞에 떨어진 것은 한스럽게도 인당이 함몰되었기 때문입니다. 무측천이 비구니가 되었다가 고종을 만난 것은 참으로 얼굴이 둥글고 입술이 주사를 바른 듯했기 때문입니다.

\*양비(楊妃): 양귀비(楊貴妃, 719-756). 당나라 현종(玄宗)의 비(妃). 절세미인으로 현종의 마음을 사로잡아 황후 이상의 권세를 누렸으나 안사의 난이 일어나 도주하던 중 살해되었다.

\*사녀(謝女): 위진(魏晉)시기 재녀 사도온(謝道蘊, 349-409). 진(晉)나라 안서장군(安西將軍) 사혁(謝奕)의 딸로 어려서부터

총명하고 문장에 뛰어났다. 왕희지(王羲之)의 아들 왕응지(王凝之)의 부인이 되었으므로 재녀가 재남의 배필이 되었다는 '재녀배재자(才女配才子)'의 사례로 꼽힌다.

*녹주(綠珠): 서진(西晉) 시대의 문인이며 관리로 항해와 무역으로 큰 부자가 된 석숭(石崇, 249-300)의 애첩으로 중국 10대 미인 가운데 한 사람. 피리를 잘 불고 악부(樂府)도 잘 지었다. 석숭은 녹주를 총애하여 '원기루(苑綺樓)'·'녹주루(綠珠樓)'라고 하는 백 장 높이의 누각을 지었다. 조왕(趙王) 사마륜(司馬倫, ?-301)의 측근이었던 손수(孫秀)가 녹주의 미색을 탐하였으나 석숭은 받아들이지 않았다. 서기 300년 조왕 사마륜이 전권을 장악하자 석숭은 황문랑 반악(潘岳)·회남왕(淮南王) 사마윤(司馬允, 272-300)·제왕(齊王) 사마경(司馬, ?-302) 등과 연합해 사마륜(司馬倫)을 제거하려 했다. 손수가 이를 알고 대군을 이끌고 금곡원(金谷園)을 포위하자 녹주는 누각에서 몸을 던져 자살하고 석숭은 반악 등과 함께 사로잡혀 참수되었다.

*무측니(武則尼): 측천무후(624-705). 당나라의 수도인 장안(長安)에서 당의 건국 공신 무사확(武士彟)의 두 번째 부인 양(楊)씨의 둘째 딸로 태어났다. 637년(貞觀 11년) 당 태종(재위 626-649)의 후궁으로 입궁하였으며, 4품 재인으로서 태종에게 '미(媚)'라는 이름을 받아 '무미랑(武媚娘)'이라고 불렸다. 649년에 태종이 죽자 무후는 황실의 관습에 따라 감업사(感業寺)로 출가하여 비구니가 되었다. 651년 태종의 아들로 황제에 오른 고종(재위 649-683)이 감업사로 태종의 재를 올리러 갔다가 무씨의 미모에 반하여 궁궐로 데려와 후궁으로 삼았다. 무후는 고종과의 사이에서 4남 2녀를 낳았으며 655년 황우 왕씨와 소숙비(蕭淑妃) 등을 내쫓고 황후가 되었다. 황후가 된 무후는 고종을 대신해서 정무를 맡아보며 권력을 장악하고, 656년 황

태자 이충(李忠, 643-664)을 폐위시키고 자신의 장남인 이홍(李弘, 652-675)을 황태자로 앉혔으며, 664년부터는 수렴청정을 통해 실질적으로 중국을 통치했다. 675년 고종의 병세가 악화되자 섭정이 되어 전권을 행사했으며, 그해 황태자 이홍이 죽자 둘째 아들인 이현(李賢)을 황태자로 세웠다. 680년에는 황태자 이현을 폐위시키고 셋째 아들인 이현(李顯, 656-710)을 황태자로 세웠다. 683년 고종이 죽자 이현(李顯)이 황제가 되었는데 그가 당의 4대 황제인 중종(中宗, 재위 683-684)이다. 무후는 684년 중종을 폐위시키고 넷째 아들인 이단(李旦, 662-716)을 황제로 세웠으니 그가 당 5대 황제인 예종(睿宗, 재위 684-690)이다. 690년 다시 예종을 폐위시키고 자신이 직접 황제가 되어 나라 이름을 '대주(大周)'라고 하고 수도를 장안(長安)에서 낙양(洛陽)으로 옮기고 신도(神都)라고 개칭하였다. 705년 무후가 병을 앓아눕자 재상 장간지(張柬之, 625-706) 등이 양위를 압박하였으므로 무후는 태상황(太上皇)으로 물러나고 698년에 다시 황태자가 되었던 중종(中宗)이 복위되어 당(唐) 왕조가 부활하였다. 무후는 그해 12월 16일 "황제가 아니라 황후로서 장례를 치르고 묘비에 한 글자도 새기지 말라"는 유언을 남기고 죽었다.

소군북번신운, 소구액암아첨. 오부인산이영, 제내심장탄자. 매신처부불귀, 활구신횡세요. 하고여인위장, 개인목대미횡.

**昭君北番身殞, 小口額暗牙尖. 吳夫人産二英, 臍內深藏彈子. 買臣妻夫不貴, 闊口身橫細腰. 何故女人爲將, 蓋因目大眉橫.**

왕소군이 야만의 나라에 가서 몸이 죽은 것은 입이 작고 이마가 어두우며 치아가 뾰족했기 때문이며, 오부인이 두 영웅을 출산한 것은 배꼽 속에 열매를 감춘 듯했기 때문이었으며, 매신 처의 남편이 귀하지 못한 것은 그녀의 입이 넓고 몸에 횡육이 있으며 허리가 가늘기 때문이었습니다. 여자가 장군이 되는 이유는 모두 눈이 크고 눈썹이 짙게 가로질렀기 때문입니다.

*소군(昭君): 왕소군(王昭君). 이름은 장(牆), 자 소군. 일설에는 소군이 이름이고 장이 자라고도 한다. 양가집 딸로 한나라 원제의 궁녀로 들어갔으나, 황제의 사랑을 받지 못하여 비관하고 있었다. 원제의 명으로 왕의 딸로 가장하여 흉노(匈奴)와 우호 수단으로 BC 33년 한나라를 떠나 흉노의 호한야선우(呼韓邪單于)에게 시집가 연지(閼氏)가 되어 아들 하나를 낳았다. 호한야가 죽은 뒤 호한야 본처의 아들인 복주루선우(復株累單于)에게 재가하여 두 딸을 낳았다.
후한의 《서경잡기(西京雜記)》에 의하면, 대부분의 후궁들이 화공에게 뇌물을 바치고 초상화를 그리게 하여 황제의 총애를 구하였다. 왕소군은 뇌물을 바치지 않았기 때문에 얼굴이 추하게 그려졌고, 그 때문에 원제가 그림을 보고 오랑캐의 아내로 주게 했다. 소군이 말을 타고 떠날 때 원제가 보니 절세미인이고 태도가 단아하였으므로 크게 노하여 소군을 추하게 그린 화공 모연수(毛延壽)를 참형에 처하였다.
*오부인(吳夫人, ? - 202): 동한(東漢)말 강동지역 오군(吳郡) 오현(吳縣) 출생으로 삼국시기 오(吳)나라 건국의 기반을 놓고 건국한 손책(孫策)·손권(孫權)의 생모.
*매신처(買臣妻): 한나라 시기 회계(會稽) 사람 주매신(朱買臣)의 처. 매신이 가난하게 살며 공부만 하였으므로 매신을 버리

고 다른 사람에게 시집갔다. 7년 후 매신이 50살의 나이에 회계 태수가 되어 부임할 때 길을 닦는 남편에게 음식을 가지고 갔다가 매신을 만났다. 매신에게 다시 거두어 줄 것을 요청하였다가 거절당한 후 물에 빠져 자살하였다.

출가왕부생자, 준명순홍인윤. 반세불능혼배, 색암성조신조. 일생복록다음, 광부색영. 쌍안일쌍호목, 천연성격총명. 양도궁미, 자유현량작배. 지여춘순, 피향육윤, 왕후야.

出嫁旺夫生子, 準明脣紅印潤. 半世不能婚配, 色暗聲躁神粗. 一生福祿多淫, 光浮色瑩. 雙眼一雙好目, 天然性格聰明. 兩道弓眉, 自有賢良作配. 指如春筍, 皮香肉潤, 王侯也.

출가하여 남편을 성하게 하고 아들을 낳는 것은 준두가 밝고 입술이 붉으며 인당이 윤택하기 때문이며, 반생이 지나도록 혼인하여 짝을 이루지 못하는 것은 색이 어둡고 음성이 시끄럽고 신기가 거칠기 때문입니다. 일생 복록을 누리지만 음란함이 많은 것은 빛이 들뜨고 색이 맑기 때문입니다. 두 눈이 좋으면 천연적으로 성격이 총명하며, 두 눈썹이 활과 같으면 자연히 현명한 남편을 만나 짝을 이루며, 손가락이 봄의 죽순과 같고 피부가 향기롭고 살이 윤택하면 왕후가 됩니다.

약광부면피쇠박, 필수음천. 성여주악, 운유양, 종수부귀. 용약하엄다온아, 필정부영. 궁인지부, 하증혈윤광영.

若光浮面皮衰薄, 必須淫賤. 聲如奏樂, 韻悠揚, 終須富貴. 容若下嚴多溫雅, 必定夫榮. 窮人之婦, 何曾血潤光瑩.

빛이 들뜨고 얼굴 피부가 쇠약하고 얇으면 반드시 음란하고 천하며, 음성이 주악 같고 울림이 은은하게 높으면 마침내는 반드시 부귀하게 됩니다. 용모가 엄한 듯하고도 따스하고 우아하면 반드시 남편을 영화롭게 합니다. 궁색한 사람의 부인이 어찌 혈이 윤택하고 빛이 밝겠습니까?

부실지처, 정시제심복후, 둔관복대, 하증무자무량. 순박피건, 조석개구개설. 유두흑, 두제심, 생자필귀. 유두소, 두제천, 자속무능.

富室之妻, 定是臍深腹厚, 臀寬腹大, 何曾無子無糧. 脣薄皮乾, 朝夕開口開舌. 乳頭黑, 肚臍深, 生子必貴. 乳頭小, 肚臍淺, 子俗無能.

부유한 집의 처는 반드시 배꼽이 깊고 배가 두터우며, 엉덩이가 넓고 배가 크니 어찌 자식이 없고 양식이 없을 수 있겠습니까. 입술이 얇고 피부가 마르면 먹을 것이 없어 아침저녁으로 입을 열고 혀를 빨게 됩니다. 유두가 검고 배꼽이 깊으면 낳은 자식이 반드시 귀하게 되지만, 유두가 작고 배꼽이 얕으면 자식이 속되고 무능하게 됩니다.

대개총언흥익, 인명혈색광화, 극자상부, 준암인다문리, 안대관고, 부권필탈자당가. 발생공각, 상자형부, 환파패.

大概總言興益, 印明血色光華. 克子喪夫, 準暗印多紋理. 眼大顴高, 夫權必奪自當家. 髮生公角, 喪子刑夫, 還破敗.

대개 흥하고 이로운 것을 결론적으로 말씀드리면, 인당이 밝고 혈색 빛이 아름다운 것입니다. 자식을 극하고 남편을 잃는 것은 준두가 어둡고 인당에 주름이 많기 때문이며, 눈이 크고 관골이 높으면 반드시 남편의 권한을 빼앗아 스스로 집안을 맡게 됩니다. 이마의 일각 월각 부위에 털이 나면 자식을 잃고 남편을 형상하며 또한 파패하게 됩니다.

골조육경, 상부음파정무의. 내조현능, 수요순홍병안수. 요두파수, 신경각중, 하류인. 어언화윤, 치가정내불수언. 관차가정여상, 하필무외이래.

骨粗肉硬, 喪夫淫破定無疑. 內助賢能, 須要脣紅眼秀. 搖頭擺手, 身輕脚重, 下流人. 語言和潤, 治家整內不須言. 觀此可定女相, 何必務外而來.

뼈가 거칠고 살이 단단하면 남편을 여의고 음란하고 실패하게 정해져 있음을 의심할 바 없으며, 내조하고 현명하며 유능한 여자는 반드시 입술이 붉고 눈이 빼어나야 합니다. 머리를 흔들고 손을 털며, 몸이 가볍고 다리가 무거우면 하류의 여자입니다. 말하는 것이 온화하고 윤택하면 집안을 다스리고 가지런히 하는 것은 말할 필요가 없으니, 이런 것을 보아 여자의 상을 정한다면 구태여 그 외의 것에 힘쓸 것이 있겠습니까?

## 總括人身連論滿庭芳

**총괄인신연론만정방**

사람의 몸에 관한 것을 만정방으로 엮어 총괄적으로 논한다.

**액광이주, 두원족후, 영연미모광휘, 관서풍후, 형기류상수, 성가소년치.**

額廣耳珠, 頭圓足厚, 瑩然美貌光輝, 寬舒豊厚, 形氣類相隨, 聲價少年馳.

이마가 넓고 이주가 있으며 머리가 둥글고 발이 두터우며 용모가 아름다워 맑고 빛나며 관대하고 편안하며 몸이 두텁고 형과 기가 어우러져 균형이 맞으면 소년 시기부터 이름을 날린다.

**주룡병비호, 산근명조, 지각방비, 갱비수현담, 항유여피, 부성고명뢰락. 면방배후완여구, 약득호, 안전오악, 수수개제미.**

肘龍幷臂虎, 山根明朝, 地閣方肥, 更鼻垂懸膽, 項有餘皮, 賦性高明磊落. 面方背厚宛如龜, 若得好, 安全五岳, 壽數介齊眉.

위팔이 용골을 이루고 아래 팔뚝이 호골을 이루며 산근이 밝고 四岳이 조응하며 지각이 살찌고 더욱 코가 쓸개가 늘어진 듯하며 목의 피부가 너그러우면 학문이 뛰어나며 고명하여 뜻이 커서 작은 일에 구애되지 않는다. 얼굴이 넓고 등이 두터워 거북과 같으면 좋은 것이다. 오악이 안전하고 눈썹이 가지런하면 수명이 길다.

선생작일신지상, 구안루험지법, 주신상하, 두발미안이비순치수정뇌배유복제요퇴수족호모지골성피혈반점음낭옥경곡도둔분인중침골이총괄지이통신.

先生作一身之相, 具眼屢驗之法, 周身上下, 頭髮眉眼耳鼻脣齒鬚頂腦背乳腹臍腰腿手足毫毛痣骨聲皮血斑點陰囊玉莖穀道臀糞人中枕骨而總括之以通身.

선생께서 일신을 살피는 것을 지었으니 신체 주위와 상하에 관하여 두루 눈으로 많은 경험을 거친 법칙으로, 머리와 머리털·눈썹과 눈·귀·코·입술과 치아·수염과 정수리·등과 가슴·배와 배꼽·허리와 넓적다리·손과 발·터럭과 털·점과 뼈·음성과 피부·혈색·반점·음낭·옥경·항문과 엉덩이·대변·인중·침골로써 신체에 관해서 총괄하였다.

만정방사, 비극고심, 고선생열필, 엄권탄왈, 원자불여야. 원상삼십륙법, 차지삼십유삼, 하불급소변빈설, 득무조루호.

滿庭芳詞, 備極苦心, 高先生閱畢, 掩卷嘆曰, 袁子不如也. 原相三十六法, 此止三十有三, 何不及小便鬢舌, 得毋遭漏乎.

만정방의 글은 지극히 고심하여 준비하였는데 고선생이 모두 살펴본 후 책을 덮고 탄식하여 이르기를 "원선생이 미치지 못한 것이 있다. 원래 상에는 서른여섯 가지 법칙이 있으나. 여기에는 서른세 가지에 그쳤으니 어찌하여 소변과 빈발·혀에 관해서는 설명하지 않았단 말인가?"라고 하였다.

원자문이답왈, 아관공유사십삼년재상, 상좌륙황, 하장백직, 공설천기, 고

**장소변빈설, 은이불언야.**

袁子聞而答曰, 我觀公有四十三年宰相, 上佐六皇, 下掌百職, 恐洩天機, 故將小便鬢舌, 隱而不言也.

원선생이 듣고 대답하여 말하기를 "제가 보기에 43세에 재상이 되어 위로는 여섯 황제를 보좌하고 아래로는 백 가지 관직을 장악하게 될 텐데, 천기를 누설하는 것이 두려워 소변과 빈발·혀에 관한 것은 숨기고 언급하지 않은 것입니다"라고 하였다.

**고공왈, 아정상술이사십년, 기부지빈유심천, 설유홍백, 편유조세. 단안력불여시, 이구자일결, 이심현우, 이지직임지경중이.**

高公曰, 我定相術已四十年, 豈不知鬢有深淺, 舌有紅白, 便有粗細. 但眼力不如是, 以求子一訣, 以審賢愚, 而知職任之輕重耳.

고공이 말하기를 "내가 이미 상술을 공부한 지 40년인데 어찌 빈발에 깊고 얕음이 있음과 혀의 붉음과 흰 것, 더욱 거침과 세미한 것이 있음을 알지 못하겠는가? 다만 안력이 이와 같지 못하니 선생께 한 가지 비결을 구하여 현명함과 어리석음을 가림으로써 관직을 맡음에 경중을 알려고 했을 뿐이었습니다"라고 하였다.

**원자왈, 빈내일면풍채, 가정현우장덕, 설내오자지묘, 가지부폐흉금. 범설의대, 의홍, 의자, 기소, 기청, 기백첨, 범차, 내간린지도.**

袁子曰, 鬢乃一面豊采, 可定賢愚藏德, 舌乃五咨之苗, 可知腑肺胸襟. 凡舌宜大, 宜紅, 宜紫, 忌小, 忌靑, 忌白尖, 犯此, 乃奸吝之徒.

원선생께서 말씀하시길 "빈발은 얼굴의 꽃이므로 현명함과 어리석음, 덕을 지님을 알 수 있으며, 혀는 다섯 가지 마음의 싹이니 폐부와 흉금을 알 수 있는 것입니다. 무릇 혀는 큰 것이 좋고 붉은 것과 자색이 좋습니다. 작은 것·푸른 것·희고 뽀족한 것을 꺼리니 이는 간사하고 인색한 무리입니다.

**범발의흑, 의청, 의후, 의제, 의윤, 의광, 기황, 기권, 기란, 기초, 범차, 내 하천 지배.**

凡髮宜黑, 宜淸, 宜厚, 宜齊, 宜潤, 宜光, 忌黃, 忌捲, 忌亂, 忌焦, 犯此, 乃下賤之輩.

무릇 머리털은 검은 것과 밝은 것·두터운 것·가지런한 것·윤기있는 것·빛나는 것이 좋고, 누런 것·말린 것· 어지러운 것·그을린 듯한 것 등을 꺼리는데 이와 같다면 하천한 무리입니다.

**대개군자무초빈, 소인무대설, 빈심과명문, 주인현덕, 유호색이이, 빈중발경, 당입한림. 빈경발중, 일세신근. 우운, 빈청미수, 필유흉금, 빈소미풍, 하증시종.**

大槪君子無焦鬢, 小人無大舌, 鬢深過命門, 主人賢德, 惟好色而已. 鬢重髮輕, 當入翰林. 鬢輕髮重, 一世辛勤. 又云, 鬢淸眉秀, 必有胸襟, 鬢少眉豊, 何曾始終.

대개 군자는 그을린 듯한 빈발이 없고, 소인에겐 큰 혀가 없으니 빈발이 짙고 명문을 지나면 인물됨이 어질고 덕성스럽지만 호색합니다. 빈발이 두텁고 머리털이 가벼우면 한림학사가 되지만, 빈발이 가볍고 머리털이 두터우면 일생 신고가 많습니다. 또한 빈발이 맑고 눈썹이 빼어나면 반드시 흉금을 지닌 사람이지만, 빈발은 적고 눈썹만 많다면 일찍이 처음과 끝이 있었습니까?

범빈중유수호, 불연, 주창우예졸. 고공연기론이찬왈, 설첨백소시비도, 빈발초고학문무, 약요유관병유직, 제비설자빈여사.

**凡鬢重有鬚好, 不然, 主娼優隸卒. 高公然其論而贊曰, 舌尖白小是非徒, 鬢髮焦枯學問無, 若要有官幷有職, 除非舌紫鬢如絲.**

무릇 빈발이 두터우면 수염이 좋아야 하는데, 그렇지 않다면 창기(가수)거나 배우·하인·병졸에 불과합니다"라고 하셨다. 고공이 그 이론을 듣고 찬탄하여 말하기를 "혀가 뾰족하고 희고 작으면 시비를 일삼는 무리이며 옆머리와 머리털이 그을린 듯 마르면 학문을 할 수 없다. 관리가 되어 관직에 나가려면 혀가 자색이고 옆머리가 실과 같아야 한다.

소소변여주, 관배삼제지위. 범소변여천주자귀, 이유흉금. 대개군자지소변, 필세필지. 소인지소변, 필대필산야.

**所小便如珠, 官拜三齊之位. 凡小便如濺珠者貴, 而有胸襟. 大概君子之小便, 必細必遲. 小人之小便, 必**

大必散也.

소변이 마치 구슬과 같으면 관직이 삼공의 지위에 이른다. 소변이 구슬을 뿌리는 듯한 사람은 귀해서 흉금이 있다. 대개 군자의 소변은 가늘고 늦게 누는데, 소인의 소변은 반드시 굵고 흩어진다"라고 하였다.

## 高學士榮蹇賦 고학사영건부

부왈, 인동천지, 상합오행, 요분남북동서, 요정형신격국. 욕지귀천, 선관미목차관순. 요정영고, 선찰형신후찰색, 신발어형, 색장어육, 가지부수무의.

賦曰, 人同天地, 相合五行, 要分南北東西, 要定形神格局. 欲知貴賤, 先觀眉目次觀脣. 要定榮枯, 先察形神後察色, 神發於形, 色壯於肉, 可知富壽無疑.

부로써 이른다. 사람은 천지와 같으며 오행과 서로 합하니 동서남북의 나뉨이 있어야 하고 형과 신·격국의 정함이 있어야 한다. 귀천을 알고자 하면 먼저 눈썹과 눈을 본 후 다음으로 입술을 보라. 영화와 고난을 알고자 하면 먼저 형과 신을 살피고 그 후에 색을 살피라. 신이 형으로부터 발하며 색이 살로부터 자란다면 부와 장수를 의심할 바 없다.

혈부어선, 색체어면, 시이요빈가필, 기래조대, 하수고거구명, 성음급단, 불필창전노력. 골조지단, 종시우완. 골소육부, 수지수요.

血浮於先, 色滯於面, 是以夭貧可必, 氣來粗大, 何須苦去求名, 聲音急短, 不必窓前努力. 骨粗指短, 終是愚頑. 骨少肉浮, 須知壽夭.

혈이 들뜨고 얼굴색이 체했다면 틀림없이 요절하고 빈한하다. 기가 심하게 거칠다면 어찌 고생하며 이름을 구하려 하랴. 음성이 급하고 짧으면 창 앞에서 학문에 노력할 필요가 없다. 뼈가 거칠고 손가락이 짧으면 끝내 어리석고 완고하며, 뼈가 적고 살이 들떴으면 수명이 짧음을 알라.

안약함성, 자유성명지일. 미희안암, 둔조곤고지인. 입반등과, 사학삼양명윤, 서난문체, 태정변지혼침.

眼若含星, 自有成名之日. 眉稀眼暗, 迤遭困苦之人. 入泮登科, 四學三陽明潤, 書難文滯, 台庭邊地昏沉.

눈에 별을 머금은 듯하면 자연히 이름을 이루는 날이 오고, 눈썹이 드물고 눈이 어두우면 막히고 곤란을 당할 사람이다. 국학에 들어 과거에 급제하는 것은 사학당과 삼양이 밝고 윤택하기 때문이다. 공부가 어렵고 글이 막히는 것은 이마와 변지가 어둡기 때문이다.

사규생호, 필연고수. 삼첨신로, 필요차빈. 명리무성, 독한천정일삭. 모년출사, 개인지각풍륭.

四竅生毫, 必然高壽. 三尖神露, 必夭且貧. 名利無成, 獨恨天庭一削. 暮年出仕, 蓋因地閣豊隆.

네 구멍에 터럭이 나면 반드시 장수한다. 삼첨의 머리에 눈의 신기가 드러나면 반드시 요절하고 가난하다. 이름과 이득이 없는 것은 유독 천정이 깎였음을 한탄해야 하며, 늦은 나이에 벼슬에 나가는 것은 무릇 지각이 풍륭하기 때문이다.

## 男人之貴賤榮枯 남인지귀천영고
남자의 귀천과 영고성쇠

범남인유십팔상귀, 십팔중귀, 십팔하귀, 칠십이천, 삼십이형, 오십일고, 연유수유요, 자유지유조, 유체유통, 유득유실, 유병유난, 유곤유영, 차수단, 각유일설, 견득심명, 후열수론, 가지기상.

凡男人有十八上貴, 十八中貴, 十八下貴, 七十二賤, 三十二刑, 五十一孤, 年有壽有夭, 子有遲有早, 有滯有通, 有得有失, 有病有難, 有困有榮, 此數端, 各有一說, 見得甚明, 後列數論, 可知其詳.

무릇 남자에게는 18가지 상귀한 상이 있고, 18가지 중귀한 상이 있으며, 18가지 하귀한 상이 있다. 72가지 천한 상이 있고 32가지 형살이 있으며 51가지 고독한 상이 있다. 장수하는 상이 있고 요절하는 상이 있으며 자식이 늦는 상이 있고 빠른 상이 있다. 막히는 상이 있고 통하는 상이 있으며 얻는 상이 있고 잃는 상이 있다. 병약한 상이 있고 어려움을 겪게 되는 상이 있으며 곤궁한 상이 있고 영화를 누리게 되는 상이 있다. 이 여러 단서에는 각기 한가지의 설이 있다. 보아 매우 밝게 알 수 있은 후에야 수를 논하는 것이니 상세히 살펴야 알 수 있는 것이다.

갱유오행생극지리, 필의관통, 방가단인길흉, 언인귀천. 약이오행지리, 즉속란도, 세지술사불찰, 시이오인.

更有五行生剋之理，必宜貫通，方可斷人吉凶，言人貴賤. 若離五行之理，則屬亂道，世之術士不察，是以誤人.

또한 오행의 생극하는 이치가 있으니 반드시 그에 통달해야만 비로소 사람의 길흉을 판단할 수 있고 귀천을 말할 수 있다. 만약 오행의 이치를 벗어난다면 그것은 도를 어지럽히는 무리에 속하는데, 세상의 술사들이 제대로 살필 줄을 모르니 이것이 사람을 잘못되게 하는 것이다.

## 十八上貴，掛印封侯. 십팔상귀, 괘인봉후.

18가지 상귀한 상으로 관인을 차고 제후에 봉해진다.

두원일척, 면여만월, 배후요원, 봉후만리. 행좌위강, 철면은아, 호두배활, 봉후지상.

頭圓一尺，面如滿月，背厚腰圓，封侯萬里. 行坐威强，鐵面銀牙，虎頭背闊，封侯之相.

머리가 둥글고 얼굴 길이가 1척이며 얼굴이 보름달 같고 등이 두텁고 허리가 둥글면 만리를 관장하는 제후에 봉해진다. 행동과 앉음에 크게 위엄이 있고 철과 같은 얼굴색에 은빛 치아를 지녔으며 범의 머리에 등이 넓으면 제후에 봉해지는 상이다.

**성여거뢰, 육견골장, 안원호수, 후작지귀. 면백량여은, 정황채여금, 봉후지품.**

聲如巨雷, 肉堅骨壯, 眼圓虎鬚, 侯爵之貴. 面白亮如銀, 睛黃彩如金, 封侯之品.

음성이 큰 우레와 같고 살집이 견실하고 골격이 강장하며 눈이 둥글고 범의 수염을 지녔으면 후작에 봉해지는 귀한 상이다. 얼굴이 밝기가 은과 같고 눈동자의 광채가 금과 같으면 제후에 봉해지는 품격이다.

**장미봉목, 용준대해, 출장입상. 삼십륙치, 구능용권, 재상지직.**

長眉鳳目, 龍準大頦, 出將入相. 三十六齒, 口能容拳, 宰相之職.

눈썹이 길고 봉황의 눈이며 용의 준두에 턱이 크면 나가면 장군, 들어오면 재상이 되는 상이다. 36개의 치아에 입으로 주먹이 들어가면 재상의 직책을 맡을 사람이다.

*치아에 관해 《마의상법·논치》편에 '치아가 38개면 왕후의 상이고 36개면 경상의 상이고 34개는 조정의 고위 관리나 거부이다. 치아가 32개이면 중인으로 복록이 있다. 30개면 보통 사람이고 28개면 하천하고 가난한 무리이다'라고 하였다.

**두장오촌조상자, 위용각, 주재상. 요원생칠흑자, 구유호, 주옥대.**

頭長五寸朝上者, 爲龍閣, 主宰相. 腰圓生七黑子, 俱有毫, 主玉帶.

머리 길이가 5촌이며 아래턱이 위를 향한 것을 용각이라고 하는데 재상이 될 사람이다. 허리가 둥글고 일곱 개의 검은 점이 있으며 모든 점에 털이 나 있으면 관복을 입고 옥대를 두를 사람이다.

일신육여옥, 광여유리, 홍여화분, 주국랑재보. 보활삼척, 신대두원, 위룡보호두, 왕후.

一身肉如玉, 光如琉璃, 紅如火噴, 主國郎宰輔. 步闊三尺, 身大頭圓, 爲龍步虎頭, 王侯.

일신의 살이 옥과 같고 빛이 유리와 같으며 붉기가 불을 뿜는 듯하면 국가를 이끌 재상의 자리에 오르게 된다. 보폭이 넓어 3척이며 몸이 크고 머리가 둥근 것을 '용보호두'라고 하는데 왕이나 제후가 될 사람이다.

상신여축, 사지여면, 일품공후. 용정우치, 관지상서. 마면봉정, 관거일품.

上身如軸, 四肢如綿, 一品公侯. 龍睛牛齒, 官至尙書. 馬面鳳睛, 官居一品.

상체가 둥글고 사지가 면밀하게 생겼으면 일품으로 공후가 될 사람이다. 용의 눈동자에 소의 치아를 지녔으면 관직이 상서에 이른다. 말의 얼굴에 봉황의 눈동자를 지녔으면 관직이 일품에 이르게 된다.

오악조상, 당조일품. 오관구정, 위렬왕후. 오로득전, 국사지직.

五嶽朝上, 當朝一品. 五官俱正, 位列王侯. 五露得全, 國師之職.

오악이 위쪽으로 오긋하면 조정에서 일품의 관직에 오르

게 된다. 오관이 모두 바르면 왕후의 반열에 오르게 된다. 오로를 모두 얻으면 국사의 직책을 맡게 된다.

*五露(오로): 《비본상인》에 의하면 五露와 그 영향은 다음과 같다. 눈이 튀어나온 것, 귀가 뒤집힌 것, 콧구멍이 드러난 것(객사) 입술이 들린 것(끝이 악하다), 결후가 나온 것(끝이 악하다)이다. 五露가 모두 갖춰지면 복록이 온전하다고 하였다.

오반구전, 극귀지상. 안유야광, 일품지직. 이상십팔상귀, 내유일건파상, 역부득귀.

**五反俱全, 極貴之相. 眼有夜光, 一品之職. 以上十八上貴, 內有一件破相, 亦不得貴.**

五反을 모두 갖추었으면 극귀한 상이다. 밤에 안광이 빛나면 일품의 관직에 오르게 된다. 이상은 18가지 상귀한 상이다. 그러나 한 가지라도 파상을 지녔다면 귀함을 얻을 수 없다.

*五反: 눈이 뒤집힌 것, 귀가 뒤집힌 것, 콧구멍이 뒤집힌 것, 입술이 뒤집힌 것, 턱이 뒤집힌 것 등이다.

**十八中貴, 淸高要職.** **십팔중귀, 청고요직.**

18가지 中貴한 상으로 사람됨이 맑고 고결하며 요직을 맡게 된다.

신청기족, 가허요금. 목형관신, 가입한림. 두원족후, 신정격정, 이삼품직.

**神淸氣足, 可許腰金. 目形貫神, 可入翰林. 頭圓足厚, 身正格正, 二三品職.**

정신이 맑고 기가 족하면 허리에 금띠(金帶)를 두른다. 눈의 형태가 잘 생기고 신기를 띠었으면 한림에 들 수 있다. 머리가 둥글고 발이 두터우며 몸이 바르고 격이 바르면 2-3품직에 오른다.

음청어실, 설자순주, 식록백석. 신향육활, 피윤혈명, 청고지직. 정대유신, 구대유릉, 비대유량, 남면지직.

**音淸語實, 舌紫脣硃, 食祿百石. 身香肉滑, 皮潤血明, 淸高之職. 睛大有神, 口大有稜, 鼻大有梁, 南面之職.**

음성이 맑고 말이 실질적이며 혀가 자색이고 입술이 주사를 바른 듯하면 식록이 백석에 이른다. 체취가 향기롭고 살이 매끄러우며 피부가 윤택하고 혈기가 밝으면 청렴하고 높은 직책에 오른다. 눈동자가 크고 신기가 있으며 입이 크고 모서리가 분명하고 코가 크고 비량이 있으면 임금을 보좌하는 지위에 오른다.

배고두대, 성향미고, 주금당지직. 삼정득정, 육부득균, 위도요금. 이백과면, 당위시신.

**背高肚大, 聲響眉高, 主琴堂之職. 三停得正, 六府得均, 位到腰金. 耳白過面, 當爲侍臣.**

등이 높고 배가 크며 음성이 울리고 눈썹이 높으면 현령의 벼슬에 오르게 된다. 삼정이 바르고 육부가 균형에 맞으면 허리에 금띠를 두르는 지위에 오른다. 귀가 얼굴보다 희면 임금 곁에 시립하는 신하가 된다.

신족어형, 입득한림. 액고삼촌, 가유위권. 일쌍수목양궁미, 위관청귀.
神足於形, 入得翰林. 額高三寸, 可有威權. 一雙秀目兩弓眉, 爲官淸貴.

형상에 알맞게 신기가 족하면 한림에 들게 된다. 이마가 높아서 3촌에 달하면 위세와 권력을 누린다. 두 눈이 빼어나고 두 눈썹이 활과 같으면 관리가 되어 청렴하고 귀한 지위에 오르게 된다.

인당개일촌, 보골기문릉, 위과위도. 미직정원, 준정구방, 내시간관충신.
印堂開一寸, 輔骨起門稜, 爲科爲道. 眉直睛圓, 準正口方, 乃是諫官忠臣.

인당이 열려 1촌에 달하고 보골이 일어나 이마가 대문처럼 도드라졌으면 과거에 올라 벼슬길로 나가게 된다. 눈썹이 곧추서고 눈동자가 둥글며 준두가 바르고 입이 넓으면 간관으로 충신이 된다.

인개구대미횡, 부유전정. 액유천문, 이주조해, 백수중년대현. 제심일촌, 요대사위, 가보삼변괘인. 비장삼척, 가보위도변장. 이상십팔중귀, 불의파손, 여유일건불윤, 역불호야.
印開口大眉橫, 父有前程. 額有川紋, 耳珠朝海, 白手中年大顯. 臍深一寸, 腰大四圍, 可保三邊掛印. 臂長三尺, 可保位到邊將. 以上十八中貴, 不宜破損, 如有一件不潤, 亦不好也.

인당이 넓게 열리고 입이 크며 눈썹이 길면 아비가 자식으로 인해 큰 희망을 가질 수 있다. 이마의 뼈가 높아 川자와 같고 귓불이 입을 향했으면 백수라도 중년에 현달하게 된다. 배꼽이 깊어 1촌에 이르고 허리가 크고 둥글면 세 지방의 관인을 찰 수 있다. 팔 길이가 3척에 달하면 변방의 장수가 될 수 있다. 이상은 18가지 중귀한 상으로 파상이 있으면 좋지 않다. 한 가지라도 윤택하지 않으면 또한 완벽한 것이 아니다.

十八下貴, 維職榮身. **십팔하귀, 유직영신.**

18가지 하귀한 상이 있으니 관직의 영화가 다만 자신 한 몸에 미칠 뿐이다.

**미대관고, 남속공승지직. 이후순후, 승차지인지관. 두원불과구품. 요원불과제패.**

眉大顴高, 納粟供承之職. 耳厚脣厚, 承差知印之官. 頭圓不過九品. 腰圓不過提牌.

눈썹이 크고 관골이 높으면 곡식을 거두어 바치는 관리가 된다. 귀가 두텁고 입술이 두터우면 지방에 파견되는 하급 관리가 된다. 머리가 둥글면 9품의 관리에 불과하다. 허리가 둥글면 옥졸에 불과하다.

**미활인관, 가위도리. 순홍치후, 당작전정. 일신육탁견여철, 급거구무.**

眉闊印寬, 可爲都吏. 脣紅齒厚, 當作前程. 一身肉濁堅如鐵, 急去求武.

눈썹이 넓고 인당이 넓으면 지방의 속관이 될 수 있다. 입술이 붉고 치아가 두터우면 고관의 행차에 앞서는 관리가 된다. 몸의 살이 탁하고 철처럼 단단하면 급히 무관의 직책을 구하라.

골육득배, 가허이로공명. 안대정황미산, 불과전사. 두원구활량저, 수령지인. 두원평대미압안, 승강도기.

骨肉得配, 可許異路功名. 眼大睛黃眉散, 不過典史. 頭圓口闊梁低, 首領之人. 頭圓平大眉壓眼, 僧綱道紀.

뼈와 살이 균형을 이루었으면 과거가 아닌 다른 방법으로 공명을 이룰 수 있다. 눈이 크고 눈동자가 황색이며 눈썹이 흩어졌으면 현(縣)의 속관이나 옥솔·포솔에 불과하다. 머리가 둥글고 입이 넓으며 비량이 낮으면 우두머리이다. 머리가 둥글고 평평하고 크며 눈썹이 눈을 눌렀으면 승려나 도사의 기강을 다루는 직책을 맡게 된다.

수조족후요원경, 전보군정. 체정신장요후, 당위순검. 색암생명, 창관세과지인.

手粗足厚腰圓硬, 傳報軍情. 體正身長腰厚, 當爲巡檢. 色暗生明, 倉官稅課之人.

손이 거칠고 발이 두터우며 허리가 둥글고 단단하면 군대의 전령이 된다. 몸이 바르고 키가 크며 허리가 두터우면 순검(야경을 도는 관리)이 된다. 기색이 어두웠다가 밝아지면 창고를 관리하거나 세금을 거두는 관리가 된다.

**피지아압연금루, 가위하박. 일면여몽, 역마체운. 삼양일윤, 좌이아문. 하고관위옥, 쌍목약생진. 이상십팔하귀, 개인부이생귀자, 수파손불기.**

陂池鵝鴨連金縷, 可爲河泊. 一面如濛, 驛馬遞運. 三陽一潤, 佐貳衙門. 何故官爲獄, 雙目若生塵. 以上十八下貴, 皆因富以生貴者, 雖破損不忌.

피지(陂池)와 아압(鵝鴨)·금루(金縷)의 살이 이어졌으면 물고기 잡는 세를 거두는 관리가 된다. 얼굴 전체가 흐릿하면 역마 파발을 운행하게 된다. 두 눈이 젖은 사람은 육조(六曹)의 관문을 지키는 수문장이 된다. 어찌하여 옥관(獄官)이 되었는가. 두 눈이 먼지가 낀 듯하기 때문이다. 이상의 18가지 하귀한 상은 모두 부로써 귀함이 생기는 것들이므로 비록 파상이 되었어도 꺼리지 않는 것이다.

**여인유칠현, 주부명자수; 행보주정. 면원체후. 삼정구배. 용모엄정. 오관구정. 좌면구정. 불범언어.**

女人有七賢, 主夫明子秀; 行步周正. 面圓體厚. 三停俱配. 容貌嚴整. 五官俱正. 坐眠俱正. 不泛言語.

여인에게 있는 7가지 현명함으로 훌륭한 남편과 뛰어난 아들을 둔다; 행동과 걸음걸이와 주위가 단정하다. 얼굴이 달덩이처럼 둥글고 몸이 두텁다. 얼굴의 삼정이 균등하고 균형 잡혔다. 용모가 엄정하다. 오관이 모두 단정하다. 앉는 자세와 자는 모습이 모두 단정하다. 말을 함에 들뜨지 않는다.

여인유사덕, 필생귀자; 평소불여인쟁경. 고난중무원언. 절음제식. 문사불경희. 견능존경.

女人有四德，必生貴子；平素不與人爭競．苦難中無怨言．節飮制食．聞事不驚喜．見能尊敬．

여인에게 있는 4가지 덕성으로 반드시 귀한 자식을 둔다; 평소 불필요하게 남과 경쟁하지 않는다. 고난을 당해도 원망하는 말을 하지 않는다. 먹고 마심에 절도가 있다. 어떤 일을 듣고 놀라거나 기뻐하지 않는다. 바라보면 존경심이 든다.

여인유수유요, 자연부동; 남이신위주, 여이혈위주, 범남인신쇠즉병다, 신왕즉병소. 범여상피박피급첨삭혈쇠기단신조, 기능장수. 범여인신족혈족, 피후피관, 육실골정, 자연복수지부.

女人有壽有夭，自然不同；男以神爲主，女以血爲主，凡男人神衰則病多，神旺則病少．凡女相皮薄皮急尖削血衰氣短神粗，豈能長壽．凡女人神足血足，皮厚皮寬，肉實骨正，自然福壽之婦．

여인의 장수와 요절은 자연히 다르다; 남자는 神이 위주가 되고 여자는 血이 위주가 되므로 남자는 신이 쇠약한 즉 병이 많고 신이 왕성하면 병이 적다. 무릇 여인의 상은 피부가 얇고 피부가 급하거나 얼굴이 깎인듯 하거나 혈이 쇠약하고 기가 단축하며 신이 거칠면 어찌 장수할 수 있겠는가. 무릇 여인은 신이 족하고 혈이 족하며 피부가 두텁고 관대하며 살이 견실하고 골격이 반듯하다면 자연히 복과 장수를 누리는 부인인 것이다.

詩曰

혈쇠피급명난전, 피박고건수불견. 약시피관병혈왕, 수신송균복수첨.

血衰皮急命難全, 皮薄枯乾壽不堅. 若是皮寬幷血旺, 須信松筠福壽添.

혈이 쇠약하고 피부가 급박하면 수명이 온전키 어렵고 피부가 얇고 마르면 수명이 견실치 못하다. 피부가 관대하고 혈이 왕성하면 소나무 대나무처럼 복과 수명이 길게 됨을 믿으라.

## 男女凶相破相 남녀흉상파상

남유오십일고, 범일건자, 난언자식.

男有五十一孤, 犯一件者, 難言子息.

남자에게 51가지의 고독한 상이 있으니 이 가운데 한 가지라도 해당되면 자식을 말하기 어렵다.

수형유발, 목형무발, 안함성갱, 와잠저암. 판관형. 나한형. 회회비.

水形有髮, 木形無髮, 眼陷成坑, 臥蠶低暗. 判官形. 羅漢形. 回回鼻.

水형인 사람이 머리카락이 지나치게 짙고 많다. 木형인 사람이 머리카락과 털이 없다. 눈이 깊어 구덩이와 같다.

와잠이 움푹 꺼지고 어둡다. 얼굴이 판관처럼 지나치게 엄숙하다. 얼굴이 사찰의 나한상처럼 무섭다. 코가 옆으로 심히 굽었다.

사자비. 두육생면. 독관생면. 독비고봉.
**獅子鼻. 蠹肉生面. 獨顴生面. 獨鼻孤峰.**

사자코. 얼굴에 좀먹은 듯 들떠 허연 살이 있다. 얼굴에 관골만 지나치게 높다. 코만 지나치게 높다.

미소빈소. 화개액. 화개미. 두대면첨.
**眉疎鬢疎. 華蓋額. 華蓋眉. 頭大面尖.**

눈썹이 드물고 귀 옆머리가 드물다. 이마에 종횡으로 쭈글쭈글한 주름이 있다. 눈썹이 화개처럼 겹겹이 어지럽다. 머리가 큰데 얼굴이 앞으로 뾰족하게 나왔다.

*화개액: 화개(華蓋)란 고대 황제나 왕공·귀족들이 수레를 타고 외출할 때 수레 안에 세워 햇빛을 가리던 일산(日傘)의 한 종류이다. 여러 겹의 천을 층층으로 만들고 겉면을 금과 옥으로 장식했으므로 화개라고 한 것이다. 따라서 이마가 종횡으로 주름이 난무하거나 옆으로 깊이 한 줄있는 것을 화개액이라고 한다.

두첨액삭. 정황발적. 면대비소. 유두백소.
**頭尖額削. 睛黃髮赤. 面大鼻小. 乳頭白小.**

머리 정수리가 뾰족하고 이마의 양옆이 깎였다. 눈동자가 누렇고 머리카락이 붉다. 얼굴은 큰데 코가 지나치게 작다. 유두가 희고 작다.

**유두불기. 액상삼문. 비상생문. 구각문다.**
**乳頭不起. 額上三紋. 鼻上生紋. 口角紋多.**

유두가 함몰되어 밖으로 나오지 않았다. 이마에 세로 주름이 산란하게 세 줄이 있다. 코 위에 주름이 있다. 입 끝에 주름이 많다.

**면색여분. 양상무모. 양모역생. 양낭무문.**
**面色如粉. 陽上無毛. 陽毛逆生. 陽囊無紋.**

얼굴이 분을 바른 듯 희다. 양근에 털이 없다. 음모가 위로 치솟았다. 음낭에 주름이 없다.

**광화백분. 육중여니. 육부우연. 육활여면.**
**光華白粉. 肉重如泥. 肉浮又軟. 肉滑如綿.**

분을 바른 듯 빛이 화려하다. 살이 육중하기가 진흙을 쌓은 듯 탁하다. 살이 들뜨고 연약하다. 살이 솜처럼 매끄럽다.

**육다골약. 혈불화색. 면사귤피. 인중천단.**
**肉多骨弱. 血不華色. 面似橘皮. 人中淺短.**

살이 많고 뼈가 약하다. 혈색이 곱고 온화하지 않다. 얼굴이 귤껍질 같다. 인중이 얕고 짧다.

**일신무호. 골냉정한. 전신육냉. 피혈고초.**
**一身無毫. 骨冷精寒. 全身肉冷. 皮血枯焦.**

몸에 털이 없다. 뼈가 차고 냉정하다. 몸 전체의 살이 차다. 피부와 혈기가 마르고 건조하다.

**내관성음. 내관형상. 사피사안. 뇌공취.**
**內官聲音. 內官形像. 蛇皮蛇眼. 雷公嘴.**

음성이 내관과 같다. 형상이 내관과 같다. 피부가 뱀 껍질 같고 뱀눈이다. 입 끝이 새 부리처럼 뽀족하다.

**마면용정. 서목치정. 호손시. 응시면공.**
**馬面龍睛. 鼠目雉睛. 猢猻腮. 鷹腮面空.**

말의 얼굴에 용의 눈동자. 쥐 눈에 꿩의 눈동자. 원숭이 턱. 매 턱으로 허공을 자주 본다.

**사행서보. 삼관무맥. 수골원부. 신맥불기.**
**蛇行鼠步. 三關無脈. 手骨圓浮. 腎脈不起.**

뱀이 기어가는 듯 가고 쥐처럼 걷는다. 삼관에 맥이 없다. 손의 뼈가 넓고 들떴다. 신맥이 일지 않는다.

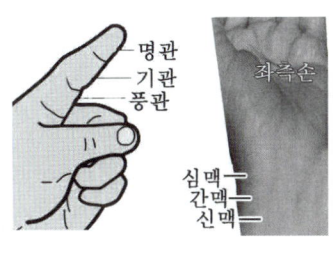

*삼관(三關): 집게손가락 세 마디. 윗마디가 명관(命關)이고 둘째 마디가 기관(氣關), 아랫마디가 풍관(風關)이다. 三關無脈은 집게손가락의 맥이 뛰지 않는 것이다.

*신맥(腎脈): 좌측 손목 앞, 손바닥으로부터 팔뚝 쪽으로 3손가락 지점.

남유십극지격, 범일건자, 일자야불능송종, 내노곤지상.

男有十克之格，犯一件者，一子也不能送終，乃老困之相.

남자에게 열 가지 극하는 격이 있다. 이 가운데 한 가지라도 해당되면 한 자식도 끝까지 함께 살 수 없으니 늙어 곤궁한 상이다.

수분연미. 수직무색. 자수양미. 와잠저암. 유두조하.

鬚分燕尾. 鬚直無索. 子鬚羊尾. 臥蠶低暗. 乳頭朝下.

수염이 제비꼬리 처럼 갈라져 있다. 수염이 곧고 뻣뻣하여 꼬임이 없다. 쥐 수염과 양 꼬리 수염. 와잠이 움푹 꺼지고 어둡다. 유두가 아래로 쳐졌다.

우육조상. 미호교상. 수다무발. 일면추문. 안하생호.

牛肉朝上. 眉毫嬌上. 鬚多無髮. 一面皺紋. 眼下生毫.

얼굴이 마치 소고기처럼 붉다. 속눈썹이 위로 말려 올라갔다. 수염은 많은데 머리카락이 없다. 얼굴 전체가 쭈글쭈글 주름이다. 눈 아래 가는 털이 있다.

## 十二件刑妻之格 십이건형처지격

12가지 처를 극하는 격

천창생추, 위개고문(극오처). 수다비소. 수장무색.

天倉生皺, 爲開庫紋(剋五妻). 鬚多鼻小. 鬚長無索

천창에 깊은 주름이 있는 것을 개고문이라고 하는데 다섯 사람의 처를 극한다. 수염은 많은데 코가 지나치게 작다. 수염이 긴데도 꼬임이 없이 빳빳하다.

관골독고. 천창함. 산근단. 어미저. 나한판관.
顴骨獨高. 天倉陷. 山根斷. 魚尾低. 羅漢判官.

관골만 지나치게 높다. 천창이 함몰되었다. 산근이 끊겼다. 어미가 움푹하게 깊다. 얼굴이 나한이나 판관처럼 무섭고 냉랭하다.

삼첨육삭. 간문심. 어미문심. 어미일문일처.
三尖六削. 奸門深. 魚尾紋深. 魚尾一紋一妻.

삼첨육삭(천창 지고가 깎이고 정수리와 턱이 뽀족하다.). 간문이 깊다. 어미에 문양이 깊다. 어미 문양은 한 줄기에 한 사람의 처를 극한다.

여인유칠십이천. 약범일건. 필유사음.
女人有七十二賤, 若犯一件, 必有私淫.

여인에게 72가지 천한 상이 있다. 이 가운데 한 가지라도 해당하면 통정하고 음란하다.

양안부광. 도화지면. 혈불화색. 육연여면.
兩眼浮光. 桃花之面. 血不華色. 肉軟如綿.

두 눈빛이 들뜬 듯하다. 얼굴에 도화색을 띠었다. 혈색이 피어나지 않았다. 살이 솜처럼 부드럽다.

면다반점. 안각저수. 요수파두. 면전양함.
**面多斑點. 眼角低垂. 搖手擺頭. 面全兩陷.**

얼굴에 반점이 많다. 눈꼬리가 아래로 늘어졌다. 손을 흔들고 머리를 흔든다. 얼굴 양쪽 관골이 함몰되었다.

면육퇴부. 안로백광. 구각생문. 아행압보.
**面肉堆浮. 眼露白光. 口角生紋. 鵝行鴨步.**

얼굴 살집이 울퉁불퉁하거나 들뜬 듯하다. 눈의 흰자위가 많이 드러나고 빛을 발한다. 양쪽 입 끝에 주름이 있다. 거위나 오리처럼 엉덩이를 흔들며 걷는다.

사시투관. 자언자어. 요세견한. 유두백하.
**斜視偸觀. 自言自語. 腰細肩寒. 乳頭白下**

곁눈질하거나 훔쳐본다. 혼자 중얼거린다. 허리가 가늘고 어깨가 추운 듯 높다. 유두가 희고 아래로 향하고 있다.

피추여사. 면대비소. 치백여옥. 순백불후.
**皮皺如絲. 面大鼻小. 齒白如玉. 脣白不厚.**

피부의 주름이 실처럼 가늘다. 얼굴이 크고 코가 작다. 치아가 옥처럼 희다. 입술이 희고 두텁지 않다.

일보삼요. 일언삼단. 어언범잡. 두대무발.
**一步三搖. 一言三斷. 語言泛雜. 頭大無髮.**

한걸음에 엉덩이가 3번 흔들린다. 말을 자주 끊으며 한다. 말에 진실성이 적고 어수선하다. 머리통이 크고 머리카락이 없다.

**행여작보. 담소빈조. 견인엄면. 신여풍류.**
行如雀步. 談笑頻阻. 見人掩面. 身如風柳.

참새처럼 깡충거리며 걷는다. 말하는 중간에 자주 웃는다. 얼굴을 가리고 사람을 본다. 몸이 바람에 휘날리는 버드나무와 같다.

**장두서이. 축두신설. 피백여분. 구순자동.**
獐頭鼠耳. 縮頭伸舌. 皮白如粉. 口脣自動.

노루처럼 가날픈 얼굴에 귀가 쥐의 귀와 같다. 머리를 움츠리고 혀를 길게 뺀다. 피부가 분을 바른 듯 희다. 입술을 실룩거린다.

**피활여유. 측목수두. 미어선소. 둔궁흉고.**
皮滑如油. 側目垂頭. 未語先笑. 臀弓胸高.

피부가 기름을 바른 듯 미끄럽다. 고개를 숙이고 곁눈질한다. 말을 하기 전에 웃는다. 엉덩이가 활을 당긴 듯하고 가슴이 높다.

**제철근하. 액첨각요. 궁둔무시. 순청여람.**
臍凸近下. 額尖脚搖. 弓臀無腮. 脣靑如藍.

배꼽이 볼록하고 아래쪽에 붙어있다. 이마가 뾰족하고 다리를 흔든다. 엉덩이가 활을 당긴 듯하고 턱의 시골(턱 양쪽)이 없다. 입술 푸르기가 쪽빛과 같다.

**음호무모. 소약마시. 탁시교지. 학퇴만요.**
**陰戶無毛. 笑若馬嘶. 托腮咬指. 鶴腿蠻腰.**

음모가 없다. 웃음소리가 말이 우는 것 같다. 손으로 턱을 받치고 손가락을 깨문다. 무릎이 학처럼 가늘고 허리가 굵다.

**음모여초. 탄기신요. 장면원정. 회두빈고.**
**陰毛如草. 歎氣伸腰. 長面圓睛. 回頭頻顧.**

음모가 풀처럼 거칠다. 한숨을 쉬며 허리를 편다. 얼굴이 길고 눈동자가 동그랗게 드러난다. 머리를 돌려 자주 뒤를 돌아본다.

**음호생광. 설첨순흔. 좌불안온. 액광빈심.**
**陰戶生光. 舌尖脣掀. 坐不安穩. 額廣鬢深.**

음문에서 광채가 난다. 혀가 뾰족하고 윗입술이 걷혀 올라간다. 앉은 자세가 평온하지 않다. 이마가 넓고 옆머리가 짙다.

**거지치미. 여마환제. 서치귀아. 안폐미축.**
**擧止癡迷. 如馬換蹄. 鼠齒鬼牙. 眼閉眉蹙.**

행동거지가 미치광이 같거나 술 취한 듯하다. 손이 말발굽처럼 억세고 크다. 치아가 쥐 이빨처럼 뾰족하고 귀아

(귀신처럼 뾰족한 치아)가 났다. 눈을 감고 눈썹을 찡그린다.

**장신단항. 지단요편. 사행서찬. 두편액착.**
**長身短項. 指短腰偏. 蛇行鼠餐. 頭偏額窄.**

키가 크고 목이 짧다. 손가락이 짧고 허리가 기울었다. 걸음걸이가 뱀이 가는 것 같고 쥐처럼 먹는다. 머리가 기울고 이마가 좁다.

**음식무진. 배함복소. 비앙조천. 척치농의.**
**飮食無盡. 背陷腹小. 鼻仰朝天. 剔齒弄衣.**

먹고 마시는 것이 끝없다. 등이 함몰되고 배가 작다. 콧구멍이 하늘을 향해 들려있다. 이로 옷소매를 씹는다.

**항세미한. 퇴상생모. 무사자경. 참립편사.**
**項細眉寒. 腿上生毛. 無事自驚. 站立偏斜.**

목이 가늘고 八자 눈썹. 넓적다리에 털이 났다. 아무 일도 없는데 스스로 놀란다. 우두커니 삐딱하게 선다.

**수몽장제. 성정다변. 복궁흉고. 두하과보.**
**睡夢長啼. 性情多變. 腹弓胸高. 頭下過步.**

수면 중에 꿈을 꾸며 길게 운다. 성정에 변덕이 심하다. 배가 활을 당긴 듯 둥글고 가슴이 높다. 고개를 숙이고 머리가 발보다 먼저 나간다.

## 女人有三十六刑傷 여인유삼십륙형상

여인에게 있는 36가지 형상하는 상

황발권발. 정적정황. 독관생면. 액유선라.
### 黃髮拳髮. 睛赤睛黃. 獨顴生面. 額有旋螺.

머리카락이 누렇거나 주먹처럼 뭉글뭉글 뭉쳐있다. 눈동자가 누렇거나 붉다. 얼굴에서 관골만 높다. 이마 중앙이 고동처럼 동그랗게 솟았다.

액고면함. 액유문흔. 인유현침. 소년낙발.
### 額高面陷. 額有紋痕. 印有懸針. 少年落髮.

이마가 높고 얼굴이 움푹 들어갔다. 이마에 주름이나 흉터가 있다. 인당에 현침문이 있다. 나이가 어린데 머리카락이 빠진다.

골경피급. 면장구대. 면수생근. 면생삼각.
### 骨硬皮急. 面長口大. 面瘦生筋. 面生三角.

뼈가 억세고 피부가 땅겨놓은 듯 급박하다. 얼굴이 길고 입이 크다. 얼굴이 야위고 힘줄이 솟았다. 이마와 양쪽 관골이 솟았다.

이반무륜. 면첨요착. 면체여니. 산근저함.
### 耳反無輪. 面尖腰窄. 面滯如泥. 山根低陷.

귀가 뒤집히고 윤곽이 없다. 얼굴이 뾰족하고 허리가 좁다. 얼굴 기색이 진흙 빛으로 체해있다. 산근이 낮고 함몰되었다.

지각편사. 항로골절. 성대여뢰. 성급여화.
**地閣偏斜. 項露骨節. 聲大如雷. 性急如火.**

지각이 비뚤어지고 치우쳤다. 목뼈가 드러나고 결후(結喉)가 있다. 음성이 천둥처럼 크다. 성격이 불처럼 급하다.

신탁기조. 천대지소. 백기여분. 연수기절.
**神濁氣粗. 天大地小. 白氣如粉. 年壽起節.**

정신이 탁하고 기가 거칠다. 머리와 상체가 크고 하체가 작다. 피부가 분을 바른 듯 백기를 띠었다. 코의 연상과 수상에 마디가 있다.

육냉여수. 조골대수. 견배편사. 안대정원.
**肉冷如水. 粗骨大手. 肩背偏斜. 眼大睛圓.**

살이 물처럼 차다. 뼈마디가 거칠고 손이 크다. 어깨와 등이 기울었다. 눈이 크고 눈동자가 동그랗게 드러난다.

후결치대. 발경골경. 야수다호. 취여취화.
**喉結齒大. 髮硬骨硬. 夜睡多呼. 嘴如吹火.**

결후가 있고 치아가 크다. 머리카락이 강하고 뼈가 강하다. 밤에 자면서 부르짖는 소리가 많다. 입 끝이 불을 부는 듯하다.

비내생모. 골기시고. 명문골고. 여운모면
**鼻內生毛. 骨起腮高. 命門骨高. 如雲母面.**

콧속에 털이 길게 자란다. 뼈가 일어나 시골이 높다(턱뼈가 양쪽으로 튀어 나왔다). 명문의 뼈가 높다(귀 앞의 뼈가 옆으로 튀어 나왔다). 운모(흰 돌비늘)와 같은 얼굴.

여인유이십사고, 범자부성자식난언, 내빈고지격.
**女人有二十四孤, 犯者夫星子息難言, 乃貧苦之格.**
여인에게 스물네 가지 고독한 상이 있으니 이에 해당하면 남편과 자식을 말하기 어렵고 가난하고 고생스러운 격이다.

무미불립. 성파부정. 삼십전발. 쌍목심함
**無眉不立. 聲破不淨. 三十前發. 雙目深陷**

눈썹이 없고 미능골(眉稜骨: 눈썹뼈)이 없다. 미능골이 없으면 자식을 낳기 어렵다(不立者不生子也.). 음성이 깨어진 듯 맑지 않다. 이마가 지나치게 드러났다. 두 눈이 지나치게 깊다.

비함심저. 뇌공취화. 제소천철. 고굉무포
**鼻陷深低. 雷公吹火. 臍小淺凸. 股肱無包.**

비량이 함몰되거나 심히 낮다. 입 끝이 불을 부는 듯하다. 배꼽이 작고 볼록 튀어 나왔다. 넓적다리와 팔뚝에 살이 없어 뼈가 제대로 덮이지 않았다.

요원삼위. 유두불기. 육부혈체. 육중여니.
**腰圓三圍. 乳頭不起. 肉浮血滯. 肉重如泥.**

허리가 지나치게 둥글어 평평하다. 유두가 나오지 않고 함몰되었다. 살이 들뜨고 혈기가 막혔다. 살이 많이 찌고 살빛이 진흙과 같다.

**일면체색. 피박골세. 육다골소. 삼양여묵.**
**一面滯色. 皮薄骨細. 肉多骨少. 三陽如墨.**

얼굴의 기색이 막혀있다. 피부가 얇고 뼈가 가늘다. 몸에 살이 많은데 뼈가 가늘다. 두 눈동자가 먹처럼 검다.

**무복무둔. 면첨이소. 유관무시. 지대천소.**
**無腹無臀. 面尖耳小. 有顴無腮. 地大天小.**

배와 엉덩이가 없다. 얼굴이 뾰족하고 귀가 작다. 관골이 높고 시골이 없다. 아래턱이 크고 미리의 윗부분이 작다.

**야류남인. 순백설청. 음양혼잡. 발불만척.**
**也類男人. 脣白舌靑. 陰陽混雜. 髮不滿尺.**

남자처럼 생겼다. 입술 색이 희고 혀가 푸르다. 이와 같은 색을 띤 자는 반드시 질병이 있다(如犯此色者必有疾.). 눈동자가 흐리멍덩하다. 눈은 자식궁이니 흑백이 분명치 않으면 안 된다(眼乃子宮不可黑白不明). 머리카락이 1척만큼도 자라지 않는다.

# 永樂百問 영락백문

<영락백문>은 영락황제가 상술에 대해 묻고 원충철이 답한 내용을 기록한 것으로 상술의 구체적 내용이 담겨있다.

### 짐거왕위, 출어하상, 이득만민지주?
### 朕居王位, 出於何相, 而得萬民之主?

짐이 왕위에 거하다가 어떤 상으로 태어났기에 만민의 주인 자리를 차지할 수 있었는가?

### 대왈, 주내룡생봉장, 신장륙척, 면대요원, 능보개삼척. 소년소곤, 인미출수지고, 금이수장일척팔촌, 이합룡상, 당년지수.
### 對曰, 主乃龍生鳳長, 身長六尺, 面大腰圓, 能步開三尺. 少年所困, 因未出鬚之故, 今已鬚長一尺八寸, 以合龍相, 當年之壽.

주상께서는 용으로 태어나 봉황으로 성장하셨으므로 신장이 6척이며 얼굴이 크고 허리가 둥글며 보폭이 3척에 달할 수 있습니다. 소년 시기에 곤궁했던 이유는 아직 수염이 나지 않았던 까닭이었습니다. 지금은 이미 수염 길이가 1척 8촌이니 용의 상에 부합되는 연세에 이르렀기 때문입니다.

\*鬚長一尺八寸(수장일척팔촌): 이 질문은 연왕 주체(朱棣)가 정란(靖難)을 일으켜 제위에 오른 지 얼마 되지 않은 시기에 한 질문으로 보인다. 주체는 부친 주원장의 정실인 마(馬)황후 소생이 아니라 석비(碩妃)소생이다. 위 글 가운데 '今已鬚長一尺八寸'이라는 구절이 보이는데, 이는 본래 중국 한(漢)족의 풍모가 아니다. 주체의 생모 석비는 한족이 아닌 것은 분명하지만 그에 관해 몇 가지 설이 전해온다.
1)원순제(元順帝)의 비였던 홍길라(洪吉喇)씨 또는 옹(翁)씨라

는 설이다. 일부에서는 주체가 원순제의 유복자일 가능성을 제시하기도 한다. 2)고려의 미인이라는 설. 3)몽골의 미인이라는 설.

짐자위군이래, 불탈우심, 하설?

**朕自爲君以來, 不脫憂心, 何說?**

짐이 황제가 된 이래 근심에서 벗어나지 못하는 것은 어찌 된 일인가?

대왈, 산근창고장청청, 준적시황기불균, 종차위군야수민, 서인득차백무성. 필대차색일개, 성심자안의.

**對曰, 山根倉庫長靑靑, 準赤腮黃氣不勻, 從此爲君也愁悶, 庶人得此百無成. 必待此色一開, 聖心自安矣.**

산근과 천창 지고에 오랫동안 푸른 기색을 띠고, 준두가 붉으며 턱 양쪽 시골에 황색 기운이 있고 기가 서로 고르지 않습니다. 이것은 임금도 수심이 있는 것이며 서민이라면 이루어지는 일이 없습니다. 기다리신다면 기색이 한 번 열릴 것이며 성심이 자연히 편안해지실 것입니다.

짐위군이래, 행국이평, 민이부, 사이유, 하설?

**朕爲君以來, 幸國已平, 民已富, 士已裕, 何說?**

짐이 황제가 된 이래 다행스럽게 나라가 평안하고 백성은 부유하며 선비들 또한 여유가 있는 것은 어째서인가?

대왈, 혈족신서안유광, 인당평윤시영창, 위사위관다획복, 서인득차역안강.

對曰, 血足神舒眼愈光, 印堂平潤是榮昌, 爲士爲官多獲福, 庶人得此亦安康.

폐하의 혈색이 족하고 정신이 편안하여 눈에는 여유로운 빛이 있고 인당이 평평하고 윤택하신 것은 영화와 창성함이니 선비나 벼슬아치 모두 복을 얻고 서민들 또한 평안을 누리는 것입니다.

짐작견일상서천정저, 하고우득위관?
朕昨見一尙書天停低, 何故又得爲官?

짐이 어제 보니 상서 가운데 한사람이 천정이 낮던데 어떻게 벼슬을 얻을 수 있었는가?

대왈, 천정수저, 일월각개, 보필골조, 두평면원, 차내오행상배, 고불기저, 시이득위상서.
對曰, 天停雖低, 日月角開, 輔弼骨朝, 頭平面圓, 此乃五行相配, 故不忌低, 是以得爲尙書.

천정이 비록 낮아도 일월각이 열리고 보각이 보필해주며, 머리가 평평하고 얼굴이 둥글다면 이는 오행이 서로 균형을 이룬 것이므로 천정이 낮은 것을 꺼리지 않으니 상서 벼슬에 오른 것입니다.

위관자내귀인, 상유조도회형자, 위하?
爲官者乃貴人, 常有遭刀劍刑者, 爲何?

관직에 나아가는 사람은 귀인이라 하지만 그 중에 몸을

자르는 형벌을 받는 사람이 있는 것은 어떤 이유인가?

대왈, 개인항상유홍사, 이륜다적색. 범차자난도도부망신.

對曰, 皆因項上有紅絲, 耳輪多赤色. 犯此者難逃刀斧亡身.

그런 사람들은 목에 붉은 실과 같은 주름이 있고 귓바퀴가 심하게 붉은색을 띠고 있습니다. 이런 사람은 칼이나 도끼에 의해 몸이 죽는 것을 피하기 어렵습니다.

일월교봉, 반득선종, 위하?

日月交鋒, 反得善終, 爲何?

두 눈이 서로 찌르는 듯 날카로운데도 오히려 선종하는 것은 어찌 된 것인가?

대왈, 범무장재변지, 안미상생살기정고, 현어양관, 소이당득쟁전, 안불로광, 항무홍사, 비저식서손, 내선인지상, 능전지인야.

對曰, 凡武將在邊地, 眼眉上生殺氣正高, 現於兩顴, 所以當得爭戰, 眼不露光, 項無紅絲, 非猪食鼠飡, 乃善人之相, 能戰之人也.

대왈, 무장의 특징은 변지에 있습니다. 눈과 눈썹에 살기가 있지만 바르고 고상하며 양쪽 관골이 높으므로 전쟁을 치르게 되는 것입니다. 눈빛이 밖으로 드러나지 않고 목에 붉은 주름이 없으며 돼지처럼 게걸스럽게 먹거나 쥐처럼 갉아먹지 않아야 좋은 상으로 전쟁을 감당할 수 있는 사람입니다.

## 유장상법정해

**조중대신불능음식, 기위관, 하우록소?**
朝中大臣不能飮食, 旣爲官, 何又祿少?

조정의 대신이면 먹고 마시는 것이 충분치 않을 수 없는데 관리가 되었음에도 어째서 봉록이 적은 사람이 있는가?

**대왈, 관고수시인당관, 부귀환수수과슬. 관고인인개미수, 이정목청, 인차대귀. 식록재구, 약순박구축, 식자소야.**
對曰, 官高雖是印堂寬, 富貴還須手過膝. 官高因印開眉秀, 耳正目清, 因此大貴. 食祿在口, 若脣薄口齼, 食自少也.

대왈, 관직이 높은 것은 인당이 넓기 때문이지만 부귀는 손이 무릎을 지나야 가능한 것입니다. 관직이 높은 것은 인당이 열리고 눈썹이 빼어나며 귀가 반듯하고 눈이 맑기 때문으로 대귀한 것입니다. 식록은 입에 있으니 입술이 얇고 입이 오그라들었으면 식록이 자연히 적은 것입니다.

**관거극품, 임종의식구무, 하설?**
官居極品, 臨終衣食俱無, 何說?

극품의 관직에 있었더라도 죽을 때에 이르러 의식조차 없게 되는 사람은 어째 그런가?

**대왈, 범인노운, 불구부귀, 구요피토위주, 노래피토운, 혈색족, 일후환유만경, 필부대왕. 노래피토간, 혈색쇠, 위관퇴위지궁. 위민치곤, 사후결과구난.**
對曰, 凡人老運, 不拘富貴, 俱要皮土爲主, 老來皮土潤, 血色足, 日後還有晚景, 必富大旺. 老來皮土幹, 血色衰, 爲官退位至窮. 爲民致困, 死後結果俱難.

대왈, 무릇 사람이 늙었을 때의 운은 부·귀를 막론하고 모두 피부를 위주로 해야 합니다. 늙으면서 피부와 살결이 윤택하고 혈색이 족하면 날로 좋은 일이 많아 반드시 부를 크게 누립니다. 그러나 늙을수록 피부와 살이 마르고 혈색이 쇠해진다면 관직에서 물러난 후 곤궁함에 이르게 됩니다. 일반 백성이라도 곤궁함이 이르게 되니 죽은 후라도 결과적으로 모두 어렵습니다.

무상작문관, 문상작무직, 하설?
**武相作文官, 文相作武職, 何說?**

무관의 상을 지닌 사람이 문관이 되고 문관의 상을 지닌 사람이 무직에 나가는 것은 어떻게 된 것인가?

대왈, 포공지면, 칠함삼관, 양랑지신, 형여백옥, 육랑은면금정, 고유봉후지직. 포공철면은아, 고장재상지권.
**對曰, 包公之面, 七陷三顴, 楊郞之身, 瑩如白玉, 六郞銀面金睛, 故有封侯之職. 包公鐵面銀牙, 故掌宰相之權.**

대왈, 포공의 얼굴은 칠함삼관면이었으며, 양랑의 몸은 밝기가 백옥 같았으며 육랑은 은빛 얼굴에 금색의 눈동자를 지녔기에 후에 봉해질 수 있었습니다. 포공은 철면은아였으므로 재상의 권력을 가질 수 있었습니다.

*包公(포공): 본명은 포증(包拯, 999-1062) 자는 희인(希仁). 북송의 관리로 개봉부윤·추밀부사 등을 역임했으며 청렴하고 공정하여 권력에 아부하지 않았으므로 포청천(包靑天) 또는 포공(包公)으로 불렸다. 또한 그의 얼굴이 흑면이었으므로 포흑자(包黑子)·포흑탄(包黑炭) 등의 별명으로도 불렸다. 속설에 의하면 사후 지옥 제5전의 염라왕이 되었다고 하며 그를 주제로 한 드라마가 제작되어 국내에서도 TV에 방영되었다.

포증의 초상화와 드라마 속인물

*七陷三顴(칠함삼관): 눈·코·입·귀가 분명하고 이마와 관골이 발달한 얼굴.

*鐵面銀牙(철면은아): 얼굴이 무쇠같이 검고 치아가 은색이 날 만큼 흰 것.

*楊郞(양랑): 본명 양연소(楊延昭, 958-1014) 일명 양육랑(楊六郞)으로 불린다. 북송의 항료대장 양업의 장자로 유년시절부터 부친을 따라 참전했으며 옹희 3년(986) 29세의 나이로 부친을 따라 북벌에 참전하여 선봉장으로 삭주성 아래에서 전투 중 화살이 팔을 꿰뚫었으나 더욱 용맹스럽게 공격해 삭주를 점령했다. 부친이 사망하자 하북 지역에서 요나라의 침입을 막는 무장의 역할을 하였으며 진종황제가 "군대를 다스리고 국경을 방호함에 부친의 기풍이 있다(治兵護塞有父風.)"라고 칭찬하였다.

오자서안여미부, 독위미분팔자. 당태위청면적수, 지인목수, 반작문신. 차사고인구위문무전재, 출장입상지모, 막이청탁언지.

伍子胥顏如美婦, 獨爲眉分八字. 黨太尉靑面赤鬚, 只因目秀, 反作文臣. 此四古人俱爲文武全才, 出將入相之貌, 莫以淸濁言之.

오자서는 얼굴이 아름다운 부인과 같았고, 유독 눈썹이 八자로 나뉘어 있었습니다. 당태위는 얼굴빛이 푸르고 수염이 붉었으나 눈이 빼어났으므로 오히려 문신이 된 것입니다. 이 네 옛날 사람들은 모두 문무의 재질을 함께 갖춘 출장입상의 용모였으니 청탁으로 논할 수 없습니다.

*伍子胥(오자서, ?-BC 484): 춘추시기 초나라 태생이었으나 초나라 평왕에게 아버지와 형이 살해당한 후 오나라로 도주하여 벼슬을 하고 초나라에 복수하였다. 오왕 합려를 보좌하여 강대국으로 성장시켰음에도 합려가 죽고 난 후 모함을 받아 합려의 아들 부차로부터 자결을 강요받고 분사하였다.

*黨太尉(당태위): 본명 당진(黨進, 927-977). 북송 초기의 맹장이며 삼군총사령인 태위를 지냈다. 체격이 매우 우람하고 성격이 순박 솔직하였다. 어느 날 외출에서 돌아오니 침상 위에 놓아둔 자신의 잠옷 속에 큰 뱀이 웅크리고 있는 것을 발견하고 대로하여 뱀을 삶아 먹은 후 발병하여 51세로 사망하였다.

액상문견, 대신상유, 하위불호, 차계하설?

額上紋見, 大臣常有, 何爲不好, 此係何說?

이마의 주름을 보면 대신들은 모두 있는데 어떤 것이 좋지 않은 것이며 이는 어떻게 설명되는가?

대왈, 범액상문일조위화개, 이조위언월, 삼조위복서, 다자불묘. 범문욕종보골변기, 횡심위묘.

對曰, 凡額上紋一條爲華蓋, 二條爲偃月, 三條爲伏犀, 多者不妙. 凡紋欲從輔骨邊起, 橫深爲妙.

이마에 주름이 한 줄 있는 것이 화개이며 두 줄 있는 것이 언월이며 세 줄 있는 것이 복서인데, 여러 줄 있는 것은 좋지 않습니다. 주름은 보골과 변지 부분에서 시작되어야 하고 옆으로 깊어야 좋습니다.

화개주고독, 언월주중귀, 복서자대귀. 여단여란대불호, 일생주신고, 하천형상.

華蓋主孤獨, 偃月主中貴, 伏犀者大貴. 如短如亂大不好, 一生主辛苦, 下賤刑傷.

화개는 고독하고 언월은 중귀하며 복서는 대귀한 사람입니다. 짧거나 어지러우면 크게 좋지 않아 일생 고생스럽고 하천하며 형상을 당하게 됩니다.

이반위관대, 하설?

耳反爲官大, 何說?

귀가 뒤집혔는데도 관직이 높은 사람이 있는 것은 어찌 된 것인가?

대왈, 상유가기유불가기지설, 기가일예이추? 서운, 정수황유신광, 양수절준두풍, 신수수이불로골, 차구부작파패, 환작귀상추지.

對曰, 相有可忌有不可忌之說, 豈可一例而推? 書云,睛雖黃有神光, 梁雖折準頭豐, 身雖瘦而不露骨, 此俱不作破敗, 還作貴相推之.

상에는 꺼릴 것과 꺼리지 않을 것이 있다는 설이 있으니 어찌 한 가지만을 예로 들어 추단할 수 있겠습니까. 눈동자가 노랗더라도 정기가 있거나, 비량이 꺾인 듯해도 준두가 풍만하거나, 몸이 야위었어도 노골이 되지 않은 것 등은 모두 실패하지 않으니 또한 귀한 상이라고 추단하는 것입니다.

재학재인복내, 하능득지?
## 才學在人腹內, 何能得知?

재주와 학식은 사람의 내부에 있는 것인데 어떻게 그것을 알 수 있는가?

대왈, 서운, 미취산천지수, 흉장천지지기, 목여전작류성, 자유안방고책. 면여백옥, 출세지재, 치백순홍진중은사, 견인불구, 흉중자유장책. 작사허경흉내결연무물.

對曰, 書云, 眉聚山川之秀, 胸藏天地之機, 目如電灼流星, 自有安邦高策. 面如白玉, 出世之才, 齒白脣紅塵中隱士, 見人不懼, 胸中自有長策. 作事虛驚胸內決然無物.

대왈, 옛글에 이르길 '눈썹이 산천의 수려한 기를 모으고 가슴 속에 천지의 재기를 지녔다면 눈이 번개처럼 밝고 유성과 같아서 자연히 국가를 편안케 할 높은 비책을 지넜다'라고 하였습니다. 얼굴이 백옥과 같으면 세상에 뛰어난 인재이며 치아가 희고 입술이 붉으면 속세 가운데 은거한 선비입니다. 사람을 바라볼 때 두려워하지 않으면 가슴 속에 긴 비책을 갖춘 인물입니다. 일할 때 놀라 허둥대는 사람은 가슴 속에 확고 결연한 의지가 없는 사람입니다.

한고조방일은사, 도기문수, 기인좌이불기, 고조문왈, 욕일사안방, 래구현렬, 기인향양, 멱풍이응, 일일대답여류. 고조왈, 차내상재지사.

漢高祖訪一隱士, 到其門首, 其人坐而不起, 高祖問曰, 欲一士安邦, 來求賢列, 其人向陽, 覓風而應, 一一對答如流. 高祖曰, 此乃上才之士.

한고조가 은거한 선비 한 사람을 찾아가 문 입구에 도착하였는데 그 선비가 앉아서 일어나지 않았습니다. 고조가 묻기를 "나라를 안정되게 할 선비가 필요하여 현명한 인재를 구하고자 왔다"라고 했습니다. 그 선비는 햇볕을 향해 바람을 쐬고 있으면서 고조의 질문에 하나하나 대답하는 것이 마치 물 흐르듯 하였습니다. 고조가 "이 사람은 참으로 뛰어난 재능을 갖춘 선비이다"라고 했습니다.

*한고조: 본명은 유방(劉邦, BC247 - BC 195), 자는 계(季). 진나라 말 군사를 일으켜 진나라를 멸망시키고 항우와 4년 간 전쟁을 하여 항우를 죽이고 천하를 통일한 후 한(漢)나라를 건국했다. 원래 묘호(廟號)는 태조(太祖)인데 사마천(司馬遷)이 《사기》에서 고조라고 칭한 뒤로 이것이 통칭이 되었다.

부형용추괴, 석중유미옥지장, 지간기미목, 흉금행동, 가지기재학이. 인개일촌, 비위전사지옹.

夫形容醜怪, 石中有美玉之藏, 只看其眉目, 胸襟行動, 可知其才學耳. 印開一寸, 非爲田舍之翁.

무릇 얼굴과 형상이 추하고 괴이하게 생겼다 해도 돌 가운데 아름다운 옥이 숨겨져 있다면 다만 눈과 눈썹, 가슴에 품은 뜻과 행동을 보아 재주와 학문을 알 수 있습니다. 인당이 열려 1촌이 되면 농사를 지으며 늙어갈 사람이 아닙니다.

면기삼관, 필작변정용사, 미분팔자, 가작군관. 고약두원, 당위무장, 견고배후, 필연불시상류, 이모경인, 가이위수위부.

面起三顴, 必作邊庭勇士, 眉分八字, 可作軍官. 庫若斗圓, 當爲武將, 肩高背厚, 必然不是常流, 異貌驚人, 可以爲帥爲傅.

얼굴에서 이마와 양쪽 관골이 솟아 있다면 반드시 변방의 장수를 지낼 용사이며, 눈썹이 八자로 나뉘었으면 군대의 장교가 될 수 있고, 지고가 말(斗)처럼 둥글면 무장을 지내게 됩니다. 어깨가 높고 등이 두터우면 틀림없이 평범한 사람이 아니며, 모습이 기이하여 사람을 놀라게 하면 장수가 되고 군사(軍師)가 됩니다.

위신불충, 재하처간?

爲臣不忠, 在何處看?

신하로서 불충한 사람은 어느 부위를 보면 알 수 있는가?

**대왈, 관고준대, 충직지신. 안함미고, 호탐지배. 안원광정, 가대군왕지난. 수백순홍, 치사음령보국.**

對曰, 顴高準大, 忠直之臣. 眼陷眉高, 好貪之輩. 眼圓光正, 可代君王之難. 鬚白脣紅, 致死陰靈報國.

대왈, 관골이 높고 준두가 큼직하면 충직한 신하입니다. 눈동자가 함몰되고 눈썹이 높으면 탐관오리에 지나지 않습니다. 눈이 둥글고 눈빛이 바르면 군왕의 어려움을 대신할 수 있습니다. 수염이 희고 입술이 붉다면 죽어서도 혼령이 보국하는 신하입니다.

**이용시첨, 일세위인간린. 약요불충불효, 지인수함토편. 면방수정, 진성다충. 면함두함, 간사음독.**

耳聳腮尖, 一世爲人奸吝. 若要不忠不孝, 只因水陷土偏. 面方鬚正, 眞性多忠. 面陷頭陷, 奸邪陰毒.

귀가 높이 솟고 턱이 깎인 듯 뾰족하면 일생 사람됨이 간교하고 인색합니다. 불충과 불효한 사람을 알려면 턱이 함몰되고 코가 옆으로 삐뚤어져 있는 사람입니다. 얼굴이 바르고 수염이 단정하면 진실된 성격에 충성심이 많습니다. 얼굴이 움푹하고 머리가 움푹하면 간사하고 음험하며 독한 사람입니다.

**감라십이, 태공팔십, 일지일조, 하설?**

甘羅十二, 太公八十, 一遲一早, 何說?

감라는 12세에 강태공은 80세에 운을 만났는데, 한 사람은 늦고 한 사람은 빠르게 운을 만난 것은 어떤 까닭인가?

대왈, 차양위전현, 쌍이구유주제구각, 위명주출해. 감라홍여화, 십이도차즉우. 태공백여설, 고주로래방우.

對曰, 此兩位前賢, 雙耳俱有珠齊口角, 爲明珠出海. 甘羅紅如火, 十二到此卽遇. 太公白如雪, 故主老來方遇.

두 분 모두 옛날의 현인으로 두 귀에 구슬(귓불) 있었고 가지런히 입 끝을 향했는데 이것을 명주출해라고 합니다. 감라는 불과 같이 붉었으므로 12세에 운을 만났고 태공은 눈처럼 희었으므로 늙어서야 운을 만난 것입니다.

*감라(甘羅, BC 247-?): 전국 말기 사람으로 진(秦)나라 명장 좌승상을 역임한 감무(甘茂)의 손자로서 12세에 진나라 승상 여불위의 빈객이 되었다. BC 235년 진왕 정(政, 후일 진시황이 됨)은 조(趙)나라를 치려고 하였다. 연(燕)나라 출생으로 진나라에 와있던 채택(蔡澤)을 연나라에 사신으로 파견하여 연나라와 진나라가 합작하여 조나라를 칠 것을 요구하고 연나라 태자 단(丹)을 인질로, 진나라의 대신을 연나라의 재상으로 기용할 것을 요구했다. 여불위는 장당(張唐)을 연나라의 재상으로 보내려고 했으나 장당이 병을 핑계로 거절하므로 매우 불쾌해 하고 있었다. 감라는 이것을 알고 장당을 찾아가 협박과 설득으로 연나라로 떠나도록 했다. 또한 자신이 조나라 왕을 찾아가 진나라와 연나라가 합세하여 조나라를 칠 경우를 설명하고 진나라에 5개의 성(城)을 바쳐 화친할 것을 권유하여 5개 성을 받고, 조나라와 진나라가 연합하여 연나라를 치게 했다.

두 나라가 연합하여 조나라를 쳐 19개 성을 점령한 후 11개 성을 진나라가 차지하게 하여 모두 16개 성을 차지하도록 했다. 진왕은 감라를 상경(上卿)에 봉하고 그 조부의 봉읍을 감라에게 주었다.

*태공(太公, ? -?): 80쪽을 보라.

일세재다록부족, 하설?
**一世財多祿不足, 何說?**

일생 재복은 많은데 관록이 부족한 것은 어째서인가?

대왈, 토성제, 정조정, 규문소, 일생장유여전. 순약박, 색약청, 지호수연도일, 종유만관, 불능의식.
**對曰, 土星齊, 井竈正, 竅門小, 一生長有餘錢. 唇若薄, 色若靑, 只好隨緣度日, 縱有萬貫, 不能衣食.**

대왈, 코가 가지런하고 양쪽 콧방울이 단정하며 콧구멍이 작다면 평생 금전적 여유가 있습니다. 입술이 얇고 푸른 색을 띠면 다만 인연을 따라 지낼 뿐 비록 천만금이 있어도 의식을 해결하기 어렵습니다.

일세록호재불여, 하설?
**一世祿好財不如, 何說?**

일생 관록은 좋은데 재복이 부족한 것은?

대왈, 서운, 욕식귀인록, 수생귀인치, 욕천귀인의, 수생귀인체. 범인순흥운, 상하득배, 일생주식무휴. 약시준로고편, 기득자재유분.
**對曰, 書云, 欲食貴人祿, 須生貴人齒, 欲穿貴人衣,**

須生貴人體．凡人脣紅又潤，上下得配，一生酒食無虧．若是準露庫偏，豈得資財有分．

대왈, 옛글에 '귀인 녹을 먹으려면 반드시 귀인 치아를 타고나야 하며 귀인 옷을 입으려면 반드시 귀인 몸을 타고나야 한다'라고 했습니다. 입술이 붉고 윤택하며 위아래 입술이 균형을 이뤘으면 평생 주식(酒食) 걱정을 하지 않게 됩니다. 그러나 준두의 뼈가 드러나고 지고가 기울었다면 어찌 재물의 여유가 있겠습니까.

짐궁중무방면지비, 짐지면방, 욕득일방면위배, 재무하설?

朕宮中無方面之妃，朕之面方，欲得一方面爲配，再無何說？

짐의 궁중에는 얼굴이 모난 비(妃)가 없지만 짐의 얼굴은 모가 났다. 모난 얼굴을 지닌 여인을 한사람 비로 맞고 싶어도 되지 않는 것은 어떤 까닭인가?

대왈, 부인귀재미목견배, 자재두복유제. 범면방자위호면, 필범살성, 기능입궁위귀인. 범녀형여봉자, 방위대귀. 봉형면원장, 상하배미배이고, 목세수항원장, 미배평, 차내진귀, 종불입궁, 역불실위부인.

對曰，婦人貴在眉目肩背，子在肚腹乳臍．凡面方者爲虎面，必犯殺星，豈能入宮爲貴人．凡女形如鳳者，方爲大貴．鳳形面圓長，上下配眉配已高，目細秀項圓長，眉背平，此乃眞貴，縱不入宮，亦不失爲夫人．

부인의 귀함은 눈썹과 눈·어깨·등에 있으며, 자식에 관한 것은 배와 젖가슴·배꼽에 있습니다. 얼굴이 모난 것을 虎面이라고 하는데 반드시 살성을 지니고 있습니다. 어찌 궁궐에 들어와 귀인이 될 수 있겠습니까. 여인의 형이 봉황과 같아야 크게 귀한 것입니다. 봉황의 형상으로 얼굴이 둥글고 길며 상하 길이가 균등하며 눈썹이 가지런하고 높이 났으며 눈이 가늘고 빼어나며 목이 둥글고 길며, 어깨와 등이 평평하다면 이는 진실로 귀인이니 비록 궁중에 들어오지 않는다 해도 夫人이 되지 않을 수 없습니다.

짐상진교봉, 병무구색, 금래궁내어실우강, 하설?

朕上陣交鋒, 並無懼色, 今來宮內禦室又強, 何說?

짐은 일찍이 진을 치고 적과 교전을 할 때도 결코 두려움이 없었는데 지금은 내실이 더욱 강하니 어찌 된 일인가?

대왈, 인비구내, 표장여불리장. 송태조좌목소우목대, 고구내. 장상서수불어좌, 일생다외부인.

對曰, 人非懼內, 表壯如不裏壯. 宋太祖左目小右目大, 故懼內. 張尙書鬚拂於左, 一生多畏夫人.

사람들이 부인을 두려워하지 않는다는 것은 겉으로는 씩씩해도 안으로는 그렇지 못하기 때문입니다. 송태조는 좌측 눈이 작고 우측 눈이 커서 내실을 두려워했습니다. 장상서는 수염이 먼지를 터는 털이개 처럼 좌측으로 치우쳤으므로 일생 부인을 두려워함이 많았습니다.

*송태조: 송나라를 건국한 조광윤(趙匡胤, 927-976). 5대 10국 시기 후주의 장군으로 세종 병사 후 공제에게 선양받아 즉위

했다. 후주의 후예들을 박해하지 않았으므로 후일 남송의 주자는 그의 덕성을 칭송했다.

성상안피다흑자, 고득현능국모. 차론안피흑자, 수불어좌, 쌍목자웅, 차삼자다구내야.

聖上眼皮多黑子, 故得賢能國母. 此論眼皮黑子, 鬚拂於左, 雙目雌雄, 此三者多懼內也.

성상께서는 눈꺼풀 피부에 검은 점이 많아 현능하신 국모를 얻으신 것입니다. 이 이론에 의하면 눈꺼풀에 검은 점이 있는 사람과 수염이 좌측으로 모여 난 사람, 두 눈의 크기가 다른 사람 등은 부인을 두려워한다는 것입니다.

짐향일총왕공녀, 상타필위후모, 짐금불희타, 하능득위후모?

朕向日寵王公女, 相他必爲后母, 朕今不喜他, 何能得爲后母?

짐이 그전에는 왕공녀를 총애했었다. 그녀를 살피고 반드시 임금의 어미가 된다 했지만 지금 짐이 그녀를 좋아하지 않는데, 어찌 임금의 어미가 될 수 있겠는가?

대왈, 비국모복박, 단성상자성미현, 고차불총. 피생성국후, 명수연장, 약요출득태자, 필정시타. 영락미신, 후삼년복총, 과생태자.

對曰, 非國母福薄, 但聖上子星未現, 故此不寵. 被生成國后, 命壽延長, 若要出得太子, 必定是他. 永樂未信, 後三年復寵, 果生太子.

국모가 될 분은 복이 엷지 않습니다. 다만 성상께 아직

자성이 나타나지 않았으므로 총애하지 않으시는 것이지만 아들을 낳아 국모가 되시면 수명도 연장되실 것입니다. 태자를 낳으실 분은 틀림없이 그분이십니다. 영락황제는 이 말을 믿지 않았으나 3년 후 다시 총애하여 과연 태자가 태어났다.

부인이엄위주, 하이위엄?

## 婦人以嚴爲主, 何以爲嚴?

부인의 상은 엄숙함이 주가 된다는데 어떤 것이 엄숙인가?

대왈, 범부인안장공경위엄, 형체단정위위, 작사주정, 영인일견개유구색, 좌립불편, 어언불범, 관대흉금, 온화안모, 문락불희, 문난불우, 내진중지귀부, 가이수자지봉.

## 對曰, 凡婦人安莊恭敬爲嚴, 形體端正爲威, 作事周正, 令人一見皆有懼色, 坐立不偏, 語言不泛, 寬大胸襟, 溫和顏貌, 聞樂不喜, 聞難不憂, 乃塵中之貴婦, 可以受子之封.

대왈, 부인은 편안한 모습과 공손하고 공경하는 자태가 엄숙입니다. 체형이 단정한 것이 위(威)인데 어떤 일을 할 때 두루 단정하여 사람이 한번 보면 모두 두려운 기색을 띠게 합니다. 앉거나 선 자세가 기울지 않고 말을 함에 들뜨지 않으며 마음이 관대합니다. 온화한 얼굴과 자태이며 즐거운 일을 들어도 기뻐하지 않고 곤란한 일에 처해도 근심하지 않습니다. 이런 부인은 속세의 귀한 부인이므로 자식이 봉작을 받을 수 있습니다.

시운, 체정신단좌립평, 위엄일견세인경, 행장거지흉금대, 양자수당배성명.

詩云, 體正身端坐立平, 威嚴一見世人驚, 行藏擧止胸襟大, 養子須當拜聖明.

시에 이르길 '몸이 바르고 단정하며 앉고 서는 것이 바르고 위엄이 있어, 한번 바라보면 세상 사람들이 두려워하며, 행동이 도를 벗어나지 않고 마음이 넓다면 자식을 길러 반드시 성군의 밝은 은덕을 받게 된다'라고 하였습니다.

선비용면의후천, 영녀주출한래, 차시하설?

選妃用綿衣厚穿, 令女走出汗來, 此是何說?

왕비를 간택할 때 비단옷을 두껍게 입히고 여인들로 하여금 달려 땀이 나도록 하는 것은 무슨 말인가?

대왈, 영녀출한, 내지기체향약하, 범여인체향방득대길.

對曰, 令女出汗, 乃知其體香若何, 凡女人體香方得大吉.

여인에게 땀이 나도록 하는 것은 그 체향이 어떤지를 알기 위해서입니다. 여인의 체향이 향기롭다면 틀림없이 크게 길한 것입니다.

오상서지모극루, 생이자여재동, 시출하상?

吳尙書之母極陋, 生二子如梓童, 是出何相?

# 유장상법정해

오상서의 어미는 지극히 비루한데도 뛰어난 두 아들을 낳은 것은 어떤 상에서 나온 것인가?

대왈, 면수루안약성순약주, 자내제복소재, 하재면목? 필시제후요정체직, 인약견지구유구색.

對曰, 面雖陋眼若星脣若硃, 子乃臍腹所載, 何在面目? 必是臍厚腰正體直, 人若見之俱有懼色.

대왈, 얼굴이 비록 비루해도 눈이 별과 같고 입술이 주사를 바른 듯하면 자식은 배꼽과 배에 실리는 것이니 어찌 얼굴에 있겠습니까. 틀림없이 배꼽이 두텁고 허리가 반듯하고 몸이 곧았을 것으로 사람들이 보고 모두 두려운 기색을 띠었을 것입니다.

범부인위엄자다생귀자, 비면지복, 내오장륙부관굉수려야. (후영악봉위금장부인.) 안수순홍, 당득이국지봉.

凡婦人威嚴者多生貴子, 非面之福, 乃五臟六腑寬宏秀麗也. (後永樂封爲錦腸夫人). 眼秀脣紅, 當得二國之封.

무릇 부인이 위엄이 있으면 귀한 자식을 많이 두니 이는 얼굴의 복이 아니라 오장육부가 넓고 크며 수려하기 때문입니다. 후일 영락제는 오상서의 어미를 금장부인으로 봉했다. 눈이 빼어나고 입술이 붉으면 두 나라에 봉해지게 됩니다.

시운, 면루순주안약성, 위엄심중세인경. 수연미득위군후, 이국포봉배성명.

詩云, 面陋脣硃眼若星, 威嚴深重世人驚. 雖然未得爲君后, 二國褒封拜聖明.

얼굴이 비루해도 입술이 주사를 바른 듯하고 눈이 별과 같으며 위엄이 심중해 세인을 놀라게 하면 비록 군왕이 되지는 못해도 두 나라에 봉해지는 밝은 성은을 입게 된다.

*오상서: 오림(吳琳, ?-1374). 명나라 때의 정치인. 《명사·권138》에 의하면, 호북(湖北) 황강(黃崗)사람으로 명태조 주원장이 무창을 공략할 때 국자감 박사였던 첨동(詹同)의 천거로 국자감 조교(박사 아래 교수)가 되었는데 경학과 학술이 첨동보다 뛰어났다. 홍무 6년(1373) 병부상서가 되었다가 이부상서가 되었다. 다음 해 사직하고 낙향하여 농사를 지으며 여생을 보냈다.

**궁중지녀다불출자, 하야?**
宮中之女多不出子, 何也?

궁중의 여인 중에 자식을 낳지 못하는 사람이 많은 것은 어떤 이유인가?

**대왈, 고인언미녀무견, 장군무항. 견태수이신태약, 요태세이체태경, 범차사자극다, 내비후복지상, 하득유자?**
對ㅂ, 古人言美女無肩, 將軍無項. 肩太垂而身太弱, 腰太細而體太輕, 犯此四者極多, 乃非厚福之相, 何得有子?

대왈, 옛사람의 말씀에 '아름다운 여인은 어깨가 없고 장군은 목이 없다'라고 하였습니다. 어깨가 매우 낮고, 몸이 약하며, 허리가 가늘고, 몸이 너무 가벼운 것, 이 네 가지에 해당하는 이들이 지극히 많습니다. 이런 사람들은 복이 두터운 상이 아닌데 어찌 자식을 둘 수 있겠습니까.

여인다귀중생천, 천중생귀, 하설? 인언여인무상, 우하설?

**女人多貴中生賤, 賤中生貴, 何說? 人言女人無相, 又何說?**

여인이 매우 귀한데 천한 자식을 낳는 사람이 있고 천한 여인이 귀한 자식을 낳은 수도 있는 것은 어찌된 일인가, 사람들이 '여인에겐 상법이 없다'라고 말하기도 하는데 어찌된 말인가?

대왈, 범여상여남상동, 여기무상? 두첨발소, 필시천인지녀, 면원목정, 가배양인지처.

**對曰, 凡女相與男相同, 女豈無相? 頭尖髮少, 必是賤人之女, 面圓目正, 可配良人之妻.**

무릇 여상과 남상은 같은 것인데 여인에게 어찌 상이 없겠습니까? 머리가 뾰족하고 머리카락이 적으면 반드시 천한 사람의 딸입니다. 얼굴이 둥글고 눈이 바르면 훌륭한 남자의 처가 될 수 있습니다.

혈족기화, 가생호자, 토정관평, 가추가업, 체정면정, 목수순홍, 재득견원, 가허대귀.

**血足氣和, 可生好子, 土正顴平, 可推家業, 體正面正, 目秀脣紅, 再得肩圓, 可許大貴.**

혈기가 족하고 온화한 기운을 지니면 훌륭한 자식을 낳게 되며, 코가 바르고 관골이 평평하면 가업을 넓힐 수 있습니다. 몸이 바르고 얼굴이 바르며 눈의 격이 빼어나고 입술이 붉으며 이에 어깨가 둥글다면 대귀할 수 있습니다.

**범부실지녀, 두평액활. 목약유성. 순박신경, 모미창삭, 치백육광, 내천부야.**

凡富室之女, 頭平額闊. 目若流星. 脣薄身輕, 貌美倉削, 齒白肉光, 乃賤婦也.

무릇 부잣집 여인은 머리가 평평하고 이마가 넓으며 눈이 마치 유성처럼 총명합니다. 그러나 입술이 얄팍하고 몸이 가벼우며 모습이 아름답고 이마 양쪽 천창이 깎였으며 이가 희고 살이 빛나면 천한 부인입니다.

**여간혈기, 출어하처?**

女看血氣, 出於何處?

여인은 혈기를 보는데 어느 부위에 나타나는가?

**대왈, 범여인이혈위주, 피내혈지처, 혈내피지본, 간피가지혈지쇠왕의. 피혈명즉윤, 피혈홍즉고, 피혈황즉탁.**

對曰, 凡女人以血爲主, 皮乃血之處, 血乃皮之本, 看皮可知血之衰旺矣. 皮血明則潤, 皮血紅則枯, 皮血黃則濁.

여인은 혈이 위주가 되며 피부는 혈이 나타나는 것이므로 혈은 피부의 근본입니다. 피부를 보면 혈의 쇠약함과 왕성함을 알 수 있습니다. 피부와 혈이 밝다면 윤택한 것이지만 피부와 혈이 붉으면 마른 것이며 누렇다면 탁한 것입니다.

**피혈적즉쇠, 피혈백즉체. 범탁즉천, 쇠즉음, 체즉요, 고차혈의선명, 표리명윤, 즉위귀의.**

**皮血赤則衰, 皮血白則滯. 凡濁則賤, 衰則淫, 滯則夭, 故此血宜鮮明, 表裏明潤, 則爲貴矣.**

피부와 혈이 적색이라면 쇠한 것이며 피부와 혈이 백색이라면 체한 것입니다. 탁하면 천하고 쇠하면 음란하며 체하면 요절하는 것입니다. 그러므로 이처럼 혈색은 선명해야 좋으며 겉과 속 모두 밝고 윤택해야 귀한 것입니다.

**득처발복자, 하설?**

**得妻發福者, 何說?**

처를 얻으면 발복하는 사람은 어떻게 된 것인가?

**대왈, 서언간문여경, 인처치부성가. 비준풍륭, 초처다능현덕. 득처발복자, 준두어미명윤, 다득처재, 인당자기여잠.**

**對曰, 書言奸門如鏡, 因妻致富成家. 鼻準豐隆, 招妻多能賢德. 得妻發福者, 準頭魚尾明潤, 多得妻財, 印堂紫氣如蠶.**

대왈, 책에 '간문이 거울과 같은 사람은 처로 인해 부유해지고 집안을 일으킨다. 코의 준두가 풍륭하면 재능이 많고 현명한 덕성을 지닌 처를 만난다. 처를 얻은 후 발복하는 사람은 준두와 어미가 밝고 윤택하다. 처를 얻어 재물이 넉넉한 것은 인당의 자색 기운이 실과 같다'라고 하였습니다.

우운, 조두소백, 처첩현능. 우운, 녀인인윤미청, 출가왕부익자. 면평순자, 생성복록도도. 차설비유남상, 이능인처치부, 역인녀상왕부, 방위량합.

又云, 竈頭小白, 妻妾賢能. 又云, 女人印潤眉清, 出嫁旺夫益子. 面平脣紫, 生成福祿滔滔. 此說非惟男相, 而能因妻致富, 亦因女相旺夫, 方爲兩合.

또한 '난대 정위에 흰빛이 감돌면 처첩이 현명하고 재능이 있다'라고 하였으며 '여인의 인당이 윤택하고 눈썹이 맑으면 결혼하여 남편의 운을 왕성하게 하고 자식에게 이롭다. 얼굴이 평만하고 입술이 자색을 띠면 복록이 끊이지 않는다'라고 하였습니다. 이것은 남자의 상만을 얘기한 것이 아닙니다. 처로 인해 부가 이를 수 있어야 또한 남편을 왕성하게 하는 상을 지닌 여자를 만나 비로소 양측이 합하게 되는 것입니다.

득처재이반궁고, 하설?

得妻財而反窮苦, 何說?

처와 재물을 얻었으나 오히려 궁핍하고 곤란하게 되는 것은 무슨 이유인가?

대왈, 초처파재, 지인주조양공허. 취부파가, 다위간문용일지, 함야.

對曰, 招妻破財, 只因廚竈兩空虛. 娶婦破家, 多爲奸

**門容一指, 陷也.**

처를 얻은 후 파재하는 것은 다만 두 콧구멍이 공허하기 때문입니다. 처를 얻어 가정이 깨어지는 것은 간문에 손가락 하나가 들어갈 만큼 함몰되었기 때문입니다.

형국약오, 초처지후망가. 어미다문, 일세궁고도로, 골다육락, 일생장득현처.

**形局若惡, 招妻之後亡家. 魚尾多紋, 一世窮苦到老, 骨多肉落, 一生長得賢妻.**

형국이 나쁘면 처를 얻은 후 가정이 망하며, 어미에 주름이 많으면 일생 곤궁하게 됩니다. 몸에 뼈가 많고 살이 빠지면 일생 현명한 처를 얻는 것과는 거리가 멉니다.

여약비저, 출가부가대패. 남생반점, 초처상명망가, 비토형야.

**女若鼻低, 出嫁夫家大敗. 男生斑點, 招妻喪命亡家, 鼻土形也.**

여인의 코가 몹시 낮으면 출가한 후에 남편의 가문이 대패하게 되며 남자의 얼굴에 반점이 생기면 처를 얻은 후 목숨을 잃고 집안이 망하게 되니 코는 토형이기 때문입니다.

남약해사, 여불범형, 가득보기성명. 우운, 물지부제, 물지정야, 신수유지, 단명남아, 자유방부지처, 여상불량, 자유극부지상.

**男若該死, 女不犯刑, 可得保其性命. 又云, 物之不齊, 物之情也, 信須有之, 短命男兒, 自有防夫之妻,**

女相不良, 自有克夫之相.

남자가 죽을 때가 되었지만 여인이 남편을 형상할 얼굴이 아니라면 그 수명을 보전할 수 있습니다. 또한 이르기를 '만물이 같지 않음이 만물의 성정이다'라고 하였으므로 반드시 그러한 것이 있음을 믿을 수 있습니다. 단명하는 남아에게는 자연히 남편을 해롭게 하는 처가 있으며, 여인의 상이 좋지 못하면 자연히 극부하는 상이 있는 것입니다.

서운, 비약량저신기소, 정유형부지부. 우운, 신소량저, 기능장수. 관고액광, 구여취화, 필초단수지부. 우운, 관고액광, 필정형부.

書云, 鼻若梁低神氣小, 定有刑夫之婦. 又云, 神少梁低, 豈能長壽. 顴高額廣, 口如吹火, 必招短壽之夫. 又云, 顴高額廣, 必定刑夫.

옛글에 이르기를 '비량이 낮고 신기가 작으면 반드시 남편을 형상하는 부인이다'라고 하였고 또한 이르기를 '신기가 작고 비량이 낮으면 어찌 오래 살 수 있으리오. 관골이 높고 이마가 넓으며 입이 불을 부는 듯 하면 반드시 단명하는 남편을 만난다'라고 하였으며, 또한 이르기를 '관골이 높고 이마가 넓으면 반드시 남편을 형상한다'라고 하였습니다.

여인왕부패부, 가유차설?

女人旺夫敗夫, 可有此說?

## 유장상법정해

여인이 남편을 성공하게 하거나 실패하게 한다는 말이 있을 수 있는가?

대왈, 왕부지녀, 배후견원. 극부지처, 관고비소. 범여상수부위십이궁오관륙부삼정, 지취사건위용. 액위부모, 비위부성, 구위자성, 안내귀천. 범관녀상, 선간비준위부성. 약요수성, 자귀환수순배, 다문자식성명, 필정안여봉목, 왕부기창, 환수일면무휴.

對曰, 旺夫之女, 背厚肩圓. 克夫之妻, 顴高鼻小. 凡女相雖部位十二宮五官六府三停, 只取四件爲用. 額爲父母, 鼻爲夫星, 口爲子星, 眼乃貴賤. 凡觀女相, 先看鼻準爲夫星. 若要收成, 子貴還須脣配, 多紋子息成名, 必定眼如鳳目, 旺夫起創, 還須一面無虧.

대왈, 남편을 성공시키는 여인은 등이 두텁고 어깨가 둥글지만, 남편을 극하는 처는 관골이 높고 코가 작습니다. 무릇 여상에 비록 12궁과 5관 6부 3정의 부위가 있지만 다만 4가지를 취하여 씁니다. 이마는 부모가 되고 코는 남편성이며 입은 자식성이며 눈은 귀천이 됩니다. 여인의 상을 보려면 우선 코와 준두를 남편성으로 봅니다. 성공을 거두기를 원한다면, 자식이 귀하려면 또한 반드시 입술이 균형을 이루어야 하며 입술에 주름이 많으면 자식이 이름을 날리게 됩니다. 눈이 봉황의 눈과 같으면 남편을 성공시켜 창업하지만, 또한 얼굴에 이지러진 부분이 없어야 합니다.

육삭삼첨, 기득흥가립사. 면여영옥, 하수불산기린. 흥가지부, 정시삼정득배, 향복지인, 필연액정미청. 기유준원상부. 나견궁취귀인. 요배귀부, 신향

**체정.**

六削三尖, 豈得興家立事. 面如瑩玉, 何愁不產麒麟. 興家之婦, 定是三停得配, 享福之人, 必然額正眉清. 豈有準圓孀婦. 那見弓嘴貴人. 要配貴夫, 身香體正.

6삭 3첨이면 어찌 가업을 일으키고 일을 이루겠습니까. 얼굴이 옥처럼 밝으면 어찌 기린처럼 귀한 자식을 낳지 못함을 근심하겠습니까. 가업을 일으키는 부인은 얼굴의 삼정이 균등하며 복을 누리는 여인은 반드시 이마가 바르고 눈썹이 청수합니다. 어찌 준두가 둥근 과부가 있으며, 어디에서 입 모양이 활을 당긴 듯 하고 입 끝이 뾰족한 귀인을 볼 수 있습니까. 귀한 남편의 배필이 되려면 체취가 향기롭고 몸이 반듯해야 합니다.

**다음다란, 면반비소, 신경각중, 다위시첩. 체동두요, 병풍지후군채. 진일규문정숙, 면원엄중, 신강권탈, 부서경영.**

多淫多亂, 面班鼻小, 身輕脚重, 多爲侍妾. 體動頭搖, 屛風之後裙釵. 鎭日閨門整肅, 面圓嚴重, 神强權奪, 夫婿經營.

음란하고 산란한 여인은 얼굴에 점이 많고 코가 작습니다. 몸이 경박한데 발걸음이 무거우면 시첩이 되는 수가 많고 몸을 움직이고 머리를 흔들면 병풍 뒤에서 치마와 비녀를 풀게 됩니다. 평소 가정을 잘 지키는 정숙한 여인은 얼굴이 둥글고 엄중합니다. 눈빛이 강하면 권한을 빼앗으니 남편을 좌지우지하게 됩니다.

안대정고비정, 총시왕부지녀. 토정신청, 발복지인. 혈리광채, 안중장수, 필산가아. 면대무시, 휴언복덕. 육백여설, 하천다음.

眼大睛高鼻正, 總是旺夫之女. 土正神淸, 發福之人. 血利光彩, 眼中藏秀, 必産佳兒. 面大無腮, 休言福德. 肉白如雪, 下賤多淫.

눈이 크고 눈동자가 고상하며 코가 바르면 남편을 성공하게 할 여인입니다. 코가 바르고 신기가 맑다면 발복할 사람입니다. 혈색이 좋고 광채가 아름다우며 눈에 빼어난 기운을 감추고 있다면 반드시 뛰어난 자식을 낳게 됩니다. 얼굴이 크고 시골이 없으면 복덕을 말할 수 없습니다. 살결 희기가 눈과 같으면 하천하고 매우 음란한 여인이며,

육연여면, 일생음천. 정원액삭피다활, 불위창기작니고. 순백취첨발우황, 불시매파위시첩. 준원혈윤, 필주흥가. 준소량저, 출가파패.

肉軟如綿, 一生淫賤. 睛圓額削皮多滑, 不爲娼妓作尼姑. 脣白嘴尖髮又黃, 不是媒婆爲侍妾. 準圓血潤, 必主興家. 準小梁低, 出嫁破敗.

살 부드럽기가 솜과 같으면 일생 음란하고 천한 여인입니다. 눈동자가 동그랗고 이마가 깎였으며 피부가 미끌미끌하다면 창기가 되지 않으려거든 출가하여 여승이 되어야 합니다. 입술이 희고 입 끝이 뽀족하며 머리털 또한 누렇다면 매파가 아니면 시첩이 됩니다. 준두가 둥글고 혈색이 윤택하면 반드시 가도를 일으킵니다. 준두가 작고 비

량이 낮으면 출가하여 가정을 파하고 실패하게 됩니다.

**부인면대살성, 상부극자, 부지하여시살?**
婦人面戴殺星, 傷夫克子, 不知何如是殺?

부인의 얼굴에 살성이 있다면 남편을 여의고 자식을 극한다는데 어떤 것이 살성인지 알 수가 없는데?

**대왈, 여인상유칠살, 차내동빈소전, 누누유험.**
對曰, 女人相有七殺, 此乃洞賓所傳, 屢屢有驗.

여인의 상에 일곱 가지 살이 있는데 여동빈(呂洞賓)으로부터 전해진 것으로 오랜 경험에 의하면 대단히 영험이 있습니다.

**미부황정위일살. 면대구소위이살.**
美婦黃睛爲一殺. 面大口小爲二殺.

아름다운 부인의 누런 동자가 1살이며, 얼굴이 크고 입이 작은 것이 2살입니다.

**비상생문위삼살. 이반무륜위사살.**
鼻上生紋爲三殺. 耳反無輪爲四殺.

코에 주름이 있는 것이 3살이며, 귀가 뒤집히고 귓바퀴가 없는 것이 4살입니다.

**극미면여은색위오살. 발흑무미위육살.**
極美面如銀色爲五殺. 髮黑無眉爲六殺.

지극히 아름다운데 얼굴이 은색이면 5살이며, 머리카락이 검은데 눈썹이 없는 것이 6살입니다.

정대미조위칠살. 여오관구호, 일면무휴, 범차역주형부.
**睛大眉粗爲七殺. 如五官俱好, 一面無虧, 犯此亦主刑夫.**

눈동자가 크고 눈썹이 거친 것이 7살입니다. 오관이 모두 좋고 얼굴에 잘못됨이 없어도 위에 해당하면 남편을 형상합니다.

시운, 색약도화면여은, 수지미상반생진, 형부해자무성일, 지호화가류항행.
**詩云, 色若桃花面如銀, 誰知美相反生嗔, 刑夫害子無成日, 只好花街柳巷行.**

시에 이르길 '얼굴색이 복숭아꽃 같거나 은빛이라면 누가 알리오. 아름다운 모습이 오히려 성을 낸 것이니 남편과 자식을 해롭게 하여 하루도 편안할 날이 없으니 다만 꽃 파는 거리 버드나무 골목(화류계)으로 갈 수밖에 없으리라'라고 하였습니다.

*여동빈(796 - ?): 당나라 시기 인물이며 본명 여암(呂巖), 자가 동빈(洞賓)이었으므로 여동빈으로 전한다. 도가의 도호(道號)는 순양자(純陽子)이며 825년 진사가 되고 관리가 되었으나 관직에 염증을 느껴 사직하고 산림에 은거하였다. 장안을 주류하던 중 정양진인(正陽眞人) 종리권(鍾離權)을 만나 10가지 시험을 거친 후 종리권으로부터 금단(金丹)의 도법을 전수받고 중국 도가 8신선 가운데 한사람이 되었다. 《송사·진단전》에 '백여

세였으나 얼굴이 아이 같고 발걸음이 빨라 잠깐 수 백리를 갔으므로 세상에서 신선이라고 하였다'라고 했다. 《송사·예문지·신선류》에 《구진옥서(九眞玉書)》 1권과 《전당시(全唐詩)》에 〈직지대단가(直指大丹歌)〉 등 4권 2백여 수의 시가 전한다.

부상궁, 처상당, 부지가능신영, 처상불여부상귀, 부지가능득배?

**夫相窮, 妻相當, 不知可能身榮, 妻相不如夫相貴, 不知可能得配?**

남편의 상은 궁핍한데 처의 상은 좋다면 몸에 영화가 이를 수 있을지도 모르지 않는가. 처의 상이 남편의 귀한 상에 미치지 못하지만, 배필이 될 수 있을지도 모르지 않는가?

대왈, 서운, 부종처귀, 처종부귀, 차일리야. 여부불여처상부, 가뢰전신. 상언도, 일가지복재어일인, 소이세인택부자다, 택처자갱다. 부수내선천생정, 이부귀실유가이탁뢰지리의.

**對曰, 書云, 夫從妻貴, 妻從夫貴, 此一理也. 如夫不如妻相富, 可賴全身. 常言道, 一家之福在於一人, 所以世人擇夫者多, 擇妻者更多. 夫壽乃先天生定, 而富貴實有可以托賴之理矣.**

대왈, 글에 '남편이 처의 귀함을 따르고 처가 남편의 귀함을 따른다'라고 한 것이 이 이치입니다. 남편이 처의 부한 상에 미치지 못하더라도 처의 혜택을 입을 수가 있습니다. 속담에 이르기를 '한 집안의 복은 한 사람에게 있다'라고 하므로 세상 사람들이 좋은 남편감을 구하려는 자가 많고, 좋은 처를 구하는 자는 더욱 많은 것입니다. 무릇 수명은 태어날 때 하늘이 정한 것이지만 부귀는 실로 의탁하여 이룰 수 있는 것이 이치입니다.

**범소아골격미성, 가간득귀천부?**
## 凡小兒骨格未成, 可看得貴賤否?

소아는 골격이 아직 성장하지 않았는데 보아서 귀천을 알 수 있는가?

**대왈, 골격미성, 오관륙부삼정이정, 환간성음여신위주. 성음향량, 모온화, 성가지자. 오관구정, 안여성, 대귀지아. 피육관후, 유복유수.**
## 對曰, 骨格未成, 五官六府三停已定, 還看聲音與神爲主. 聲音響喨, 貌溫和, 成家之子. 五官俱正, 眼如星, 大貴之兒. 皮肉寬厚, 有福有壽.

대왈, 골격이 성장하지 않았지만 오관·육부·삼정은 이미 정해져 있습니다. 또한 음성을 보고 신기를 위주로 합니다. 음성의 울림이 낭랑하고 모습이 온화하면 가업을 이룰 자식입니다. 오관이 모두 바르고 눈이 별 같으면 대귀할 아이입니다. 피부와 살집이 관대하고 두터우면 복과 장수를 누리게 됩니다.

**피급피부, 차빈차요. 성청음향, 다리쌍친. 성축기조, 난언유수. 미고이정, 필시총준지아. 미저이저, 다시위승위도. 수부지복, 액광인관. 견성가업, 비주량고.**
## 皮急皮浮, 且貧且夭. 聲清音響, 多利雙親. 聲齆氣

粗, 難言有壽. 眉高耳正, 必是聰俊之兒. 眉低耳低, 多是爲僧爲道. 受父之福, 額廣印寬. 見成家業, 鼻柱梁高.

피부가 급하거나 들뜨면 가난하고 수명도 짧습니다. 음성이 맑고 울림이 있으면 부모에게 이익이 많습니다. 음성이 위축되고 기가 거칠면 장수한다고 말하기 어렵습니다. 눈썹이 높고 귀가 바르면 반드시 총명하고 뛰어난 아이입니다. 눈썹이 낮고 귀가 낮으면 대부분 승려나 도관이 됩니다. 아비가 복을 받게 될 아이는 이마가 넓고 인당이 관대합니다. 가업을 번성케 할 아이는 비량이 높습니다.

서운, 미고이후아다복, 액광시원귀필의. 대개미십세의신경체정, 기족신장방언성기.

書云, 眉高耳厚兒多福, 額廣腮圓貴必宜. 大概未十歲宜身輕體正, 氣足神壯方言成器.

옛글에 '눈썹이 높고 귀가 두터운 아이는 복이 많고 이마가 넓고 턱이 둥글면 귀해서 반드시 좋다'라고 했습니다. 대개 10세 이전에는 몸이 가볍고 바르며 기가 넉넉하고 신이 왕성하다면 큰 그릇이라고 말할 수 있습니다.

여삭여박여편, 구시불성지격. 두원자, 결무단수. 구활자, 필불빈한. 피후자, 환수유수.

如削如薄如偏, 俱是不成之格. 頭圓者, 決無短壽. 口闊者, 必不貧寒. 皮厚者, 還須有壽.

깎인 듯하고 얇으며 기울었다면 이것은 모두 성공할 수 없는 격입니다. 머리가 둥근 사람은 결코 수명이 짧은 사람이 없고, 입이 넓은 사람은 반드시 빈한한 사람이 없으며, 피부가 두터우면 또한 반드시 장수합니다.

골약자, 부득안락. 천정삭이륜암, 소년다곤. 산근함라계저, 난수가재. 이약반미약저, 불수문독. 이약정정약청, 가언공명. 성약파색약암, 파재지자. 성약청색약명, 흥왕지인.

骨弱者, 不得安樂. 天停削耳輪暗, 少年多困. 山根陷羅計低, 難守家財. 耳若反眉若低, 不須問讀. 耳若正睛若淸, 可言功名. 聲若破色若暗, 破財之子. 聲若淸色若明, 興旺之人.

뼈가 약한 사람은 안락을 누릴 수 없으며 천정이 깎이고 귓바퀴가 어두우면 소년 시기부터 곤란함이 많습니다. 산근이 함몰되고 두 눈썹이 낮으면 가업과 재산을 지키기 어려우며, 귀가 뒤집히고 눈썹이 낮으면 학문을 물을 수 없습니다. 귀가 바르고 눈동자가 맑으면 공명을 논할 만하지만, 음성이 깨어지고 기색이 어두우면 재산을 파할 자식입니다. 음성이 맑고 기색이 밝으면 크게 성공할 사람입니다.

범서민생하소해, 기부견자득작자하설, 막비시소아지복호?

凡庶民生下小孩, 其父見子得爵者何說, 莫非是小兒之福乎?

무릇 서민이 아이를 낳아서 그 아비가 자식이 작위를 얻는 것을 보는 것은 어떤 이유인가. 그것은 그 아이의 복이 아닌가?

**대왈, 범소해생하, 서향만실, 필주대귀. 서운, 생하신향, 정주부작신후영, 석유아두, 송태조생하, 구이향백일.**

對曰, 凡小孩生下, 瑞香滿室, 必主大貴. 書云, 生下身香, 定主父爵身後榮, 昔劉阿斗, 宋太祖生下, 俱異香百日.

대왈, 무릇 아이가 태어났을 때 상서로운 향기가 방안에 가득하면 반드시 대귀하게 되는 것입니다. 옛글에 이르기를 '태어났을 때 몸에 향기가 나면 반드시 아비가 작위를 받고 영화를 누린다'라고 하였습니다. 옛날 유아두와 송태조가 태어났을 때 모두 기이한 향기가 백일 간이나 지속되었습니다.

*유아두: 촉한(蜀漢)의 황제 유비의 아들 유선.

**부상기가자상패, 가득파가부?**

父相起家子相敗, 可得破家否?

아비는 집안을 일으키는 상이고 자식은 실패하는 상을 지녔다면 파가하게 되는가 아닌가?

**대왈, 욕지모년파패, 수관지각두피, 요지자식영화, 환간유두제복. 차수건가정로운의.**

對曰, 欲知暮年破敗, 須觀地閣頭皮, 要知子息榮華, 還看乳頭臍腹. 此數件可定老運矣.

대왈, 말년의 파가와 실패를 알고자 하면 반드시 지각과 두피를 살피고, 자식으로 인해 영화를 누리게 될지 알려면 또한 유두와 배꼽·배를 보는데 이 몇 가지로 노년의 운을 알 수 있습니다.

지각삭함, 두피고간, 노경난언자효. 유조하, 두피박, 제약천, 노년정유파패지아.

地閣削陷, 頭皮枯幹, 老景難言子孝. 乳朝下, 肚皮薄, 臍若淺, 老年定有破敗之兒.

지각이 깎이고 움푹하며, 두피가 말라 건조하면 노년에 이르러 자식의 효도를 논하기 어렵습니다. 유두가 아래로 처져 있고 뱃가죽이 얇으며 배꼽이 얕다면 노년에 파패하게 될 아이입니다.

약일면상호, 독차수건불여, 수득과일, 자시소핍, 신망지후, 자필패의. 차언부상로운불여야.

若一面相好, 獨此數件不如, 雖得過日, 自是消乏, 身亡之後, 子必敗矣. 此言父相老運不如也.

전체적으로 얼굴에 좋은 상을 지녔다 해도 몇 가지가 이와 같지 않으면 날이 지난 후 자연히 사그라지고 궁핍해져 자신이 죽고 난 후 자식이 반드시 실패하게 됩니다. 이것은 아비의 상에서 노년의 운이 그만 못하기 때문입니다.

범인수자지봉, 하설?

凡人受子之封, 何說?

자식으로 인해 작위에 봉해진다는 것은 무슨 말인가?

**대왈, 유두원경이여상, 당수자작. 항피관후, 와잠고, 자립조강. 우운, 요생귀자, 환수침골쌍봉, 욕산준수, 환간제심복수.**

對曰, 乳頭圓硬耳如霜, 當受子爵. 項皮寬厚, 臥蠶高, 子立朝綱. 又云, 要生貴子, 還須枕骨雙峰, 欲産俊秀, 還看臍深腹垂.

유두가 둥글고 단단하며 귀가 서리처럼 희고 빛나는 사람은 자식의 작위를 받게 되며 목의 피부가 넓고 두터우며 와잠이 높은 사람은 자식이 조정에 서서 높은 벼슬을 하게 됩니다. 또한 귀한 자식을 얻으려면 침골이 쌍봉을 이뤄야 하고, 준수한 자식을 얻고자 하면 또한 배꼽이 깊고 배가 아래로 늘어지 듯해야 합니다.

**노래봉증, 수관배후요풍. 식자천은, 정시피화혈윤. 관봉군불독일처, 차수자구허고영.**

老來封贈, 須觀背厚腰豐. 食子天恩, 定是皮和血潤. 觀封君不獨一處, 此數者俱許誥榮.

늙어서 작위에 봉해지려면 반드시 등의 살집이 두텁고 허리가 풍만한가를 살펴야 하며, 자식이 천은을 먹는 것은 반드시 피부가 온화하고 혈이 윤택하기 때문입니다. 君에 봉해지는 것은 한군데만 보는 것이 아니라 이 여러 가지를 모두 갖추어야 영화를 받게 됩니다.

**서운, 항관피후혈광명, 복후제심요배평, 은은와잠순약자, 지운조천부자봉.**

書云, 項寬皮厚血光明, 腹厚臍深腰背平, 隱隱臥蠶屑若紫, 地潤朝天父子封.

옛글에 '목이 넓고 피부가 두텁고 혈기가 밝은 빛을 띠고 배가 두텁고 배꼽이 깊으며 허리와 등이 평평하고 와잠이 은은하며 입술이 붉어 자색을 띠고 지각이 윤택하며 천정을 향해 있다면 부자가 모두 높은 작위에 봉해진다'라고 했습니다.

부상불여자상부, 부지가능흥가?
父相不如子相富, 不知可能興家?

아비의 상이 자식의 부한 상만 못하다면 가세가 흥성할 수 있을지 모르지 않는가?

대왈, 약득말년가성, 자유성가지자, 약일면격국불여, 독와잠로윤, 유두고, 말년가립성가지자.
對曰, 若得末年家成, 自有成家之子, 若一面格局不如, 獨臥蠶老潤, 乳頭高, 末年可立成家之子.

말년에 가문을 이루는 것은 자연히 집안을 일으키는 자식이 있기 때문입니다. 얼굴의 격국이 그만 못해도 와잠이 나이 들수록 윤택해지고 유두가 높다면 말년에 자식이 가업을 일으킬 수 있습니다.

변지풍륭하해궁, 말년필유성립지남. 우운, 인당광, 쌍미성채, 흥가조국지인.
邊地豊隆下頦弓, 末年必有成立之男. 又云, 印堂廣, 雙眉成彩, 興家助國之人.

변지가 풍륭하고 아래턱이 마치 활을 당겨놓은 듯하면 말년에 성공해 가문을 세울 사나이입니다. 또한 인당이 넓고 양 눈썹이 아름다워 고운 빛을 띠고 있다면 가문을 일으키고 국가에 도움이 될 사람입니다.

사고풍, 이륜정, 영공현부지남. 탁립흥가, 필시두원액광. 자래발적, 개인토후관고.

四庫豐, 耳輪正, 榮公顯父之男. 卓立興家, 必是頭圓額廣. 自來發積, 皆因土厚顴高.

사고가 풍륭하고 귓바퀴가 단정하다면 공의 벼슬에 이르러 영화가 아비에게까지 이르게 될 아들입니다. 크게 성공하여 가세를 흥성하게 할 사람은 반드시 머리가 둥글고 이마가 넓습니다. 절로 복이 오고 재물이 크게 쌓이는 사람은 모두 코가 두툼하고 관골이 높습니다.

유견자상부, 유견자상처자, 하설?

有見子傷夫, 有見子傷妻者, 何說?

자식을 보면 남편을 잃거나 처를 잃는 것은 어째서 그러한가?

대왈, 서운, 견자상처, 어미문통천고, 아성처상. 간문소견유황광, 문통천고, 주견자형처. 간문문생주극처, 유황광주유호자.

對曰, 書云, 見子傷妻, 魚尾紋通天庫, 兒成妻喪. 奸門所見有黃光, 紋通天庫, 主見子刑妻. 奸門紋生主克妻, 有黃光主有好子.

대왈, 글에 이르길 '자식을 보고 처를 잃는 것은 어미의 문양이 천창과 지고로 이어졌기 때문이며 아이가 자라면서 처를 잃는 것은 간문에 누른빛이 있기 때문이다. 주름이 천창과 지고로 이어지면 자식을 보면 처를 형상한다'라고 했습니다. 간문의 문양이 생기면 처를 극하게 됩니다. 그러나 황색의 광채가 있으면 좋은 자식을 두게 됩니다.

서운, 견자상처관고, 정함인당평, 부자수절, 비약량저순사화.

書云, 見子傷妻顴高, 睛陷印堂平, 扶子守節, 鼻弱梁低脣似火.

글에 이르길 '자식을 보고 처를 잃는 것은 관골이 높고 눈동자가 깊고 인당이 평평하기 때문이며, 자식을 의지하고 수절하는 것은 코가 약하고 비량이 낮으며 입술이 불과 같기 때문이다'라고 했습니다.

범부인관고안요기불상부, 인당평자주유자. 비내부성, 일함정형. 순홍필주유자. 우운, 부인정적, 견자형부, 남자정황, 형처극자. 우운, 극처생자와잠혈윤, 어미청, 극자존처, 간문명윤, 와잠약.

凡婦人顴高眼凹豈不傷夫, 印堂平者主有子. 鼻乃夫星, 一陷定刑. 脣紅必主有子. 又云, 婦人睛赤, 見子刑夫, 男子睛黃, 刑妻克子. 又云, 克妻生子臥蠶血潤, 魚尾青. 克子存妻, 奸門明潤, 臥蠶弱.

무릇 부인의 관골이 높고 눈이 오목하다면 어찌 남편을 잃지 않겠습니까. 그러나 인당이 평평한 사람은 자식을 두게 됩니다. 코는 남편의 자리이니 함몰되었다면 남편을 형상합니다. 입술이 붉으면 반드시 자식을 두게 됩니다. 또한 부인의 눈동자가 붉으면 자식을 보면 남편을 잃게 되며, 남자 눈동자가 황색이면 처를 형상하고 자식을 극하게 됩니다. 또한 처를 극하고 자식을 낳는 것은 와잠의 혈색이 윤택하고 어미가 푸르기 때문이며, 자식을 극하고 처가 있는 것은 간문이 밝고 윤택하며 와잠이 약하기 때문입니다.

**출태상부, 우주형낭, 하설?**

## 出胎傷父, 又主刑娘, 何說?

태에서 나오며 아비를 잃거나 또는 어미를 형상하는 것은 어째서인가?

**대왈, 소아발저필상부, 일월선라정상모. 우운, 한모생각유실쌍친, 미모라선필주형모. 형부자, 두편액삭, 방모자, 안함미교. 태모황, 공방난양, 태모흑, 공유형상.**

## 對曰, 小兒髮低必傷父, 日月旋螺定傷母. 又云, 寒毛生角幼失雙親, 眉毛螺旋必主刑母. 刑父者, 頭偏額削, 妨母者, 眼陷眉交. 胎毛黃, 恐防難養, 胎毛黑, 恐有刑傷.

대왈, 어린아이의 발제가 낮으면 반드시 아비를 잃게 되며 일월각이 소라처럼 말렸으면 어미를 잃게 됩니다. 또한 한모가 일월각에 나면 어려서 양친을 잃게 되고 눈썹이 소라처럼 말렸으면 반드시 어미를 형상합니다. 아비를 형상하는 사람은 머리통이 기울고 이마가 깎였으며, 어미가 해로울 사람은 눈이 깊고 두 눈썹이 서로 맞닿아 있습니다. 태어날 때부터 노란 털이 있는 아이는 기르기 어려울까 두렵고 태어날 때부터 검은 머리털을 가지고 있으면 형상이 있을까 두렵습니다.

시운, 액삭두편일월수, 우형부모우재위, 미교안함산근단, 내시인간파패아.
詩云, 額削頭偏日月垂, 又刑父母又災危, 眉交眼陷山根斷, 乃是人間破敗兒.

시에 이르길 '이마가 깎인 듯하고 머리통이 기울며 두 눈이 아래로 늘어졌으면 또한 부모를 형상하고 또한 재액이 있다. 눈썹이 맞닿고 눈이 깊고 산근이 끊겼으면 이는 인륜을 파하고 실패할 사람이다'라고 했습니다.

인노래와잠저, 유조하, 부득자, 반주로궁, 하설?
人老來臥蠶低, 乳朝下, 不得子, 反主老窮, 何說?

사람이 나이 들면서 와잠이 가라앉고 유두가 아래로 늘어지면 자식을 얻지 못하고 오히려 늙어 궁핍해진다는 것은 무슨 말인가?

대왈, 개인피토약, 혈불왕, 와잠방저, 유방조하, 약혈색윤호, 기유와잠반저, 유방조하지리?
對曰, 皆因皮土弱, 血不旺, 臥蠶方低, 乳方朝下, 若血色潤好, 豈有臥蠶反低, 乳方朝下之理?

대왈, 모두 피토가 약하고 혈기가 왕성하지 않으며 와잠이 낮고 젖가슴이 아래로 늘어졌기 때문입니다. 혈색이 윤택하고 좋다면 어찌 와잠이 낮고 젖이 늘어질 리가 있겠습니까.

범남녀범고, 막비전범, 불연, 이인기구무자식?

**凡男女犯孤, 莫非全犯, 不然, 二人豈俱無子息?**

남녀가 고독한 상이라 해도 전체가 그렇지는 않을 텐데, 그렇지 않음에도 어째서 두 사람 모두에게 자식이 없는가?

대왈, 서운, 남상유아녀상무, 제비취첩소종지, 녀상유생남불립, 쌍쌍해로자차고.

**對曰, 書云, 男相有兒女相無, 除非娶妾紹宗枝, 女相有生男不立, 雙雙偕老自嗟孤.**

대왈, 옛글에 '남자의 상에는 자식이 있고 그 처의 상에는 자식이 없다면 오직 첩을 취하여 후사를 이어야 한다. 여자의 상에는 자식이 있는데 남편의 상에 자식이 없다면 두 사람이 늙어 고독해서 한숨을 쉬게 된다'라고 했습니다.

위자불효, 재하처간?

**爲子不孝, 在何處看?**

불효한 자식은 어느 부위를 보면 알 수 있는가?

대왈, 흉고둔궁, 휴언부자친정. 발적수황, 막언효명원파. 순제순후, 효의지인. 순동치소, 기능효도?

對曰, 胸高臀弓, 休言父子親情. 髮赤鬚黃, 莫言孝名遠播. 脣齊脣厚, 孝義之人. 脣動齒疏, 豈能孝道?

대왈, 가슴이 높고 엉덩이가 활을 당겨놓은 듯하면 부자간의 친밀한 정을 논할 수 없으며 머리털이 붉고 수염이 누렇다면 효자로 이름이 멀리까지 알려진다고 말할 수 없습니다. 입술이 가지런하고 두터운 사람은 효와 의가 있는 사람입니다. 입술을 씰룩거리고 치아가 드문 사람이 어찌 효도할 수 있겠습니까?

계정사안, 음독난언. 봉항토두, 호안독식, 교아절치, 노목요두, 괴륜지자, 우시하우.

雞睛蛇眼, 陰毒難言. 蜂項兎頭, 狐眼獨食, 咬牙切齒, 怒目搖頭, 壞倫之子, 又是下愚.

닭의 눈동자 뱀눈은 음험하고 독한 것을 말하기 어렵습니다. 벌의 목과 토끼의 머리, 여우 눈은 이익을 혼자 차지하려 하며 어금니를 악물고 이를 갈며 성난 듯 눈을 부릅뜨고 머리를 흔드는 사람은 모두 패륜아일 뿐만 아니라 하천하고 어리석습니다.

범인심선악, 즘간득출?

凡人心善惡, 怎看得出?

사람 마음의 선악은 어떻게 보는가?

대왈, 서운, 심선삼양광채, 심장악독누당심, 음양실함인다독, 심내간사구각청, 모자약사심기정? 응시서이시간웅, 목적정황전악해, 청근면백막동거.

**이상수건최시가기.**

對曰, 書云, 心善三陽光彩, 心藏惡毒淚堂深, 陰陽失陷人多毒, 心內奸邪口角青, 眸子若邪心豈正? 鷹腮鼠耳是奸雄, 目赤睛黃全惡害, 青筋面白莫同居. 以上數件最是可忌.

대왈, 옛글에 이르길 '마음이 착하면 삼양이 밝고 아름다우며, 마음속에 악독함을 품고 있는 자는 누당이 깊다. 두 눈이 잘못되고 깊은 자는 독함이 많으며 마음이 간교하고 사악한 자는 입 끝이 푸르다'라고 했습니다. 눈동자에 사악함이 깃든 자가 어찌 마음이 바르겠습니까? 매 턱과 쥐 귀를 지닌 자는 간웅이며 눈이 붉고 눈동자가 누런 자는 모두 악하고 남을 해롭게 합니다. 얼굴에 푸른빛을 띤 근육이 있고 피부가 희면 함께 살지 않아야 합니다. 이상 몇 가지는 가장 피해야 할 것들입니다.

**우운, 구정순제준우풍, 삼양윤색인당홍, 안화어연신창서, 덕중명고세소종. 차내기복상격, 세인부지차법.**

又云, 口正脣齊準又豊, 三陽潤色印堂紅, 顏和語軟神暢舒, 德重名高世所宗. 此乃奇福上格, 世人不知此法.

또한 입이 바르고 입술이 가지런하며 준두 또한 풍만하며, 삼양이 윤택한 빛을 띠고 인당이 분홍빛을 띠었으며, 얼굴이 온화하고 말이 부드러우며 신기가 밝고 편안하다면 덕성이 중후하고 고명하며 뛰어난 인재입니다. 이와 같으면 우수하고 복이 많은 상격의 인재이지만 세상 사람이 이러한 법도를 모릅니다.

**미장수부장, 하설?**
**眉長壽不長, 何說?**

눈썹이 길어도 장수하지 못하는 수가 있는데 무슨 말인가?

**대왈, 서운, 미호불여비호, 비호불여이호, 이호불여침골고, 고차미장난이보수. 범수재두피항피혈색위주.**
**對曰, 書云, 眉毫不如鼻毫, 鼻毫不如耳毫, 耳毫不如枕骨高, 故此眉長難以保壽. 凡壽在頭皮項皮血色爲主.**

대왈, 책에 이르기를 '눈썹에 길게 난 털이 코에 길게 난 털만 못하며 코털이 귀에 길게 난 털만 못하며 귀털이 침골이 높은 것만 못하다'라고 했으므로 눈썹만 길어서는 수명이 길기 어려운 것입니다. 수명은 머리 피부와 목 피부 혈색이 주요 요인이 됩니다.

**순목중동, 항우역중동, 하설?**
**舜目重瞳, 項羽亦重瞳, 何說?**

순임금이 중동이었고, 항우 또한 중동이었다는데 무슨 말인가?

**대왈, 순목세이장, 내봉목야. 항목원이로, 안변기피문여계안, 내흉상야.**

對曰, 舜目細而長, 乃鳳目也. 項目圓而露, 眼邊起皮紋如雞眼, 乃凶相也.

순임금의 눈은 가늘고 길었으니 봉목이었습니다. 항우의 눈은 둥글고 눈동자가 드러났으며 눈 주변에 주름이 있어 마치 닭의 눈과 같았으니 이는 흉상입니다.

*중동(重瞳): 한눈에 눈동자가 2개씩이라는 설과 눈동자 속에 눈동자가 겹쳐있는 것이라는 설 2가지가 있다.

범인일생무질병, 하설?
凡人一生無疾病, 何說?

일생 질병이 없는 사람은 어떤 이유에서인가?

대왈, 인생재세, 상합건곤, 역마고명변지정, 인당평정, 육양광, 질액무암체, 일생복수영면장.
對曰, 人生在世, 相合乾坤, 驛馬高明邊地靜, 印堂平正, 六陽光, 疾厄無暗滯, 一生福壽永綿長.

대왈, 사람이 세상을 산다는 것은 상이 음양과 합하는 것입니다. 역마가 높고 밝으며 변지가 맑으며 인당이 평평하고 바르며 두 눈이 빛나고 질액궁에 어둡고 체한 기색이 없으면 일생 복과 수명이 길게 됩니다.

범인일생다질병, 하설?
凡人一生多疾病, 何說?

평생 병이 많은 사람은 어찌 된 것인가?

대왈, 산근상암준관청, 양목생진목우혼, 변지여니발여초, 일생하일득안녕.
對曰, 山根常暗準顴青, 兩目生塵目又昏, 邊地如泥髮如草, 一生何日得安寧.

대왈, 산근이 항상 어둡고 준두와 관골이 푸르며, 두 눈이 먼지가 낀 듯하고 어두우며 변지가 진흙처럼 어둡거나 머리털이 풀처럼 푸석푸석하다면 어느 날 평안을 누려보겠습니까?

삼정유면유신, 하설?
三停有面有身, 何說?

삼정이 얼굴에도 있고 몸에도 있다는 것은 무슨 말인가?

대왈, 면상삼정, 발제도산근위상정위초한. 산근도준두위중정위중한, 인중도지각위하정주말한.
對曰, 面上三停, 髮際到山根爲上停爲初限. 山根到準頭爲中停爲中限, 人中到地閣爲下停主末限.

대왈, 얼굴의 삼정은, 발제에서 산근이 상정으로 초년까지의 운이며, 산근에서 준두가 중정으로 중년까지의 운이며, 인중에서 지각이 하정으로 말년까지의 운입니다.

여상정단삭, 소년불리, 중정저함, 일세불영, 하정약장, 일생건체. 대개상정중정구장, 하정의단.
如上停短削, 少年不利, 中停低陷, 一世不榮, 下停若長, 一生蹇滯. 大概上停中停俱長, 下停宜短.

만약 상정이 짧고 깎였다면 소년 시기가 이롭지 않으며

중정이 낮거나 움푹 꺼졌다면 일생 영화가 없습니다. 하정이 길다면 일생 막히는 일이 많습니다. 상정과 중정은 긴 것이 좋고 하정은 짧은 것이 좋습니다.

신상삼정두요족시야, 차삼정구요득배. 고운, 삼정평등, 일생의록무휴, 오악조귀, 금세전재자왕. 우명삼재, 내천지인야.
身上三停頭腰足是也, 此三停俱要得配. 故云, 三停平等, 一生衣祿無虧, 五嶽朝歸, 今世錢財自旺. 又名三才, 乃天地人也.

신체의 삼정은 머리·허리·다리로서 이 삼정이 균형을 이뤄야 합니다. 그래서 옛글에 '삼정이 평등하면 일생 의식과 복록이 끊임없으며 오악이 안쪽으로 오긋하면 일생 금전과 재물이 절로 왕성해진다'라고 했습니다. 또한 삼정을 삼재라고도 하는데 이것이 천지인입니다.

오로오반, 하설?
五露五反, 何說?

다섯 가지가 드러나고 다섯 가지가 뒤집힘은 어떤 것인가?

대왈, 범일로이로, 가무격숙, 삼로사로, 명상단촉, 오로구전, 대귀지격.
對曰, 凡一露二露, 家無隔宿, 三露四露, 命常短促, 五露俱全, 大貴之格.

대체적으로 일로와 이로는 집안에 하루걸러 먹을 양식이 없으며 삼로와 사로는 수명이 짧습니다. 그러나 오로가 모두 완전하면 오히려 대귀한 격입니다.

안로정불로광, 비로규불편량, 순로치불로흔, 이로곽불흠주, 차내금목수화토, 오로구범.

**眼露睛不露光, 鼻露竅不偏梁, 脣露齒不露掀, 耳露廓不欠珠, 此乃金木水火土, 五露俱犯.**

눈동자가 드러나도 눈빛이 드러나지 않고, 콧구멍이 드러나도 콧대가 한쪽으로 기울지 않으며, 윗입술이 짧아 이가 드러나도 윗입술이 걷혀 올라가 잇몸이 드러나지 않으며, 귓바퀴가 뒤집혀 드러나도 귓불에 흠이 없다면 이것은 金木水火土 오로를 모두 범한 것입니다.

노량로광, 노흔흠주, 차환시십분하천지상, 오반비선상야, 내흉악지도. 서운, 오반지중오묘다, 술인하이득지지, 약환일건구무반, 방허조중괘자의.

**露梁露光, 露掀欠珠, 此還是十分下賤之相, 五反非善相也, 乃凶惡之徒. 書云, 五反之中奧妙多, 術人何以得知之, 若還一件俱無反, 方許朝中掛紫衣.**

콧날의 뼈가 드러나고 눈빛이 드러나고 윗잇몸이 훤히 드러나고 귓불이 없다면 이것은 또한 아주 하천한 상입니다. 오반은 좋은 상이 못되는 것이니 흉악한 무리입니다. 옛글에 '오반 중에 오묘함이 많다'라고 했지만 술인이 어찌 그것을 알겠습니까? 한 가지라도 뒤집힘이 없어야 비로소 조정에서 자색 관복을 입게 됩니다.

오소오극, 하이변명?

**五小五極, 何以辨明?**

오소와 오극은 어떻게 판명하는가?

대왈, 범오소자, 일소두, 이소신, 삼소수, 사소족, 오소면, 차내오건, 일신환요오관륙부위주, 차내신체오소, 비오관오소야. 약오관구소위오극, 내소천지상야.

對曰, 凡五小者, 一小頭, 二小身, 三小手, 四小足, 五小面, 此乃五件, 一身還要五官六府爲主, 此乃身體五小, 非五官五小也. 若五官俱小爲五極, 乃小賤之相也.

오소란 첫째 머리가 작은 것, 둘째 몸이 작은 것, 셋째 손이 작은 것, 넷째 발이 작은 것, 다섯째 얼굴이 작은 것 등 다섯 가지입니다. 일신은 오관 육부가 위주가 되니 이는 신체의 다섯 부분이 작은 것이지 오관의 다섯 부위가 작은 것이 아닙니다. 오관이 모두 작은 것을 오극이라 하니 기국이 작고 천한 상입니다.

범오소성대, 오관삼정육부위배, 방묘. 여유일건불배, 즉불여야. 오극내액이안비구시야, 즉오성금목수화토. 서왈, 오소신두공사지, 막언이비구여미, 약시오관구득소, 일생하천시치우.

凡五小聲大, 五官三停六府爲配, 方妙. 如有一件不配, 卽不如也. 五極乃額耳眼鼻口是也, 卽五星金木水火土. 書曰, 五小身頭共四肢, 莫言耳鼻口如眉, 若是五官俱得小, 一生下賤是癡愚.

오소라도 음성이 크고 오관과 삼정육부가 알맞게 균형을 이루었다면 역시 오묘한 것입니다. 그러나 그 가운데 한 가지라도 균형이 맞지 않으면 좋지 않습니다. 오극은 이마·귀·눈·코·입이니 곧 오성인 金木水火土입니다. 글에 이르기를 '오소는 몸과 머리 사지이니 귀·코·입·눈썹이라고 말하지 말라. 만약 오관이 모두 작으면 일생 하천하고 어리석은 인물이다'라고 했습니다.

**길흉지사하이면탈?**
## 吉凶之事何以免脫?

길흉지사는 어떻게 하면 면하고 벗어날 수 있는가?

대왈, 지유동서남북, 인유오행, 색유오양. 여수다조난, 의왕동방가탈. 화다금난, 의왕북지방안. 수약토다, 환가서방조기근본. 여화래극금, 의왕북지. 금래극목, 의왕남방.

對曰, 地有東西南北, 人有五行, 色有五樣. 如水多遭難, 宜往東方可脫. 火多金難, 宜往北地方安. 水弱土多, 還可西方助其根本. 如火來克金, 宜往北地. 金來克木, 宜往南方.

대왈, 땅에는 동서남북이 있고 사람에게는 오행이 있으며 색에는 다섯 가지 빛이 있습니다. 얼굴에 水氣가 많아 어려움을 만나게 되면 동쪽으로 가는 것이 좋아 벗어날 수 있으며, 火氣가 많아 금이 어려우면 북쪽으로 가는 것이 좋아 비로소 편안할 수 있습니다. 水氣가 약하고 土가 많아지면 또한 서쪽으로 가야 그 근본에 도움이 됩니다. 火

氣가 와서 金을 극하면 북쪽 지방으로 가는 것이 좋고 金氣가 와서 木을 극하면 남쪽 지방으로 가는 것이 좋습니다.

일면목색, 의행화지. 일면수색, 급거동방. 대개기개색윤, 가구모행동. 색폐기혼의수. 발재모궁, 정재모월, 현재모위모사가지. 지자예방, 일생견수, 가면흉위.

一面木色, 宜行火地. 一面水色, 急去東方. 大概氣開色潤, 可求謀行動. 色閉氣昏宜守. 發在某宮, 定在某月, 現在某位某事可知. 知者預防, 一生堅守, 可免凶危.

얼굴 전체가 木색이면 火지방으로 가는 것이 좋고 얼굴 전체가 水색이면 급히 동쪽으로 가야 합니다. 대개 기가 열리고 색이 윤택하면 도모하는 일을 구할 수 있으니 움직이고 색이 닫히고 기가 어두워지면 분수를 지키는 것이 마땅합니다. 어느 궁에서 발하는지 어느 달인지 정하며, 현재 어떤 위치 어떤 일인지를 알 수 있습니다. 아는 사람은 예방하여 일생 굳건히 지킨다면 흉함과 위태로움을 면할 수 있습니다.

상분남북, 하이위설?

相分南北, 何以爲說?

상을 남북으로 나눈다는 것은 무슨 말인가?

대왈, 차론남북이경십삼성설(고서무차, 내선생심법야.). 분십이궁언지남방속화, 고상천정, 의화왕, 방위유용. 북방속수, 상지각, 의수왕위묘.

對曰, 此論南北二京十三省說(古書無此, 乃先生心法也.). 分十二宮言之南方屬火, 故相天停, 宜火旺, 方爲有用. 北方屬水, 相地閣, 宜水旺爲妙.

이 이론은 남경과 북경, 13성에 따른 설입니다(고서에는 이 이론이 없고 선생의 심법이다). 12궁으로 나누어 말씀드리면, 남방은 火에 속하므로 천정을 관찰하는데 火의 기운이 왕성해야만 비로소 쓸 수 있습니다. 북방은 水에 속하므로 지각을 살펴야 하는데 수기가 왕성해야 좋습니다.

절인속금, 고금의청, 방허영신. 민인상순구치, 민지근해, 내순치지관. 태원내섬서서방야, 위중국속토.

浙人屬金, 故金宜淸, 方許榮身. 閩人相脣口齒, 閩地近海, 乃脣齒之關. 太原乃陝西西方也, 爲中國屬土.

절강지역 사람은 金에 속하므로 맑아야 영화를 누릴 수 있습니다. 閩지역 사람은 입술과 입·치아를 살피는데 지역이 바다에 가깝기 때문으로 입술과 치아가 관문이 되는 것입니다. 태원은 섬서 서쪽지방으로 나라의 중앙이므로 土에 속합니다.

하남상온중, 회남상후실, 회북상헌앙, 강남상경청, 강북불혐중탁.

河南相穩重, 淮南相厚實, 淮北相軒昻, 江南相輕淸, 江北不嫌重濁.

하남지역 사람은 은중함을 살피고 회남지역 사람들은 두

텁고 건실함을, 회북 사람은 기운찬 것을, 강남 사람은 경쾌하고 맑은 것을 택해야 합니다. 강북 사람은 탁한 기운을 기피할 필요가 없습니다.

휘주내산악준지, 고독상미, 강서월미상기색, 불이골격위념, 단각처상약득국방묘, 불합난허영신.

**徽州乃山嶽峻地, 故獨相眉, 江西越尾相氣色, 不以骨格爲念, 但各處相若得局方妙, 不合難許榮身.**

휘주지역은 산악이 험준하므로 다만 눈썹을, 강서월미 사람은 기색을 위주로 살펴야지 골격을 위주로 해서는 안 됩니다. 다만 어느 지역이라도 격을 갖춘 상이라야 좋으며 이에 합당치 않으면 일신에 영화가 이르기 어렵습니다.

상법본취오행위주, 우취금수지형, 막비장인비축마.

**相法本取五行爲主, 又取禽獸之形, 莫非將人比畜麼.**

상법은 본래 오행을 위주로 하고 또한 짐승의 형상을 취해 설명하며 가축과 비교하는 일도 없지 않은데?

대왈, 곽림종상법, 유삼백육십위외형, 상리다단, 일시난편. 유수자다부, 유금자다귀.

**對曰, 郭林宗相法, 有三百六十爲外形, 相理多端, 一時難遍. 類獸者多富, 類禽者多貴.**

대왈, 곽림종 상법에는 360개의 외형이 있으므로 상의 이치가 많고 일시에 모두 알기 어렵습니다. 땅 짐승을 닮은 사람은 부자가 많고 날짐승을 닮은 사람은 귀한 사람이 많습니다.

용형은은, 호형보활두장, 후상정원황, 이비구소, 두소성쾌, 부정일시, 복생재록수호, 난언로후지아. 토형성치다자겁, 안정비로, 합차형. 봉형항장견원신직, 여득차역귀.

龍形隱隱, 虎形步闊頭藏, 猴相睛圓黃, 耳鼻俱小, 頭小性快, 不定一時, 福生財祿壽好, 難言老後之兒. 兎形性癡多自怯, 眼正鼻露, 合此形. 鳳形項長肩圓身直, 女得此亦貴.

용형의 사람은 은은하고 호형은 보폭이 넓고 머리를 감춘 듯합니다. 원숭이형은 눈동자가 둥글고 황색이며 귀와 코가 모두 작고 머리가 작고 성격이 쾌활하며 잠시라도 가만히 있지 않습니다. 이런 사람들은 복이 많아 재록을 누리고 장수하게 되지만 노후에 자식을 말하기 어렵습니다. 토끼형은 성격이 망설이기를 잘하며 스스로 겁이 많고 눈이 바르며 콧구멍이 드러난 형이 여기에 해당됩니다. 봉황형은 목이 길고 어깨가 둥글고 몸이 곧습니다. 여성이 이런 형이면 역시 귀합니다.

설장순제비대, 면장신활, 위우형, 주일생안일유전. 만금부운, 봉형요안수, 우형요정원, 차내일음일양지대귀격야.

舌長脣齊鼻大, 面長身闊, 爲牛形, 主一生安逸有錢. 萬金賦云, 鳳形要眼秀, 牛形要睛圓, 此乃一陰一陽之大貴格也.

혀가 길고 입술이 가지런하며 코가 크고 얼굴이 길며 몸이 넓은 것을 소형이라고 하는데 일생 편안하고 금전에 여유가 있습니다. 만금부에 이르기를 '봉형은 눈이 빼어나야 하고 우형은 눈동자가 둥글어야 하니 이것은 음양이 조화되어 대귀한 격이다'라고 하였습니다.

작보사행, 남녀대기, 계정서목, 필범형명. 마립장장제환, 일생다주신근.

雀步蛇行, 男女大忌, 鷄睛鼠目, 必犯刑名. 馬立長將蹄換, 一生多主辛勤.

참새처럼 걷거나 뱀처럼 걷는다면 남녀 모두 크게 좋지 않습니다. 닭의 눈동자와 쥐 눈을 지닌 사람은 반드시 형벌을 당하게 되며 말처럼 키가 길쭉하고 걸음걸이가 제멋대로인 사람은 일생 신고가 많습니다.

저형목적, 우조라망지비. 압보신편다후실, 안행생규혈앙두.

豬形目赤, 憂遭羅網之非. 鴨步身偏多厚實, 鴈行生竅孑昂頭.

돼지형으로 눈에 붉은 기운이 있으면 법망에 걸려 형벌을 당하게 되며, 오리걸음을 걷고 몸이 기운 듯하면 재복이 많지만 기러기 걸음을 걷는 사람은 가난하고 고독하여 머리를 쳐들고 탄식하게 될 사람이다'라고 했습니다.

*곽림종(郭林宗, 128-169): 후한인으로 본명 곽태(郭泰)이며 자가 林宗이었으므로 곽림종으로 불린다. 어려서 부친을 사별하고 굴백언(屈伯彦)의 문하에서 공부했다. 상술에 뛰어났으며

관인팔법이 《마의상법》에 함께 전한다.

삼첨육삭하여?
## 三尖六削何如?

삼첨육삭은 어떠한가?

대왈, 두첨, 면첨, 취첨, 불량지상. 육부구삭호교지도, 범차즘득부귀?
## 對曰, 頭尖, 面尖, 嘴尖, 不良之相. 六府俱削好狡之徒, 犯此怎得富貴?

대왈, 머리 정수리와 얼굴·입이 뽀족한 것으로 불량한 상입니다. 육부(이마 양쪽·광대뼈 양쪽·양쪽 턱)가 모두 깎인 듯하고 간교한 무리이니 어찌 부귀를 누릴 수 있겠습니까?

인언학형구식, 하설?
## 人言鶴形龜息, 何說?

사람들이 말하는 학형과 구식이란 어떤 것인가?

대왈, 범학형기보리지삼척, 견편항장, 두선과보. 금인학형불과보, 이지고자위시, 견항요동전, 관도상서, 가학신선.
## 對曰, 凡鶴形起步離地三尺, 肩偏項長, 頭先過步. 今人鶴形不過步, 離地高者爲是, 肩項要同前, 官到尙書, 可學神仙.

학형이란 일어나서 걸음을 걸 때 발이 땅에서 3척 이상 떨어지며 어깨가 기울고 목이 길어서 발보다 머리가 먼저 나가는 것입니다. 그러나 지금 사람들은 학형이라도 머리가 먼저 나가지 않고 걸을 때 발이 땅에서 높이 떨어지며 어깨와 목은 위와 같습니다. 이런 사람은 벼슬이 상서에 이르며 신선의 학문을 배울 수 있습니다.

구식내안수지설, 범수기종구출, 역불취재, 역부장수. 기종비출즉재복록구호.

龜息乃安睡之說, 凡睡氣從口出, 亦不聚財, 亦不長壽, 氣從鼻出則財福祿俱好.

구식이란 편안히 잠을 잔다는 설로서 잠잘 때 호흡이 입으로부터 나온다면 재물을 모으기 어렵고 장수하기 어렵습니다. 숨은 코로 내쉰다면 재복과 복록이 모두 좋습니다.

범구비구무, 기종이출, 방위구식, 역수역성, 내대귀지상, 신선지체, 세인선의. 금인란언, 이형구소, 득차자난.

凡口鼻俱無, 氣從耳出, 方爲龜息, 易睡易醒, 乃大貴之相, 神仙之體, 世人鮮矣. 今人亂言, 二形俱少, 得此者難.

입과 코로 숨을 쉬지 않고 귀로 호흡을 하는 것 같은 것을 구식이라고 하며 이런 사람은 쉽게 잠이 들고 쉽게 깨는데 대귀한 상으로 신선의 몸을 가진 것이니 세상 사람 가운데 드뭅니다. 지금 사람들이 어지럽게 말하지만, 이 두 가지 형은 거의 없으므로 이것을 타고나기가 어려운 것입니다.

### 범인일체무수하설
## 凡人一體無鬚何說?

몸에 수염이 없는 사람은 어떠한가?

대왈, 수내신경지묘, 단전원신. 수형인다유신허, 토형인단전부족, 차이형인무수극다.

對曰, 鬚乃腎經之苗, 丹田元神. 水形人多有腎虛, 土形人丹田不足, 此二形人無鬚極多.

수염은 신장 경락의 싹이며 단전은 神의 원기입니다. 수형인 가운데 신장의 기운이 허한 사람이 많으며 토형은 단전의 기운이 부족합니다. 이 두 형의 사람 가운데 수염이 없는 사람이 극히 많습니다.

범수형토형유수필유호자. 탁자부, 청자귀. 약무수, 내신수부족, 원기허약, 기능유자호?

凡水形土形有鬚必有好子. 濁者富, 清者貴. 若無鬚, 乃腎水不足, 元氣虛弱, 豈能有子乎?

목형 토형인이 수염이 있으면 반드시 훌륭한 아들을 두게 됩니다. 탁한 기운을 띠면 부자이고 맑은 기운을 띠면 귀합니다. 수염이 없다면 이는 신장의 수기가 부족하고 원기가 허약한 것이니 어찌 자식을 둘 수 있겠습니까?

목형인화왕, 고차무수, 환수유자, 불가이수언인자식, 공오기대사. 서운, 목형상발위사, 수토간발위후.

木形人火旺, 故此無鬚, 還須有子, 不可以鬚言人子息, 恐惧其大事. 書云, 木形相髮爲嗣, 水土看髮爲後.

목형인이 화기가 왕성하면 수염이 없지만 자식은 두게 됩니다. 수염만을 가지고 자식을 논할 수는 없으니 큰일을 그르칠까 두렵습니다. 옛글에 '목형은 머리털로 후사를 살피고 수토인은 머리털로 후사를 본다'라고 하였습니다.

신발발락, 하설?
身發髮落, 何說?

몸이 피면 머리털이 빠지는 것은 어떻게 된 것인가?

대왈, 범육수재장, 발수신청. 발내혈지여, 발탁혈역고, 발수혈역영. 범발락재수생, 육장발역락.
對曰, 凡肉隨財長, 髮遂神淸. 髮乃血之餘, 髮濁血亦枯, 髮秀血亦榮. 凡髮落財遂生, 肉長髮亦落.

대왈, 살은 재물이 늘어나는 것을 따르며, 머리털은 신이 맑은 것을 따릅니다. 모발은 혈기의 여분이므로 모발이 탁하면 혈기 또한 마르고 모발이 수려하면 혈기 또한 왕성합니다. 모발이 빠지면 재물이 따라 생하는 것이며 살이 찌면 모발이 빠지는 것입니다.

목형낙발즉사무의. 서운, 육장재풍발자소, 혈고신탁란여사, 약시목형수빈락, 재가발락수원귀.
木形落髮卽死無疑. 書云, 肉長財豊髮自疏, 血枯神濁亂如絲, 若是木形鬚鬢落, 再加髮落壽元歸.

목형인은 모발이 빠지면 죽게 됨을 의심할 바 없습니다. 옛글에 '몸에 살이 찌면 재물이 풍족해지고 모발은 절로 드물어진다. 혈기가 마르고 신이 탁하여 산란하기가 실이 엉킨 듯 하거나 목형인이 수염과 빈발이 빠지고 또한 모발까지 빠지면 목숨이 본원으로 돌아간다'라고 했습니다.

삼양명왕, 하위삼양?
## 三陽明旺, 何爲三陽?

삼양은 밝고 왕성해야 한다는데 어떤 것이 삼양인가?

대왈, 삼양삼음내쌍목하, 우명와잠, 우명남녀궁, 우명복덕궁, 내시안하삼양. 면상삼양인준관, 내일면지요처, 고의명왕, 불의암체.

## 對曰, 三陽三陰乃雙目下, 又名臥蠶, 又名男女宮, 又名福德宮, 乃是眼下三陽. 面上三陽印準顴, 乃一面之要處, 故宜明旺, 不宜暗滯.

대왈, 삼양과 삼음은 양쪽 눈 아래입니다. 다른 이름으로는 와잠이라고 하고 남녀궁 또는 복덕궁이라고 하는데 이것이 눈 아래 삼양입니다. 얼굴의 삼양은 인당과 관골·준두로 얼굴의 긴요한 부분이므로 밝고 왕성해야 좋으며 어둡거나 체한 기색을 띠면 좋지 않습니다.

범인지상, 하유기색이자?
## 凡人之相, 何有氣色二字?

사람의 상에 어찌하여 氣色이란 두 글자가 있는가?

대왈, 서운, 골격정일세영고, 기색정행년휴구. 범기색내오장륙부지여광,

**고유금목수화토지상설.**

對曰, 書云, 骨格定一世榮枯, 氣色定行年休咎. 凡氣色乃五臟六腑之餘光, 故有金木水火土之詳說.

옛글에 '골격은 일생의 영화와 고난을 정하며 기색은 행년의 길흉을 정한다'라고 했습니다. 기색은 오장과 육부의 빛이 나타나는 것이므로 金木水火土의 상세한 설이 있습니다.

**재내위기, 재이위색, 색위묘, 기위근. 범간근, 선간묘, 재내자환미우, 재외자이우, 선명자정왕, 담색자이산.**

在內爲氣, 在外爲色, 色爲苗, 氣爲根. 凡看根, 先看苗, 在內者還未遇, 在外者已遇, 鮮明者正旺, 淡色者已散.

밖에 있는 것이 기이며 안에 있는 것이 색입니다. 색은 싹이 되고 기는 뿌리입니다. 뿌리를 보려면 먼저 그 싹을 보는 것이니 안에 있는 것은 아직 그때를 만나지 못한 것이며 밖에 있는 것은 이미 때를 만난 것입니다. 선명하면 지금 왕성한 것이지만 엷다면 이미 흩어진 것입니다.

**범욕구모, 즉재차궁간기색, 유귀신불측지기, 내탈천지지수기, 세간각양이술, 유기색최험. 단공이롱목맹, 망언쇠왕, 즉불험의.**

凡欲求謀, 卽在此宮看氣色, 有鬼神不測之機, 乃奪天地之秀氣, 世間各樣異術, 惟氣色最驗. 但恐耳聾目盲, 妄言衰旺, 則不驗矣.

어떤 일을 구하려면 곧 그 궁의 기색을 보는데 귀신도 예측할 수 없는 기밀이 있으니 이것이 천지의 빼어난 기운을 탈취하는 것입니다. 세간에는 각종 다른 술수가 있지만 오직 기색이 가장 영험합니다. 다만 귀먹고 눈이 멀어 함부로 쇠왕을 말하여 영험하지 않은 것이 두려운 점입니다.

**남이정위주, 출어하처?**
**男以精爲主, 出於何處?**

남자는 정이 위주가 되는데 어디에 나타나는가?

**대왈, 일신지본불과정신, 신일산기능유명? 목위오형지령, 고간안상즉지.**
**對曰, 一身之本不過精神, 神一散豈能有命? 目爲五形之領, 故看眼上卽知.**

일신의 근본은 정신에 불과하니 정신이 흐트러지면 어떻게 생명이 있을 수 있겠습니까? 눈은 오형의 으뜸이므로 눈을 보아 정신을 알 수 있습니다.

**범양정신발재쌍목, 목수신심수, 목청신심청, 목고탁신필고탁, 목산광신필산광, 고목요신위주.**
**凡養精神發在雙目, 目秀神心秀, 目淸神心淸, 目枯濁神必枯濁, 目散光神必散光, 故目要神爲主.**

정신을 길러 두 눈에 나타나므로 눈의 정기가 빼어나면 정신과 마음이 빼어나고, 눈이 맑으면 정신과 마음이 맑습니다. 눈이 마르고 탁하다면 정신과 마음이 마르고 탁한 것이며 눈빛이 흩어지면 정신과 마음도 빛이 흐트러진 것이므로 눈은 정신의 주인이 되는 것입니다.

태소왈, 안내일신정화, 불의불수, 일월약류성, 필시신영지객, 안약맹매, 다인곤고지인.

太素曰, 眼乃一身精華, 不宜不秀, 日月若流星, 必是身榮之客, 眼若盲昧, 多因困苦之人.

《황제내경·태소편》에 이르기를 '눈은 일신의 정화이므로 빼어나지 않으면 좋지 않다. 눈이 유성처럼 빛나면 반드시 몸에 영화가 있는 사람이지만 눈이 흐리고 어두우면 곤고함이 많은 사람이다.

불로불편, 불함불부광, 방위미상, 차수건약범일건, 결연불호.

不露不偏, 不陷不浮光, 方爲美相, 此數件若犯一件, 決然不好.

눈동자가 드러나거나 눈이 치우치지 않고 함몰되거나 눈빛이 들뜬 듯하지 않아야 좋은 상이라 할 수 있다. 이 가운데 한 가지라도 해당되면 결단코 좋지 않다'라고 했습니다.

서왈, 일체정신이목중, 정명점칠필신영, 약시초황란탁, 위인하천치빈궁.

書曰, 一體精神二目中, 睛明點漆必身榮, 若是焦黃亂濁, 爲人下賤且貧窮.

글에 이르기를 '모든 정신은 두 눈에 있으므로 눈동자가 밝고 옻칠로 점을 찍은 듯하면 반드시 몸에 영화가 이르지만, 마르고 누렇고 산란하며 탁하면 사람됨이 하천하고 빈궁하다'라고 했습니다.

일생무운, 노래반득안일, 하설?

**一生無運, 老來反得安逸, 何說?**

일생 운이 없다가도 늙어가며 편안하게 되는 사람이 있는데 그것은 어째서인가?

대왈, 일생무운, 인일면실국, 성신불균, 부위부정, 이치일생로고, 무반일안한, 노래고, 신정혈왕, 부재상상.

**對曰, 一生無運, 因一面失局, 星辰不勻, 部位不停, 以致一生勞苦, 無半日安閒, 老來苦, 神定血旺, 不在相上.**

대왈, 일생 운이 없는 것은 얼굴의 격국이 실격되고, 두 눈이 균형을 이루지 못하고 부위의 균형이 깨어졌기 때문으로 일생 노고가 많게 되어 반나절도 편안하고 한가함이 없습니다. 나이 들수록 고생하는 것은 신기가 안정되고 혈기가 왕성한가에 있지 상에 있지 않습니다.

범노운지간피색기혈, 약신혈기구호, 수무운역호. 약피색일고, 즉사기지의. 서운, 노간피모혈공신, 사지구호, 주신영, 약시피고병혈약, 일년지내필귀명.

**凡老運只看皮色氣血, 若神血氣俱好, 雖無運亦好. 若皮色一枯, 則死期至矣. 書云, 老看皮毛血共神, 四肢俱好, 主身榮, 若是皮枯幷血弱, 一年之內必歸冥.**

무릇 노인의 운은 오직 피부의 색과 기혈을 보아야 하는데, 신과 혈기가 모두 좋다면 비록 운이 없다가도 좋아지게 됩니다. 그러나 피부의 기색이 갑자기 마른 듯 하면 죽을 때가 이른 것입니다. 글에 '노인은 피부와 모발·혈색과 신기를 함께 보고 사지가 모두 건실하다면 몸에 영화가 이르게 된다. 그러나 피부가 마른 듯하고 혈색이 약하면 일 년 이내에 반드시 어둠 속으로 돌아가게 된다'라고 했습니다.

면상호이심전괴, 시간하처?

### 面相好而心田壞, 是看何處?

얼굴 상은 좋은데 심성이 불량한 것은 어디를 보는가?

대왈, 서운, 안내심지묘, 안선심선, 안악심악, 안수심수, 차불과견인현우선악, 난변덕행심전, 요간심전, 제시음즐궁.

### 對曰, 書云, 眼乃心之苗, 眼善心善, 眼惡心惡, 眼秀心秀, 此不過見人賢愚善惡, 難辨德行心田, 要看心田, 除是陰騭宮.

대왈, 글에 '눈은 마음의 싹이다'라고 했습니다. 눈이 착하면 마음이 착하고 눈이 악하면 마음이 악하며, 눈이 빼어나면 마음이 빼어납니다. 이는 사람의 현명함과 어리석음, 선과 악을 보는데 불과하며 덕행과 심성을 판별하기는 어렵습니다. 심전을 보고자 하면 그 밖에 음즐궁을 봅니다.

와잠하삼분위음즐궁, 위인심호, 차처평, 위인심선, 차처만, 심괴, 차처심, 음독해인, 차처청, 약기청근홍근, 비양인야.

臥蠶下三分爲陰騭宮，爲人心好，此處平，爲人心善，此處滿，心壞，此處深，陰毒害人，此處靑，若起靑筋紅筋，非良人也.

와잠 아래 3푼의 넓이가 음즐궁으로 심성이 좋은 사람은 이 부분이 평평하며 심성이 착한 사람은 이곳이 가득합니다. 심성이 불량하면 이곳이 깊으며 독기를 품어 남을 해롭게 하는 사람은 이곳이 푸릅니다. 이 부분에 푸른 근육 붉은 근육이 있다면 좋은 사람이 아닙니다.

여인약심함청암, 불경공파, 불화린리, 다란다탐, 불출호자, 부득성가. 약차처풍만, 주유귀자, 대익가도, 수명연장.

女人若深陷靑暗，不敬公婆，不和鄰裏，多亂多貪，不出好子，不得成家. 若此處豐滿，主有貴子，大益家道，壽命延長.

여인이 이 부분이 깊이 움푹하거나 푸르고 어두우면 시부모를 공경치 않고 이웃과 불화하며 음란하고 탐심이 많으며 좋은 자식을 낳지 못하며 가정을 일으키지 못합니다. 이 부분이 풍만하면 귀한 자식을 두고 가도를 크게 이롭게 하고 수명 또한 깁니다.

남인약만, 서운, 음즐육만, 복중심령, 위인유지혜, 증행음즐구인, 상기잠문위음덕, 영보자손복수면장.

男人若滿，書云，陰騭肉滿，福重心靈，爲人有智慧，曾行陰騭救人，上起蠶紋爲陰德，永保子孫福壽綿長.

남자가 이 부분이 가득하면 옛글에 '음즐에 살이 가득하면 복이 많고 마음이 깊고 지혜가 있는 사람이니 일찍이 사람을 구한 음덕을 행한 것입니다. 누에 문양이 일어난 것이 음덕이니 자손을 길이 보전하고 복과 수가 길다'라고 했습니다.

상호요망자, 하설?
**相好夭亡者, 何說?**

상이 좋아도 요절하는 사람은 어떻게 된 일인가?

대왈, 막이모미이언선, 요자다시신단색부, 피급골약, 육혈불균, 오관불배, 쌍목무신, 성음불향, 운불응후, 일면구호, 신부족, 난언장수.
**對曰, 莫以貌美而言善, 夭者多是神短色浮, 皮急骨弱, 肉血不勻, 五官不配, 雙目無神, 聲音不響, 韻不應喉, 一面俱好, 神不足, 難言長壽.**

대왈, 모습이 아름답다 하여 좋다고 말할 수 없습니다. 요절하는 사람들은 신기가 짧고 색이 들뜨며 피부가 급하고 뼈가 약하며 살과 혈색이 고르지 않습니다. 오관이 고르지 않고 두 눈에 정기가 없고 음성의 울림이 없으며, 목소리가 목구멍에서 나와 울림이 없습니다. 얼굴이 모두 좋아도 신기가 부족하면 장수한다고 말하기 어렵습니다.

정신태장기불균, 부득장생. 신단수요, 기단수촉. 범수이신위주.
**精神太壯氣不勻, 不得長生. 神短壽夭, 氣短壽促. 凡壽以神爲主.**

정신만 크게 강장하고 기가 균형을 이루지 못하면 장수하기 어렵습니다. 신이 부족하면 수명이 짧고 기가 부족하면 수명이 짧습니다. 수명은 신기를 위주로 합니다.

**모루자심다총혜, 하설?**
**貌陋者心多聰慧, 何說?**

모습이 추지만 마음에 총명하고 지혜가 많은 것은 어떻게 된 것인가?

**대왈, 차내탁중유청지설, 상설탁중청, 청중탁, 미증변명. 범인일신탁색, 오악편함왜사, 지취인당평위복덕학당.**
**對曰, 此乃濁中有清之說, 常說濁中清, 清中濁, 未曾辨明. 凡人一身濁色, 五嶽偏陷歪斜, 止取印堂平爲福德學堂.**

대왈, 이것이 바로 탁한 가운데 맑음이 있다는 설입니다. 흔히 탁중청이니 청중탁이니 하지만 일찍이 명확하게 구분하지 못했습니다. 사람의 몸이 탁한 색을 띠고 오악이 기울고 함몰되고 비뚤어졌다 해도 취할 수 있는 것은 인당이 평평한 것으로 복덕학당이 됩니다.

**이유윤곽위외학당, 정수위총명학당, 치백위내학당. 차사학당성, 불론모추, 내탁중청, 심시총명, 가위경상.**
**耳有輪廓爲外學堂, 睛秀爲聰明學堂, 齒白爲內學堂. 此四學堂成, 不論貌醜, 乃濁中清, 甚是聰明, 可爲卿相.**

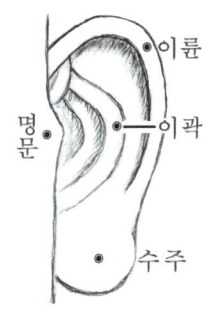
귀의 윤곽이 있는 것이 외학당이며, 눈동자가 빼어난 것이 총명학당, 치아가 흰 것이 내학당입니다. 이 사학당이 제대로 이루어져 있다면 모습이 추한 것을 논하지 않으니 이것이 바로 탁중청으로 매우 총명하여 경상의 벼슬을 할 수 있습니다.

서운, 이정정청사벽파, 치제결백기래화, 수시형용다추루, 흉중고책만인무.
書云, 耳正睛淸似碧波, 齒齊潔白氣來和, 雖是形容多醜陋, 胸中高策萬人無.

옛글에 이르기를 '귀가 바르고 눈동자가 맑아 푸른 물결 같고 치아가 가지런하고 깨끗하며 희고 온화한 기가 있다면 비록 형용이 추하고 비루해도 가슴 속에는 만인에게 없는 고상한 비책을 지닌 인물이다'라고 했습니다.

모준심몽, 하설?
貌俊心朦, 何說?

외모는 준수한데 마음이 어리석은 것은 어떻게 된 것인가?

대왈, 차내청중탁지상. 범인모준이수정, 정흠신, 치흠제, 기불화, 신다란, 차내만사무성지상.
對曰, 此乃淸中濁之相. 凡人貌俊耳雖正, 睛欠神, 齒欠齊, 氣不和, 神多亂, 此乃萬事無成之相.

대왈, 이것이 바로 청중탁의 상입니다. 외모가 준수하고 귀가 비록 단정해도 눈동자의 정기가 부족하고 치아가 가지런하지 않으며 기가 온화하지 않고 정신이 산란하면 만사를 이루지 못하는 상입니다.

병심반생, 무병반사, 하설?

病沈反生, 無病反死, 何說?

병이 깊어도 오히려 사는 사람이 있는가 하면 병이 없는데도 오히려 죽는 사람이 있는 것은 어떤 까닭인가?

대왈, 차이자, 독언기색, 부재상상. 범병인기색, 소기오건, 구주사. 산근고, 이륜흑, 명문암, 구각청, 구각황.

對曰, 此二者, 獨言氣色, 不在相上. 凡病人氣色, 所忌五件, 俱主死. 山根枯, 耳輪黑, 命門暗, 口角靑, 口角黃.

대왈, 이 두 가지는 다만 기색으로 설명할 수 있을 뿐 골상에 있지 않습니다. 병자의 기색에는 꺼리는 다섯 가지가 있으니 모두 죽게 되는 것입니다. 산근이 마른 듯 건고한 것, 귓바퀴가 검은 것, 명문이 어두운 것, 입술 끝이 청색을 띠는 것, 입술 끝이 누렇게 변하는 것 등이 그것입니다.

서운, 흑요태양, 노의막구, 청차구각, 편작난의. 외유잡색, 암체청황, 불과병색. 약준두일명, 사자복생, 명문일량, 불일신안. 연수개, 재액즉원.

書云, 黑遶太陽, 盧醫莫救, 靑遮口角, 扁鵲難醫. 外有雜色, 暗滯靑黃, 不過病色. 若準頭一明, 死者復生, 命門一亮, 不日身安. 年壽開, 災厄卽遠.

옛글에 이르길 '흑색이 눈자위를 둘러싸면 노의라도 구할 수 없고 청색이 구각을 막으면 편작도 고칠 수 없다'라고 했습니다. 피부 밖으로 여러 색이 섞인 기색이나 어둡고 막힌 듯하고 청색·황색이 나타나면 병색에 불과합니다. 준두가 밝아지면 죽게 될 사람도 다시 소생하며 명문이 밝아지면 하루가 지나지 않아 몸이 편안해지게 됩니다. 연상과 수상의 기색이 열리면 재액이 곧 멀어지게 됩니다.

*盧醫(노의): 당나라 장수절이 찬한 《사기정의》에 '편작은 집이 노나라 지역에 있었으므로 노의라고도 부른다'라고 한 것으로 보아 전국시기의 명의 편작을 가리킨다. 편작은 춘추시기의 의학자로 본명은 진월인(秦越人). 괵나라(BC 655년 멸망) 태자의 급환을 고쳐 죽음에서 되살렸다고 한다.

우운, 삼양여전, 사필무의, 연수광명환수유구, 차오처일처개, 불사. 범인기색상암, 홀일일광명, 사기지의, 상명홀암, 사역지의. 병필사자, 연수삼양일적, 순일신망.

又云, 三陽如靛, 死必無疑, 年壽光明還須有救, 此五處一處開, 不死. 凡人氣色常暗, 忽一日光明, 死期至矣, 常明忽暗, 死亦至矣. 病必死者, 年壽三陽一赤, 旬日身亡.

또한 이르기를 '두 눈이 남색을 띠면 죽게 됨을 의심할 바 없지만 연상과 수상이 밝아지면 반드시 목숨을 건질 수 있다. 이 다섯 부위 가운데 한 부분이라도 기색이 열리면 죽지 않는다'라고 했습니다. 무릇 사람의 기색이 계속 어둡다가 어느 날 홀연히 밝게 빛나면 죽을 때가 이른 것이며, 항상 밝다가 홀연히 어둡게 되어도 죽음이 또한 이른 것입니다. 병으로 반드시 죽게 된 사람이 연상·수상·삼양에 붉은색이 나타나면 10일 후에 죽게 됩니다.

백발인당황발구, 일칠운명. 사벽여연기적광, 수방이칠. 로인만면황광현, 일칠난도. 소자청래구각변, 일월지수. 유병인수간준두불윤, 호인즉지간년수여니이생진, 환수유질병.

白發印堂黃發口, 一七殞命. 四壁如烟起赤光, 須防二七. 老人滿面黃光現, 一七難逃. 少者青來口角邊, 一月之數. 有病人雖看準頭不潤, 好人則只看年壽如泥耳生塵, 還須有疾病.

인당에 백기가 나타나고 입에 황기가 나타나면 7일 후에 죽을 목숨이며 온 얼굴에 연기 같은 기색이 나타나고 붉은빛이 나타나면 반드시 14일 후를 방비해야 합니다. 노인이 만면에 황색 빛이 나타나면 7일 후를 피하기 어렵고 젊은 사람이 입 끝에 청색이 나타나면 1개월의 수명입니다. 병이 있는 사람은 준두가 윤택하지 않고, 건강한 사람도 연상과 수상이 진흙 같고 귀가 먼지가 낀 것처럼 어둡다면 반드시 질병이 있는 것입니다.

이륜적, 만사무우, 인당흑, 비사야, 중관골청, 대난래림. 일신혈색유광화, 일년지내, 피혈췌여니불량, 반재지간.

耳輪赤, 萬事無憂, 印堂黑, 非死也, 重顴骨青, 大難來臨. 一身血色有光華, 一年之內, 皮血滯如泥不亮, 半載之間.

귓바퀴가 붉다면 모든 일에 근심이 없고, 인당이 흑색이면 죽지는 않지만 관골에 청색 기운이 강하게 나타나면 큰 어려움이 닥치게 됩니다. 몸 전체가 혈색이 빛이 화려하면 일년 이내, 피부와 혈색이 막혀 진흙처럼 막히고 밝지 않으면 반년 이내의 운이 좋지 않습니다.

오관구호, 일체무혐, 구곤궁도하설?
**五官俱好, 一體無嫌, 久困窮途何說?**

오관이 모두 좋고 몸도 잘못된 곳이 없는데 오랫동안 곤궁한 것은 어째서인가?

대왈, 차내운호상호, 독기색불호, 천부득청, 일월부득명, 인부득기색즉운불통, 골격외모부위구호, 유기색불호, 역난득현.
**對曰, 此乃運好相好, 獨氣色不好, 天不得晴, 日月不得明, 人不得氣色則運不通, 骨格外貌部位俱好, 唯氣色不好, 亦難得顯.**

대왈, 이것은 운이 좋고 상이 좋아도 다만 기색이 좋지 않기 때문입니다. 하늘이 청명함을 얻지 못하고 해와 달이 밝음을 얻지 못하고 사람이 기색을 얻지 못한즉 운이 트이지 않게 됩니다. 골격과 외모 각 부위가 모두 좋아도 다만 기색이 좋지 않다면 역시 현달하기 어렵습니다.

직대기명색윤, 방득통시. 기체구년, 색체삼년, 신혼일세. 약신기색삼건구암, 궁고도로, 즉부위호이종불현달, 고인이기색위주, 골격정일세빈천.

直待氣明色潤, 方得通時. 氣滯九年, 色滯三年, 神昏一世. 若神氣色三件俱暗, 窮苦到老, 卽部位好而終不顯達, 故人以氣色爲主, 骨格定一世貧賤.

기가 밝고 혈색이 윤택하기를 기다려 얻게 되면 형통하는 시기가 이른 것입니다. 기가 체하면 9년, 색이 체하면 3년, 정신이 어두우면 일생 갑니다. 만약 신·기·색 3가지가 모두 어두우면 늙도록 곤궁하고 고생스럽게 살게 되니 곧 얼굴 부위가 좋다 해도 끝내 현달하지 못하는 것입니다. 그러므로 사람은 기색이 위주가 되고 골격은 일생의 빈천을 결정하는 것입니다.

격국불여이우대발재, 하설?

格局不如而又大發財, 何說?

격국이 그만 못해도 재운이 크게 발하는 것은 어찌 된 것인가?

대왈, 차종발재환수유실, 차언, 부위불호, 기색호지설, 수응기색무인불발. 부위균정, 운지필흥가도, 색선명윤, 기년가수심회.

對曰, 此縱發財還須有失, 此言, 部位不好, 氣色好之說, 須應氣色無人不發. 部位均停, 運至必興家道, 色鮮明潤, 其年可遂心懷.

대왈, 이는 비록 재복이 크게 발했다가도 반드시 잃게 된다는 것입니다. 이 말은 부위가 좋지 않아도 기색이 좋은 경우에 해당되는 말입니다. 기색이 응했는데 운이 트이지 않는 사람은 없습니다. 얼굴 부위가 고르고 좋으면 운이 이르러 반드시 가도가 흥성하게 됩니다. 혈색이 곱고 빛나고 윤택하면 그해 마음속에 품은 일을 이루게 됩니다.

부위이위년휴구, 기색정당월길흉, 만언제사불여기색, 미옥불출산, 도자매산, 파선우순풍, 역능항해. 서운, 부위편사기색명, 만반영운수군심, 약환기색잉전암, 의구신근곤고인.

部位以爲年休咎, 氣色定當月吉凶, 萬言諸事不如氣色, 美玉不出山, 徒自埋山, 破船遇順風, 亦能航海. 書云, 部位偏斜氣色明, 萬般營運遂君心, 若還氣色仍前暗, 依舊辛勤困苦人.

부위는 해당되는 해의 길흉과 관계되며 기색은 당월의 길흉이 정해지니 만 가지 말과 여러 일이 기색만 한 것이 없습니다. 아름다운 옥이 산에서 나오지 않고 스스로 산속에 묻혀있는 것이지만, 난파선도 순풍을 만나면 항해할 수 있는 것입니다. 옛글에 이르길 '얼굴 부위가 기울어졌다 해도 기색이 밝다면 만 가지 경영하는 일이 그대의 마음을 따를 것이나, 기색이 여전히 그전처럼 어둡다면 옛날과 다름없이 여전히 고난을 면치 못하는 사람이다'라고 했습니다.

일골격이부위, 삼형신사기색, 차사건하일건갱준?

一骨格二部位, 三形神四氣色, 此四件何一件更準?

첫째는 골격이며 둘째는 부위, 셋째는 형신, 넷째는 기색이라 하는데 이 네 가지 중 어떤 것을 더 기준으로 삼는가?

대왈, 골격정일세빈부, 부위정일세소장, 형신정갱개, 기색정당년길흉, 차사건구준, 각유일용. 의전삼십륙법, 일일세간, 무불응험.

對曰, 骨格定一世貧富, 部位定一世消長, 形神定更改, 氣色定當年吉凶, 此四件俱準, 各有一用. 依前三十六法, 一一細看, 無不應驗.

대왈, 골격은 일생의 빈부를 정하고 부위는 일생의 성쇠를 정하지만 형신은 이를 바꿀 수 있습니다. 기색으로는 당년의 길흉을 보는데 이 네 가지 모두가 기준이 되고 각기 적용되는 범위가 있습니다. 먼저 36법에 의거하여 하나하나 자세히 살핀다면 영험치 않음이 없습니다.

기색축시유변, 가의후축년생극, 축월궁빈, 축일기절, 구기사응어모궁, 당용모월모일가득. 하방가구, 하방가피, 의법용심, 귀신막측, 가탈천기야.

氣色逐時有變, 可依後逐年生克, 逐月宮份, 逐日氣節, 求其事應於某宮, 當用某月某日可得. 何方可求, 何方可避, 依法用心, 鬼神莫測, 可奪天機也.

기색은 때에 따라 변화가 있으므로 그 해의 생극을 따르고 월궁 부위를 따르고 하루의 기의 변화를 따르면 그 일이 어떤 궁에 나타나는지 찾아 어느 달 어느 날 얻을 수 있는지, 어떤 방향에서 구할 수 있으며, 어떤 방향에서 피할 수 있는지를 알게 되어 법도에 따라 마음을 쓴다면 귀신도 알지 못하는 경지이니 하늘의 기밀을 빼앗을 수 있는 것입니다.

상환호간기색, 혹자난간, 하이변지?
**相還好看氣色, 或者難看, 何以辨之?**

상이 좋아도 기색을 보는데, 어떤 것들은 보기 어려운데 무엇으로서 판단해야 하는가?

대왈, 상유만천변, 기능용이. 기색불과일리, 기위난호. 루루간상, 흠진전실학, 고차호리유천리지차.
**對曰, 相有萬千變, 豈能容易. 氣色不過一理, 豈爲難乎. 屢屢看相, 欠眞傳實學, 故此毫釐有千里之差.**

대왈, 상에는 만 가지 천 가지 변화가 있으니 어찌 쉬울 수 있겠습니까. 그러나 기색은 한 가지 이치에 불과한데 어찌 어렵겠습니까. 누누이 상을 살펴도 참되게 전수된 실학이 아니라면 이것은 털끝만 한 것이 천 리의 차이가 있는 것입니다.

부지궁분, 불식생극, 불명도리, 부득안력, 부지하위기하위색, 하위길하위흉, 이하방가탈, 하일가견. 총연부득결법, 난이진명.
**不知宮分, 不識生克, 不明道理, 不得眼力, 不知何爲氣何爲色, 何爲吉何爲凶, 以何方可脫, 何日可見. 總然不得訣法, 難以盡明.**

궁을 분별할 줄 모르고 생극을 알지 못하면 도리를 밝힐 수 없고 안력을 얻지 못한다면, 어떤 것이 기이고 어떤 것이 색인지, 어떤 것이 길한 것이며 어떤 것이 흉한 것인지 어떤 방향이 흉함을 피할 수 있는지, 어느 날 만날 수 있는지 알 수 없습니다. 결론적으로 이러한 비결 법을 얻지 못하면 명백하게 알기는 어려운 것입니다.

오행하위생극?
## 五行何爲生克?

오행은 어떻게 생극하는가?

대왈, 목형인고의수국, 토형인득금위기, 화형인의득목국. 목형신발필부, 금형인홍윤신영, 수약서방필귀, 목우금즉빈천, 토형일수즉사, 금형일반난생.

對曰, 木形人故宜水局, 土形人得金爲奇, 火形人宜得木局. 木形身發必富, 金形人紅潤身榮, 水若西方必貴, 木遇金則貧賤, 土形一瘦卽死, 金形一胖難生.

대왈, 목형인은 수국이 좋으며, 토형인은 金을 얻어야 좋으며 화형인은 목국을 얻어야 좋습니다. 목형은 몸이 좋아지면 반드시 부가 이르게 되며 금형이 홍색으로 윤택한 빛을 띠면 몸에 영화가 이르며, 수형인이 西方(金氣)을 얻으면 반드시 귀를 누리게 됩니다. 木이 金을 만나면 빈천하게 되고 토형이 몸이 마르면 죽게 되며 금형이 살찌면 살기 어렵습니다.

수형기혐토극, 금형준홍다둔. 사목불목난귀, 사금불금난영, 사수불수반호, 사토불토안영. 오행절기범극, 생부가이위영.

水形忌嫌土克, 金形準紅多迍. 似木不木難貴, 似金不金難榮, 似水不水反好, 似土不土安榮. 五行切忌犯克, 生扶可以爲榮.

수형은 土의 극함을 꺼리고 싫어하며 금형은 준두가 붉어지면 막히는 일이 많습니다. 木 같아도 木이 아니면 귀하기 어렵고 金 같아도 金이 아니면 영화를 누리기 어려우며, 水 같지만 水가 아니면 좋을 수 없고 土 같아도 土가 아니면 어찌 영화를 누리겠습니까. 오행은 절대로 꺼리는 것이 극을 범하는 것이며 생하고 도와야 영화를 누릴 수 있습니다.

**오관지중, 소기하일관대, 하일관소?**
## 五官之中, 所忌何一官大, 何一官小?

오관 가운데 어찌해서 일관은 크고 일관은 작은 것을 꺼리는가?

**대왈, 범오관구의정직평균, 불의편함소삭, 소의자구활순홍, 소기자비량기절, 안대불가로신, 이대최요정후. 비소자자재난취, 구소자일세무량.**
對曰, 凡五官俱宜正直平勻, 不宜偏陷小削, 所宜者口闊脣紅, 所忌者鼻梁起節, 眼大不可露神, 耳大最要正厚. 鼻小者資財難聚, 口小者一世無糧.

대왈, 오관은 모두 바르고 곧으며 균형을 이루어야 좋습니다. 기울고 움푹하고 작거나 깎인 것은 좋지 않습니다. 좋은 것은, 입이 넓고 입술이 붉은 것이며, 꺼리는 것은 비량에 마디가 일어난 것입니다. 눈이 크면 눈동자의 신광이 밖으로 드러나면 좋지 않고, 귀가 크면 반드시 반듯하고 두터워야 합니다. 코가 작은 사람은 재물이 모이기 어렵고 입이 작으면 일생 양식이 없습니다.

미의고불가저타, 안기소, 우기편사. 구기첨, 우혐순박. 안소자불기미경, 안대자불혐미중.

眉宜高不可低墮, 眼忌小, 又忌偏斜. 口忌尖, 又嫌脣薄. 眼小者不忌眉輕, 眼大者不嫌眉重.

눈썹은 높은 것이 좋고 낮아서는 안 됩니다. 눈은 작은 것을 꺼리고 또한 비뚤어지고 사시를 꺼립니다. 입은 뾰족한 것을 꺼리고 입술이 얇은 것은 좋지 않습니다. 눈이 작은 사람은 눈썹이 가벼운 것을 꺼리지 않고 눈이 큰 사람은 눈썹이 진한 것이 나쁘지 않습니다.

무관자불의비대, 면대자절기량저. 구활불의로치. 안대불가부광. 미축불의안대, 이소최파미축.

無顴者不宜鼻大, 面大者切忌梁低. 口闊不宜露齒. 眼大不可浮光. 眉蹙不宜眼大, 耳小最怕眉蹙.

관골이 없는 사람은 코가 큰 것이 좋지 않으며 얼굴이 큰 사람은 비량이 낮은 것을 절대 꺼립니다. 입이 넓으면 치아가 드러난 것이 좋지 않고, 눈이 크면 눈빛이 들떠서는 안 됩니다. 눈썹이 오그라든 사람은 눈이 큰 것이 좋지 않고 귀가 작은 사람은 눈썹이 오그라든 것이 가장 두렵습니다.

면상호유일처파패, 가유기부?

## 面相好有一處破敗, 可有忌否?

얼굴의 상이 좋아도 한 부분이 잘못되어 있다면 꺼리는 점이 있는가 없는가?

대왈, 주신상하십이궁삼십륙법, 약유일처실함, 난이언기전복. 유십이건미중생오지법.

對曰, 週身上下十二宮三十六法, 若有一處失陷, 難以言其全福. 有十二件美中生惡之法.

대왈, 사람의 몸에는 상하로 12궁 36법이 있습니다. 만약 한 부분이라도 잘못되고 함몰되었다면 온전하게 복을 갖추었다고 말하기 어렵습니다. 그래서 12건의 아름다움 가운데 좋지 않은 점을 보는 법이 있습니다.

두수원무뇌, 일세불능성립. 천정고발여초, 일세하천우완.

頭雖圓無腦, 一世不能成立. 天停高髮如草, 一世下賤愚頑.

비록 머리가 둥글어도 뒷머리가 없다면 일생 성공할 수 없고, 천정이 높아도 머리털이 풀 같으면 일생 하천하고 어리석으며 고집스럽습니다.

안수청쌍미압, 일세불능성립. 이수정연여면, 일세우완지렬.

眼雖淸雙眉壓, 一世不能成立. 耳雖正軟如綿, 一世愚頑志劣.

눈이 맑아도 두 눈썹이 누르면 일생 성공할 수 없고, 귀가 비록 반듯해도 부드럽기가 솜 같다면 일생 어리석고 고집스러우며 의지가 약합니다.

**양수고산근함, 일생난망취재. 준수원정조대, 일생난망취재.**
梁雖高山根陷, 一生難望聚財. 準雖圓井竈大, 一生難望聚財.

비량이 비록 높아도 산근이 함몰되었다면 일생 재물 모이기를 바라기 어렵고, 준두가 비록 둥글어도 콧구멍이 크다면 일생 재산이 모이기를 바라기 어렵습니다.

**관수고좌우불배, 주일생고독. 순수홍윤치소소, 범사무성.**
顴雖高左右不配, 主一生孤獨. 脣雖紅潤齒疏少, 凡事無成.

관골이 비록 높아도 좌우가 균형을 이루지 못하면 일생 고독하고, 입술이 비록 붉고 윤택해도 치아가 성글고 적다면 모든 일을 이룰 수 없습니다.

**항수원쌍미종, 주일생빈한. 복수후상대하소, 일생불발.**
項雖圓雙眉縱, 主一生貧寒. 腹雖厚上大下小, 一生不發.

목이 비록 둥글어도 두 눈썹이 늘어졌다면 일생 빈한하며, 배가 비록 두터워도 위가 크고 아래가 작다면 일생 운이 발하지 않습니다.

**둔수대첨궁불평, 일생노고. 장수후상무문, 일생우천.**

臀雖大尖弓不平，一生勞苦．掌雖厚上無紋，一生愚賤．

둔부가 비록 커도 뾰족하여 활을 당겨놓은 듯 평평치 않다면 일생 노고가 많고, 손바닥이 비록 두터워도 위에 주름이 없으면 일생 어리석고 천합니다.

차십이건, 약범일건, 종유진평지모, 장량지재, 역불능발적. 고차막이미오이언호, 상중비결, 유절제지법, 인막지지.

此十二件，若犯一件，縱有陳平之貌，張良之才，亦不能發積．故此莫以美惡而言好，相中秘訣，有折除之法，人莫知之．

이 12가지 가운데 한 가지라도 해당하면 비록 진평의 외모와 장량의 재주를 지녔다 해도 역시 기개를 펴고 업적을 쌓기는 불가능합니다. 그러므로 이것은 미추로서 좋다고 말할 수 없는 것입니다. 상 가운데의 비결이니 깎고 덜어내는 법칙이 있어도 사람들이 그것을 알지 못합니다.

*진평(?-BC178): 한대의 정치가로 항우의 부하였으나 후에 유방을 섬겨 한나라 통일에 공을 세웠다. 좌승상이 되어 여공(呂公)이 죽은 후 주발(周勃)과 함께 여씨 일가를 죽이고 문제를 옹립하였다.

*장량(?-BC186): 유방의 군사(軍師)로 자가 자방(子房)이었으므로 흔히 장자방으로 불린다. 명문 집안 출신으로 유방의 휘하에 들어가 유방의 한나라 통일에 크게 공헌하였으며 유후(留侯)에 책봉되었다. 후일 스스로 자리에서 물러나 은둔함으로써

토사구팽(兎死狗烹)의 화를 면했다.

시운, 일면앙연호오관, 신평체정기신관, 국중약유사수파, 일세무성백사난.
詩云, 一面昂然好五官, 身平體正氣神寬, 局中若有些須破, 一世無成百事難.

시에 이르길 '얼굴이 의연하며 오관이 좋고 몸이 평평하고 체격이 반듯하며 氣와 神이 관대해도 격국 가운데 이처럼 파상이 있다면 일생 성공하지 못하고 백사가 어렵다'라고 했습니다.

과어주색즉기색난변, 하이능정화복?
過於酒色則氣色難辨, 何以能定禍福?

주색이 과하면 기색을 판별하기 어려운데 어떻게 화복을 판단할 수 있는가?

대왈, 범인과어주, 불과피상조체, 과어색, 불과삼양삼음조체, 불가간위재화. 범남자유색, 삼양청, 여인유색, 쇄양골청, 부재별처, 유차위험, 소이불관화복.
對曰, 凡人過於酒, 不過皮上燥滯, 過於色, 不過三陽三陰燥滯, 不可看爲災禍. 凡男子有色, 三陽靑, 女人有色, 鎖陽骨靑, 不在別處, 惟此爲驗, 所以不關禍福.

대왈, 술이 과한 사람은 피부의 겉이 마르고 체한 것에 불과하며 색이 과한 사람은 삼양과 삼음이 마르고 체한 것에 불과하므로 이것을 재난이나 화로 볼 수 없습니다.

남자는 색이 있었으면 삼양이 푸르고, 여자는 색이 있었으면 쇄골이 푸르니 다른 부위에 달린 것이 아닙니다. 이는 매우 영험한 것입니다. 그런 까닭으로 이는 화복과 관계가 없습니다.

범미용주색재리, 이용주색재표, 환의서법일일각궁세사, 무불응험, 기가이주색오인대사.

凡未用酒色在裏, 已用酒色在表, 還依書法一一各宮細查, 無不應驗, 豈可以酒色誤人大事.

주색에 관한 기색이 피부의 안쪽에 있는 것은 쓰지 않고 주색에 관한 기색이 피부 밖으로 나타난 것을 씁니다. 예로부터 전해지는 상법에 의해 각 궁을 하나하나 세심하게 살핀다면 응험하지 않음이 없습니다. 어찌 주색이 사람의 큰일을 잘못되게 할 수 있겠습니까.

선생왈, 여초유절성, 부도강남, 후래도하, 견과이상이색수십만의, 미상오인지사, 재창하기년, 작차일책삼본, 분위천지인.

先生曰, 予初遊浙省, 復到江南, 後來都下, 見過異相異色數十萬矣, 未嘗誤人之事, 在窗下幾年, 作此一冊三本, 分爲天地人.

선생께서 말씀하시길 '내가 처음 절강성을 유람하고 다시 강남에 도착했다가 뒤에 수도에 왔는데, 각기 다른 상과 다른 색의 사람 수십만을 보았으나 일찍이 사람의 일을 그르친 적이 없었다. 창 아래에서 몇 년 동안 이 한 권의 책 3본을 지어 天地人으로 나누었다.

상본가지인귀천궁통, 중본가지인당년길흉화복, 하본가지미래휴구, 자손지성쇠. 범상진차사십이결지중의.

上本可知人貴賤窮通, 中本可知人當年吉凶禍福, 下本可知未來休咎, 子孫之盛衰. 凡相盡此四十二訣之中矣.

상본으로는 사람의 귀천과 운의 막하고 통함을 알 수 있고, 중본으로는 사람의 당년 길흉화복을 알 수 있으며, 하본으로는 미래의 길흉과 자손의 성쇠를 알 수 있다. 무릇 상의 내용은 이 42결 가운데 모두 기술했다.

우부백문재외, 자고선생래, 간차백문지후, 심생혜법, 찰리추정, 누누견인, 불급유장상법신이.

又附百問在外, 自高先生來, 看此百問之後, 心生慧法, 察理推情, 屢屢見人, 不及柳莊相法神異.

또한 〈영락백문〉 뒤에 붙였다'라고 했다. 고선생이 와서 이 〈영락백문〉 뒤의 내용을 보고 마음에 슬기로운 법이 생겨, 이치를 살피고 정황을 미루어 누누이 사람을 보았으나 《유장상법》의 신묘함에 미치지 못했다.

후고공장차서여진동사장야광, 후야광귀호, 재부전세, 원본간판, 고유장상법전어세.

後高公將此書與秦動士張野狂, 後野狂歸湖, 再不傳世, 原本刊板, 故柳莊相法傳於世.

후에 고공이 이 책을 진(秦)의 동사(動士) 장야광과 함께 가졌는데, 후에 야광이 호남으로 돌아갔으므로 다시 세상에 전해지지 않게 되었으나, 원본을 판에 새겼으므로 유장상법이 세상에 전해지게 되었다.

고공후래탄왈, 오자학십수년이래, 이집이서견과, 미상견차, 낭연명백, 돈오현기, 작매창일편부이기지.

高公後來嘆曰, 吾自學十數年以來, 異集異書見過, 未嘗見此, 朗然明白, 頓悟玄機, 作梅窓一篇賦以紀之.

고공이 후에 와서 탄식하여 이르기를 '내가 스스로 십수년 공부한 이래 이책 저책을 보았으나 이 책 만한 것을 보지 못하였다. 확실하고 명백하여 깊고 오묘한 이치를 갑자기 깨우쳤기에 매화 피는 창가에서 한편의 부를 지어 실마리로 삼으려 한다.

부왈, 대재인신, 생물지체, 합호천지, 일기이생, 선관격국규모, 차변오행강약, 불가불찰, 십이궁중, 불가불관, 일백부위.

賦曰, 大哉人身, 生物之體, 合乎天地, 一氣而生, 先觀格局規模, 次辨五行強弱, 不可不察, 十二宮中, 不可不觀, 一百部位.

부왈, 위대하다. 사람의 몸은 살아있는 물체로서 천지와 합하여 한가지 기로써 태어나니 먼저 격국의 규모를 살피고, 다음으로 오행의 강약을 판별한다. 12궁을 살피지 않을 수 없고, 일백 부위를 관찰하지 않을 수 없다.

대개지수간격국, 세구환의찰오관, 형신요배, 격국요강, 관부요정, 기색요윤, 부위요고, 삼정요평, 궁궁불의결함, 부부불가문흔.

大概只須看格局，細究還宜察五官，形神要配，格局要強，官府要停，氣色要潤，部位要高，三停要平，宮宮不宜缺陷，部部不可紋痕．

대체적으로 반드시 격국을 보고, 오관을 살펴 세밀히 연구하는데, 形과 身이 균형을 이루고, 격국은 강건해야 한다. 오관과 육부는 균형을 이루고 기색은 윤택해야 하며, 부위는 높아야 하고 삼정은 균형이 맞아야 한다. 12궁은 이지러지거나 함몰되어서는 좋지 않고, 각 부위에 주름이나 흉터가 있어서는 안 된다.

목대미금, 조작동량지기, 수후득토, 방위복수지인, 화극금형, 도저난언유수, 수생목격, 필수환요성명.

木帶微金，造作棟樑之器，水厚得土，方爲福壽之人，火克金形，到底難言有壽，水生木格，必須還要成名．

木形인이 약간의 金氣를 띠었으면 큰 인물이 되고, 몸이 두터운 수형인이 土氣를 얻으면 복과 장수를 누리는 사람이다. 火의 극을 받는 금형인은 장수한다고 말하기 어렵다. 水가 木格을 생하면 반드시 명성을 이룬다.

오행득생왕, 가보일생현달. 일국실기원, 난문일세영명.

五行得生旺，可保一生顯達．一局失其垣，難問一世榮名．

오행의 왕성한 생을 얻으면 일생 현달을 유지하고, 일국이 그 본원을 잃으면 일생 영화와 명성을 묻기 어렵다.

두원발수, 필시청고지사. 체정복수, 정위안락지인. 미고이용, 도로득인흠경.

**頭圓髮秀, 必是淸高之士. 體正腹垂, 定爲安樂之人. 眉高耳聳, 到老得人欽敬.**

머리가 둥글고 모발이 청수하면 반드시 맑고 고상한 선비이다. 몸이 바르고 배가 늘어졌으면 틀림없이 편안하고 즐겁게 살 사람이다. 눈썹이 높고 귀가 높이 붙어 있으면 나이 들어 남들에게 존경을 받을 사람이다.

인윤량고, 일생친근고인. 준대심회덕행, 양저파조이종. 안대약무광채, 위인촉천년, 결범형명.

**印潤梁高, 一生親近高人. 準大心懷德行, 梁低破祖離宗. 眼大若無光彩, 爲人促天午, 決犯刑名.**

인당이 윤택하고 콧대가 높으면 일생 높은 지위에 있는 사람과 친근할 사람이다. 준두가 크면 마음속에 덕행을 품고, 콧대가 낮으면 조상의 가업을 망치고 떠날 사람이다. 눈이 큰데 광채가 없으면 수명이 짧고 형벌을 당할 사람이다.

이대구여일촬, 사구귀음. 비대자독혐공로, 구대자최요유릉각.

**耳大口如一撮, 四九歸陰. 鼻大者獨嫌孔露, 口大者最要有棱角.**

귀가 큰데 입이 오므라들면 49세에 죽는다. 코가 큰 사람은 콧구멍이 드러나면 좋지 않고, 입이 큰 사람은 입술

경계와 입 끝이 분명해야 한다.

안황자, 남부절기, 순홍자, 남녀편의. 면함다상골육, 권고반호위비.

**眼黃者, 男婦切忌, 脣紅者, 男女偏宜. 面陷多傷骨肉, 顴高反好爲非.**

눈이 누런 것을 남녀 모두 절대로 꺼리고, 입술이 붉은 것은 남녀 모두 좋다. 얼굴이 움푹하면 골육을 잃는 일이 많지만, 관골이 높으면 괜찮다.

창고배당위재상, 보필명일품수조, 변지기하수불부, 사벽암나망지비.

**倉庫配當爲宰相, 輔弼明一品隨朝, 邊地起何愁不富, 四壁暗羅網之非.**

천창 지고가 균형을 이루고 당당하면 재상이 되고, 이마의 보각이 밝으면 일품 관리로 조정에 서게 된다. 변지가 일어났으면 부자가 안 된다고 어찌 근심하며, 4벽이 어두우면 법망에 걸리게 된다.

비소면대, 하수구리? 미저안함, 일세신근. 양조공창고함, 하년발복? 두피고혈불윤, 일재귀음.

**鼻小面大, 何須求利? 眉低眼陷, 一世辛勤. 兩灶空倉庫陷, 何年發福? 頭皮枯血不潤, 一載歸陰.**

코가 작고 얼굴이 크면 어찌 이로움을 구하랴? 눈썹이 낮고 눈이 깊으면 일생 고생스럽다. 두 콧구멍이 비고 콧방울이 움푹하면 어느 해에 발복하랴? 두피가 마르고 혈이 윤택하지 않으면 1년 후에 죽게 된다.

만면색방광유활, 위인하천차시우몽. 빈미제청생과목, 위인정대, 겸유현처.
滿面色放光油滑, 爲人下賤且是愚蒙. 鬢眉齊淸生過目, 爲人正大, 兼有賢妻.

만면의 색이 기름을 바른 듯 번들번들 빛나면 사람됨이 하천하고 어리석다. 구레나룻과 눈썹이 가지런하고 맑으며 눈보다 길면 사람됨 바르고 대범하며 현명한 처를 얻게 된다.

상정장일생부족, 중정장재록풍영, 약시하정일활, 위관필지상서.
上停長一生富足, 中停長財祿豐盈, 若是下停一闊, 爲官必至尙書.

상정이 길면 일생 부가 족하고, 중정이 길면 재물과 복록이 풍족하고, 하정이 넓으면 관리가 되어 반드시 상서 벼슬에 이른다.

여무살인지면, 유원환작부인. 비함아동무뇌, 유수역불창영. 일일노신, 지인부근노골. 시시비력, 개인혈암피조.
女無殺人之面, 有顴還作夫人. 鼻陷兒童無腦, 有壽亦不昌榮. 日日勞神, 只因浮筋露骨. 時時費力, 皆因血暗皮粗.

여자가 사람 죽이는(과부가 되는) 얼굴이 아닌데, 관골이 있으면 고관의 부인이 된다. 코가 함몰된 아이가 뒤통수가 없으면 장수해도 창성하거나 영화를 누리지 못한다. 하루하루 힘들게 사는 것은 힘줄이 들뜨고 뼈가 드러났기 때문이다. 계속 힘만 허비하는 것은 모두 혈색이 어둡고 피부가 거칠기 때문이다.

둔첨고소, 기득안신지처? 신혼목암, 중년파패경가. 안약부광, 남녀범음다간사. 비량노절, 여형남파일생빈.

臀尖股小, 豈得安身之處? 神昏目暗, 中年破敗傾家. 眼若浮光, 男女犯淫多奸事. 鼻梁露節, 女刑男破一生貧.

엉덩이가 뾰족하고 다리가 가늘면 어찌 몸을 편안히 할 곳을 얻으랴? 神이 어둡고 눈이 어두우면 중년에 실패하고 집안이 기운다. 눈에 들뜬 빛이 있으면 남녀 모두 음란하고 간사한 일이 많다. 비량에 마디가 드러났으면 여자는 형벌을 당하고 남자는 실패해서 일생이 가난하다.

두첨액삭, 일세분주. 요편피박, 도로고단. 순흔치로, 차빈차요.

頭尖額削, 一世奔走. 腰偏皮薄, 到老孤單. 脣掀齒露, 且貧且夭.

머리 정수리가 뾰족하고 이마가 깎였으면 일생 고생스럽고, 허리가 기울고 피부가 얇으면 나이 들어서 고독하다. 입술이 말려 올라가고 치아가 드러나면 가난하고 요절한다.

목사근단, 왈천왈간. 권골고, 상하요배. 준두대, 정조요제. 성가자, 시원육후, 패가자, 반이축미.

目斜根斷, 曰賤曰奸. 顴骨高, 上下要配. 準頭大, 井灶要齊. 成家子, 腮圓肉厚, 敗家子, 反耳蹙眉.

눈이 사시이고 산근이 끊겼으면 천하고 간사하다. 관골이 높으면 상하(천창 지고)가 균형을 이뤄야 한다. 준두가 크면 콧구멍과 콧방울이 균형을 이뤄야 한다. 집안을 일으키는 자식은 턱이 둥글고 살이 두텁고, 집안을 실패할 자식은 귀가 뒤집히고 눈썹이 오그라들었다.

당가부, 배평요활, 난가부, 체세신경. 요세편사, 하수문복? 취첨순백, 삼십조형.

當家婦, 背平腰闊, 亂家婦, 體細身輕. 腰細偏斜, 何須問福? 嘴尖脣白, 三十早刑.

집안을 이끌어갈 부인은 등이 평평하고 허리가 넓고, 집안을 어지럽힐 부인은 몸이 가늘고 몸놀림이 가볍다. 허리가 가늘고 몸이 기울었으면 어찌 복을 묻겠는가? 입 끝이 뾰족하고 입술이 희면 30세에 일찍 남편을 형상한다.

일면호상, 요편필수음란. 인평순후, 모추필산기영. 소아신왕, 하수관애?

一面好相, 腰偏必須淫亂. 印平脣厚, 貌醜必産奇英. 小兒神旺, 何愁關隘?

얼굴 상이 좋아도 허리가 기울면 반드시 음란하고, 인당이 평평하고 입술이 두터우면 모습이 추해도 반드시 훌륭한 자식을 낳는다. 소아가 神이 왕성하면 어찌 운이 막힐까 근심하랴?

부녀성청, 가배양인. 일품이품이상, 일시난변, 삼품사품, 인평체정, 기족신

유장상법정해

청, 오륙칠팔, 두원복수, 배후요풍.

婦女聲淸, 可配良人. 一品二品異相, 一時難辨, 三品四品, 印平體正, 氣足神淸, 五六七八, 頭圓腹垂, 背厚腰豐.

부녀자가 음성이 맑으면 훌륭한 사람을 짝으로 맞을 수 있고, 1품과 2품의 상은 다르니 일시에 분별하기 어렵다. 3품 4품은 인당이 평평하고 몸이 바르며 기가 족하고 神이 맑아야 한다. 5·6·7·8품은 머리가 둥글고 배가 늘어지며 등은 두텁고 허리가 풍성해야 한다.

오장오단수배, 오대오소요균. 상수일체, 이유만분, 일시난변, 재론분명.

五長五短須配, 五大五小要勻. 相雖一體, 理有萬分, 一時難辨, 再論分明.

머리와 사지의 오장오단은 반드시 균형이 맞아야 하고, 오관의 오대오소도 균형을 이뤄야 한다. 상은 비록 일체이지만 이치는 만 가지로 나뉘니 일시에 분별하기 어렵고 다시 분명하게 논해야 한다'라고 했다.

선생욕귀전리, 불수작록금백. 영락사이녹유백주, 유전백무, 귀은절월, 사호류장선생.

先生欲歸田里, 不受爵祿金帛. 永樂賜以綠柳百株, 腴田百畝, 歸隱浙越, 賜號柳莊先生.

선생께서 농촌으로 돌아가고자 하여 작록과 재물을 받지 않으셨다. 영락황제께서 푸른 버드나무 100주와 기름진 밭 100무를 하사하셨다. 돌아가 절월땅에 은거하시자 유장선생이라는 호를 하사하셨다.

후고공사모, 청지선구차, 부지조관, 고공친왕절월, 단견선장, 한임록수, 호요유전, 화홍유녹, 취죽반송, 감억부진, 우견문현금자, 호례홍패.

後高公思慕, 請旨宣九次, 不至朝關, 高公親往浙越, 但見仙莊, 閒臨綠水, 戶繞腴田, 花紅柳綠, 翠竹盤松, 感憶不盡, 又見門懸金字, 戶列紅牌.

후에 고공이 사모하여 9차례 상소를 올렸으나 조정에 오지 않으셨다. 고공께서 친히 절월로 갔으나 다만 신선이 머무는 듯한 장원과 한가로운 푸른 물이 앞을 두르고, 집을 두른 기름진 밭과 붉은 꽃, 푸른 버들, 비취빛 대나무와 반송이 보였다. 감회와 추억을 다하지 못하였는데, 문에 金자와 창문에 홍패를 단 것이 보였다.

고공탄왈, 오수급제, 백불급일의. 주수월이귀, 후작고풍일도, 이풍전장지경.

高公嘆曰, 吾雖及第, 百不及一矣. 住數月而歸, 後作古風一道, 以諷田莊之景.

고공이 탄식하여 "내가 비록 과거에 급제했으나 백 가지 가운데 한 가지도 미치지 못했다"라고 했다. 몇 달을 머물고 돌아와 후에 고풍의 도로써 전장의 경치를 읊었다.

사왈, 담연청정, 화복난침, 혹기화리, 일사불수. 흑기약천오규, 신함유명.

辭曰, 湛然淸靜, 禍福難侵, 或氣和離, 一事不遂. 黑氣若穿五竅, 身陷幽冥.

辭로서 이르노니, 맑고 청정하면 화와 복이 침범하기 어렵다. 혹 기가 온화함을 떠나면 한 가지 일도 성취하지 못한다. 흑기가 다섯 구멍으로 이어지면 몸이 유명에 빠진다.

왕기여범삼태, 녹종천강. 거관견봉적색, 여동임교쟁, 사서쌍권견홍색, 이형제경쟁, 시고천정백기, 춘수구설형상.

旺氣如犯三台, 祿從天降. 居官見逢赤色, 與同任交爭, 士庶雙顴見紅色, 而兄弟競爭, 是故天停白氣, 春愁口舌刑傷.

왕성한 기운이 삼태(관골과 코)를 범하면 관록이 하늘에서 내려온다. 관직에 있는 사람이 적색을 만나면 동료와 다투게 되고, 선비나 서인이 양 관골에 홍색이 나타나면 형제간에 다투게 된다. 그리고 천정에 백기가 나타나면 봄에 근심과 구설이 있거나 형상을 당한다.

지각흑운, 추파교쟁사송. 간문황기, 인간이상연성혼.

地閣黑雲, 秋怕交爭詞訟. 奸門黃氣, 因奸而尙然成婚.

지각에 검은 구름이 끼면 가을에 서로 다투거나 송사가 두렵다. 간문에 황색 기운이 있으면 간사한 일로 인해 결혼한다.

처부흑운, 고구이간변피도. 적색기침주령, 주색망신, 염광파현음궁, 방처산액.

妻部黑雲, 故舊而間變被盜. 赤色忌侵酒令, 酒色亡身, 炎光怕見陰宮, 防妻產厄.

처부(간문)에 검은 구름이 끼면 오랜 친구가 중간에 변하여 도적을 당하게 된다. 적색이 주령에 침범하는 것을 꺼리니, 주색으로 죽게 된다. 불꽃 같은 빛이 음궁(간문)에 나타나는 것이 두려우니, 처의 산액을 방비하라.

청색생어안하, 필시처첩자여지우. 백기장어비두, 수유부모곤중지복.

青色生於眼下, 必是妻妾子女之憂. 白氣長於鼻頭, 須有父母昆仲之服.

청색이 눈 아래 나타나면 반드시 처첩이나 사녀로 인한 근심이 있게 된다. 백기가 준두에 나타나고 오래가면 반드시 부모나 형제의 상복을 입게 된다.

중앙토색, 봉홍이종견재앙. 청황신색, 종홍이필무다우.

中央土色, 逢紅而終見災殃. 青黃神色, 縱紅而必無多憂.

중앙의 土色이 홍색을 만나면 미침내 재앙을 만나게 된다. 청황의 신묘한 색이 있으면 비록 홍색이 있어도 반드시 큰 근심이 없게 된다.

천중흑무, 퇴관실직. 인당흑색, 이도지수. 연상색황, 즉봉관작.

天中黑霧, 退官失職. 印堂黑色, 移徙之愁. 年上色

**黃, 卽封官爵.**

천중의 검은 안개는 관직에서 물러나고 실직하며, 인당의 흑색은 이동(移動)으로 인한 근심이 있게 된다. 연상에 황색은 관작(높은 벼슬)에 봉해진다.

수상색홍, 처필쟁경. 연상횡문적흑, 혹우부모혹우신.

**壽上色紅, 妻必爭競. 年上橫紋赤黑, 或憂父母或憂身.**

수상의 홍색은 처가 반드시 다투게 되고, 연상의 적색 흑색의 가로 주름은 부모로 인한 근심이나 자신의 근심이 있게 된다.

수상황색홍운, 일희자손일희록. 백위사상, 적내관재, 흑위병환지우, 청위경욕지사.

**壽上黃色紅雲, 一喜子孫一喜綠. 白爲死喪, 赤乃官災, 黑爲病患之憂, 靑爲驚辱之事.**

수상에 황색과 홍색 구름이 나타나면 자손으로 기쁘고 관록으로 기쁘다. 백색은 죽고 상을 당하며, 적색은 관재, 흑색은 병과 우환의 근심이, 청색은 놀라고 욕을 당하는 일이 있게 된다.

안하흑색이쟁송, 미상황명이수복. 흑여유말, 인명다상.

**眼下黑色而爭訟, 眉上黃明而受福. 黑如油抹, 人命多傷.**

눈 아래 흑색은 다툼과 송사가 있고, 눈썹 위에 밝은 황색은 복을 받지만, 기름을 바른 듯 검으면 인명의 손상이 많다.

황사토수, 재백광취. 홍황입어면상, 다인칙사금백.

**黃似土酥, 財帛廣聚. 紅黃入於面上, 多因勅賜金帛.**

연유(치즈)처럼 황색이면 재산이 널리 모이게 되고, 홍황한 색이 얼굴로 들어가면 재물을 하사받게 된다.

연상흑무영천악, 정견관중이초책. 어미문청간사패.

**年上黑霧映天嶽, 定見官中而招責. 魚尾紋青奸事敗.**

연상의 검은 안개가 이마를 비추면 반드시 관직에서 책임 추궁을 당하게 되고, 어미에 푸른 주름이 나타나면 간사한 일로 실패하게 된다.

준두황명녹위성. 흑연연상, 여정초재. 청입인중, 남수패업.

**準頭黃明祿位成. 黑連年上, 女定招災. 青入人中, 男須敗業.**

준두의 밝은 황색은 관록의 자리가 이루어지고, 흑색이 연상으로 이어지면 여자는 반드시 재앙을 만난다. 청색이 인중으로 들어가면 남자는 반드시 사업을 실패한다.

화상기어백두, 우병장재미산. 발제황명, 구관이득, 비공암흑, 간사난성.

**禍喪起於白頭, 憂病長在眉山. 髮際黃明, 求官易得, 鼻孔暗黑, 幹事難成.**

화와 상을 당하는 것은 이마가 희기 때문이고, 근심과 병이 긴 것은 눈썹에 있다. 발제의 밝은 황색은 관직을 구해 쉽게 얻는다. 콧구멍이 어두워지면 하는 일이 이루어지기 어렵다.

현벽진홍, 인노마이쟁강. 누당황색, 주엄류이막득.
懸壁眞紅, 因奴馬而爭强. 淚堂黃色, 主淹留而莫得.

현벽의 진홍색은 노비나 말(馬)로 인해 다투게 되고, 누당의 황색은 오래 걸려도 얻지 못한다.

용궁흑자, 좌해자이우해녀. 미상백광, 좌손부이우손모.
龍宮黑子, 左害子而右害女. 眉上白光, 左損父而右損母.

용궁(눈자위)의 검은 점은 좌측은 아들에게 해롭고 우측은 딸에게 해롭다. 눈썹 위의 흰빛은 좌측은 아버지를 잃고 우측은 어머니를 잃는다.

산근적관쌍목, 방화촉혈광지액. 흑운기응천악, 주식색욕지우.
山根赤貫雙目, 放火燭血光之厄. 黑雲氣應天嶽, 酒食色慾之憂.

산근의 적색이 두 눈으로 이어지면 화재와 핏빛의 액을 방비하라. 검은 구름 기운이 이마로 응하면 술과 음식, 색욕으로 인한 근심이 있게 된다.

구관진직, 삼태상필광명. 재퇴관재, 오악중이흑암. 소구대득, 개천정양각분명.

求官進職, 三台上必光明. 財退官災, 五嶽中而黑暗. 小求大得, 蓋天庭兩角分明.

관직을 구하여 나가는 것은 반드시 삼태의 빛이 밝기 때문이며, 재물이 물러가고 관재가 있는 것은 오악이 검고 어둡기 때문이다. 작게 구해도 크게 얻는 것은 천정과 일월각이 분명하기 때문이다.

불노이성, 인난대사방명정. 인당황색여유엽조변지, 구십왈삼품등단.
不勞而成, 因蘭台四方明淨. 印堂黃色如柳葉朝邊地, 九十日三品登壇.

고생하지 않고 성공하는 것은 난대 사방이 밝고 맑기 때문이며, 인낭의 황색이 버들잎처럼 번두리로 향하면 90일 내 당상관에 오른다.

고광자기, 색광명어천중, 일년간병부배상. 역마자기, 사십왈내유소인백사. 약승도지인, 지반년내응.
高廣紫氣, 色光明於天中, 一年間兵符拜相. 驛馬紫氣, 四十日內有小人百事. 若僧道之人, 至半年內應.

고광(이마)의 자색기운이 나타나고 색이 빛나고 밝게 천중에 나타나면 일 년 내 절도사나 재상에 임명된다. 역마의 자색기운은 40일 내 소인의 백 가지 일이 있게 된다. 승려나 도사는 반년 이내 응하게 된다'

## 五行象說 오행상설

부인생천지지간, 불출오행지외, 기병음양, 난도생극지중. 천유오행, 금목수화토, 인유오행지근본, 심간비폐신. 심화, 간목, 비토, 폐금, 신수, 내오행지근본.

夫人生天地之間, 不出五行之外, 氣秉陰陽, 難逃生克之中. 天有五行, 金木水火土, 人有五行之根本, 心肝脾肺腎. 心火, 肝木, 脾土, 肺金, 腎水, 乃五行之根本.

무릇 사람은 하늘과 땅 사이에 태어나고 오행의 밖으로 벗어날 수 없으며, 기는 음양을 타고 생극 속에서 벗어날 수 없다. 하늘에 오행이 있으니 金木水火土이다. 사람에게는 오행의 근본이 있으니 심장과 간장·비장·폐·신장이다. 심장은 火, 간장은 木, 비장은 土, 폐는 金, 신장은 水로써 이것이 오행의 근본이다.

이목미구비, 내오행지묘, 기색내오행지변화. 욕지화복, 수지변화지기, 욕식길흉, 진재오행생극.

耳目眉口鼻, 乃五行之苗, 氣色乃五行之變化. 欲知禍福, 須知變化之機, 欲識吉凶, 盡在五行生克.

귀·눈·눈썹·입·코는 오행의 싹이며, 기색은 오행의 변화이다. 화와 복을 알고자 하면 반드시 변화의 기미를 알아야 하고 길흉을 알고자 하는 것은 오행의 생극을 극진히 하는 것에 있다.

홍적자색속화, 내심지묘. 청속목, 간지묘, 황속토, 비지묘, 백속금, 폐지묘, 흑속수, 신지묘.

紅赤紫色屬火, 乃心之苗. 青屬木, 肝之苗, 黃屬土, 脾之苗, 白屬金, 肺之苗, 黑屬水, 腎之苗.

홍적자색은 火에 속하니 이것은 심장의 싹이며, 청색은 木에 속하니 간장의 싹이다. 황색은 土에 속하니 비장의 싹이고, 백색은 金에 속하니 폐의 싹이다. 흑색은 水에 속하니 신장의 싹이다.

색종희노애락소발, 환유주식소발, 환유본경강약소발, 하색발어모궁, 즉응모사, 혹재내외표리, 대소사정, 여하지형, 사사물물, 유만단지이.

色從喜怒哀樂所發, 還有酒食所發, 還有本經強弱所發, 何色發於某宮, 卽應某事, 或在內外表裏, 大小斜正, 如何之形, 事事物物, 有萬端之異.

색은 희노애락·술과 음식에 따라 나타나며, 또한 오장의 본경락의 강약에 따라 나타난다. 어떤 색이 어떤 궁에 나타나는가에 따라 어떤 일에 응하고, 혹은 안과 밖이나 겉과 속, 크고 작음과 기울었는가 바른가, 어떤 형태인가에 따라 여러 가지 일과 사물의 만 가지 단서가 있는 것이다.

단길흉전빙오색위주, 언화복재일면지내, 약부득법, 공비력의.

斷吉凶全憑五色爲主, 言禍福在一面之內, 若不得法, 空費力矣.

유장상법정해

길흉 판단은 모두 오색을 위주로 하고, 화와 복을 말하는 것은 얼굴 안에 있으니 이 법도를 알지 못하면 헛되이 힘만 허비하게 된다.

부기색지사유이분, 일왈기, 이왈색. 기재리, 색재외, 부량자위광, 불위기, 색활자위염, 불위부광. 범인지의기색, 불의부광활염.

夫氣色之事有二分, 一曰氣, 二曰色. 氣在裏, 色在外, 浮亮者爲光, 不爲氣, 色滑者爲艶, 不爲浮光. 凡人只宜氣色, 不宜浮光滑艶.

기색에 관한 것은 두 가지로 나누는데, 첫째는 氣이고 둘째는 색이다. 기는 안에 있고 색은 밖에 있다. 들뜨고 밝은 것은 빛이지 기가 아니다. 색이 미끄러운 것은 염(艶: 곱다)이지 들뜬 빛이 아니다. 사람에게는 기색이라야 좋고 들뜬 빛이나 미끄럽고 고운 것은 좋지 않다.

후유사수만금해설, 면유일백부위소설, 외유간사시십이궁소지명. 우유일반인면교궁과한, 길흉성숙부위, 환가일백이십대소부위, 공유이백사십사법.

後有四首萬金解說, 面有一百部位小說, 外有看四時十二宮所地名. 又有一盤人面交宮過限, 吉凶星宿部位, 還加一百二十大小部位, 共有二百四十四法.

뒤에 〈만금가〉 네 수를 지어 해설하고, 얼굴의 1백 부위 설과 밖으로 보는 사철과 12궁 부위 이름이 있다. 또한 얼굴 12궁의 경계와 속한 일, 길흉성수 부위와 1백 20 대소부위 등 모두 244법이 있다.

궁궁유론, 법법유결, 관자비세심지사, 부득침지, 차비속우소용, 역비탐명도리지인소학, 내상통천문, 하합음양자, 방능어차, 후득지사, 불능인착.

宮宮有論, 法法有訣, 觀者非細心之士, 不得侵之, 此非俗愚所用, 亦非貪名圖利之人所學, 乃上通天文, 下合陰陽者, 方能語此, 後得之士, 不能認錯.

각궁마다 설명이 있고, 법칙마다 비결이 있으니 세심히 살피는 선비가 아니면 터득할 수 없다. 이것은 속세의 어리석은 자들이 쓸 수 있는 것이 아니며, 명예와 이익을 탐하는 사람이 배울 바가 아니다. 위로는 천문에 통하고 아래로는 음양과 합하는 자라야 비로소 이것을 말할 수 있으니 뒤에 배우는 선비는 어지럽게 알아서는 안 된다.

## 四時氣色　사철기색

가왈, 춘청정향삼양취, 하계환당인내구, 추천지관연수상, 동래지각백광부.

歌曰, 春青定向三陽取, 夏季還當印內求, 秋天只觀年壽上, 冬來地閣白光浮.

봄에는 청색을 삼양에서 취하고, 여름에는 인당에서 구하며, 가을에는 연상·수상을 살피고 겨울이 오면 지각에 흰 빛이 밝게 나타나는지를 살펴라.

차내고법, 춘천만물발생, 의청재삼양지상. 하일화왕, 의홍자재산근인당.

此乃古法, 春天萬物發生, 宜青在三陽之上. 夏日火旺, 宜紅紫在山根印堂.

이것은 옛날 방법이니, 만물이 발생하므로 청색이 삼양에 있는 것이 좋고, 여름에는 화기가 왕성하므로 홍색·자색이 산근과 인당에 있는 것이 좋다.

추천금왕, 의황백발어토성. 동일수왕, 고관지각수성, 의백의명, 차내대개, 역혹불험.

秋天金旺, 宜黃白發於土星. 冬日水旺, 故觀地閣水星, 宜白宜明, 此乃大概, 亦或不驗.

가을에는 金氣가 왕성하므로 황색 백색이 토성에 나타나는 것이 좋고, 겨울에는 水기가 왕성하므로 지각과 수성(입 주변)을 보는데 희고 밝은 것이 좋다. 이것은 대체적으로 그런 것이지 절대적인 것은 아니다.

환득십이월사고사편사정위주, 진술축미위사고, 자오묘유위사정, 인신사해위사편, 외욕구간모사, 즉재본궁상간, 후유세법의완지.

還得十二月四庫四偏四正爲主, 辰戌丑未爲四庫, 子午卯酉爲四正, 寅申巳亥爲四偏, 外欲求看某事, 卽在本宮上看, 後有細法宜玩之.

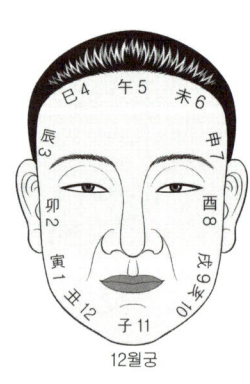

12달 보는 부위와 사고·사편·사정을 위주로 한다. 진술축미(辰戌丑未)는 사고(四庫)이고, 자오묘유(子午卯酉)는 사정(四正)이며, 인신사해(寅申巳亥)는 사편(四偏)인데, 어떤 일에 관한 것을 보고자 하면 본궁을 본 후 자세한 법칙으로 살펴야 한다.

부기색, 내오장육부지묘, 유청황흑자적백지분. 청색내간경발, 다재삼양와잠어미, 차수처재청색지궁, 여발재춘천, 반득사소리.

夫氣色, 乃五臟六腑之苗, 有青黃黑紫赤白之分. 青色乃肝經發, 多在三陽臥蠶魚尾, 此數處在青色之宮, 如發在春天, 反得些小利.

기색은 오장육부의 싹으로 청·황·흑·자·적·백색으로 분류한다. 청색은 간장 경락에서 발하는 것으로 삼양·와잠·어미에 많이 나타나며, 이 부위들은 청색의 궁이다. 봄에 조금 나타나면 작은 이로움이 있다.

여발재천정인당, 칠일주사. 발재비두, 일연내사. 발재연수, 주암질. 발재쌍이, 주곤고파가. 발재구각지각, 일월수종. 발재변지, 주견련관옥.

如發在天庭印堂, 七日主死. 發在鼻頭, 一年內死. 發在年壽, 主暗疾. 發在雙耳, 主困苦破家. 發在口角地閣, 一月壽終. 發在邊地, 主牽連官獄.

청색이 천정과 인당에 나타나면 7일 후에 죽고, 준두에 나타나면 1년 이내 죽는다. 연상·수상에 나타나면 질병을 앓게 된다. 두 귀에 나타나면 곤궁하고 고생스러우며 집안이 깨어지게 된다. 구각과 지각에 나타나면 1달 후에 죽는다. 천창 지고에 나타나면 감옥에 가게 된다.

단재본궁, 불과주다우, 차청불구하처, 지의명량환부방, 불의암체, 여암체즉흉.

但在本宮, 不過主多憂, 此青不拘何處, 只宜明亮還不妨, 不宜暗滯, 如暗滯卽凶.

그러나 청색이 나타나야 할 본궁(부위)에 있으면 걱정이 많은 것에 불과하다. 청색은 어느 곳을 막론하고 밝고 맑으면 해롭지 않지만, 어둡고 체한 기색이면 흉하다.

황색내토성, 인당본위. 범황색내비토지장기, 다발재인당토성. 서운, 홍황만면발, 가재자안강. 청황발비, 필득횡재묘발, 불오대사.

黃色乃土星, 印堂本位. 凡黃色乃脾土之壯氣, 多發在印堂土星. 書云, 紅黃滿面發, 家財自安康. 青黃發鼻, 必得橫財妙發, 不誤大事.

황색은 토성의 색으로 인당이 본래의 위치이다. 황색은 비장 土氣의 강성한 기운으로 인당과 토성에 많이 나타난다. 책에 이르기를 '홍황한 색이 만면에 나타나면 가정과 재물로 편안하고, 청황한 색이 코에 나타나면 반드시 횡재하는 좋은 일이 생기며 만사 잘못됨이 없다'라고 했다.

홍황색독희토성, 기외구불의발. 인당황환의유홍방묘, 약홍불응야불리. 약삼십전후금목형인, 인당홍황방득발재.

紅黃色獨喜土星, 其外俱不宜發. 印堂黃還宜有紅方妙, 若紅不應也不利. 若三十前後金木形人, 印堂紅黃方得發財.

홍황한 색은 다만 토성에 나타나는 것이 기쁘고, 그 외 부위에 나타나는 것은 모두 좋지 않다. 인당에 황색과 홍색이 나타나면 좋고, 홍색이 없으면 이롭지 않다. 30세 전후의 금형인과 목형인은 인당에 홍황한 색이 나타나면 재운(財運)을 얻는다.

사구지외, 수토형인, 득차반주대패. 황발변성, 난언유수. 황발구각, 즉사무생, 차색발어기외, 연명유휴, 기가언구모득성?

四九之外，水土形人，得此反主大敗．黃發邊城，難言有壽．黃發口角，卽死無生，此色發於其外，連命有虧，豈可言求謀得成？

49세 넘은 수형인이나 토형인은 오히려 크게 실패한다. 황색이 변지에 나타나면 수명이 길다고 말하기 어렵고, 황색이 구각에 나타나면 곧 죽게 되어 살 수 없다. 그 외의 부위에 나타나면 목숨이 위태로우니 어찌 도모하고 성공할 수 있겠는가?

황색약재삼육구십이월, 발재본궁, 방허재리, 고진술축미, 내토지궁분. 진월의청황, 술월의백황, 미월의홍황, 축월의백암황색방호.

黃色若在三六九十二月，發在本宮，方許財利，故辰戌丑未，乃土之宮分．辰月宜青黃，戌月宜白黃，未月宜紅黃，丑月宜白暗黃色方好．

황색이 3·6·9·12월에 그 달의 궁(부위)에 나타나면 재운이 있어 이로운데, 辰戌丑未는 土의 궁이다. 辰月은 청황색이 좋고 戌月은 백황색이 좋으며, 未月은 홍황색이 좋고, 丑月은 희고 어두운 황색이 좋다.

## 春夏秋冬 춘하추동 기색

범적색내홍색소변, 인조렬이득, 다재준두연수, 기외색소. 하월지기연수. 적주재병구설, 하월인다발적색, 독기연수, 역주유구설재병, 기외준두구불기.

凡赤色乃紅色所變, 因燥烈而得, 多在準頭年壽, 其外色少. 夏月只忌年壽. 赤主災並口舌, 夏月人多發赤色, 獨忌年壽, 亦主有口舌災病, 其外準頭俱不忌.

적색은 홍색이 변한 것인데 마르고 짙어져서 나타나는 것으로 준두와 연상 수상에 많이 나타나고 그 외 부위에 나타는 일이 적다. 여름에 연상·수상에 나타나면 재해와 구설이 있게 된다. 여름에는 적색이 많이 나타나지만, 연상·수상에 나타나는 것이 좋지 않아서 구설과 재해·질병이 있게 된다. 준두에 나타나는 것은 나쁘지 않다.

약춘추동삼계, 적색불구하궁, 역산흉재. 고적색구재피외, 홍자색필재피내, 경주구설, 중주신망.

若春秋冬三季, 赤色不拘何宮, 亦產凶災, 故赤色俱在皮外, 紅紫色必在皮內, 輕主口舌, 重主身亡.

봄·가을·겨울 3계절에는 적색이 어느 부위에 나타나든지 흉함과 재액을 당하게 된다. 그러므로 적색은 피부 밖에 있고, 홍자색은 피부 안쪽에 있는데 가벼우면 구설이 있고 심하면 죽게 된다.

화토양형인, 환면일반, 금목형인대기, 수형인수불기, 홍역기적색위재.

火土兩形人, 還免一半, 金木形人大忌, 水形人雖不忌, 紅亦忌赤色爲災.

화형인과 토형인은 화를 반은 면하게 된다. 금형인·목형인은 크게 좋지 않고, 수형인은 비록 꺼리지 않는다 해도 홍색은 좋지 않고 적색은 재앙이 된다.

자색여적색, 대불상동, 시심경발, 홍색소변화. 범자색다발생재인당, 삼음삼양천정, 범자색구시재희지색, 취처생자, 독의자색, 방득성사.
紫色與赤色, 大不相同, 是心經發, 紅色所變化. 凡紫色多發生在印堂, 三陰三陽天停, 凡紫色俱是財喜之色, 娶妻生子, 獨宜紫色, 方得成事.

자색은 적색은 매우 다른데, 심장의 경락에서 발하는 것으로 홍색이 변화한 것으로 인당과 삼음·삼양·천정에 많이 나타난다. 자색은 모두 재운과 기쁨이 있는 색으로 처를 얻고 자식을 낳게 되며 자색이 나타나면 일이 성공하게 된다.

자색불현, 난허성처생자, 발어모처, 응기사대리, 지불의발어수성상하, 즉주대경시비.
紫色不現, 難許成妻生子, 發於某處, 應其事大利, 只不宜發於水星上下, 則主大驚是非.

자색이 나타나지 않으면 처를 얻고 자식을 낳기 어렵다. 어떤 부위에 나타나는가에 따라 그 일로 인해 큰 이로움이 있게 된다. 수성 상하에 나타나는 것은 좋지 않은데, 크게 놀라고 시비가 있게 된다.

홍색내심경정색, 고주재희, 홍색다발재인당관준삼처, 기외홍색소. 범홍의명윤, 혹일삼일립일사위묘, 여두여미, 욕성삼사오칠위묘.

紅色乃心經正色, 故主財喜, 紅色多發在印堂顴準三處, 其外紅色少. 凡紅宜明潤, 或一糝一粒一絲爲妙, 如豆如米, 欲成三四五七爲妙.

홍색은 심장 경락의 정색이므로 재물로 인한 기쁨이 있다. 홍색은 인당 관골 준두 세 곳에 나타나는 일이 많고, 그 외는 홍색이 적다. 무릇 홍색은 밝고 윤택한 것이 좋고 쌀가루나 쌀알, 실오라기 같이 나타나는 것이 좋고, 콩이나 곡식과 같은 것은 3·4·5·7개라야 좋다.

불의체일대편, 내외구응, 내발재지색, 춘하최의, 추동불의.

不宜滯一大片, 內外俱應, 乃發財之色, 春夏最宜, 秋冬不宜.

체한 기색이 큰 조각으로 나타나면 좋지 않고, 안과 밖이 함께 응해야 재운이 발하는 색이다. 봄여름에 가장 좋고 가을 겨울은 좋지 않다.

흑내수색, 신경소발, 불구하처재화. 여화형인득지, 약명양주발. 흑성점자, 내방광지색, 주삼칠일내사.

黑乃水色, 腎經所發, 不拘何處災禍. 如火形人得之, 若明亮主發. 黑成點者, 乃膀胱之色, 主三七日內死.

흑색은 水의 색으로 신장 경락에서 발하는 것이며 어느 곳을 막론하고 재앙과 화가 있게 된다. 만약 火形人에게 흑색이 나타나고 밝고 맑으면 재운이 발한다. 흑색이 점으로 나타나는 것은 방광의 색으로 21일 내 죽게 된다.

**병인발백주생, 약흑색일개, 황색일지즉사. 범노년인병, 대기황생구각, 불기흑색.**

病人發白主生，若黑色一開，黃色一至卽死. 凡老年人病，大忌黃生口角，不忌黑色.

병자는 백색이 나타나면 살게 되고, 흑색으로 덮였다가 황색이 나타나면 곧 죽게 된다. 노인의 병에는 입 끝에 황색이 나타나는 것을 크게 꺼리고 흑색은 꺼리지 않는다.

**백색일발주사. 목형토형, 면다백광, 주대불상. 백색발각부위, 구불의, 독희지각, 동월위묘, 기여별월불의.**

白色一發主死. 木形土形，面多白光，主大不祥. 白色發各部位，俱不宜，獨喜地閣，冬月爲妙，其餘別月不宜.

백색이 나타나면 죽게 되는데, 木形 土形인 사람에게 얼굴에 흰빛이 많이 나타나면 크게 좋지 않다. 백색이 각 부위에 나타나도 모두 좋지 않다. 다만 지각에 나타나는 것이 좋지만 겨울은 좋고 그 나머지 다른 달에는 좋지 않다.

**우발재모부위상, 여성점성사, 주유효복, 산자환불방, 점약두대, 사약신잠, 산즉불기.**

又發在某部位上，如成點成絲，主有孝服，散者還不妨, 點若豆大, 絲若新蠶, 散卽不忌.

또한 어떤 부위에 나타나는가에 따라 점이나 실처럼 나타나면 상복을 입게 되지만 흩어지면 해롭지 않다. 흰점이 콩처럼 크거나 누에에서 새로 뽑은 실과 같아도 흩어지면 꺼리지 않는다.

암색내탁색, 상승불분오장, 횡생만면, 표리불명, 불분궁위, 고왈암색.
暗色乃濁色, 上升不分五藏, 橫生滿面, 表裏不明, 不分宮位, 故曰暗色.

어두운색은 탁한 색으로 오장의 기운이 나눠지 않고 위로 올라온 것이다. 만면에 가로질러 나타나고 안과 밖이 밝지 않으며 어떤 궁 부위가 나눠지지 않으므로 어두운색이라고 한다.

서운, 색암구년주대곤, 소사불수다마. 적다위암, 청황다역위암, 삼년외방개.
書云, 色暗九年主大困, 所事不遂多磨. 赤多爲暗, 靑黃多亦爲暗, 三年外方開.

책에 이르기를 '색이 어두우면 9년간 곤궁하고 매사 뜻대로 되지 않으며 고생이 많다.'고 했다. 적색이 많으면 어두운 것이고 청황이 많으면 어두운 것으로 3년이 지나야 비로소 열리게 된다.

체색내하원탁기, 피토불화, 오장부조, 고차색체. 토형인수불기, 연역요대득운. 약암역불묘, 일체요구년 방개. 만면체색, 일생빈곤.

滯色乃下元濁氣, 皮土不和, 五藏不調, 故此色滯. 土形人雖不忌, 然亦要帶得潤. 若暗亦不妙, 一滯要九年方開. 滿面滯色, 一生貧困.

체한 색은 아래 단전의 탁한 기운으로 피부와 살이 조화를 이루지 못하고 오장이 고르지 않으므로 색이 체한 것이다. 토형인은 비록 꺼지리 않지만 윤택해야 한다. 어두운 것은 좋지 않아서 한번 체하면 9년이 지나야 비로소 열리게 되며, 만면의 색이 체하면 일생 빈곤하다.

고인운, 신혼기체, 빈궁지한, 정차위야. 우유일법, 노불의명, 소불의암, 색체불방.

古人云, 神昏氣滯, 貧窮之漢, 正此謂也. 又有一法, 老不宜明, 少不宜暗, 色滯不妨.

옛사람이 이르기를 '신이 어둡고 기가 체하면 빈궁한 사람이다.'라고 한 것이 바로 이것을 이른 것이다. 또 한가지 법칙이 있으니, 노인은 밝은 것이 좋지 않고 어린 사람은 어두운 것이 좋지 않으며 색이 체한 것은 해롭지 않다.


## 分月論 분월론

정월기색재인궁상, 내호이귀래주령주지상, 의청백명윤, 방시정색, 욕성점성립방호, 여암체불명, 차월불리.

正月氣色在寅宮上, 乃虎耳歸來酒令酒池上, 宜清白明潤, 方是正色, 欲成點成粒方好, 如暗滯不明, 此月不利.

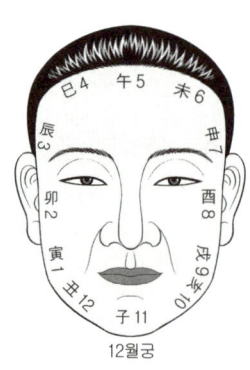

정월 기색은 寅궁에 있으니 호이·귀래·주령·주지이다. 맑은 백색이나 밝고 윤택한 것이 좋아서 그것이 정색이다. 점이나 쌀가루 같은 것이 좋고 어둡고 체하고 밝지 않은 것은 이달에 불리하다.

시왈, 정월인궁백대청, 전재적취희중중. 홍색일래방화적, 황수실탈흑관형.

詩曰, 正月寅宮白帶靑, 錢財積聚喜重重. 紅色一來防火賊, 黃須失脫黑官刑.

詩로써 이르노니, 정월 寅궁에 희고 푸른 기색을 띠면 돈과 재물이 쌓이고 모여 기쁨이 거듭된다. 홍색이 한번 오면 화재와 방비하고 황색이 나타나면 재물을 잃고 흑색은 형벌을 당한다.

이월재묘궁상, 간평안각, 부도관골변명문, 연안하와잠, 양산악상하좌우간, 의청색발외, 불의재내, 의성일편, 불의성점.

二月在卯宮上, 看平眼角, 不到顴骨邊命門, 連眼下臥蠶, 兩山嶽上下左右看, 宜靑色發外, 不宜在內, 宜成一片, 不宜成點.

2월은 卯궁에 있으니 눈꼬리와 일렬로 보며 관골 변 명문에 이르지는 않는다. 눈 아래 와잠과 이어지고 양 관골 상하좌우를 본다. 청색이 밖으로 나타나야 좋고 안에 있는 것은 좋지 않으며, 한 조각을 이뤄야 좋고 점처럼 나타나면 좋지 않다.

범기색독이월만물발생성편, 재외위묘, 기백흑암황적, 불기홍자.
凡氣色獨二月萬物發生成片, 在外爲妙, 忌白黑暗黃赤, 不忌紅紫.

기색은 다만 2월에 만물 발생이 작은 것처럼 밖으로 나타나야 좋고 백색·흑색·어두운 황색과 적색은 꺼리며, 홍색과 자색은 꺼리지 않는다.

시왈, 묘궁본월최의청, 명대홍황희자생, 일적일황동악계, 수지차월유재성.
詩曰, 卯宮本月最宜靑, 明大紅黃喜自生, 一赤一黃東嶽界, 須知此月有災星.

詩로서 이르노니, 卯宮의 본월은 청색이 가장 좋고 밝고 큰 홍황한 색은 기쁨이 자연히 생긴다. 붉고 누른 색이 동악의 경계(관골 주위)에 나타나면 반드시 알라. 이달에는 재앙이 있게 됨을.

삼월진궁, 내천창복당역마조정, 천문교외, 우미미상간, 의황암윤, 기백명흑, 삼월기색, 황대미홍위묘.
三月辰宮, 乃天倉福堂驛馬吊庭, 天門郊外, 右眉尾上看, 宜黃暗潤, 忌白明黑, 三月氣色, 黃帶微紅爲妙.

3월 辰宮은 천창·복당·역마·조정·천문·교외로써 우측 눈썹 꼬리 위를 본다. 어두운 황색으로 윤택한 것이 좋고, 희고 밝고 검은 것은 꺼린다. 3월 기색은 황색에 조금 홍색을 띤 것이 좋다.

시왈, 삼월천창지취황, 홍래상응시영창, 백색형상시효복, 청지자기유재앙.
詩曰, 三月天倉只取黃, 紅來相應是榮昌, 白色刑傷是孝服, 靑至自己有災殃.

詩로써 이르노니, 3월은 천창에서 다만 황색을 취하니 홍색이 와서 서로 응하면 영화롭고 번창한다. 백색은 형상을 당하고 상복을 입게 되며, 청색이 이르면 자신에게 재앙이 있게 된다.

사월사궁재채하주서호골상, 지월각하, 지삼음상간, 기색의홍자광채위묘, 유화의왕불의쇠약, 소이요홍명.
四月巳宮在彩霞奏書虎骨上, 至月角下, 至三陰上看, 其色宜紅紫光彩爲妙, 惟火宜旺不宜衰弱, 所以要紅明.

4월 巳궁은 채하·주서·호골 위에서 월각 아래까지이며, 두 눈 위까지를 본다. 그 색이 홍색·자색으로 빛이 아름다우면 좋고, 홍색은 왕성해야 좋고 쇠약하면 좋지 않으니 홍색이 밝아야 하기 때문이다.

약암약체, 주재병, 흑주사, 청주형험, 황주실탈, 백주효복.
若暗若滯, 主災病, 黑主死, 靑主刑險, 黃主失脫, 白主孝服.

어둡고 체했으면 재액과 질병이 있고, 흑색이면 죽는다.

청색은 형벌과 험한 일을 당하고 황색은 재물을 잃게나 관직에서 물러나고 백색이면 상복을 입게 된다.

시왈, 사궁화왕지의홍, 청색다침여범형, 흑지오조암대사, 근방재파자상친.
詩曰, 巳宮火旺只宜紅, 靑色多侵與犯刑, 黑至五朝暗帶死, 謹防災破自傷親.

詩로써 이르노니, 巳宮은 화기가 왕성하니 다만 홍색이 좋고, 청색이 많이 침범하면 형벌을 당하며, 흑색이 오악에 어둡게 나타나면 죽게 되고, 재앙으로 자신이 실패하고 육친을 잃게 됨을 삼가 방비하라.

오월오궁, 재채하상지일각, 불급삼양, 연인변좌미수상간, 색의홍자, 미황불방, 미청유파, 미백불방, 미흑유위.
五月午宮, 在彩霞上至日角, 不及三陽, 連印邊左眉首上看, 色宜紅紫, 微黃不妨, 微靑有破, 微白不妨, 微黑有危.

5월의 午宮은 채하(눈썹) 위에서 일각에 이르고 삼양(눈)에는 미치지 않으며 인당 옆 좌측 눈썹 머리 위까지를 본다. 색은 홍색 자색이 좋고 엷은 황색도 해롭지 않다. 엷은 청색은 좋지 않고 엷은 백색은 해롭지 않으며 엷은 흑색은 위태로움이 있다.

유자홍적, 내화지정색, 최파수, 수불의흑백청암. 우운, 오월인당의화왕, 고하간인내시야.
惟紫紅赤, 乃火之正色, 最怕水, 水不宜黑白靑暗. 又云, 五月印堂宜火旺, 故夏看印內是也.

오직 자색 홍색 적색은 火의 정색으로 가장 水를 두려워하고, 水는 흑색 백색 청색과 어두운 것이 좋지 않다. 또한 이르노니, 5월의 인당은 火가 왕성한 것이 좋다. 그러므로 여름에는 인당을 보는 것이다.

시왈, 오월지궁지요홍, 자환유희적평평, 약생암색급청백, 불파가사급범형.
詩曰, 午月之宮只要紅, 紫還有喜赤平平, 若生暗色及青白, 不破家事及犯刑.

詩로써 이른다. 午月의 궁은 홍색이 좋고 자색 또한 기쁨이 있고, 적색은 보통이다. 만약 어두운색이나 청색 백색이 나타나면 집안의 일을 파하지 않으면 형벌을 당하게 된다.

유월미궁, 색재천창, 미내화쇠지월, 토왕지위, 고의자황, 불의별색, 전자전황, 십팔일수의, 관천사첩, 상리인흥.
六月未宮, 色在天倉, 未乃火衰之月, 土旺之位, 故宜紫黃, 不宜別色, 全紫全黃, 十八日遂意, 官遷士捷, 商利人興.

6월 未궁은 색이 천창에 있으니 未월은 화기가 쇠하는 달이다. 土氣가 왕성한 위치이므로 자색 황색이 좋고 다른 색은 좋지 않다. 모두 자색이거나 황색이 나타나면 18일 후에 뜻을 이룬다. 관리는 승진하고 선비는 벼슬길에 나가며 상인은 이득이 있고 식구가 늘어난다.

여독자역난, 독황위차, 기청암백색위상, 적색불기, 흑색최혐.

如獨紫亦難, 獨黃爲次, 其青暗白色爲傷, 赤色不忌, 黑色最嫌.

자색만 나타나기 어렵고 황색만 나타나는 것은 차선(次善)이다. 청색 어두운색, 백색은 손상이 있고 적색은 꺼리지 않으며 흑색이 가장 좋지 않다.

시왈, 미월염염화기쇠, 황광자기필위재. 청암내침성조체, 약화봉금정유재.

詩曰, 未月炎炎火氣衰, 黃光紫氣必爲財. 青暗來侵成阻滯, 弱火逢金定有災.

詩로써 이른다. 未月은 불꽃같은 火氣가 소약해지므로 황색 빛이나 자색 기운은 반드시 재운이 된다. 푸르고 어두운색이 와서 침범하면 어렵고 막하게 되는 것은 약한 火氣가 金을 만나면 재앙이 되기 때문이다.

칠월신궁연삼양하와잠명문, 욕황욕백, 욕명욕윤, 위재희, 불욕체암, 홍적즉위대재.

七月申宮連三陽下臥蠶命門, 欲黃欲白, 欲明欲潤, 爲財喜, 不欲滯暗, 紅赤則爲大災.

7월 申宮은 삼양 아래와 와잠·명문으로 이어지는데, 황색·백색·밝고 윤택하면 재물로 기쁨이 있게 된다. 체하고 어둡지 않아야 하고 홍색·적색은 큰 재앙이 된다.

불욕흑, 필황백황명방묘, 칠월전십일교후십일퇴, 신금관사, 기요강장, 색요선명즉길.

不欲黑, 必黃白黃明方妙, 七月前十日交後十日退, 申金管事, 氣要強壯, 色要鮮明則吉.

검지 않아야 하고 반드시 누른 백색이나 밝은 황색이라야 좋다. 7월 전 10일 시작되어 7월 지난 10일 후까지 해당한다. 申金이 일을 주관하려면 기가 강하고 굳세야 하고 색은 선명해야 길하다.

시왈, 칠월신궁기취강, 우의명윤우의황. 흑암적청다건체, 위관거직사민앙.
詩曰, 七月申宮氣取強, 又宜明潤又宜黃. 黑暗赤青多蹇滯, 爲官去職士民殃.

詩로써 이른다. 7월의 申宮은 기가 강한 것을 취하고 밝고 윤택한 것이나 황색이 좋다. 흑색이나 어두운색·적색·청색은 곤경에 처하고 막히는 일이 많은데, 관리는 관직을 잃고 선비와 백성에겐 재앙이 있다.

팔월유궁, 간좌관동악상하부위, 여정월부위상동, 불의흑암청홍적, 독희황명윤위미. 팔월화기퇴, 금기성, 인기생, 하수용적용홍.
八月酉宮, 看左顴東嶽上下部位, 與正月部位相同, 不宜黑暗青紅赤, 獨喜黃明潤爲美. 八月火氣退, 金氣成, 人氣生, 何須用赤用紅.

8월 酉宮은 좌측 관골 동악 상하 부위를 보는데, 정월(寅月) 부위를 보는 것과 같다. 흑색·어두운색·청색·홍색·적색은 좋지 않고, 다만 황색과 밝고 윤택한 것이 좋다. 8월은 화기가 물러가고 金氣가 완성되며 사람에게 생기가 도니 어찌 적색이나 홍색을 쓰겠는가.

부독차궁, 만면기색구의황백명량, 약범일변홍적, 즉주구설, 범청암, 즉주재앙.

不獨此宮, 滿面氣色俱宜黃白明亮, 若犯一邊紅赤, 卽主口舌, 犯青暗, 卽主災殃.

이 궁(酉宮)만이 아니고 만면의 기색은 황색·백색·밝고 맑은 것이 좋다. 만약 한 부위에 홍색이나 적색이 나타나면 구설이 있게 되고, 청색이나 어두운색이 나타나면 재앙이 있게 된다.

시왈, 유월추금지애명, 약환암체유재형, 불독본궁의황색, 만면구의황차명.

詩曰, 酉月秋金只愛明, 若還暗滯有災刑, 不獨本宮宜黃色, 滿面俱宜黃且明.

詩로써 이른다. 酉월 가을의 金은 다만 밝은 것을 좋아하는데, 만약 어둡고 체하면 재액과 형벌을 당하게 된다. 본궁(酉宮)만의 황색이 좋은 것이 아니고 만면은 모두 황색과 밝은 것이 좋다.

구월술궁, 간우지고귀래, 식창녹창시위, 의홍황, 주대재희.

九月戌宮, 看右地庫歸來, 食倉祿倉腮位, 宜紅黃, 主大財喜.

9월 戌궁은 우측 지고와 귀래·식창·녹창 시위를 보는데, 홍색·황색이 좋아서 재물로 인해 큰 기쁨이 있다.

불의청흑, 적암주유대재, 연황의재외, 홍의재내방호, 약황내홍외역기.
不宜青黑, 赤暗主有大災. 然黃宜在外, 紅宜在內方好, 若黃內紅外亦忌.

청색이나 흑색은 좋지 않고 적색이나 어두운색은 큰 재앙이 있게 된다. 그러나 황색은 밖에 있는 것이 좋고, 홍색은 안에 있는 것이 좋다. 만약 황색이 안에 있고 홍색이 밖에 있으면 좋지 않다.

시왈, 술궁토왕요황명, 내현홍광득화성, 약시적홍구재외, 자재모산주허경.
詩曰, 戌宮土旺要黃明, 內現紅光得火星, 若是赤紅俱在外, 資財耗散主虛驚.

詩로서 이른다. 戌宮은 土氣가 왕성하므로 황색과 밝아야 하고, 안으로 홍색 빛이 나타나면 火星을 얻은 것이며, 적색과 홍색이 밖으로 나타나면 재물이 흩어지고 놀라는 일이 있게 된다.

시월해궁, 간해당변지평, 구각지창지각, 백색위재, 적색위재, 황주병사, 흑청역기.
十月亥宮, 看頦堂邊地平, 口角地倉地閣, 白色爲財, 赤色爲災, 黃主病死, 黑青亦忌.

10월 亥宮은 아래턱과 그 옆으로 일직선으로 구각과 지고·지각을 보는데, 백색은 재물이 되고 적색은 재앙이 되며, 황색은 질병이나 죽게 되고 흑색과 청색도 좋지 않다.

부구위수성, 불의암체, 해내수위, 최혐황래, 유피지일점흑색위묘, 기백색역요명윤, 약점점립립, 대불리야.

夫口爲水星, 不宜暗滯, 亥乃水位, 最嫌黃來, 惟陂池一點黑色爲妙, 其白色亦要明潤, 若點點粒粒, 大不利也.

무릇 입은 水星으로 어둡고 체한 기색은 좋지 않다. 亥는 水의 위치이니 황색이 오는 것을 가장 싫어한다. 다만 피지에 한점 흑색이 좋고 백색은 밝고 윤택해야 한다. 점점으로 나타나거나 쌀알들처럼 나타나면 크게 이롭지 않다.

시왈, 해궁수계기의명, 색요광윤일편성, 일점황광일점백, 약비대병즉관형.

詩曰, 亥宮水季氣宜明, 色要光潤一片成. 一點黃光一點白, 若非大病卽官刑.

詩로써 이른다. 亥宮은 水의 계절이니 기가 밝은 것이 좋고 색은 밝고 윤택한 한 조각으로 이루어져야 한다. 한 점의 황색 빛이나 한 점의 흰빛이 나타나면 큰 질병이 아니면 관청의 형벌을 당하게 된다.

십일월자궁, 동해위일양, 색역의백, 불기청흑, 유기홍황급반점적암, 일양지후.

十一月子宮, 同亥位一樣, 色亦宜白, 不忌靑黑, 惟忌紅黃及斑點赤暗, 一陽之後.

11월 子宮은 亥宮 부위와 같이 보는데, 색은 흰 것이 좋고 청색이나 흑색은 꺼리지 않고, 다만 홍색이나 황색, 반점·적색과 어두운색이 일양(一陽: 동짓날) 후에 나타나는 것이 좋지 않다.

고불기청, 수지정위, 고불기흑, 약여묵여주이자, 즉우주사의.

故不忌靑, 水之正位, 故不忌黑, 若如墨如珠二者, 則又主死矣.

그러므로 청색은 꺼리지 않으니 水의 정위이므로 흑색도 꺼리지 않는다. 만약 먹(墨)이나 구슬 같은 두 가지가 나타나면 죽게 된다.

시왈, 이양자위간수진, 각궁금계요분명, 차궁독혐황적암, 여주여묵수원종.

詩曰, 二陽子位看須眞, 各宮禁界要分明, 此宮獨嫌黃赤暗, 如珠如墨壽元終.

詩로써 이른다. 소한(小寒) 이후 子월의 위치는 참되게 보아야 한다. 각 궁의 경계는 분명해야 한다. 이 궁(子宮)은 다만 황색과 적색, 어두운색이 좋지 않고, 구슬이나 검은 먹처럼 나타나면 수명을 마치게 된다.

십이월축궁, 역재하고, 의청의암의황, 불의체흑, 역인적흑태중, 방성체색, 정요인진지위, 독자축이궁상련, 불요차착.

十二月丑宮, 亦在下庫, 宜靑宜暗宜黃, 不宜滯黑, 亦因赤黑太重, 方成滯色, 定要認眞地位, 獨子丑二宮相連, 不要差錯.

12월 丑궁도 아래턱에 있다. 청색과 어두운색, 황색이 좋고 체한색이나 흑색은 좋지 않다. 적색 흑색이 크게 심하면 체한 색이 되는 것이다. 이 위치를 분명히 알아야 하고, 다만 子궁과 丑궁 두 궁이 서로 연결되어 있으니 혼동하지 말아야 한다.

이궁기색, 각불상동, 요세간입신, 자궁의백불의흑, 축궁의흑불의백, 시이요변.

二宮氣色, 各不相同, 要細看入神, 子宮宜白不宜黑, 丑宮宜黑不宜白, 是以要辨.

두 궁의 기색은 각기 서로 다르니 입신의 경지로 세밀히 관찰해야 한다. 子宮은 백색이 좋고 흑색은 좋지 않으며, 丑宮은 흑색이 좋고 백색이 좋지 않다. 그러므로 잘 분별해야 한다.

시왈, 오고수황방문성, 백광일견편상침, 약환적체여연무, 삼칠지간필유형.

詩曰, 五庫須黃方問成, 白光一見便相侵, 若還赤滯如煙霧, 三七之間必有刑.

詩로써 이른다. 오고(천창·지고·지각)가 황색이면 성공을 물을 수 있고, 흰빛이 침범하여 나타거나 적색과 체한 색이 연기나 안개처럼 나타나면 21일 이내에 반드시 형벌을 당한다.

## 總論 총론

동불의암, 서불의청, 남불의백, 북불의홍. 창의홍황, 고의청암, 차내대개, 무불응험.

東不宜暗, 西不宜青, 南不宜白, 北不宜紅. 倉宜紅黃, 庫宜青暗, 此乃大概, 無不應驗.

동쪽은 어두운 것이 좋지 않고, 서쪽은 푸른 것이 좋지 않으며, 남쪽은 흰 것이 좋지 않고, 북쪽은 홍색이 좋지 않다. 천창은 홍색과 황색이 좋고, 지고는 푸르고 어두운 것이 좋으니 이것은 모두가 그렇고 영험하지 않음이 없다.

동위의청, 남위의적, 서위의명, 북위의백, 차내정리, 약반차즉유재흉. 후유상문결결, 내론춘하추동.

東位宜青, 南位宜赤, 西位宜明, 北位宜白, 此乃定理, 若反此則有災凶. 後有詳問決訣, 乃論春夏秋冬.

동쪽은 푸른 것이 좋고 남쪽은 붉은 것이 좋으며, 서쪽은 밝은 것이 좋고 북쪽은 흰 것이 좋으니 이것은 정해진 이치이다. 이와 반대가 되면 재앙과 흉함이 있게 된다. 뒤에 상세히 기술하여 춘하추동을 논하겠다.

약색백파패, 색청질병, 색흑대재, 혈여화자, 방허녹재칭의, 차대개야.

若色白破敗, 色青疾病, 色黑大災, 血如火者, 方許祿財稱意, 此大概也.

백색은 깨어지고 실패하고 청색은 질병, 흑색은 큰 재앙이 있다. 혈색이 불과 같이 밝으면 관록과 재물로 뜻을 이루니 모두 그러하다.

# 掌心氣色 장심기색: 손바닥 기색

**범장심기색, 요내외통명, 황홍적자, 위재희지색, 흑암불호. 여묘진지시, 장유일홍색자, 일점홍, 주일분재야.**

凡掌心氣色, 要內外通明, 黃紅赤紫, 爲財喜之色, 黑暗不好. 如卯辰之時, 掌有一紅色者, 一點紅, 主一分財也.

무릇 손바닥 기색은 안과 밖이 모두 밝아야 한다. 황·홍·적·자색은 재물로 기쁜 색이며, 검고 어두우면 좋지 않다. 3-4월에 손바닥 전체에 홍색이 나타나거나 한 점의 홍색이 나타나면 재물이 들어온다.

**백도재이궁, 일시즉파모, 청도발명당, 반재유흉위. 암색기건감, 근기유손실.**

白道在離宮, 一時卽破耗, 靑道發明堂, 半載有凶危. 暗色起乾坎, 根基有損失.

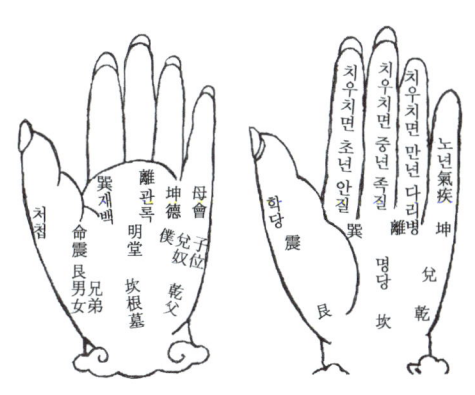

離宮에 흰 선이 있으면 일시에 곧 재산을 파하게 되고, 푸른 선이 명당에 있으면 반년 내에 흉하고 위태롭게 된다. 어두운색이 乾宮·坎宮에 일어나면 근본마저 잃게 된다.

**적도기명당, 일년내대발. 자기발간진, 순일필고천. 황광투진위, 처회육갑.**

赤道起明堂, 一年內大發. 紫氣發艮震, 旬日必高遷.
黃光透震位, 妻懷六甲.

붉은 선이 명당에 일어나면 일년내 크게 운이 발하고, 艮宮·震宮에 발하면 10일 이내 반드시 진급한다. 황색 빛이 震位에 나타나면 처가 임신한다.

혈광곤태위, 필산귀자. 불론사계, 혈여화분, 대발재희.

血光坤兌位, 必産貴子. 不論四季, 血如火噴, 大發財喜.

핏빛이 坤宮·兌宮에 나타나면 반드시 귀한 자식을 낳게 된다. 사계절을 막론하고 혈색이 불을 뿜는 듯하면 재물로 인한 큰 기쁨이 있다.

부장지의혈장위영, 혈약위재. 고서운, 장여분화, 홍여성혈, 내대부지수야. 장여영옥, 백여은량, 대귀지수야.

夫掌只宜血壯爲榮, 血弱爲災. 古書云, 掌如噴火, 紅如猩血, 乃大富之手也. 掌如瑩玉, 白如銀亮, 大貴之手也.

무릇 손바닥은 혈색이 왕성해야 영화가 있고, 혈색이 약하면 재앙이 있다. 고서에 이르기를 '손바닥이 불을 토하는 것 같거나 성성이(침팬지의 한 종류) 피처럼 붉으면 큰 부자의 손이며, 손바닥이 옥처럼 밝거나 은처럼 희고 밝으면 크게 귀한 사람의 손이다.'라고 했다.

갑암자관직유손, 장혼자명리구무, 색명자가관진작, 색윤자사서평안.

甲暗者官職有損, 掌昏者名利俱無, 色明者加官進爵, 色潤者四序平安.

손등이 어두워지면 관직에 손실이 있고, 손바닥이 어두운 자는 명예와 이로움이 없다. 색이 밝은 자는 관직을 더하고 작위에 올라가며, 색이 윤택한 자는 사철이 평안하다.

귀인지수, 표리통명, 무장지수, 혈광사목. 범대소관직, 구간장심기색, 구재구희, 팔괘정위, 지의황명, 최혐색체. 고인부귀, 관수간족, 차지위야.
貴人之手, 表裏通明, 武將之手, 血光射目. 凡大小官職, 俱看掌心氣色, 求財求喜, 八卦定位, 只宜黃明, 最嫌色滯. 古人富貴, 觀手看足, 此之謂也.

귀한 사람의 손은 안과 밖이 모두 밝고, 무장의 손은 붉은빛이 눈을 쏜다. 높거나 낮은 관직에 있는 사람은 모두 손바닥의 기색으로 재운(財運)과 기쁜 일이 있을지를 보는데, 팔괘의 위치에 밝은 황색이 좋고, 색이 체한 것은 가장 좋지 않다. 옛사람이 부귀를 볼 때는 손과 발을 관찰했다는 것이 이것을 이른 것이다.

수백광명혐암체, 수파암체희광명. 명당내혈여점두, 가왕재풍. 백여산광, 인이가파.
手白光明嫌暗滯, 手怕暗滯喜光明. 明堂內血如點豆, 家旺財豐. 白如散光, 人離家破.

손은 희고 빛이 밝아야 하고 어둡고 체한 것은 좋지 않다. 손은 어둡고 체한 것이 좋지 않고 빛이 밝은 것이 좋다. 명당에 콩처럼 붉은 점이 있으면 집안이 왕성하고 재물이 풍족하지만, 흰빛이 흩어지는 듯하면 사람이 떠나고 집안이 깨어진다.

황이가자, 득희득재. 청흑대체, 유질유실. 적색의장심, 불의갑내.

黃而加紫, 得喜得財. 青黑帶滯, 有疾有失. 赤色宜掌心, 不宜甲內.

황색에 자색을 더하면 기쁨과 재물을 얻고, 청색·흑색·체한 색을 띠면 질병을 얻고 손해를 본다. 적색은 손바닥에 있는 것이 좋고 손등에 있는 것은 좋지 않다.

명윤의수배, 환의갑중, 지유백광, 문성재고, 지즉수지배야. 배기암색, 문난서체. 대개혈명위묘, 혈체위앙야.

明潤宜手背, 還宜甲中, 指有白光, 文盛才高, 指即手之背也. 背起暗色, 文難書滯. 大槪血明爲妙, 血滯爲殃也.

손등과 손톱은 밝고 윤택해야 좋다. 손가락이 희게 빛나면 학문과 재능이 뛰어나다. 손가락은 손가락의 등을 말한다. 손등에 어두운색이 일어나면 학문이 막힌다. 모두 혈색이 밝아야 좋고 혈색이 체하면 재앙이 있다.

## 氣色之吉凶 기색의 길흉

기내신여, 신관위묘. 기내색지근본, 최요안장, 환의장실, 선래면목지간, 차도사지지내. 기족일월방발위색, 색발재외방정길흉.

氣乃神餘, 神貫爲妙. 氣乃色之根本, 最要安藏, 還宜壯實, 先來面目之間, 次到四肢之內. 氣足一月方發爲色, 色發在外方定吉凶.

氣는 神의 여분이므로 신이 통해야 좋고, 기는 색의 근본이므로 편안히 간직되어야 하며 왕성하고 건실해야 한다. 먼저 얼굴과 눈에 오고, 다음으로 사지에 이른다. 기가 족하면 한 달 후에 색으로 나타나고, 색이 밖으로 나타나야 길흉을 판단할 수 있다.

기무색불험, 색무기불영. 유색무기위산광, 종수부족. 유기무색위은장, 대발방통. 영가유기무색, 불가유색무기.

氣無色不驗, 色無氣不靈. 有色無氣爲散光, 終須不足. 有氣無色爲隱藏, 待發方通. 寧可有氣無色, 不可有色無氣.

氣는 색이 없으면 영험하지 않고 색은 기가 없으면 영험하지 않다. 색이 있고 기가 없으면 빛이 흩어지는 것으로 끝내 족하지 않다. 기가 있고 색이 없는 것은 감춰진 것으로 드러나기를 기다려야 통하게 된다. 기는 있는데 색이 없을 수는 있어도, 색이 있는데 기가 없을 수는 없다.

총언기색구배, 길흉방준. 기내단전지발, 혹비혹장혹신혹방광, 일궁지발, 불구불견. 만면용장, 방언발복.

總言氣色俱配, 吉凶方準. 氣乃丹田之發, 或脾或臟或腎或膀胱, 一宮之發, 不久不堅. 滿面容壯, 方言發福.

결론적으로 말하자면, 기와 색이 균형을 이뤄야 길흉의 기준을 정할 수 있다. 기는 단전에서 발하는 것인데, 혹은 비장·내장·신장·방광 등에서 발하면 오래가지 않고 튼튼하지도 않다. 만면의 용모가 왕성해야 복이 발한다고 말할 수 있다.

색간각궁, 기요상하일신구족, 색지간일월일년, 기발가수십년지복, 기래화명, 만면장실.

色看各宮, 氣要上下一身俱足, 色只看一月一年, 氣發可受十年之福, 氣來和明, 滿面壯實.

색은 각궁을 보고 기는 상하 일신에 모두 족해야 한다. 색은 한 달이나 일 년을 볼 뿐이지만, 기가 발하면 10여 년 동안 복을 받을 수 있는데, 기가 밝고 온화하며 만면에 왕성하고 튼튼해야 한다.

은은여주옥, 하수불발. 혼혼재내, 득부심난. 기부장, 수색명, 불과일재흥폐. 기이장, 색불개, 환수반재곤궁.

隱隱如珠玉, 何愁不發. 昏昏在內, 得富甚難. 氣不壯, 雖色明, 不過一載興廢. 氣已壯, 色不開, 還須半載困窮.

주옥처럼 은은하면 운이 발하지 않는다고 무엇을 근심하랴. 안에 어둡게 있으면 富를 얻기가 매우 어렵다. 氣가 왕성하지 않으면 비록 색이 밝아도 일 년간 운이 흥했다가 사그라지는 것에 불과하다. 氣가 왕성하지만, 색이 열리지 않으면 또한 반년 후에 곤궁해진다.

기체자일생곤고, 기암자구재둔전. 신혼자인기불가, 병수난허. 고기부족, 만사무성.

**氣滯者一生困苦, 氣暗者九載迍邅. 神昏者因氣不佳, 幷壽難許. 故氣不足, 萬事無成.**

기가 체한 사람은 일생 곤궁하고 고생스럽고, 기가 어두운 사람은 9년간 운이 막힌다. 신이 어두운 사람은 기가 좋지 않아서이니 장수하기 어렵다. 그러므로 기가 부족하면 만사를 이룰 수 없다.

기백체, 환수유수, 대홍윤, 방가형통. 기흑체, 가언손수, 수년내대패대궁. 기래암, 위관퇴위, 노수불견, 소년다병, 일일소조.

**氣白滯, 還須有守, 待紅潤, 方可亨通. 氣黑滯, 可言損壽, 數年內大敗大窮. 氣來暗, 爲官退位, 老壽不堅, 少年多病, 日日消條.**

기가 하얗게 체하면 반드시 분수를 지켜야 하고 붉고 윤택하기를 기다려야 비로소 형통할 수 있다. 기가 검게 체하면 수명을 손상하고 수년 내 크게 실패하고 크게 궁색해진다고 말할 수 있다. 기가 어두워지기 시작하면 관직에 있는 사람은 지위를 물러나고 노인은 수명이 견실하지 않으며 소년은 질병이 많고 운이 하루하루 사그라진다.

기족색강, 방언발복. 기생색, 색정영고. 기불화, 색자불화, 근부실, 기득유묘. 기삭가정종신, 인언기삭흥폐, 정차위야.

유장상법정해

氣足色強, 方言發福. 氣生色, 色定榮枯. 氣不和, 色自不和, 根不實, 豈得有苗. 氣數可定終身, 人言氣數興廢, 正此謂也.

기가 족하고 색이 강하면 발복한다고 말한다. 기가 색을 낳고 색이 영화와 쇠퇴함을 정한다. 기가 온화하지 않으면 색이 자연히 온화하지 않으니 어찌 싹을 얻을 수 있겠는가. 기로써 평생을 알 수 있으니 사람들이 '기로써 흥망을 알 수 있다.'고 한 것이 바로 이것을 이른 것이다.

부기내오색지내표, 요화윤, 파혈소. 신청기족약선명, 발복면면직도로. 기탁신고, 사정기, 암쇠불명, 하천일생우, 부장불안불화윤, 하년하월득안거.
夫氣乃五色之內表, 要和潤, 怕血少. 神清氣足若鮮明, 發福綿綿直到老. 氣濁神枯, 死定期, 暗衰不明, 下賤一生愚, 不壯不安不和潤, 何年何月得安居.

무릇 기는 오색의 안과 밖이니 온화하고 윤택해야 하고, 혈색이 적은 것은 좋지 않다. 神이 맑고 기가 족하여 신선하고 밝으면 발복이 꾸준히 늙어서까지 이어진다. 기가 탁하고 神이 마르면 죽을 기한을 정한 것이며, 어둡고 쇠약하여 밝지 않으면 하천하고 일생 어리석다. 왕성하지 않고 편안치 않고 온화하고 윤택하지 않으면 어느 해 어느 달에 편안할 수 있겠는가.

부색내만물지묘, 오장육부상서, 의은은유광, 작작유색, 편협활염광부, 최기여유여구.
夫色乃萬物之苗, 五臟六腑祥瑞, 宜隱隱有光, 灼灼有色，偏嫌滑灎光浮，最忌如油如垢．

색은 만물의 싹이고 오장육부의 상서로운 기운이다. 은은하게 빛나고 환하게 색이 밝아야 좋다. 미끌미끌하고 넘치고 빛이 들뜬 것은 좋지 않다. 기름을 바른 듯하거나 때가 낀 듯한 것이 가장 좋지 않다.

의영윤, 최기연몽. 희색내자내영, 회색정흑정고. 흑색의명, 유중동가발.

宜瑩潤，最忌煙蒙．喜色乃紫乃瑩，晦色定黑定枯．黑色宜明，惟仲冬可發．

밝고 윤택한 것이 좋고 연기처럼 흐릿한 것이 가장 좋지 않다. 기쁜 색은 자색과 밝은색이고, 어두운색은 흑색과 마른 색이다. 흑색이 밝으면 한겨울에 운이 발한다.

지각백색요윤, 추초지희, 양산화색, 하천생어사오, 겸황명, 필획영창.

地閣白色要潤，秋初只喜，兩山火色，夏天生於巳午，兼黃明，必獲榮昌．

지각은 백색으로 밝아야 하니 초가을에 기쁨이 있고, 두 관골의 홍색은 여름 巳午월(한여름)에 생기고 밝은 황색이 함께 나타나면 반드시 영화와 창성함을 얻게 된다.

청색지의동악, 중춘전후가관, 홍황자의여주점, 흑백적산란, 방면재앙.

青色只宜東嶽，仲春前後可觀，紅黃紫宜如珠點，黑白赤散亂，方免災殃．

청색은 오직 동악에 있어야 좋고 중춘(음력 2월) 전후라야 좋은데 홍색·황색·자색이 구슬이나 점처럼 나타나야 좋고, 흑색·백색·적색이 어지럽게 흩어지면 비로소 재앙을 면할 수 있다.

색미발, 사환미우, 색이발, 사가상친. 매화점거록반방위묘. 용여사루, 사속립, 차제이관, 당시급합, 모위순변, 실령과시, 건체간난.

色未發, 事還未遇, 色已發, 事可相親. 梅花點巨鹿斑方爲妙. 用如絲縷, 似粟粒, 次第而觀, 當時及合, 謀爲順便, 失令過時, 蹇滯艱難.

색이 나타나지 않은 것은 아직 일을 만나지 않은 것이고, 색이 이미 나타났으면 일을 만날 수 있다. 매화꽃 같은 점이나 사슴의 반점은 좋다. 실 가닥 같거나 곡식알 같은 것이 그다음으로 좋아서 때에 알맞게 합하면 도모하는 일이 순조롭지만, 그렇지 않으면 벼슬길에 나가지 못하고 때가 지나 막하고 체하고 가난하고 어렵게 된다.

대색노색목형의, 본색소색발불기, 범상생가언유용, 범극처필주형상.

大色老色木形宜, 本色小色發不忌, 犯相生可言有用, 犯克處必主刑傷.

크게 나타난 색과 노색은 木形인에게 좋고, 본래의 색과 작은 색이 나타나는 것도 나쁘지 않다. 색이 서로 상생하는 것은 쓸 수 있고, 해당 부위를 극하면 반드시 형벌과 상함이 있게 된다.

일이품관창관인, 삼사품간주간룬, 목민가관륙위, 헌대요간쌍산.

一二品觀倉觀印,　三四品看準看輪,　牧民可觀六位,
憲臺要看雙山.

1·2품의 관리는 천창과 인당을 보고, 3·4품의 관리는 준두
와 난대·정위를 보며, 지방 장관은 육위(두 눈자위)를 보
고, 헌대(판검사)는 두 관골을 봐야 한다.

출병수간당부국인, 무장필요찰관골삼양, 출정상진요간모자백정, 변새공신
환간항후순설, 차내상중요결, 불가불변분명.

出兵須看唐符國印,　武將必要察額骨三陽,　出征上陣
要看眸子白睛,　邊塞功臣還看項喉脣舌,　此乃相中要
訣, 不可不辨分明.

출병할 때는 당부와 국인(양쪽 턱)을 보고 무장은 반드시
관골과 두 눈을 본다. 전쟁터에 나가 진지에 오르는 사람
은 눈동자와 흰자위를 보고, 변방의 공신은 목과 입술 혀
를 본다. 이것은 상법 가운데 긴요한 비결이니 분명하게
나누어 판별해야만 한다.

상고여서세간십이궁정, 환재각월위, 용환의각위세, 추심경중, 양심천, 홍
관미가언미, 흑백불의단흉, 천변만화, 현기최의활법, 무취일도.

商賈黎庶細看十二宮庭,　還在各月爲,　用還宜各位細,
推審輕重, 量深淺, 紅貫未可言美, 黑白不宜斷凶, 千
變萬化, 玄機最宜活法, 母取一途.

상인과 서민은 12궁을 자세히 살피고 또한 각 월의 부위
를 세심하게 살펴 경중을 가리고, 깊고 얕음을 가늠해야

한다. 홍색이 이어졌다 하여 아름답다고 말할 수 없고 흑색과 백색을 흉하다고 단언하는 것은 좋지 않다. 천만 가지 변화가 있으니 깊고 오묘한 이치 가운데 사람을 살리는 법이 가장 훌륭한 것으로 한가지 길만 취하지 말라.

잡직가간명궁, 하고이문, 이전차판지간장심, 추장거자, 간쌍이주, 명문연수, 구의황자, 겸나계환공삼양, 구요명왕, 약일처암, 난허공명.

雜職可看命宮, 下庫耳門, 吏典差辦只看掌心, 秋場擧子, 看雙耳珠, 命門年壽, 俱宜黃紫, 兼羅計還共三陽, 俱要明旺, 若一處暗, 難許功名.

잡직은 명궁과 지고·귓구멍을 보고, 지방 관리는 손바닥을 보며, 가을 과거를 보는 사람은 양쪽 귓불과 명문·연상과 수상을 보아 모두 황색과 자색이어야 하며, 두 눈썹과 눈이 밝고 왕성해야 한다. 한 곳이라도 어두우면 공명을 이루기 어렵다.

춘시독관보필, 재간명문, 차이처약홍약자, 재우지명. 모광사목, 백정관신, 가언급제. 쌍미관자, 신괘녹의. 입반자불과연수, 소취자야, 간명궁.

春試獨觀輔弼, 再看命門, 此二處若紅若紫, 再遇知名, 眸光射目, 白睛貫神, 可言及第. 雙眉貫紫, 身挂綠衣. 入伴者不過年壽, 小就者也, 看命宮.

봄 과거를 보는 사람은 다만 보각을 살피고 다시 명문을 보는데, 이 두 곳이 홍색이나 자색이면 이름을 날리게 되고, 눈동자의 빛이 사람의 눈을 쏘며 흰자위에 신기가 있으면 급제한다고 말할 수 있다. 두 눈썹에 자색이 있으면 몸에 관복을 입게 된다. 국학(國學)에 들어가는 사람은 연상·수상을 보고, 작은 일을 이루려는 사람은 명궁을 본다.

구류의술, 준공이륜, 공인작장, 무화잡, 경성치명, 위노위비, 창명고윤, 내흥가왕주지인.

九流醫術, 準共耳輪. 工人作匠, 無花雜, 京省馳名. 爲奴爲婢, 倉明庫潤, 乃興家旺主之人.

구류(유가(儒家)·도가(道家)·음양가(陰陽家)·법가(法家)·명가(名家)·묵가(墨家)·종횡가(縱橫家)·잡가(雜家)·농가(農家) 등 아홉 학파)와 의술인은 준두와 이륜(귓바퀴)을 보고, 공인과 장인(匠人)은 화잡이 없어야 수도까지 이름이 알려진다. 여종이나 남자 종은 천창이 밝고 지고가 윤택하면 주인집을 흥하게 하고 주의을 왕성하게 하는 사람이다.

위승자, 불기홍적흑암, 위도자, 기화상탁체, 지의금수징청.

爲僧者, 不忌紅赤黑暗, 爲道者, 忌火上濁滯, 只宜金水澄淸.

불교 승려는 홍색·적색·검은색·어두운 것이 나쁘지 않고, 도교의 도사는 붉은색에 탁하고 체한 것이 좋지 않으며 희고 맑은 것이 좋다.

위병위졸, 일화일잡, 조주모육, 일백일명, 가파신경, 기녀도화, 요관종신, 득총공경, 약환혈응불부, 정유양인작배.

爲兵爲卒, 一花一雜, 朝酒暮肉, 一白一明, 家破身傾. 妓女桃花, 要觀終身, 得寵公卿, 若還血應不浮, 定有良人作配.

병졸은 밝고 어두움에 따라 아침 술과 저녁 고기를 먹을 수 있고, 희고 밝아지면 가정을 파하고 몸이 쓰러진다. 기녀의 도화는 평생을 보는데, 공경(公卿)의 총애를 얻게 되고, 혈색이 응하고 들뜨지 않으면 틀림없이 좋은 남자와 짝을 이루게 된다.

색지활염부동. 부기색각유일설, 영유일간, 여유윤유리지상, 여단청화, 수홍윤역용주사, 내기불응, 외색불래, 독발일활일염자, 약비례졸, 즉시창우.
色之滑灩不同. 夫氣色各有一說, 另有一看, 如油潤琉璃之上, 如丹青畫, 雖紅潤亦用朱砂, 內氣不應, 外色不來, 獨發一滑一灩者, 若非隸卒, 即是娼優.

색이 미끌미끌한 것과 가득한 것은 다르다. 기색에는 각각 한가지 설이 있고 또한 보는 방법이 있다. 유리 위에 기름이 번쩍이는 것과 같은 것, 단청 그림 같은 것, 비록 붉고 윤택해도 주사 같아야 좋다. 내기가 응하지 않으면 밖에 색이 나타나지 않는다. 한가지 색이 미끌미끌하거나 가득한 자는 하급 관리나 병졸이 아니면 창기(娼妓)나 배우이다.

비미색청상, 역주형파, 약수록거직, 농서수앙. 활염일지, 재불원의.
非美色清爽, 亦主刑破, 若受祿去職, 農庶受殃. 滑灩一至, 災不遠矣.

색이 아름답지 않고 맑고 밝지 않으면 형벌이나 실패가 있게 된다. 관록을 받는 사람은 직책을 잃게 되고 농민이나 서민은 재앙을 받게 된다. 미끌미끌하고 가득한 것이 나타나면 재앙이 머지않다.

시왈, 색약선명일파광, 홍여염염백여상, 불성반점성허색, 백사무성유화앙.
詩曰, 色若鮮明一派光, 紅如炎炎白如霜, 不成斑點成虛色, 百事無成有禍殃.

詩로써 이르노니, 색이 선명하고 한 줄기 빛이 불꽃이 타오르듯 붉거나 서리처럼 희어도 얼룩이나 점이 아니면 헛된 색으로 모든 일이 이루어지지 않고 화와 재앙이 있게 된다.

색지광부부동, 우령유일설, 백색여분, 작작만면, 고위부광, 여유차색, 패가지자.
色之光浮不同, 又另有一說, 白色如粉, 灼灼滿面, 故爲浮光, 如有此色, 敗家之子.

색이 빛나는 것과 들뜬 것은 다른데, 또한 다른 설이 있다. 흰색이 분을 바른 듯하거나, 붉은빛이 만면에 불타는 듯하면 들뜬 빛이라고 한다. 만약 이런 색이 나타나면 가문을 망칠 자식이다.

소년주손, 노득신근, 군자범형명, 여다호색, 난언자사, 수촉재파, 만분낭패. 당가지자득차, 필빈궁. 광부비시미색, 내화앙지근, 유백천지기, 무일가취.
少年主損, 老得辛勤, 君子犯刑名, 女多好色, 難言子嗣, 壽促財破, 萬分狼狽. 當家之子得此, 必貧窮. 光浮非是美色, 乃禍殃之根, 有百千之忌, 無一可取.

젊은 사람은 수명을 손상하고 노인은 고생하게 되며, 군자는 형벌을 당하고 여자는 호색하다. 자식과 후사를 말하기 어렵고 수명이 짧고 재물을 파하며 만 가지 일이 모두 어그러진다. 가문을 맡은 자식에게 이것이 나타나면 반드시 빈궁해진다. 빛이 들뜬 것은 아름다운 색이 아니라 화와 재앙의 근원으로 백천 가지 좋지 않은 것일 뿐 한 가지도 취할 것이 없다.

시왈, 색내광부자고연, 형상파패만천천, 소년삼구귀천로, 노주신근고난전.
詩曰, 色內光浮自古然, 刑傷破敗萬千千, 少年三九歸泉路, 老主辛勤苦難纏.

시로써 이르노니, 색 안에 빛이 들뜨면 예로부터 그러했으니 형상을 당하고 깨어지고 실패하는 것이 만 가지 천 가지이다. 젊은 사람은 39세에 황천길로 돌아가고 노인은 고생스럽고 고난에 얽힌다.

부오색약변, 범홍색다재피내막외, 불산불광, 이은은심장, 영영견구, 점점분명, 사사명윤, 방위미색. 위희위록, 위복위재, 연편일산, 불성반점, 불묘불험의.
夫五色若變, 凡紅色多在皮內膜外, 不散不光, 而隱隱深藏, 瑩瑩堅久, 點點分明, 絲絲明潤, 方爲美色. 爲喜爲祿, 爲福爲財, 連片一散, 不成斑點, 不妙不驗矣.

오색의 변화는, 홍색은 피부 안과 밖에 많은데 흩어지지 않고 빛나지 않으며 은은하게 깊이 감추어져 밝게 굳건히 오래가며 점처럼 분명하고 실처럼 밝고 윤택하면 비로소 아름다운 색이다. 기쁨과 관록·복과 재운이 있게 된다. 조각처럼 이어져 흩어지고 얼룩이나 점을 이루지 못하면 좋지 않다.

자색역재피내막외, 내홍중위자반점, 세대위홍색명, 이득견위홍, 연욕심장, 불의명로, 약십분불로, 역불위묘, 차내태과불급, 구불험의.

紫色亦在皮內膜外, 乃紅重爲紫斑點, 勢大爲紅色明, 易得見爲紅, 然欲深藏, 不宜明露, 若十分不露, 亦不爲妙, 此乃太過不及, 俱不驗矣.

자색도 피부 안과 밖에 나타나는데, 홍색이 무거우면 자색 반점이 된다. 기세가 크면 밝은 홍색이 되어 쉽게 홍색을 볼 수 있다. 깊이 감춰져야 하고 밝게 드러나는 것은 좋지 않다. 전혀 드러나지 않으면 또한 좋지 않다. 이것은 지나쳐서 미치지 못한 것으로 모두 효과가 없다.

약일산일란, 비위자색야. 범홍자이색, 일중일란, 발재막외, 불성반점, 연편혼혼, 즉작적색간, 고운, 적색다재외, 홍자다재내.

若一散一亂, 非爲紫色也. 凡紅紫二色, 一重一亂, 發在膜外, 不成斑點, 連片昏昏, 卽作赤色看, 故云, 赤色多在外, 紅紫多在內.

흩어지거나 어지러운 것은 자색이 되지 않는다. 홍색 자색 2가지 색이 무겁거나 어지러우며 피부 막 밖에 나타나고 반점을 이루지 못하며 조각조각 이어져 어두우면 적색으로 봐야 한다. 그러므로 적색은 피부 밖에 많이 나타나고 홍색과 자색은 피부 안에 많이 나타난다.

적여자변득분명, 범적색내홍자색, 재심경소발, 조포변위적색, 세래최대, 기형최장, 사계약득차색, 불구하궁, 역주대흉대난.

赤與紫辨得分明, 凡赤色乃紅紫色, 在心經所發, 燥暴變爲赤色, 勢來最大, 其形最壯, 四季若得此色, 不拘何宮, 亦主大凶大難.

적색과 자색은 분명히 구분해야 한다. 적색은 홍색과 자색으로 심장 경락에서 발하는데, 건조하고 급하면 변해서 적색이 되고, 기세가 커지면 형태도 아주 강하다. 사계절 이 색이 나타나면 어떤 궁을 막론하고 크게 흉하고 크게 어렵게 된다.

과일이궁소가, 연삼사오륙처, 기화불천, 경즉파가, 중즉상명.

過一二宮小可, 連三四五六處, 其禍不淺, 輕則破家, 重則喪命.

한두 궁에 불과하면 조금 가능하지만, 3-6 곳에 나타나면 화가 결코 적지 않다. 가벼우면 집안이 망하고 중하면 목숨을 잃는다.

적중자흑위체색, 역주흉위, 적중대청대황위화잡, 난면일반.

赤中紫黑爲滯色, 亦主凶危, 赤中帶青帶黃爲花雜,難免一半.

적색 중에 자색·흑색이 있는 것이 체한 색으로 흉하고 위태롭게 된다. 적색 중에 청색 황색을 띠는 것이 화잡으로 흉화(凶禍)를 반도 면하기 어렵다.

흑색속수, 내신경소발, 명량대산, 독동계지각가취, 기외구시병. 색발천정자주사, 중색불개여남전자주사, 양자면.

黑色屬水, 乃腎經所發, 明亮大散, 獨冬季地閣可取, 其外俱是病. 色發天停者主死, 重色不開如藍靛者主死, 亮者免.

흑색은 水에 속하니 신장경락에서 발한다. 밝고 크게 퍼지면 다만 겨울에 지각에서 취할 수 있고 그 외는 모두 나쁘다. 색이 이마에 나타나면 죽게 되는데, 밝아지지 않고 짙은 남색이면 죽게 되고 밝아지면 죽음을 면한다.

백색다생지각, 일편자위광명, 위개순, 동계가취, 약은재막내, 작작유광, 성반성점, 내시효복, 발재하궁, 주상하인.

白色多生地閣, 一片者爲光明, 爲開順, 冬季可取, 若隱在膜內, 灼灼有光, 成斑成點, 乃是孝服, 發在何宮, 主傷何人.

백색은 지각에 많이 나타나는데, 한 조각으로 빛이 밝으면 순하게 열리는 것으로 겨울에 좋은 편이다. 피부 막 안쪽에 은은하게 있고, 불타듯 빛나며 반점을 이루면 상복을 입게 되는데, 어떤 궁에 나타나느냐에 따라 해당하는 사람을 잃게 된다.

황색내오색소변, 다재토성, 다재천정, 다재지고, 명량위재, 성주성괴위묘, 암체산란, 역작체색, 불묘.

黃色乃五色所變, 多在土星, 多在天停, 多在地庫, 明亮爲財, 成珠成塊爲妙, 暗滯散亂, 亦作滯色, 不妙.

황색은 다섯 가지 색이 변한 것으로 토성과 천정·지고에 많이 나타난다. 밝으면 재운이 발하는데 구슬이나 덩어리처럼 나타나야 좋다. 어둡고 체하고 어지럽고 흩어지면 체한 색으로 좋지 않다.

발재수성삼십전, 주대병, 삼십외주사, 노인즉발, 우명주색도, 하득생, 유흑색일점위사야. 차내방광생색, 하능득생.

發在水星三十前, 主大病, 三十外主死, 老人卽發, 又名主色到, 何得生, 惟黑色一點爲死也. 此乃膀胱生色, 何能得生.

입 주변에 나타나면, 30세 이전 사람은 큰 병을 앓게 되고 30세가 넘은 사람은 죽게 된다. 노인에게 나타나면 '색도(색이 도달했다)'라고 하는데 어찌 살 수 있겠으며 흑색이 한점 나타나면 죽게 된다. 이것은 방광에서 발하는 색이니 어찌 살 수 있겠는가.

청색인수뇌이지, 우인주색소생. 독재음양지위, 명윤개산, 춘계가득재회. 성점성반, 은장대수대민, 백사난견.

青色因愁惱而至, 又因酒色所生. 獨在陰陽之位, 明潤開散, 春季可得財喜. 成點成斑, 隱藏大愁大悶, 百事難見.

청색은 근심과 괴로움으로 인해 나타나거나 주색으로 인해 나타난다. 다만 음양의 위치(두 눈 주위)에 있는데, 밝고 윤택하며 색이 밝아지며 엷어지면 봄철에는 재물을 얻을 수 있어 기쁘다. 반점을 이루어 은은하게 감추어져 있으면 큰 근심과 괴로움이 있고 매사 어려움을 당한다.

범간사십외도육십, 의용차법, 육십외도팔십, 불용차법, 구기자연명윤, 노인불간기색, 지간혈기, 피토윤자생, 고자사, 차비기색지설야.
凡看四十外到六十, 宜用此法, 六十外到八十, 不用此法, 求其自然明潤, 老人不看氣色, 只看血氣, 皮土潤者生, 枯者死, 此非氣色之說也.

40세부터 60세까지는 이 법을 쓰는 것이 좋고, 60세 이상 80세까지는 이 법을 쓰지 않으며 자연히 밝고 윤택한 것을 찾는다. 노인은 기색을 보지 않고 다만 혈기를 보는데, 피부가 윤택하면 살고 마르면 죽게 된다. 이것은 기색으로 설명되는 것이 아니다.

시왈, 차법명명설여군, 청황적백변분명, 용심세찰수상간, 자유천기신성공. 오색종금변득명, 방언화복길화흉. 인묘분명사오산, 유신시분자몽몽.
詩曰, 此法明明說與君, 青黃赤白辨分明, 用心細察須詳看, 自有天機神聖功. 五色從今辨得明, 方言禍福吉和凶. 寅卯分明巳午散, 酉申時分自濛濛.

詩로써 이른다. 이 법은 밝고 밝게 그대에게 설명하노니, 청황적백을 분명히 판별하고 마음을 써서 자세히 살피고 상세히 본다면 하늘의 기밀을 아는 신과 성인의 공력(功力)이 자연히 있게 된다. 오색은 분명하게 판별해야 비로소 禍福과 길흉을 말할 수 있다. 寅卯는 분명하고 巳午는 흩어지며, 酉申의 시기는 흐릿한가를 살펴야 한다.

## 氣色分解 기색분해

범기색유이백사십사법, 여차즉입문일법야.
凡氣色有二百四十四法, 如此則入門一法也.

무릇 기색은 244법이 있는데, 아래 내용은 입문의 한가지 법이다.

오색소응일기; 청색재외응갑을, 재내응인묘. 백색윤응임계해자, 대황명응신유. 흑색응칠일내, 흑기응일월간.
五色所應日期; 青色在外應甲乙, 在內應寅卯. 白色潤應壬癸亥子, 帶黃明應申酉. 黑色應七日內, 黑氣應一月間.

오색은 날짜에 따라 효과가 나타난다; 청색이 밖으로 나타나면 甲乙일에 효과가 나타나고, 피부 막 안에 있으면 寅卯일에 효과가 나타난다. 백색이 윤택하면 壬癸亥子일에 효과가 나타나고 밝은 황색을 띠면 申酉일에 효과가 나타난다. 흑색은 7일 이내 효과가 나타나고, 검은 기운은

1개월 사이에 효과가 나타난다.

황색응무기, 대체응진술축미. 홍색응병정, 자색응이오화왕지일. 적색경응화왕지일, 적색중응수왕지일.

黃色應戊己, 帶滯應辰戌丑未. 紅色應丙丁, 紫色應巳午火旺之日. 赤色輕應火旺之日, 赤色重應水旺之日.

황색은 戊己일에 효과가 나타나고, 체한 색을 띠면 辰戌丑未일에 효과가 나타난다. 홍색은 丙丁일에 효과가 나타나고, 자색은 火氣가 왕성한 巳午일에 효과가 나타난다. 적색이 가벼우면 火氣가 왕성한 날 효과가 나타나고, 적색이 심하면 水氣가 왕성한 날 효과가 나타난다.

출하구결; 수색중가왕남방, 화색중가왕북지, 청색의왕동, 백색의왕서.

出河口訣; 水色重可往南方, 火色重可往北地, 青色宜往東, 白色宜往西.

흉액을 벗어나는 비결; 水色이 짙으면 남방으로 가야하고, 火色이 깊으면 북쪽으로 가야 하며, 청색은 동쪽으로 가야 좋고, 백색은 서쪽으로 가야 좋다.

적중천리지외가면, 흑중지수기재, 황색동남득리. 고출행의진역마, 유황명방가득재, 암체도조경공.

赤重千里之外可免, 黑重自守其災, 黃色東南得利. 故出行宜看驛馬, 有黃明方可得財, 暗滯途遭驚恐.

적색이 중하면 천 리 밖으로 가야 면할 수 있고, 흑색이 중하면 재앙으로부터 자신을 지켜야 하며, 황색은 동남쪽에서 이로움을 얻는다. 그러므로 출행할 때는 역마를 보는 것이 좋다. 황색으로 밝으면 재물을 얻을 수 있고, 어둡고 체하면 길에서 놀라고 두려운 일을 만난다.

흑적상명경신, 역마명문암, 불허출로, 명문량, 인당개, 하파행병?
黑赤喪命傾身, 驛馬命門暗, 不許出路, 命門亮, 印堂開, 何怕行兵?

흑색 적색은 목숨을 잃어 몸이 기울어지고, 역마와 명문이 어두우면 길로 나가지 말라. 명문이 밝고 인당의 기색이 열렸으면 전쟁을 행함에 무엇이 두려우랴?

하고암, 방소인지해, 천창윤우귀인부지, 노도득재득희, 요관변지광명.
下庫暗, 妨小人之害, 天倉潤遇貴人扶持, 路途得財得喜, 要觀邊地光明.

하고가 어두우면 소인의 해로움을 예방하라. 천창이 윤택하면 귀인의 도움을 받으며, 길에서 재물과 기쁨을 얻으니 변지의 빛이 밝은지를 봐야 한다.

흑요태양, 노의난구, 청차구각, 편작난의; 차내고법, 요찰명백.
黑遶太陽, 盧醫難救, 青遮口角, 扁鵲難醫; 此乃古法, 要察明白.

검은빛이 태양(두 눈)을 두르면 노나라 의사도 구하기 어렵고, 청색이 입 끝을 막으면 편작도 치료하기 어렵다; 이것은 옛날부터 내려온 법도이니 명백하게 살펴야 한다.

**흑요태양자, 내천정기흑색, 여전묵자사, 여아령자생, 성점자사, 색산자생. 청차구각기춘하, 불기추동.**

黑遶太陽者, 乃天停起黑色, 如靛墨者死, 如鴉翎者生, 成點者死, 色散者生. 青遮口角忌春夏, 不忌秋冬.

흑색이 태양을 둘렀다는 것은 천정에서 흑색이 일어난 것으로 검푸른 자는 죽게 되고, 가마우지 깃털처럼 빛나는 자는 살게 된다. 점을 이루면 죽고 색이 흩어지면 산다. 청색이 입 끝을 막은 것을 봄여름에는 꺼리고, 가을 겨울에는 꺼리지 않는다.

**기성편, 불기산란, 기명량여칠, 기체여니, 내유일점백광즉불사의.**

忌成片, 不忌散亂, 忌明亮如漆, 忌滯如泥, 內有一點白光卽不死矣.

조각을 이루는 것을 꺼리고 흩어지고 어지러운 것은 꺼리지 않는다. 옻칠과 같이 밝은 것과 진흙처럼 체한 것을 꺼리는데, 그 속에 한점 흰빛이 있으면 죽지 않는다.

**천광액각면부공계이십륙조; 일월각, 이문전불의청암엄체.**

天廣額角面部共計二十六條; 日月角, 耳門前不宜青暗淹滯.

이마의 각은 모두 26조가 있다; 일월각과 귓구멍 앞은 푸르고 어둡고 체하면 좋지 않다.

고서운, 황기발종고광, 순일천관, 청색요어명문, 반년손수, 일월각접천광부위, 의황명기청암.

**古書云, 黃氣發從高廣, 旬日遷官, 青色遶於命門, 半年損壽, 日月角接天廣部位, 宜黃明忌青暗.**

옛날 책에 이르기를 '황색 기운이 고광(이마)으로부터 발하면 10여 일 후에 영전하고, 청색이 명문을 에워싸면 반년 후에 수명을 손상한다. 일월각이 이마 높이 이어졌는데, 황색으로 밝으면 좋고 푸르고 어두우면 좋지 않다.'고 했다.

인당연수준두상, 최기적암청; 인당사계구요명윤, 연수상일세불희적청, 연수약적, 준두일암, 인리가파.

**印堂年壽準頭上, 最忌赤暗青; 印堂四季俱要明潤, 年壽上一世不喜赤青, 年壽若赤, 準頭一暗, 人離家破.**

인당·연상·수상·준두는 적색·어두운 색·청색을 가장 꺼린다; 인당은 사철 밝고 윤택해야 하고, 연상과 수상은 일생 적색과 청색이 기쁘지 않다. 연상과 수상이 적색이거나 준두가 어두워지면 사람이 떠나고 가정이 깨어진다.

연수청주다질병, 적주혈광지재, 체주암질, 인당명윤일세형통, 인당적암, 파직망가.

**年壽青主多疾病, 赤主血光之災, 滯主暗疾, 印堂明**

潤一歲亨通, 印堂赤暗, 破職亡家.

연상 수상이 푸르면 질병이 많고, 적색이면 피를 흘리는 재앙이 있게 되며, 체하면 발견되지 않은 질병이 있다. 인당이 밝고 윤택하면 한해가 형통한다. 인당이 적색이거나 어두우면 관직을 잃고 집안이 망한다.

인내명궁, 연수위질액궁, 준두위재백궁, 삼처일생지주, 성명근본, 고선요간삼처위주.

印乃命宮, 年壽爲疾厄宮, 準頭爲財帛宮, 三處一生之主, 性命根本, 故先要看三處爲主.

인당은 명궁이고, 연상 수상은 질액궁, 준두는 재백궁으로 이 3곳은 일생을 주관하고 천명의 근본이므로 먼저 이 3곳을 위주로 봐야한다.

기색일명일암, 일량일몽, 비위길조: 범기색지의일색, 불의명량, 불의변경, 수득신명, 역비복리, 공환시화, 소이암색방개, 기가취위복리야?

氣色一明一暗, 一亮一朦, 非爲吉兆; 凡氣色只宜一色, 不宜明亮, 不宜變更, 雖得新明, 亦非福利, 恐還是禍, 所以暗色方開, 豈可就爲福利邪?

기색이 밝았다가 어두워지거나, 밝았다 흐려지는 것은 길한 조짐이 아니다; 기색은 한가지 색이 좋고, 아주 밝은 것과 변하는 것은 좋지 않다. 비록 새로 밝은 기색을 얻어도 복과 이로움이 있는 것이 아니라 禍이므로 두려운 것이다. 어두운색이 밝아졌다 하여 어찌 복과 이로움이 있겠는가?

오색구전, 명위잡화; 범색지의이의삼, 환간생부극제. 여홍색소득, 청색불기. 황색소득, 홍색불리. 범생자호, 범극자흉.

五色俱全，名爲雜花；凡色只宜二宜三，還看生扶克制. 如紅色少得，靑色不忌. 黃色少得，紅色不利. 犯生者好，犯克者凶.

오색이 모두 나타난 것을 잡화라고 한다; 색은 2가지나 3가지가 나타나야 좋은데, 오행에 따라 생해서 도와주고 극해서 억제하는지를 봐야 한다. 홍색을 조금 얻었다면 청색을 꺼리지 않고, 황색을 조금 얻으면 홍색은 이롭지 않다. 생하는 것은 좋고 극하는 것은 흉하다.

오색구전, 만면난발, 위잡화, 약불립사, 불발재, 일기창, 즉파패야. 서운, 청황불기, 적백횡어만면, 즉주가파인리.

五色俱全，滿面亂發，爲雜花，若不立事，不發財，一起創，卽破敗也. 書云，靑黃不忌，赤白橫於滿面，卽主家破人離.

오색이 모두 만면에 어지럽게 나타나는 것이 잡화로서 일을 이룰 수 없고, 재운이 발하지 않는다. 잡화가 일어나면 깨어지고 실패하게 된다. 책에 이르기를 '청색과 황색은 꺼리지 않고, 적색·백색이 만면을 가로지르면 가정이 깨어지고 사람이 떠나게 된다'라고 했다.

색발삼양, 다이득응; 태양명문준두, 삼처위면상삼양, 약범색발재삼양, 필응여신. 우운, 삼양명왕, 재자천래.

色發三陽, 多以得應; 太陽命門準頭, 三處爲面上三陽, 若犯色發在三陽, 必應如神. 又云, 三陽明旺, 財自天來.

색이 삼양에 발하면 효과가 나타난다; 태양(두 눈)· 명문· 준두는 얼굴의 삼양이다. 삼양에 색이 나타나면 반드시 귀신처럼 효과가 나타난다. 또한 이르노니, 삼양이 밝고 왕성하면 재운이 하늘로부터 오게 된다.

기생피내, 백일방성; 범기발어피내, 일백일후발출위색, 방응길흉. 기호막즉언길, 기체물취언흉, 범기내혈생, 기후생색, 방정길흉, 기혈최요변명.

氣生皮內, 百日方成; 凡氣發於皮內, 一百日後發出爲色, 方應吉凶. 氣好莫卽言吉, 氣滯勿就言凶, 凡氣乃血生, 氣後生色, 方定吉凶, 氣血最要辨明.

기가 피부 안에 생기면 백일 후에 이루어진다; 기가 피부 안에 발하면 백일 후에 색으로 발하여 나와 비로소 길흉으로 응한다. 기가 좋다하여 길하다고 말하지 말고, 기가 체했다 하여 흉하다고 말하지 말라. 무릇 기는 혈에서 생기고, 기가 있은 후 색이 생겨나 비로소 길흉을 정하니 기와 혈을 가장 분명하게 판단해야 한다.

일견선연, 구관자산, 난허발재발복; 범색일간작작, 구간산자, 수사위희지색, 역불응험.

一見鮮姸, 久觀自散, 難許發財發福; 凡色一看灼灼, 久看散者, 雖似爲喜之色, 亦不應驗.

얼핏 보아 신선하고 고운데, 오래 보아 흩어지면 재운과 복이 발하기 어렵다; 얼핏 보아 색이 불타듯 밝은데, 오래 보아 흩어진다면 비록 기쁜 색 같지만, 응험하지 않은 것이다.

일견혼혼, 구간명윤, 필연복수강녕; 범기색일견여몽, 구시명윤, 내시피내막외지색, 정시근본견실, 하수지엽불무. 내발복발재지조야.

一見昏昏, 久看明潤, 必然福壽康寧; 凡氣色一見如朦, 久視明潤, 乃是皮內膜外之色, 正是根本堅實, 何愁枝葉不茂. 乃發福發財之兆也.

얼핏 보아 어두운데 오래 보면 밝고 윤택하면 반드시 복과 장수·건강·편안함을 누린다; 얼핏 보아 기색이 흐린듯해도 오래 보아 밝고 윤택한 것은 피부 안과 피부 막 밖의 색이다. 근본이 견실하면 가지와 잎이 무성하지 않음을 어찌 근심하랴. 이것은 복과 재운이 발할 조짐이다.

노인색눈, 형처극자주신근; 범오십외불의색눈, 소년광부, 언파패, 언표탕, 범년소이십전후, 불의광부.

老人色嫩, 刑妻克子主辛勤; 凡五十外不宜色嫩, 少年光浮, 言破敗, 言飄蕩, 凡年少二十前後, 不宜光浮.

노인의 기색이 어린아이 같으면 처자를 극하고 고생하게 된다; 50세 넘은 사람은 기색이 어린아이 같으면 좋지 않고, 소년은 기색 빛이 들뜨면 깨어지고 실패하며 회오리바람에 쓸려나가게 된다. 나이가 20세 전후 젊은 사람은 기색 빛이 들뜬 것이 좋지 않다.

윤곽명문암, 미미원주청, 막구명리; 범이위외학당, 불의암체, 최희선명.
輪廓命門暗, 眉尾元珠青, 莫求名利; 凡耳爲外學堂, 不宜暗滯, 最喜鮮明.

귀의 윤곽과 명문이 어둡고 눈썹꼬리가 큰 구슬처럼 푸르면 명예와 이로움을 구할 수 없다; 귀는 외학당이므로 어둡게 체하면 좋지 않고 가장 좋은 것은 신선하고 밝은 것이다.

우운, 문체서난, 양미각생청색, 명문불개, 도저일한유이이. 전서운, 이백과면, 조야문명, 이륜일암, 문산서공, 필무재학지인야.
又云, 文滯書難, 兩眉角生青色, 命門不開, 到底一寒儒而已. 前書云, 耳白過面, 朝野聞名, 耳輪 ·暗, 文散書空, 必無才學之人也.

또한 문장이 막히고 글이 어려운 것은 양 미각에 청색이 나타나고 명문의 기색이 열리지 않으면 끝내 빈한한 선비일 뿐이다. 앞선 책(마의상법)에서는 '귀가 얼굴보다 희면 조정에서 이름을 듣게 된다. 귓바퀴가 어두우면 문장이 흩어지고 글이 비게 되니 반드시 재주와 학문이 없는 사람이다.'라고 했다.

장심홍, 지절윤, 박학광문, 하수불거등운; 범장심홍, 지배백, 내유학문지사, 하수불현달등운?
掌心紅, 指節潤, 博學廣文, 何愁不去登雲; 凡掌心紅, 指背白, 乃有學問之士, 何愁不顯達登雲?

손바닥 가운데가 붉고 손가락 마디가 윤택하면 학문이 널리 박식하니 현달하여 구름 위에 오르지 않는다고 어찌 근심하랴; 손바닥 가운데가 붉고 손가락 등이 희면 학문이 있는 선비이니 현달 등운하지 않음을 어찌 근심하랴?

내여백분외광화, 수발불과일재; 범홍색내기여고골백분자, 외면선홍, 수발불과일재, 필복빈궁.

內如白粉外光華, 雖發不過一載; 凡紅色內氣如枯骨白粉者, 外面鮮紅, 雖發不過一載, 必復貧窮.

안으로 흰 분을 바른 듯하고 밖으로 빛이 화려하면 비록 운이 발해도 한 해에 불과하다; 홍색인 사람이 안에 있는 기가 마른 뼈나 흰 분과 같고 밖으로 선명한 홍색이면 비록 운이 발해도 한 해에 불과하고 반드시 다시 빈궁해진다.

내색혈관외여몽, 환수일춘; 차론내기수족, 외색불개, 대일재후혈족기장, 색필개의, 표리통명, 색윤광명, 자연복록병진.

內色血貫外如朦, 還守一春; 此論內氣雖足, 外色不開, 待一載後血足氣壯, 色必開矣, 表裏通明, 色潤光明, 自然福祿騈臻.

안으로 혈색이 좋고 밖으로 흐릿하면 한 해를 잘 지켜라; 이 말은 내기가 비록 족해도 밖의 색이 열리지 않았으면 한 해후에 혈기가 족하고 기가 왕성해지기를 기다려라.

색이 반드시 열리게 되어 안과 밖이 밝게 통하며 색이 윤택하고 빛이 밝아지면 복과 록이 함께 이르게 된다.

기족색족신부족, 난언복록; 범기색내신지묘예, 신약부장, 기색역불발, 수발달난허장수.

氣足色足神不足, 難言福祿; 凡氣色乃神之苗裔, 神若不壯, 氣色亦不發, 雖發達難許長壽.

氣가 족하고 색이 족해도 神이 부족하면 복록을 말하기 어렵다; 기색은 神의 싹이며 후예이니 神이 굳건하지 않으면 기색도 발하지 않는다. 비록 운이 발달해도 오래가기 어렵다.

소년발달신기장, 노년흥왕혈피윤, 신기색삼자전, 방위유용. 범노상지의혈장, 기두피항피구화윤, 방언흥왕, 약피고혈약즉사.

少年發達神氣壯, 老年興旺血皮潤, 神氣色三者全, 方爲有用. 凡老相只宜血壯, 其頭皮項皮俱和潤, 方言興旺, 若皮枯血弱則死.

소년의 운이 발달하는 것은 신기가 굳건하기 때문이고, 노년의 운이 흥성하고 왕성한 것은 혈색과 피부가 윤택하기 때문이다. 신·기·색 세 가지가 온전하면 비로소 쓸 수 있나. 노인의 상은 혈색이 강건해야 좋고 누피와 목 피부가 모두 온화하고 윤택하면 비로소 흥왕하다고 말할 수 있다. 피부가 마르고 혈기가 약하면 죽게 된다.

대개기관일체; 범기발두면사지신요배복, 약일처부장, 즉부장야.

大槪氣觀一體; 凡氣發頭面四肢身腰背腹, 若一處不壯, 卽不長也.

모두 기는 몸 전체를 본다; 기는 머리와 얼굴·사지와 몸·허리·등·배에서 발하는데 한 곳이라도 굳건하지 않으면 운이 오래가지 않는다.

지간각궁, 정세색간분호; 범색지간각궁, 요성분호, 역위유용, 여대자다유불응.

只看各宮, 精細色看分毫; 凡色只看各宮, 要成分毫, 亦爲有用, 如大者多有不應.

각 궁을 보고 색을 터럭처럼 나누어 정밀하고 세밀하게 봐야 한다; 색은 각 궁을 보는데, 터럭처럼 세밀하게 나누어야 쓸 수 있다. 대강 본다면 정확히 볼 수 없다.

쌍관홍분, 사고광명, 가재일진; 차론기색, 관골홍윤, 천창지고광명, 대흥가지. 가운, 쌍관분화안여성, 차지위야.

雙顴紅噴, 四庫光明, 家財日進; 此論氣色, 顴骨紅潤, 天倉地庫光明, 大興可知. 歌云, 雙顴噴火眼如星, 此之謂也.

양쪽 관골이 홍색을 뿜는 듯하고 사고(천창 지고)의 빛이 밝으면 집안의 재산이 날로 늘어난다; 이것은 기색을 논하는 것이다. 관골이 붉고 윤택하며 천창 지고의 빛이 밝으면 크게 흥성하게 됨을 알 수 있다. 노래에 '양쪽 관골이 불을 뿜는 듯하고 눈이 별과 같다.'라고 한 것이 이것을 말한 것이다.

**오성득본색, 현달운정; 이위금목이성, 의명백윤여옥. 액위화성, 의홍윤. 구위수성, 의백량, 순요홍명.**

五星得本色, 顯達雲程; 耳爲金木二星, 宜明白潤如玉. 額爲火星, 宜紅潤. 口爲水星, 宜白亮, 脣要紅明.

오성이 본색을 얻으면 현달하여 구름 길을 간다; 귀는 金木 2성이므로 밝고 희고 옥처럼 윤택해야 좋다. 이마는 화성이므로 붉고 윤택해야 좋다. 입은 수성이므로 희고 맑아야 좋고, 입술은 붉고 밝아야 한다.

**비위토성, 의황명영윤. 차위오성득본색, 여차기색상, 하수불왕공명, 상고자연획리야.**

鼻爲土星, 宜黃明瑩潤. 此謂五星得本色, 如此氣色上, 何愁不旺功名, 商賈自然獲利也.

코는 토성이므로 밝은 황색과 밝고 윤택한 것이 좋다. 이는 오성이 본색을 얻은 것을 말하는 것으로 이러한 기색이면 공명이 왕성하지 않음을 어찌 근심하랴. 상인도 자연히 이득을 얻게 된다.

**사정현황광, 하수불발; 사정내인준쌍관, 여황명윤택, 주흥가계, 입근기, 창전장지조.**

四正見黃光, 何愁不發; 四正乃印準雙顴, 如黃明潤澤, 主興家計, 立根基, 創田莊之兆.

사정에 황색 빛이 나타나면 운이 발하지 않음을 어찌 근심하랴; 사정은 인당·준두·양쪽 관골이다. 황색으로 밝고 윤택하면 가계가 흥성하고 근간을 세우며 큰 부동산을 소유하게 될 길조이다.

육위약청암자소, 명황자적; 육위내삼양삼음, 안상우명용궁, 기청암, 희황명, 기고건, 희홍윤. 고운, 용궁고함, 아녀무연, 정차위야.

六位若青暗者消, 明黃者積; 六位乃三陽三陰, 眼上又名龍宮, 忌青暗, 喜黃明, 忌枯乾, 喜紅潤. 古云, 龍宮枯陷, 兒女無緣, 正此謂也.

육위가 푸르고 어두운 사람은 사그라지고 밝고 황색인 사람은 재물이 쌓인다; 육위는 삼양 삼음, 눈으로 용궁이라고도 한다. 푸르고 어두운 것을 꺼리고 밝은 황색이 기쁘다. 마른 것을 꺼리고 홍색으로 윤택한 것이 기쁘다. 예로부터 이르기를 '용궁이 마르고 함몰되면 자식과 인연이 없다.'라고 한 것이 이것을 이른 것이다.

육부혼혼순참흑, 일재신망; 육부내천창지고쌍관, 약혼혼이암, 순약참흑, 내기부족혈이고, 하능득생?

六府昏昏脣慘黑, 一載身亡; 六府乃天倉地庫雙顴, 若昏昏而暗, 脣若慘黑, 乃氣不足血已枯, 何能得生?

육부가 어둡고 입술이 심히 검으면 일 년 내에 죽는다; 육부는 천창·지고·양쪽 관골이다. 만약 어둡고 캄캄하며 입술이 심히 검으면 이것은 기가 부족하고 혈이 이미 마른 것이니 어찌 살 수 있겠는가?

이륜흑준두적, 파봉춘계; 이흑고, 기혈부족, 준적여니, 혈불운, 약시춘천현

**차기색, 필사.**

耳輪黑準頭赤, 怕逢春季; 耳黑枯, 氣血不足, 準赤如泥, 血不潤, 若是春天見此氣色, 必死.

이륜이 검고 준두가 적색이면 봄을 만나는 것이 두렵다; 귀가 검고 마른 것은 기와 혈이 부족한 것이며, 준두가 진흙처럼 붉으면 혈이 윤택한 것이 아니다. 만약 봄에 이 기색이 나타나면 반드시 죽게 된다.

**백색기여분, 적색기여주; 이색최기선명, 약여분여주, 경가상명, 형상필사.**

白色忌如粉, 赤色忌如硃; 二色最忌鮮明, 若如粉如硃, 傾家喪命, 刑傷必死.

백색은 분 바른듯한 것을 꺼리고, 적색은 주사와 같은 것을 꺼린다; 이 두 색은 선명한 것을 가장 꺼린다. 만약 분과 같거나 주사와 같으면 집안이 기울고 목숨을 잃게 되며 형벌로 상하여 반드시 죽게 된다.

**일월각기청백흑암; 차내부모궁, 최기차색, 구응부모사색. 지희황명, 백주형상, 흑주대병, 적유형, 청암주재질.**

日月角忌靑白黑暗; 此乃父母宮, 最忌此色, 俱應父母死色. 只喜黃明, 白主刑傷, 黑主大病, 赤有刑, 靑暗主災疾.

일월각은 청·백·흑색과 어두운 것을 꺼린다; 이곳은 부모궁으로 이 색을 가장 꺼리니 모두 부모가 돌아가시는 색으로 응하기 때문이다. 다만 황색과 밝은 것이 기쁘고, 백색은 형상이 있고, 검은색은 중병, 적색은 형벌, 푸르고 어두운색은 재앙과 질병이 있게 된다.

**산근희홍백황명; 차내근기, 고명산근, 희백량홍황명윤, 불주파패, 암체청적고건, 내대파패, 표류지색.**

山根喜紅白黃明; 此乃根基, 故名山根, 喜白亮紅黃明潤, 不主破敗, 暗滯青赤枯乾, 乃大破敗, 飄流之色.

산근은 홍색·백색·황색과 밝은 것이 좋다; 이곳은 근본적 기틀이므로 산근이라고 한다. 희고 맑고, 홍황색·밝고 윤택한 것이 좋으므로 실패하지 않는다. 어둡게 체하고 청색이나 적색, 마르면 크게 실패하고 떠돌게 되는 색이다.

**나계내의백윤, 파견연몽; 범미내기색의명윤, 기암체연몽.**

羅計內宜白潤, 怕見煙朦; 凡眉內氣色宜明潤, 忌暗滯煙朦.

나계 속은 희고 윤택한 것이 좋고 연기 낀 듯 흐린 것이 두렵다; 무릇 눈썹 속의 기색은 밝고 윤택한 것이 좋고 어둡게 체하고 연기처럼 흐린 것을 꺼린다.

**천창최기암참, 지고암체불방; 천창의황명, 기적암, 지고적암환불방, 춘하발불묘, 추동방가.**

天倉最忌暗慘, 地庫暗滯不妨; 天倉宜黃明, 忌赤暗, 地庫赤暗還不妨, 春夏發不妙, 秋冬方可.

천창은 어둡고 침침한 것을 가장 꺼리고, 지고는 어둡게 체한 것이 해롭지 않다; 천창은 황색과 밝은 것이 좋고, 적색과 어두운 것을 꺼린다. 지고는 붉고 어두운 것이 해롭지 않지만, 봄여름에 나타나는 것은 좋지 않고 가을 겨울에는 괜찮다.

변지현벽색여주여흑, 주비재횡화; 변지상불의적여주, 흑여묵, 황여니, 몽여연, 차수자구대흉색야.

**邊地玄壁色如硃如墨, 主飛災橫禍; 邊地上不宜赤如硃, 黑如墨, 黃如泥, 朦如煙, 此數者俱大凶色也.**

변지와 현벽의 색이 주사를 바른 듯 붉거나 검으면 재앙이 날고 화를 만나게 된다; 변지 위아래가 주사처럼 붉거나 먹처럼 검은 것이 좋지 않고, 진흙처럼 누렇거나 연기처럼 어두워도 매우 흉한 색이다.

변지명, 구각명, 역주불사; 전언구각청주사, 약변지명환수유구, 변지암필사무의.

**邊地明, 口角明, 亦主不死; 前言口角青主死, 若邊地明還須有救, 邊地暗必死無疑.**

변지가 밝고 구각이 맑으면 또한 죽지는 않는다; 앞에서 말한 바와 같이 구각이 청색이면 죽는데, 변지가 밝으면 반드시 구원을 받는다. 변지가 어두우면 반드시 죽게 됨을 의심할 바 없다.

황색발내약무홍, 반위불묘; 황색필수요유홍색응, 방호, 황광독현, 역작체색불묘.

**黃色發內若無紅, 反爲不妙; 黃色必須要有紅色應,**

方好, 黃光獨見, 亦作滯色不妙.

황색이 발했는데 안으로 홍색이 없으면 오히려 좋지 않다; 황색에는 반드시 홍색이 응해야 비로소 좋다. 황색 빛만 나타나면 또한 체한 색으로 좋지 않다.

청색다내약유황, 우중반득재희; 범청색불과우수지색, 내약황명, 우중변희, 반위길조.

青色多內若有黃, 憂中反得財喜; 凡青色不過憂愁之色, 內若黃明, 憂中變喜, 反爲吉兆.

청색이 많은데 안으로 황색이 있으면 근심 가운데 오히려 재물로 인한 기쁨이 있다; 청색은 걱정과 근심스러운 색에 불과하고 안에 밝은 황색이 있으면 근심 중에 기쁨으로 변하니 오히려 길조가 된다.

홍황발외, 내불응, 난언길조; 범색요내응방호, 내불응위허색, 반위모산지색, 역불길.

紅黃發外, 內不應, 難言吉兆; 凡色要內應方好, 內不應爲虛色, 反爲耗散之色, 亦不吉.

홍황한 색이 밖으로 나타나도 안에서 응하지 않으면 길조라고 말하기 어렵다; 색은 안에서 응해야 비로소 좋고, 안에서 응하지 않으면 허색으로 오히려 소모하고 흩어지는 색이니 또한 불길하다.

정조량이면수암, 가도종흥; 정조내고문, 우명금갑이쾌. 약명윤주가도흥륭, 수만면불개, 차이처윤, 역위상. 사간천창, 서민간정조, 상중결법, 불가불의.

井灶亮而面雖暗，家道終興；井灶乃庫門，又名金甲二櫃. 若明潤主家道興隆，雖滿面不開，此二處潤，亦爲上. 士看天倉，庶民看井灶，相中訣法，不可不依.

콧방울이 밝으면 얼굴이 비록 어두워도 가도가 끝내 흥성한다; 정조는 창고 문으로서 또한 금궤·갑궤라고도 한다. 밝고 윤택하면 가도가 흥하고 융성한다. 비록 만면의 기색이 열리지 않아도 이 두 곳이 윤택하면 으뜸이다. 선비는 천창을 보고 서민은 정조를 본다. 상법 가운데 비결이니 따르지 않을 수 없다.

**백정모자, 광채관색, 수면유사색, 역불위해; 흑정위모자, 백유위백정, 최요색관, 불의색체.**

白睛眸子，光彩貫色，雖面有死色，亦不爲害；黑睛爲眸子，白有爲白睛，最要色貫，不宜色滯.

눈의 흰자위와 검은자위가 아름다운 색으로 빛나면 비록 얼굴에 죽을 색이 있다해도 해롭지 않다; 검은 눈동자를 眸子라고 하고, 흰자위를 白睛이라고 하는데 빛나야 하고 색이 체하면 좋지 않다.

**일이삼사오륙칠, 간좌이금성, 윤곽의적불의청; 범이륜불의암, 무병이륜적, 유질연수혼.**

一二三四五六七，看左耳金星，輪廓宜赤不宜青；凡耳輪不宜暗，無病耳輪赤，有疾年壽昏.

1세부터 7세까지는 좌측귀인 금성을 보는데, 윤곽이 붉으면 좋고 푸르면 좋지 않다; 귓바퀴는 좋지 않아서 병이 없으면 귓바퀴가 붉다. 질병이 있으면 연상·수상이 어둡다.

**팔구십십일십이십삼십사, 간우이목성, 윤곽기색의윤의홍; 범소아지간명궁, 쌍이전후위주, 이주명수, 소년신중명고시, 십오전후간이, 주홍자조발, 백자엄류, 흑자손수.**

八九十十一十二十三十四, 看右耳木星, 輪廓氣色宜潤宜紅; 凡小兒只看命宮, 雙耳前後爲主, 耳珠明秀, 少年身重名高施, 十五前後看耳, 珠紅者早發, 白者淹留, 黑者損壽.

8세부터 14세까지는 우측 귀인 목성을 보는데, 윤곽의 기색이 윤택하고 붉은 것이 좋다; 소아는 명궁(인당)을 보고 양쪽 귀 앞뒤를 위주로 한다. 이주(귓불)가 밝고 빼어나면 어린 나이에 신중하고 이름이 높이 퍼진다. 15세 전후에는 귀를 보는데, 귓불이 붉으면 운이 빨리 오고, 희면 운이 늦으며 검으면 수명을 손상한다.

**홍현정액연발제, 이팔전조유성명; 십오화성주운, 십륙천중주운, 차처홍여화명, 필주미조, 약흑암자, 정주소년불리.**

紅現正額連髮際, 二八前早有聲名; 十五火星主運, 十六天中主運, 此處紅如火明, 必主美兆, 若黑暗者, 定主少年不利.

홍색이 이마 중앙에 나타나 발제까지 이어지면 16세 전에 일찍 명성을 날린다; 15세는 화성(이마)이 운을 주관하고,

16세는 천중이 운을 주관한다. 이곳에 불이 밝듯 홍색이 나타나면 반드시 아름다운 조짐이다. 검고 어두우면 어린 나이에 불리하다.

일월각불의혼암, 최희황명; 십칠십팔주운, 약암주형상부모, 명자부모구건.
日月角不宜昏暗，最喜黃明；十七十八主運，若暗主刑傷父母，明者父母俱健.

일월각이 어두우면 좋지 않고 황색으로 밝은 것이 가장 좋다; 17-18세 운을 주관하는데 어두우면 부모를 형상하지만, 밝으면 부모가 모두 건강하다.

보골역마공천정, 절기혼침; 차삼처연일궁, 의홍영, 혼침자도조대난, 소주재앙. 십구이십이십일삼년주사.
輔骨驛馬共天庭，切忌昏沉；此三處連一宮，宜紅瑩，昏沉者途遭大難，少主災殃. 十九二十二十一三年主事.

보골·역마·천정은 어둡고 움푹한 것을 꺼린다; 이 세 곳은 하나의 궁으로 이어지니 홍색으로 밝아야 좋고 어둡고 움푹한 자는 인생 역정에 큰 어려움을 만나는데, 소년은 재앙이 있다. 19세부터 21세까지 3년의 일을 주관한다.

차지관지극험, 비독삼년, 일세가정, 범오품이상, 구간역마보각, 이정길흉.
此地觀之極驗，非獨三年，一世可定，凡五品以上，俱看驛馬輔角，以定吉凶.

이 부위를 관찰하면 지극히 영험한데, 다만 3년만이 아니라 일생을 판정할 수 있다. 5품 관리 이상은 모두 역마와 보각을 보아 길흉을 판단할 수 있다.

사공정액련소부, 구요광명; 이십일주차부위, 일세불의발청, 적기하계, 청기춘재.

司空正額連少府, 俱要光明; 二十一主此部位, 一世不宜發靑, 赤忌夏季, 靑忌春災.

사공과 이마는 소부와 이어지는데 모두 빛이 밝아야 한다; 21세에는 이 부위가 주관하는데, 일생동안 청색이 나타나면 좋지 않고, 적색은 여름철에 꺼리고 청색은 봄에 재앙이 있다.

지교외기홍기적위재; 차위홍경불방, 홍중공변성적색, 불호. 청체불호, 일세불의적, 비이십삼사불주차한.

地郊外忌紅忌赤爲災; 此位紅輕不防, 紅重恐變成赤色, 不好. 青滯不好, 一世不宜赤, 非二十三四不主此限.

아래의 교외는 홍색과 적색을 꺼리니 재앙이 있기 때문이다; 이 부위에 홍색이 가벼우면 해롭지 않지만, 홍색이 중하면 적색으로 변하는 것이 두려워 좋지 않다. 청색으로 체하면 좋지 않고, 일생 적색이 좋지 않다. 이 부위는 23-4세에만 한정되지 않는다.

총묘구릉청암, 부족위해, 홍적정위앙; 차이부위, 원속청암, 고취위총묘구릉, 청색불방, 지기중홍심적, 삼십륙칠지차응림.

塚墓丘陵青暗, 不足爲害, 紅赤定爲殃; 此二部位, 原屬青暗, 故取爲塚墓丘陵, 青色不妨, 只忌重紅深赤, 三十六七至此應立.

총묘와 구릉은 푸르고 어두워도 해롭지 않고 홍색과 적색은 재앙이 된다; 이 두 부위는 청색과 어두운 부위에 속하므로 총묘 구릉이라고 하였다. 청색은 해롭지 않고 짙은 홍색과 깊은 적색을 꺼리니 36-7세는 이 부위가 응한다.

인당내화위, 의화황자량, 기적암흑청; 차화궁요홍명, 불의혼암, 이십팔교차위초한, 가관십삼년사.

印堂乃火位, 宜火黃紫亮, 忌赤暗黑青; 此火宮要紅明, 不宜昏暗, 二十八交此爲初限, 可管十三年事.

인당은 火의 부위이므로 火색과 황색·자색·밝아야 좋고 적색·어두운 것·흑색·청색을 꺼린다; 이 火宮은 홍색과 밝아야 하고, 어둡고 침침한 것은 좋지 않다. 28세가 여기에 해당하고 초년 운의 끝이지만, 13년간의 일을 주관한다.

임목좌우취산림, 의수량황명; 림목요수, 발제요청, 일침일탁재립지의. 이십구삼십내주차, 약차처색흑, 주유수경지난, 색암자불의육로출행.

林木左右取山林, 宜秀亮黃明; 林木要秀, 髮際要清, 一沉一濁災立至矣. 二十九三十內主此, 若此處色黑, 主有獸驚之難, 色暗者不宜陸路出行.

임목은 좌우 산림을 취하는데 빼어나고 밝고 밝은 황색이 좋다; 임목은 빼어나야 하고 발제는 맑아야 한다. 움푹하거나 탁하면 재앙이 이르게 된다. 29-30세는 이 부위가 주관한다. 이 부분의 색이 검으면 짐승으로 인해 놀라는 어려움이 있다. 색이 어두운 사람은 육로로 나가는 것이 좋지 않다.

쌍미색의홍자백량, 불의여점여주; 범미내홍자관자, 주유대권, 극백량자형통. 백여점주자, 주형제효복, 무형제즉처응지.

雙眉色宜紅紫白亮, 不宜如點如珠; 凡眉內紅紫貫者, 主有大權, 極白亮者亨通. 白如點珠者, 主兄弟孝服, 無兄弟卽妻應之.

두 눈썹의 색은 홍색·자색·백색·밝은 것이 좋고, 점이나 구슬 같은 것은 좋지 않다; 눈썹 속에 홍색·자색이 이어진 사람은 큰 권력을 쥐게 되고, 아주 희고 밝은 사람은 형통한다. 흰색이 점이나 구슬같이 나타나면 형제의 상복을 입게 되고, 형제가 없으면 처의 상복을 입게 된다.

삼십일지삼십사지, 비유사년, 일세요나계명량. 범문신무직, 구재차처정길흉.

三十一至三十四止, 非惟四年, 一世要羅計明亮. 凡文臣武職, 俱在此處定吉凶.

31세부터 34세의 운인데, 다만 4년 만이 아니라 일생 눈썹은 밝고 맑아야 한다. 문관이나 무관이나 모두 이 부위로써 길흉을 판정한다.

태양삼십오, 태음삼십륙, 소양삼십구, 소음사십지위, 독혐고황, 지희자영

광명: 차이처구요홍자위상색, 광영위중색, 명백위평색.

太陽三十五, 太陰三十六, 少陽三十九, 少陰四十之位, 獨嫌枯黃, 只喜紫瑩光明; 此二處俱要紅紫爲上色, 光瑩爲中色, 明白爲平色.

태양 35세, 태음 36세, 소양 39세, 소음 40세의 부위이다. 마르고 누런 것을 꺼리고 밝은 자색과 빛이 밝은 것이 좋다; 이 두 곳은 홍색과 자색이 상색이고, 빛이 밝은 것은 중색이며, 밝은 백색은 평색이다.

청흑암체, 만사파패, 고자명역유휴, 차처용궁, 최기고암편, 의홍윤.

靑黑暗滯, 萬事破敗, 枯者命亦有虧, 此處龍宮, 最忌枯暗偏, 宜紅潤.

청색·흑색과 어두운색· 체한 색은 만사가 실패되고, 마른 사람은 수명이 이지러진다. 이 부분은 용궁이니 마르고 어둡고, 균형이 맞지 않는 것을 가장 꺼린다. 홍색과 윤택한 것이 좋다.

월패자기내위산근, 파흑파고, 기백색여분. 사십일이주차; 차위기색혐청흑백고, 요홍명, 사십일입위중한, 관십삼년사.

月孛紫氣乃爲山根, 怕黑怕枯, 忌白色如粉. 四十一二主此; 此位氣色嫌靑黑白枯, 要紅明, 四十一入爲中限, 管十三年事.

월패와 자기는 산근으로 검고 마른 것이 두렵고, 분처럼 흰색을 꺼린다. 41-2세는 이 부위가 운을 주관한다; 이 부위의 기색은 청색·흑색·백색·마른 것이 좋지 않다. 홍색과 밝은 것이 좋고 41세에 중년의 운으로 들어가 13년의 일을 주관한다.

잠위공누당, 대불상동, 와잠하내누당, 재하위음덕궁용궁, 즉삼양야; 쌍목하일조고현위와잠, 우명남녀궁.

蠶位共淚堂, 大不相同, 臥蠶下乃淚堂, 再下爲陰德宮龍宮, 卽三陽也; 雙目下一條高弦爲臥蠶, 又名男女宮.

잠위(누당)와 누당은 크게 다르다. 와잠의 아래가 누당이고, 다시 그 아래가 음덕궁 용궁으로 곧 삼양이다; 양눈 아래 한 줄 활시위를 당겨놓은 듯한 것이 와잠으로 또한 남녀궁이라고 한다.

색의황명, 약발자, 주생자지조, 흑암극자지기. 누당우명음덕궁, 속신경, 고장유청색, 불위해, 불위기, 독와잠기흑기청.

色宜黃明, 若發紫, 主生子之兆, 黑暗克子之期. 淚堂又名陰德宮, 屬腎經, 故長有靑色, 不爲害, 不爲忌, 獨臥蠶忌黑忌靑.

색은 밝은 황색이 좋고 자색이 발하면 아들을 낳을 조짐이며, 검고 어두우면 자식을 극하게 된다. 누당은 또한 음덕궁이라고 하며 신장 경락에 속하므로 청색이 길게 나타나도 해롭거나 꺼리지 않는다. 다만 와잠은 흑색과 청색을 꺼린다.

연수우명질액, 홍적청흑, 필유재성. 사십사오주차; 질액궁명윤무병, 범전색필유재성, 약병인색개, 방득병호.

年壽又名疾厄, 紅赤靑黑, 必有災星. 四十四五主此; 疾厄宮明潤無病, 犯前色必有災星, 若病人色開, 方得病好.

연상과 수상은 질액궁이라고도 하는데, 홍색이나 적색·청색·흑색은 반드시 재액이 있다. 44-5세의 운을 이 부위가 주관한다; 질액궁이 밝고 윤택하면 병이 없으나, 앞에서 말한 색(홍색이나 적색·청색·흑색)이 나타나면 반드시 재액이 있다. 환자가 색이 밝아지면 병이 회복된다.

쌍관소의화색, 노요황명; 범육유골지처, 내관야, 요홍명, 이육무골지처, 내허위, 홍명자소, 청암자다, 차관약청암, 수필진의.

雙顴少宜火色, 老要黃明; 凡肉有骨之處, 乃顴也, 要紅明, 以肉無骨之處, 乃虛位, 紅明者少, 靑暗者多, 此顴若靑暗, 壽必盡矣.

양쪽 관골은, 젊은 사람은 火色(붉은색)이 좋고, 노인은 밝은 황색이라야 한다; 살이 뼈 위에 있는 것이 관골인데, 밝은 홍색이라야 한다. 뼈 위에 살이 없으면 잘못된 것이다. 홍색이기니 밝은 사람은 적고 푸르고 어두운 사람이 많다. 이 관골이 푸르고 어두우면 수명이 반드시 다한 것이다.

소년인혈왕, 혈왕의명, 노래혈부득홍명, 고의황윤. 정면불관사, 기여일신상하구관사.

少年人血旺，血旺宜明，老來血不得紅明，故宜黃潤.
正面不管事，其餘一身上下俱管事.

젊은 사람은 혈기가 왕성하니 밝아야 좋고, 늙으면 혈기가 붉고 밝을 수 없으므로 황색과 윤택한 것이 좋다. 곧 얼굴만이 일을 주관하는 것이 아니라, 일신 상하 모두가 일을 주관하는 것이다.

준두쌍정조, 지요명윤, 제색불의. 사십팔구오십주차; 홍자불묘, 청흑주사, 적주산재, 황색의명방호, 체암야요생재, 고토성기화, 기목, 기수위재.

準頭雙井灶，只要明潤，諸色不宜. 四十八九五十主此；紅者不妙，青黑主死，赤主散財，黃色宜明方好，滯暗也要生災，故土星忌火，忌木，忌水爲災.

준두와 양 콧방울은 밝고 윤택해야 하고, 다른 색은 좋지 않다. 48-50세를 이 부위가 주관한다; 홍색은 좋지 않고, 청색·흑색은 죽게 되며, 적색은 재물이 흩어진다. 황색은 밝아야 좋고 체하고 어두우면 재앙이 생기게 된다. 토성은 火·木·水를 꺼리니 이는 재앙이 되기 때문이다.

인중변련법령, 병식록이고지소, 불가진몽; 인중오십일, 선고오십이삼, 식창오십사, 녹창오십오, 법영오십륙칠.

人中邊連法令，並食祿二庫之所，不可塵蒙；人中五十一，仙庫五十二三，食倉五十四，祿倉五十五，法令五十六七.

인중과 그 옆 법령은 식·록 두 개의 창고 터이므로 먼지가 낀 듯 어두우면 좋지 않다; 인중 51세, 선고 52-3세, 식창 54세, 녹창 55세, 법령 56-7세의 운을 주관한다.

순상인중변위선고, 평구각재외지창, 명식녹, 이창재외위법령, 차내수성, 절기진몽, 최의명윤.

脣上人中邊爲仙庫, 平口角再外之倉, 名食祿, 二倉再外爲法令, 此乃水星, 切忌塵蒙, 最宜明潤.

입술 위 인중 옆이 선고이고, 구각(입끝)과 수평으로 다시 그 밖(옆)의 창고가 식창·녹창이다. 식창·녹창의 밖이 법령이다. 이 부위들은 수성으로 절대로 먼지 낀 듯한 것과 어두운 것을 꺼리며 밝고 윤택한 것이 가장 좋다.

약백색성점, 역불리, 황색발출, 노인주병, 소년불방, 중년불리, 오십사교고위모한, 관십삼년사.

若白色成點, 亦不利, 黃色發出, 老人主病, 少年不妨, 中年不利, 五十四交庫爲暮限, 管十三年事.

만약 백색이 점을 이루면 이롭지 않고, 황색이 나타나면 노인은 병에 걸리고 소년은 해롭지 않다. 중년은 이롭지 않고 54세의 운에 해당하며 13년의 일을 주관한다.

등사내홍자위복, 흑백위재; 차간등사내심문기색, 범노년인구유차문, 내약홍자혈장, 위복위수, 청흑위질위재.

騰蛇內紅紫爲福, 黑白爲災; 此看騰蛇內深紋氣色, 凡老年人俱有此紋, 內若紅紫血壯, 爲福爲壽, 青黑爲疾爲災.

등사 속은 홍색·자색은 복이 되고, 흑색·백색은 재앙이 된다; 이것은 등사 속 깊은 주름 기색을 보는 것으로 노인에게는 모두 이 주름이 있다. 속에 홍색·자색은 혈기가 왕성한 것으로 복과 장수를 누리게 되지만, 청색·흑색은 질병과 재액이 있다.

**차기색지재문내심처간, 부재문외간, 문외의황명백량, 범문내구의홍자, 흑백불묘.**

**此氣色只在紋內深處看, 不在紋外看, 紋外宜黃明白亮, 凡紋內俱宜紅紫, 黑白不妙.**

이 기색은 오직 주름 속의 깊은 곳을 보는 것이며 주름 밖을 보는 것이 아니다. 주름 밖은 밝은 황색, 밝은 백색이 좋다. 주름 속은 홍색·자색이 좋고, 흑색·백색은 좋지 않다.

**귀래호이겸노복, 명위하고, 황암하방? 오십팔구주차; 차삼처위양변하고, 약발황암색, 야불위기.**

**歸來虎耳兼奴僕, 名爲下庫, 黃暗何妨? 五十八九主此; 此三處爲兩邊下庫, 若發黃暗色, 也不爲忌.**

귀래와 호이·노복을 하고라고 하는데 황색으로 어둡다면 무엇이 해롭겠는가? 58-9세의 운은 이 부위에 있다; 이 세 곳은 양쪽의 하고인데, 황색·어두운색이 나타나도 꺼리지 않는다.

**수성순내기암흑청, 육십주차; 범수성불구노유, 의명의홍자, 여인기백색, 남자기청적.**

水星脣內忌暗黑靑, 六十主此; 凡水星不拘老幼, 宜明宜紅紫, 女人忌白色, 男子忌靑赤.

수성의 입술 속은 어둡고 검고 푸른 것을 꺼린다. 60세의 운을 주관한다; 수성은 노인이나 어린아이를 가리지 않고 밝은 것과 홍색·자색이 좋다. 여인은 백색이 좋지 않고, 남자는 푸르고 붉은 것이 좋지 않다.

승장내색약흑자사, 백자생, 황자사, 청자병, 육십일주차; 승장내오십전후, 의백의홍, 약소년발출흑색, 주투수이망.

承漿內色若黑者死, 白者生, 黃者死, 靑者病, 六十一主此; 承漿內五十前後, 宜白宜紅, 若少年發出黑色, 主投水而亡.

승장 속의 색이 흑색이면 죽게 되고, 백색은 살게 되며, 황색은 죽고, 청색은 병에 걸린다. 61세의 운을 주관한다; 승장은 50세 전후에는 백색과 홍색이 좋다. 만약 소년에게 흑색이 나타나면 물에 빠져 죽게 된다.

지각양변위지고, 백광일색, 가도방흥, 육십이삼주차; 지각양변위지고, 지요백색위묘, 불구노소, 흑암위재.

地閣兩邊爲地庫, 白光一色, 家道方興, 六十二三主此; 地閣兩邊爲地庫, 只要白色爲妙, 不拘老少, 黑暗爲災.

지각 양변은 지고인데, 백색으로 빛나면 가세(家勢)가 흥한다. 62-3세 운을 주관한다; 지각 양변은 지고인데 다만 백색이라야 좋고, 노소 불문하고 검고 어두우면 재앙이 된다.

**피지아압겸금루, 내자해이궁거수위, 백여주옥위상, 육십사재피지, 육십오재아압, 육십육칠재금루; 차자해이궁, 색의백.**

陂池鵝鴨兼金縷, 乃子亥二宮居水位, 白如珠玉爲祥, 六十四在陂池, 六十五在鵝鴨, 六十六七在金縷; 此子亥二宮, 色宜白.

피지·아압·금루는 子·亥 2궁으로 水의 위치에 있으니 구슬이나 옥처럼 희면 길상하다. 64세는 피지, 65세는 아압, 66-7세는 금루의 운이다; 이 子亥 2궁은 흰색이 좋다.

**유이양간법, 약발출래여옥여주, 유채유광위묘, 백여분고골위재, 사필도의.**

有二樣看法, 若發出來如玉如珠, 有彩有光爲妙, 白如粉枯骨爲災, 死必到矣.

2가지 보는 법이 있는데, 옥이나 진주처럼 나타나고 광채와 빛이 나타나면 좋고, 분이나 마른 뼈처럼 희게 나타나면 재앙이 되니 죽음이 반드시 이르게 된다.

**정중위지각, 의백의홍, 흑색발, 재성립지, 육십팔구칠십주차; 차지각상백색역호, 여홍색주대불호, 흑색일지, 즉사무의.**

正中爲地閣, 宜白宜紅, 黑色發, 災星立至, 六十八九七十主此; 此地閣上白色亦好, 如紅色主大不好, 黑色一至, 卽死無疑.

정면 중앙이 지각인데 백색·홍색이 좋다. 흑색이 피어나면 재앙이 이르게 된다. 68-9세 70세의 운을 주관한다; 이 지각은 백색이 좋고 홍색이 나타나면 크게 좋지 않으며 흑색이 이르면 곧 죽게 됨을 의심할 바 없다.

송당지색, 장욕윤, 노기고건, 소혐수흑, 칠십일지차관사; 용설첨지득착처위송당, 지불착처위자해이궁, 색의윤파고.

頌堂之色, 長欲潤, 老忌枯乾, 少嫌水黑, 七十一至此管事；用舌尖舐得着處爲頌堂, 舐不着處爲子亥二宮, 色宜潤怕枯.

송당의 색은 항상 윤택해야 하고 노인은 마른 것을 꺼리며 젊은이는 검은 것이 좋지 않다. 71세의 운을 주관한다; 혀를 뾰족하게 내밀어 핥을 수 있는 곳이 송당이고, 핥을 수 없는 곳이 子亥 2궁인데 색은 윤기있는 것이 좋고 마른 것은 좋지 않다.

노복궁칠십이삼전, 이논자축위, 칠십육칠, 역의전법.

奴僕宮七十二三前, 已論子丑位, 七十六七, 亦依前法.

노복궁은 72-3세 전인데, 이미 子丑궁에서 논했고, 76-7세도 앞에서 말한 방법에 의한다.

시골변칠십사오발흑색, 불의거마객, 약통구이위황명현, 수로득재.

腮骨邊七十四五發黑色, 不宜車馬客, 若通衢二位黃明現, 水路得財.

시골(아래턱) 주위는 74-5세에 흑색이 나타나면 수레나 말을 타는 것이 좋지 않다. 통구 2부위에 밝은 황색이 나타나면 수로(물길)로 재물을 얻게 된다.

주지명문현벽암, 계화계주. 조정교외청로홍윤, 하수천리지정?
酒池命門玄壁暗, 戒花戒酒. 吊庭郊外青路紅潤, 何愁千里之程?

주지와 명문·현벽이 검으면 주색을 경계하라. 조정·교외·청로가 홍색으로 윤택하면 천리길을 나간들 무슨 근심이 있겠는가?

청대흑체, 연수암, 노막언생. 삼태구요홍활, 육부체기유청, 기색득배, 가행천리, 여부득배, 의호안심.
青帶黑滯, 年壽暗, 老莫言生. 三台俱要紅活, 六府切忌有青, 氣色得配, 可行千里, 如不得配, 宜乎安心.

청색을 띠거나 검게 체하고 연상·수상이 어두우면 노인은 살 수 있다고 말하지 말라. 삼태는 모두 홍색으로 활기차야 하고, 육부는 모두 청색을 꺼린다. 기색이 균형을 이루면 천 리를 갈 수 있으나, 균형을 이루지 못하면 마음을 편히 갖는 것이 좋다.

춘계청룡득위, 하의주작당궁, 추래백호희발어신유, 동내현무요왕재본궁.
春季青龍得位, 夏宜朱雀當宮, 秋來白虎喜發於申酉, 冬內玄武要旺在本宮.

봄에는 청룡(청색)이 위치(寅卯辰)를 얻고, 여름에는 주작(붉은색)이 궁(巳午未)에 마땅하며, 가을이 오면 백호

(흰색)가 申酉에 나타나야 기쁘고, 겨울에는 현무(검은색)가 본궁(아래턱)에 왕성해야 한다.

구진약거무기, 재영록왕, 만사형통. 등사혜발래사고, 일월유증영. 병정색요현, 거리위도감궁, 녹유천종.

勾陳若居戊己, 財盈祿旺, 萬事亨通. 騰蛇兮發來四庫, 日月有增榮. 丙丁色要現, 居離位到坎宮, 祿有千鐘.

구진(황색)이 戊己(코)에 있으면 재록이 왕성하고 만사가 형통한다. 등사(붉은색)가 4고(천창·지고)에 피어나면 날로 달로 영화가 커진다. 丙丁색(붉은색)이 나타나서 離위(이마)에서부터 턱까지 이르면 천종(만석)의 녹을 받게 된다.

갑을혜생신급유, 전원파패, 처자조형. 임계색도리궁출현, 육친형극, 자기준전.

甲乙兮生申及酉, 田園破敗, 妻子遭刑. 壬癸色到離宮出現, 六親刑克, 自己屯遭.

甲乙(청색)이 申酉위에 나타나면 전원을 파하고 실패하며 처자가 형벌을 당한다. 壬癸색(검은색)이 이마에 나타나면 육친(부모·형제·처자)을 형극하고 자신은 큰 곤란을 만나게 된다.

일일노신, 지위주작작란. 시시비력, 위인현무성형. 수곤원빈가한, 청룡횡어만면. 자용적취, 천창묘용. 구진백호래어금갑, 가자만족, 노복성군.

日日勞神, 只爲朱雀作亂. 時時費力, 位因玄武成形.

愁困怨貧可恨, 靑龍橫於滿面. 資用積聚, 天倉妙用.
勾陳白虎來於金甲, 家資滿足, 奴僕成群.

날마다 정신을 힘들게 하는 것은 주작(붉은 색)의 작란이며, 때마다 힘을 허비하게 하는 것은 부위에 현무(흑색)가 형성되었기 때문이다. 곤란을 근심하고 가난을 원망하며 한탄하는 것은 청룡(푸른색)이 만면에 가득하기 때문이다. 재물이 쌓이고 모이는 것은 천창의 아름다움을 쓰기 때문이고, 구진(황색)·백호(백색)가 금갑(난대·정위)에 오면 집안에 재물이 가득하고 노복이 무리를 이룬다.

청룡내도명문, 인리가파, 질병전신. 일장백백장천, 지위병정응어막내. 가점부녹점고, 개인무기기어삼양. 수색소금색중, 방위유용.

靑龍來到命門, 人離家破, 疾病纏身. 一長百百長千, 只爲丙丁應於膜內. 家漸富祿漸高, 皆因戊己起於三陽. 水色少金色重, 方爲有用.

청룡(푸른색)이 명문에 이르면 사람이 떠나고 집안이 깨어지며 질병이 몸을 얽게 된다. 하나가 백이 되고 백이 천이 되는 것은 다만 丙丁(홍색)이 피부 막 안에서 응하기 때문이며, 집안이 점점 부유해지고, 관록이 점점 높아지는 것은 모두 戊己(황색)가 삼양(눈 주위)에 나타나기 때문이다. 水色(검은색)이 적고 金色(흰색)이 많으면 비로소 쓸 수 있다.

금색약토색중, 방가성공. 재약취, 색재삼양은은, 색약산, 재거사수도도. 욕구명, 삼태환수화색. 욕구리, 창고토색광화.

金色弱土色重, 方可成功. 財若聚, 色在三陽隱隱, 色若散, 財去似水滔滔. 欲求名, 三台還須火色. 欲求利, 倉庫土色光華.

金色(흰색)이 약하고 土色(황색)이 많으면 비로소 성공할 수 있다. 재물이 모이는 것은 색이 삼양에 은은하게 있기 때문이며, 색이 흩어지면 재물이 물결처럼 사라진다. 명예를 구하려면 삼태에 화색(붉은색)이 나타나야 하고, 이익을 구하고자 하면 천창·지고가 土色(황색)으로 빛나고 아름다워야 한다.

일파백광, 독희발변성변지, 허다황색, 편의준공삼양, 소녀혈명, 불구만상환옥. 부인혈왕, 조부익자, 환수창영.

一派白光, 獨喜發邊城邊地, 許多黃色, 偏宜準共三陽, 少女血明, 不久滿箱環玉. 婦人血旺, 助夫益子, 還須倉盈.

한줄기 흰빛은 다만 변성과 변지에 발하는 것이 기쁘고, 황색이 많은 것은 다만 준두와 삼양에 있는 것이 좋다. 소녀의 혈기가 밝으면 오래지 않아 돈 궤짝을 가득 채우고 옥을 두르게 된다. 부인이 혈기가 왕성하면 남편을 돕고 자식에게 이로우며 또한 창고를 가득 채우게 된다.

사자목횡만면, 공비형창지고. 상고목왕천정, 왕로우설풍상.

士子木橫滿面, 空費螢窓之苦. 商賈木旺天停, 枉勞雨雪風霜.

선비의 얼굴에 木氣(청색)가 가로지르면 반딧불과 눈빛으로 창가에서 공부한 고생이 헛되이 된다. 상인의 천정에 목기가 왕성하면 우설(雨雪)·풍상(風霜)를 맞으며 고생하게 된다.

소아화색, 희거쌍이. 장군천수, 의도모중. 사지독혐청암, 약유화색, 재록무휴.

小兒火色, 喜居雙耳. 將軍泉水, 宜到眸中. 四肢獨嫌青暗, 若有火色, 財祿無虧.

소아의 火色(붉은색)은 두 귀에 있는 것이 좋고, 장군의 샘물(흑기)은 눈동자에 이르러야 좋다. 사지는 푸르고 어두운 것이 좋지 않지만, 火色(붉은색)이 있으면 재록에 이지러짐이 없다.

문수원수간구각, 문공명나계황명, 구재록요준두위주, 문경영사고쌍관위선.

問壽元須看口角, 問功名羅計黃明, 求財祿要準頭爲主, 問經營四庫雙顴爲先.

수명의 근원을 물으려면 반드시 구각(입끝)을 보고, 공명을 물으려면 나계(두 눈썹)가 황색으로 밝은지를 보며, 재록을 구하려거든 준두를 위주로 하고, 경영(포부를 가지고 천하를 주관함)은 사고(천창과 지고)와 양쪽 관골을 먼저 살피라.

오변명오형근본, 이수관오색, 삼찰신혈내외, 사상간사조궁정, 명차리만무일실, 생생극극변화무궁.

吾辯明五形根本, 二須觀五色, 三察神血內外. 四詳看四弔宮庭，明此理萬無一失，生生克克變化無窮.

먼저 오형의 근본을 밝게 가리고, 둘째로 반드시 오색을 보고, 셋째로 신기와 혈기의 피부 안과 밖을 살피며, 넷째로 사조궁정(이마와 턱, 양 관골)을 상세히 보아 이 이치를 밝힌다면 만 가지 중에 한 가지도 실수가 없다. 오행의 생극변화는 무궁하다.

## 諸吉凶氣色例 제길흉기색례
여러 길흉 기색에 관한 예

구리; 장본구리, 간인당의황명, 색재내불의재외. 홍백색의수로. 홍황색의육로.

求利; 將木求利，看印堂宜黃明，色在內不宜在外. 紅白色宜水路. 紅黃色宜陸路.

이익을 구함; 자본을 들여 이익을 구할 때는 인당을 보아 밝은 황색이 좋고 색이 피부 안에 있어야 하며, 밖에 있으면 좋지 않다. 홍백색은 水路(뱃길)가 좋고, 홍황색은 육로가 좋다.

공권재외, 의색재외, 불의재내. 알귀구재, 불의홍, 지의황백, 구재인당간. 근귀, 환간용궁누당, 약유청색, 불필구지.

空拳在外，宜色在外，不宜在內. 謁貴求財，不宜紅，只宜黃白，俱在印堂看. 近貴，還看龍宮淚堂，若有青色，不必求之.

밖에 나가 맨손으로 이익을 구할 때는, 색이 밖에 있는 것이 좋고, 안에 있으면 좋지 않다. 귀인에게 아뢰어 재물을 구할 때는 홍색은 좋지 않고 다만 황백색이 좋은데, 모두 인당에 있는지 보아라. 귀인에게 가까이하려면 용궁·누당을 보아 청색이 있으면 반드시 구하지 못한다.

치화의색암, 탈화요색명. 전토상구재, 환요지고색명. 탁인구재, 미서의명. 갱개구재, 천이요왕색.

置貨宜色暗, 脫貨要色明. 田土上求財, 還要地庫色明. 托人求財, 眉犀宜明. 更改求財, 遷移要旺色.

置貨(물건을 사들일 때)는 색이 어두운 것이 좋고, 脫貨(물건을 팔 때)는 색이 밝아야 한다. 땅으로 재물을 구할 때는 지고의 색이 밝아야 한다. 남에게 부탁하여 재물을 구할 때는 눈썹 끝이 밝은 것이 좋다. 움직여 재물을 구할 때는 천이궁의 색이 왕성해야 한다.

삼광명윤, 재자천래. 삼광자, 양천창, 태양태음, 인당준두, 목불여야.

三光明潤, 財自天來. 三光者, 兩天倉, 太陽太陰, 印堂準頭, 目不與也.

삼광이 밝고 윤택하면 재물이 하늘로부터 온다; 삼광은 양천창과 태양태음·인당·준두이며, 눈은 해당하지 않는다.

구명; 입학간명문쌍이인당산근, 의황윤명량, 기홍적흑청.

求名; 入學看命門雙耳印堂山根, 宜黃潤明亮, 忌紅赤黑青.

명예를 구할 때; 입학은 명문·두 귀·인당·산근을 보아 윤택한 황색이나 밝고 맑은 것이 좋으며, 홍·적·흑·청색은 좋지 않다.

등과간미의명백, 이륜명문삼양연수, 차수처구의황백, 여일처불명, 역난득중. 춘간간미내삼양, 구의자색위응, 청황불묘.

登科看眉宜明白, 耳輪命門三陽年壽, 此數處俱宜黃白, 如一處不明, 亦難得中. 春間看眉內三陽, 俱宜紫色爲應, 青黃不妙.

과거에 응시할 때는 눈썹이 밝고 희면 좋고, 귓바퀴와 명문·삼양·연상·수상 등이 황백색이면 좋다. 만약 한곳이라도 밝지 않으면 합격하기 어렵다. 봄에는 눈썹 속과 삼양을 보아 모두 자색이면 합격하고, 푸른 황색이면 좋지 않다.

소취지간사고, 구의홍황위희, 자색대호. 이원장심의홍명, 역간사고, 범구명지색불구.

小就只看四庫, 俱宜紅黃爲喜, 紫色大好. 吏員掌心宜紅明, 亦看四庫, 凡求名之色不拘.

작은 관직에 나가려 할 때는 사고를 보아 모두 홍황하면 좋고 자색이면 매우 좋다. 하급 관리는 손바닥이 붉고 밝아야 하며, 또한 사고를 보아 명예를 구하려는 색과 합치해야 한다.

대소전정, 구요인당관록역마, 홍황백윤방호, 약암체적청불묘.

大小前程, 俱要印堂官祿驛馬, 紅黃白潤方好, 若暗滯赤青不妙.

크고 작은 관직은 인당·관록궁·역마 등이 홍황하거나 윤택한 백색이면 좋고, 어둡고 체하고 적색·청색은 좋지 않다.

출행; 범출행지간역마변지, 사계구요차처황명, 방가출로, 청암백불의출행.
出行; 凡出行只看驛馬邊地, 四季俱要此處黃明, 方可出路, 青暗白不宜出行.

출행; 출행은 다만 역마와 변지를 보는데, 사계절 모두 이곳이 밝은 황색이라야 나갈 수 있고, 청색·어두운색·백색은 출행에 좋지 않다.

약무적색, 위역마부동, 유적색, 위역마동, 불의수, 요행동, 방유재기. 약수반유질병, 구설불수, 고마불의곤, 동즉생재.
若無赤色, 爲驛馬不動, 有赤色, 爲驛馬動, 不宜守, 要行動, 方有財氣. 若守反有疾病, 口舌不遂, 故馬不宜困, 動則生財.

만약 적색이 없으면 역마가 동하지 않은 것이며, 적색이 있으면 역마가 동한 것이므로 지키고 있으면 좋지 않고 행동해야 재물운이 있게 된다. 만약 지키고 있으면 질병이 있게 되고 구설은 따르지 않는다. 그러므로 말은 갇혀 있는 것이 좋지 않고 움직여야 재물이 생긴다.

약백기위역마부동, 난이출행, 여재관세찰별궁기색, 약역마동, 방가결승강, 여역마부동, 즉불승불강.

若白氣爲驛馬不動, 難以出行, 如在官細察別宮氣色, 若驛馬動, 方可決陞降, 如驛馬不動, 則不陞不降.

백기가 있으면 역마가 동하지 않은 것으로 출행하기 어렵다. 관직에 있는 사람은 다른 궁의 기색을 자세히 살펴 역마가 동했으면 승진인가 강등인가를 결정할 수 있고, 역마가 동하지 않았으면 승진이나 강등도 없다.

부길흉방위; 청색중, 왕동남반득중리, 약왕서북필유재앙. 홍색일중, 필작적색, 의왕동북, 수목왕향, 가반흉위길.

附吉凶方位; 青色重, 往東南反得重利, 若往西北必有災殃. 紅色一重, 必作赤色, 宜往東北, 水木旺鄕, 可反凶爲吉.

길흉방위를 설명한다; 청색이 중하면 동남방으로 가면 오히려 큰 이익을 얻게 되고, 서북방으로 가면 반드시 재앙이 있게 된다. 홍색이 중하면 반드시 적색으로 변하니 동북방으로 가는 것이 좋은데, 水木이 왕성한 지방으로 가면 흉한 것이 오히려 길함이 될 수 있다.

약종남방, 화토왕지, 재필지의. 적암색중, 역가왕북방, 흑원행, 방면기재액.

若從南方, 火土旺地, 災必至矣. 赤暗色重, 亦可往北方, 或遠行, 方免其災厄.

남방으로 가면 火土가 왕성한 땅이므로 재앙이 반드시 이르게 된다. 적색과 어두운색이 중하면 북방으로 가거나 멀리 가면 비로소 그 재액을 면할 수 있다.

범황색불구제모위의, 재남지혹화토왕월방호. 수왕지방불리, 고동계기황색생구, 내토불의극수, 반길위흉.

凡黃色不拘諸謀爲宜, 在南地或火土旺月方好. 水旺之方不利, 故冬季忌黃色生口, 乃土不宜克水, 反吉爲凶.

황색은 어떤 일을 막론하고 좋다. 남쪽 지방이나 火土가 왕성한 달에 좋다. 水가 왕성한 방향은 불리하다. 그러므로 겨울에는 황색이 입에 생기는 것이 좋지 않으니 이는 土가 水를 극하는 것이므로 오히려 길함이 흉함이 되는 것이다.

백색왕재북방, 사절재동지, 불희동남방, 지의서북, 구모행동, 방호.

白色旺在北方, 死絶在東地, 不喜東南方, 只宜西北, 求謀行動, 方好.

백색이 북방에서 왕성하면 동쪽 지방에서는 죽게 되고, 동남방은 좋지 않다. 다만 서북방이 좋아서 무엇을 구하거나 행동하는 데 좋다.

범칠품이상, 이삼사품이하, 단득인당역마이문일명, 즉득고천희신, 약준암, 명궁적, 변지암, 즉휴관패직. 미간자기현, 유은전도.

凡七品以上, 二三四品以下, 但得印堂驛馬耳門一明, 卽得高遷喜信, 若準暗, 命宮赤, 邊地暗, 卽休官敗職. 眉間紫氣現, 有恩典到.

무릇 7품 이상 2-3-4품 이하는 인당·역마·이문 모두 밝으면 높이 승진하는 기쁜 소식이 있게 되고, 준두가 어둡고 명궁이 붉으며, 변지가 어두우면 관직에서 물러나게 된다. 미간에 자색이 나타나면 임금이 내리는 은혜가 이르게 된다.

**칠품이하, 불기암색, 지요창고개, 명문홍윤, 주유고천. 사고일청, 휴관립지, 명궁일적, 시비즉래, 정조명윤, 재록풍영, 위관구장.**

七品以下, 不忌暗色, 只要倉庫開, 命門紅潤, 主有高遷. 四庫一靑, 休官立至, 命宮一赤, 是非卽來, 井灶明潤, 財祿豊盈, 爲官久長.

7품 이하는 어두운색을 꺼리지 않으니 다만 천창과 지고가 열리고 명문이 윤택한 홍색이면 높이 승진하게 된다. 사고가 푸르면 관직을 떠나게 되며, 명궁이 적색이면 시비가 곧 이르게 된다. 콧구멍이 밝고 윤택하면 재록이 풍부하게 가득차며, 관직이 길다.

**공송: 시비다인적색, 관사지위청광, 액암다초뇌옥, 삼정명환유구성.**

公訟; 是非多因赤色, 官事只爲靑光, 額暗多招牢獄, 三停明還有救星.

관재; 시비는 적색으로 인해 많고, 관사는 푸른 빛이며, 이마가 어두우면 감옥에 가게 되는 수가 많다. 삼정이 밝으면 구함을 받게 된다.

**범견관사, 불의연수정조적색, 급변지청, 약범일건, 필유형험, 액각청주하옥, 하고명, 주견관득희, 청암흑적구불리, 지의황백위희색.**

凡見官事, 不宜年壽井灶赤色, 及邊地青, 若犯一件, 必有刑險, 額角青主下獄, 下庫明, 主見官得喜, 青暗黑赤俱不利, 只宜黃白爲喜色.

무릇 관사를 보는 것은, 연상·수상·정조가 적색이고 변지가 푸르면 좋지 않다. 한 가지라도 해당하면 반드시 형벌과 험함이 있게 된다. 액각이 푸르면 옥에 갇히고, 하고가 밝으면 관청의 기쁨이 있게 되며, 청색·어두운색·흑색·적색은 모두 불리하다. 다만 황색·백색은 기쁜 색이 된다.

목유광채필승, 목산신고필손. 총론적색일도, 뇌옥중재. 구송공정, 사고일명즉산, 변지청, 내한비전요상신.

目有光彩必勝, 目散神枯必損. 總論赤色一到, 牢獄重災. 久訟公庭, 四庫一明卽散, 邊地青, 乃閒非纏繞傷身.

눈에 광채가 있으면 반드시 승리하지만, 눈기운이 흩어지고 신기가 마르면 반드시 손해가 있게 된다. 결론적으로 적색이 이르면 감옥에 가거나 재앙이 중하다. 오래 걸린 관재는 사고가 밝아지면 곧 해결되고, 변지가 푸르면 반드시 법에 걸려 몸을 상한다.

혼인; 범규녀만면영옥, 연내대수심지, 명궁자관, 준약자명, 주득귀인위부.

婚姻; 凡閨女滿面瑩玉, 年內大遂心志, 命宮紫貫, 準若自明, 主得貴人爲夫.

혼인; 처녀의 만면이 밝은 옥과 같으면 연내에 마음의 뜻을 크게 이루게 된다. 명궁이 자색을 띠고 준두가 밝으면 귀한 남편을 얻게 된다.

**여출가시, 약자색생인당, 내왕부생자, 복수지인. 색명윤위중색, 황광위하색, 불왕부불익자.**

女出嫁時, 若紫色生印堂, 乃旺夫生子, 福壽之人. 色明潤爲中色, 黃光爲下色, 不旺夫不益子.

여자가 출가할 때 인당에 자색이 나타나면 남편을 흥왕하게 하고 자식을 낳으며 복과 장수를 누릴 사람이다. 색이 밝고 윤택한 것은 중간급의 색이며, 누른빛은 하급의 색으로 남편을 흥왕하게 할 수 없고 자식을 더할 수 없다.

**백색만면위패색, 가즉형상. 임기출가기색, 가정일생귀천, 약색다암체, 삼순방배부군.**

白色滿面爲敗色, 嫁卽刑傷. 臨期出嫁氣色, 可定一生貴賤, 若色多暗滯, 三旬方配夫君.

백색이 만면에 나타나는 것은 패색으로 출가하면 곧 남편을 잃는다. 출가할 때의 기색으로 일생의 귀천을 알 수 있다. 색이 어둡고 체한 것이 많으면 30세가 되어 결혼하게 된다.

**처첩; 간문어미, 내처첩궁, 좌내처궁, 우위첩위. 약처궁홍황명윤, 임기다득처재, 흑자성이복파, 암자난성비력.**

妻妾; 奸門魚尾, 乃妻妾宮, 左乃妻宮, 右爲妾位. 若妻宮紅黃明潤, 臨期多得妻財, 黑者成而復破, 暗者難成費力.

처첩; 간문·어미는 처첩궁으로, 좌측은 본처궁이고 우측은 첩의 위치이다. 처궁이 홍황하고 밝고 윤택하면 처와 재물을 얻게 될 시기가 임박한 것이며, 어두운 사람은 혼인을 했다가 다시 깨어진다. 어두운 사람은 결혼이 어렵고 노력만 허비한다.

색의재외, 취첩간우변어미, 혹명윤, 암내생명황, 인득자, 즉초미첩이우현능.

色宜在外, 取妾看右邊魚尾, 或明潤, 暗內生明黃, 印得紫, 則招美妾而又賢能.

색은 밖에 있어야 좋다. 첩을 얻을 때는 우측 어미를 보는데 밝고 윤택하거나 어두운 가운데 밝은 황색이 나타나거나, 인당이 자색이면 아름답고 어질고 유능한 첩을 얻게 된다.

범처첩궁, 명중생암, 처강첩약, 암내생명, 첩성어처. 간문장암, 자당서출, 색약신개, 가초미첩, 내정가업, 범취처첩, 의명궁홍자적성.

凡妻妾宮, 明中生暗, 妻强妾弱, 暗內生明, 妾盛於妻. 奸門長暗, 子當庶出, 色若新開, 可招美妾, 內整家業, 凡娶妻妾, 宜命宮紅紫赤成.

처첩궁이 밝은 가운데 어두운 기색이 나타나면 본처가 강하고 첩이 약하며, 어두운 가운데 밝은 기색이 있으면 본처보다 첩이 강하다. 간문이 오랫동안 어두우면 자식이 서출이고, 색이 새롭게 열리면 아름다운 첩을 얻어 집안에서 가업을 잘 정돈할 수 있다. 무릇 처첩을 얻을 때는 명궁이 홍색·자색·적색을 이루어야 좋다.

부모병; 부병간일각, 암중일명즉사, 암경일명즉유. 홍여점, 백여설즉사, 흑약연몽부상, 신환유손, 기래홍윤, 순일재경, 자기환창.

父母病；父病看日角，暗重一明卽死，暗輕一明卽愈. 紅如點，白如雪卽死，黑若煙濛父傷，身還有損，氣來紅潤，旬日災輕，自己還昌.

부모의 병; 아버지의 병은 일각을 본다. 어둠이 짙은데 밝아지면 죽고, 조금 어두웠다가 밝아지면 쾌유한다. 홍색이 점과 같거나 백색이 눈과 같으면 죽게 된다. 흑색이 연기 낀 듯 흐리면 부친이 다치고 자신도 손해를 입는다. 기색이 윤택한 홍색이면 10여 일 후에 재앙이 가벼워지고 자신은 다시 번창한다.

월각청암, 주모병중, 백적색필형상, 홍경자중, 모방안, 명윤불체, 모무병.

月角靑暗，主母病重，白赤色必刑傷，紅輕紫重，母方安，明潤不滯，母無病.

월각이 푸르고 어두우면 모친의 병이 중하게 되고, 백색이나 적색은 모친을 잃게 된다. 홍색이 옅고 자색이 짙으면 모친이 편안하며, 밝고 윤택하고 체하지 않으면 모친에게 병이 없다.

형제병; 미내다적색, 백여속미, 황약백진, 필형수족. 준두상유일점백광, 필주형제효복, 수내생암색, 역주수족형상.

兄弟病； 眉內多赤色，白如粟米，黃若白塵，必刑手足. 準頭上有一點白光, 必主兄弟孝服, 鬚內生暗色, 亦主手足刑傷.

형제의 병; 눈썹 속에 적색이 많거나, 조나 쌀처럼 희거나, 누렇고 흰 먼지 같으면 반드시 手足(형제)을 형상한다. 준두에 한점 흰빛이 있으면 반드시 형제의 상복을 입게 된다. 수염 속에 어두운색이 나타나면 또한 형제가 형상을 당한다.

처첩병: 청암불사, 백윤불사, 홍자즉유. 적색유형, 백여고골즉사, 약와잠생 흑색방상.

妻妾病; 靑暗不死, 白潤不死, 紅紫卽愈. 赤色有刑, 白如枯骨卽死, 若臥蠶生黑色方喪.

처첩의 병; 푸르고 어두우면 죽지 않고, 희고 윤택해도 죽지 않으며, 홍색과 자색은 곧 쾌유된다. 적색은 형상하고, 마른 뼈처럼 희면 죽게 되고, 와잠에 흑색이 나타나도 죽게 된다.

처간좌, 첩간우, 차법불가불의. 서운, 부위재어미, 기색재와잠, 극험지법. 간문수유백색, 와잠불흑, 결불형상처첩.

妻看左, 妾看右, 此法不可不依. 書云, 部位在魚尾, 氣色在臥蠶, 極驗之法. 奸門雖有白色, 臥蠶不黑, 決不刑傷妻妾.

처는 왼쪽을 보고 첩은 오른쪽을 보는데 이 법은 의지하지 않을 수 없다. 책에 이르기를 '부위는 어미에 있고, 기색은 와잠에 있으니 지극히 영험한 법이다. 간문에 비록 백색이 있어도 와잠이 검지 않으면 결코 처첩을 형상하지 않는다.

**자녀병; 자좌여우, 와잠흑주사, 약와잠지위명윤, 역불방, 고자사, 흑황자사, 청중자생.**

子女病; 子左女右, 臥蠶黑主死, 若臥蠶之位明潤, 亦不妨, 枯者死, 黑黃者死, 靑重者生.

자녀의 병; 아들은 좌측, 딸은 우측인데 와잠이 흑색이면 죽고, 와잠 부위가 밝고 윤택하면 해롭지 않다. 와잠이 마르면 죽고, 검고 누르면 죽고, 청색이 짙으면 산다.

**백기삼양삼음, 주극자. 와잠수암, 간문약명, 결불형자, 약가간문암, 필형무의.**

白起三陽三陰, 主克子. 臥蠶雖暗, 奸門若明, 決不刑子, 若加奸門暗, 必刑無疑.

흰빛이 두 눈에 나타나면 자식이 죽고, 와잠이 비록 어두워도 간문이 밝으면 결코 자식을 형상하지 않지만, 간문까지 어두우면 반드시 형상하게 됨을 의심할 바 없다.

**본신질병; 간병법, 연수삼양삼음명문명궁준두, 차수처구적, 주대병지재. 연수청, 삼양발백, 두복지재.**

本身疾病; 看病法, 年壽三陽三陰命門命宮準頭, 此數處俱赤, 主大病至災. 年壽靑, 三陽發白, 肚腹之災.

본인의 질병; 병을 보는 법은, 연상·삼양·삼음·명문·명궁·준두 등 이곳들이 모두 적색이면 큰 병과 재앙이 이르게 된다. 연상·수상이 푸르고 두 눈에 흰색이 나타나면 뱃속의 재앙이 있다.

연수적광, 농혈지재. 인당명연수암, 하원지질. 범차기색, 불과주병, 대색개필유의.

年壽赤光, 膿血之災. 印堂明年壽暗, 下元之疾. 凡此氣色, 不過主病, 待色開必愈矣.

연상·수상에 적색 빛이 나타나면 염증이나 혈액으로 인한 재앙이 있고, 인당이 밝고 연상·수상이 어두우면 下元(신장이나 방광)의 질병이다. 이 기색은 병이 있는 것에 불과하고 기다려 색이 열리면 반드시 치유된다.

범병인천창지각불암흑, 구각불발황, 필불사, 약이하지색일도, 즉사무의.

凡病人天倉地閣不暗黑, 口角不發黃, 必不死, 若以下之色一到, 卽死無疑.

병자의 천창·지각이 어둡거나 검지 않고 구각에 황색이 나타나지 않으면 반드시 죽지 않는다. 만약 아래의 색이 나타나면 죽게 됨을 의심할 바 없다.

기색구불명불암, 피부일건, 항피일추, 즉사. 순청설흑여자간, 십병구사.

氣色俱不明不暗, 皮膚一乾, 項皮一皺, 卽死. 脣青舌黑如紫肝, 十病九死.

기색이 모두 밝지도 않고 어둡지도 않은데, 피부가 마르고 목 피부에 주름이 생기면 죽게 된다. 입술이 푸르고 혀가 간처럼 검붉으면 열사람 가운데 아홉이 죽는다.

병인희순발백, 지고광명, 자유양방래구, 제색구생, 독후상기일적색, 혹흑색암, 즉사, 조발모응, 모발조응, 장심혈명, 방언유구.

病人喜脣發白, 地庫光明, 自有良方來救. 諸色俱生, 獨喉上起一赤色, 或黑色暗, 卽死, 朝發暮應, 暮發朝應, 掌心血明, 方言有救.

병자에게 기쁜 것은 입술이 희고, 지고가 빛나고 밝으면 자연히 좋은 처방을 만나 구해진다. 여러 색이 모두 생기가 있는데, 유독 목에 적색이 나타나거나 흑색으로 어두우면 죽게 된다. 아침에 나타나면 저녁에 죽고 저녁에 나타나면 아침에 죽는다. 손바닥에 혈색이 밝으면 살아난다고 할 수 있다.

아동질병; 소아골격미성, 독기색위주입응, 상위산근연수, 차간명문구순, 구유청색자, 오왈내상, 구유황색자, 삼왈내망.

兒童疾病; 小兒骨骼未成, 獨氣色爲主立應, 上爲山根年壽, 次看命門口脣, 俱有靑色者, 五日內喪, 俱有黃色者, 三日內亡.

아동의 질병; 소아는 골격이 완성되지 않았으므로 다만 기색을 위주로 살핀다. 먼저 산근·연상·수상을 살피고, 다음으로 명문과 입술을 보는데, 모두 청색인 사람은 5일 내 죽게 되고, 모두 황색인 사람은 3일 내 죽게 된다.

인중흑, 휴망재활, 인당적, 난허퇴재. 천창적, 불시호색. 지각황, 주사무의. 안약산광, 순다청흑, 즉각신망.

人中黑, 休望再活, 印堂赤, 難許退災. 天倉赤, 不是好色. 地閣黃, 主死無疑. 眼若散光, 脣多靑黑, 卽刻身亡.

인중이 흑색이면 다시 살아나길 바라지 말고, 인당이 적색이면 재앙이 물러가기 어렵다. 천창의 적색은 좋은 색이 아니며 지각이 황색이면 죽게 됨을 의심할 바 없다. 눈빛이 흩어지고 입술에 푸르고 검은빛이 많으면 곧 죽게 된다.

약간득생지법, 명문인중백, 인당황, 천창퇴적, 구순백, 순일득생.

若看得生之法, 命門人中白, 印堂黃, 天倉退赤, 口脣白, 旬日得生.

회생하는 법을 보면, 명문과 인중이 희고 인당이 황색이며 천창에 적색이 사라지고 입술이 희면 10일 이내 살게 된다.

마두간이륜이미이주, 차삼처의명부의흑암, 약두일적, 부득전생.

痲痘看耳輪耳尾耳珠, 此三處宜明不宜黑暗, 若頭一赤, 不得全生.

천연두는 귓바퀴와 귀 아랫부분·귓불을 보는데, 이 세 곳은 밝아야 좋고 검고 어두우면 좋지 않다. 머리가 붉어지면 살아날 수 없다.

범두진두피항피일적, 십유팔구사. 명문전고자위풍패, 우위탐구. 속운이공, 고무부위.

凡痘疹頭皮項皮一赤, 十有八九死. 命門前高者爲風牌, 又爲探口. 俗云耳空, 故無部位.

홍역은 머리 피부와 목 피부가 붉어지면 10명 가운데 8-9명이 죽는다. 명문 앞이 두툼하게 나온 사람을 풍패 또는 탐구라고 하는데, 속설에 이르기를 '귀가 비었으면 이 부위가 없다.'라고 했다.

노복병; 역마색암, 노복궁체, 자연상진, 주불사상, 역도타향.

奴僕病; 驛馬色暗, 奴僕宮滯, 自然喪盡, 主不死喪, 亦逃他鄕.

노복의 병; 역마의 색이 어둡고 노복궁의 색이 체하면 자연히 죽어 없어진다. 죽지 않으면 타향으로 도주한다.

육축왕; 육축지위, 부재부위, 재변지변성, 본속각궁상간. 황백자왕, 청흑다산, 자색인축득재.

六畜旺; 六畜之位, 不在部位, 在邊地邊城, 本屬各宮上看. 黃白自旺, 靑黑多散, 紫色因畜得財.

육축이 왕성한가; 육축을 보는 위치는 부위에 있지 않고 변성 변지에 있고 각궁의 윗부분을 본다. 황색·백색이면 육축이 자연히 왕성하고, 청색·흑색은 흩어지고, 자색이면 육축으로 인해 재물을 얻는다.

\*육축(六畜): 말·소·양·돼지·닭·개.

유장상법정해

발재모궁, 즉응모사. 축내자축인묘십이궁야. 독진궁불의백, 자궁불의황, 차위재궁분지변, 부재궁분지상.

發在某宮, 卽應某事. 畜乃子丑寅卯十二宮也. 獨辰宮不宜白, 子宮不宜黃, 此位在宮分之邊, 不在宮分之上.

어떤 궁에 나타나는가에 따라 해당되는 일에 응하는데, 가축은 子丑寅卯 12궁이다. 다만 辰宮은 백색이 좋지 않고, 子宮은 황색이 좋지 않다. 이 위치는 궁을 나누는 부분에 있지 본궁에 있지 않다.

주택안; 재천이, 천창지고간, 적방화촉, 백방소인, 흑유손괴, 황조투해, 독희명홍, 주택안온.

住宅安; 在遷移, 天倉地庫看, 赤防火燭, 白防小人, 黑有損壞, 黃遭妒害, 獨喜明紅, 住宅安穩.

주택의 안전; 천이궁에 있고, 천창·지고를 보아 적색이면 화재를 예방하고, 백색이면 소인을 방비하라. 흑색은 손실이 따르고 무너지며, 황색은 질투로 해로움을 만난다. 오직 밝은 홍색만 좋아 주택이 편안하다.

외문가택; 산근발황색, 가택길, 인당유자홍이색, 가택인구구안, 정조기적암, 인구불안.

外問家宅; 山根發黃色, 家宅吉, 印堂有紫紅二色, 家宅人口俱安, 井灶起赤暗, 人口不安.

밖에서 주택을 물을 때; 산근에 황색이 발하면 주택이 길하고, 인당에 자색과 홍색이 있으면 주택과 가족이 모두 편안하지만, 정조(콧구멍)에 적색과 어두운색이 나타나면 가족이 편치 않다.

용궁사고적색, 화도상침, 간각궁육친, 역종전법. 약산근와잠상청적, 소구불리, 인당정조약명, 일택화안.

龍宮四庫赤色, 火盜相侵, 看各宮六親, 亦從前法. 若山根臥蠶上青赤, 小口不利, 印堂井灶若明, 一宅和安.

용궁과 사고(천창과 지고)가 적색이면 화재나 도적이 침범한다. 각궁과 육친을 보는 것은 앞의 법을 따른다. 산근과 와잠이 청색이거나 적색이면 미성년자가 불리하다. 인당과 정조가 밝으면 온 집안이 화목하고 편안하다.

원림죽목; 임묘교외색백, 의종죽재, 상필획리.

園林竹木; 林墓郊外色白, 宜種竹栽, 桑必獲利.

조경하고 대나무나 나무를 심을 때; 산림·상묘·교외의 색이 백색이면 대나무를 심으면 좋고 뽕나무를 심으면 반드시 이득이 있다.

분영풍수; 범풍수재임묘중정발제변간, 청수제근제, 유광명량, 백광, 조영풍수극호, 기황광, 주인파손, 기청탁, 의수리, 기백색, 풍수수.

墳塋風水; 凡風水在林墓中庭髮際邊看, 清秀際根齊, 有光明亮, 白光, 祖塋風水極好, 起黃光, 主人破損, 起青濁, 宜修理, 起白色, 風水秀.

분묘풍수; 풍수는 산림·상묘·중정·발제 옆을 보는데, 맑고 빼어나며 발제와 산근이 가지런하며, 빛나고 밝고 맑으며, 희게 빛나면 조상 묘의 풍수가 지극히 좋은 것이다. 황색 빛이 일어나면 후손이 실패하고 손해가 있게 된다. 푸르고 탁한 빛이 일어나면 묘를 수리해야 하며, 백색이 일어나면 풍수가 빼어난 것이다.

착지양어; 상고개백광, 의조당양어.
鑿池養魚; 上庫開白光, 宜造塘養魚.

연못을 파고 물고기를 기를 때; 천창에 흰빛이 열리면 연못을 만들고 물고기를 기르는 데 좋다.

치산; 범치방옥, 요간산근천이, 차이처구발황광자색, 방득성취, 약문적암, 초구설시비, 역불의성, 수성역난위자손지계.
置產; 凡置房屋, 要看山根遷移, 此二處俱發黃光紫色, 方得成就, 若紋赤暗, 招口舌是非, 亦不宜成, 雖成亦難爲子孫之計.

부동산을 살 때: 집을 살 때는 산근과 천이궁을 보아 이 두 곳에 황색 빛과 자색이 나타나면 성취할 수 있다. 적색이나 어두운 문양이 나타나면 구설과 시비가 있게 되니 사면 좋지 않으니 비록 사들인다 해도 자손을 위한 계획이 되기 어렵다.

수조; 재좌우산림정조, 간차사처, 약기황적이색, 당득동토수조. 명윤위길, 청암불의, 백색하고, 기공유손인구.
修造; 在左右山林井灶, 看此四處, 若起黃赤二色, 當得動土修造. 明潤爲吉, 青暗不宜, 白色下庫, 起工有損人口.

수리나 개조할 때; 좌우 산림과 정조, 이 네 곳을 보는데, 황색과 적색 두 색이 나타나면 토목공사를 하고 수리나 개조하는 데 좋다. 밝고 윤택하면 길하고 푸르고 어두우면 좋지 않다. 지고에 백색이 나타났는데 공사를 시작하면 사람이 상하게 된다.

치물; 범치가구잡물, 구의정조광명, 약재백궁암적, 주치물위해, 파반길. 준두암조문광, 응해치물.

置物; 凡置家具雜物, 俱宜井灶光明, 若財帛宮暗赤, 主置物爲害, 破反吉. 準頭暗灶門光, 應該置物.

물건을 매입할 때; 가구나 여러 가지 물건을 사들일 때는 정조가 밝고 빛나야 좋다. 재백궁이 어둡고 붉을 때 물건을 사들이면 해가 되니 계약을 파기하고 반환해야 길하다. 준두가 어둡고 콧구멍이 빛나면 물건을 사들이는 것이 좋다.

임신; 범부인임산지기, 제일요명궁홍자, 이요쌍안광채, 삼요이유백광, 사요성음청량, 방순편이생, 필시모희, 이익성인.

妊娠; 凡婦人臨產之期, 第一要命宮紅紫, 二要雙眼光彩, 三要耳有白光, 四要聲音淸亮, 方順便而生, 必是母喜, 利益成人.

임신; 부인이 임신하여 해산하는 시기에는 첫째 명궁에 홍색이나 자색을 띄어야 하고, 두 번째로는 두 눈에 아름다운 빛이 있어야 하며, 세 번째로는 귀가 희게 빛나야 하고, 네 번째로는 음성이 맑고 밝아야 한다. 그래야만 순조롭고 편안하게 태어나서 반드시 산모가 기쁘고 이로움을 더하며 성장할 사람이다.

제일기명궁천정기암색, 이기면다청광, 이암여몽, 삼기순청구각암, 사기음아안무신, 단범일건, 즉유산액, 다지생녀.

第一忌命宮天庭起暗色, 二忌面多青光, 耳暗如濛, 三忌脣青口角暗, 四忌音啞眼無神, 但犯一件, 卽有產厄, 多只生女.

첫 번째 꺼리는 것은 명궁과 천정에 어두운색이 일어나는 것이고, 두 번째는 얼굴에 푸른 빛이 많고 귀가 흐린 듯 어두운 것이며, 세 번째는 입술이 푸르고 입 끝이 어두운 것이며, 네 번째는 음성이 벙어리 같고 눈에 신기가 없는 것이다. 이 가운데 한 가지라도 해당하면 산액이 있거나 여아를 낳는 수가 많다.

범당분지일, 간좌우수중명당, 내혈홍윤, 필이장심위주, 약혈병홍여화자, 입산득남, 약병백청, 주산녀, 암흑이색약중, 공난산유손.

凡當盆之日, 看左右手中明堂, 內血紅潤, 必以掌心爲主, 若血並紅如火者, 立產得男, 若並白青, 主產女, 暗黑二色若重, 恐難產有損.

분만일에는 좌우 손바닥의 명당이 붉고 윤택한지를 본다. 반드시 손바닥 가운데를 위주로 하는데, 혈색이 불처럼 붉으면 남아를 출산하고, 희고 푸르면 여아를 출산한다.

어둡고 검은 두 가지 색이 중하면 난산이나 산액이 있을까 두렵다.

**황광중, 전모부전자, 백광전자, 암흑청황자, 자모난전, 차내요법, 불가경설, 공로천기, 이치손수.**

黃光重, 全母不全子, 白光全子, 暗黑青黃者, 子母難全, 此乃要法, 不可輕洩, 恐露天機, 以致損壽.

황색 빛이 중하면 산모는 온전하지만 아이는 온전치 않고, 흰빛이면 아이가 온전하다. 어둡고 검으며 청색·황색이면 모자가 온전하기 어렵다. 이것은 중요한 법이니 가볍게 누설하지 말라. 천기를 드러내면 수명이 손상될까 두렵다.

**문생자: 범인문생자, 간간문, 가유백암흑색, 방정처첩길흉. 처임간좌, 첩임간우, 연후간와잠.**

問生子; 凡人問生子, 看奸門, 可有白暗黑色, 方定妻妾吉凶. 妻妊看左, 妾妊看右, 然後看臥蠶.

자식 낳는 것을 물을 때; 남이 자식을 낳는 것을 물으면 간문을 보아 백색·어두운색·흑색이 있는지 보아 처첩의 길흉을 정한다. 처의 임신은 좌측을 보고, 첩의 임신은 우측을 보는데, 다음으로 와잠을 본다.

**홍자즉위남희, 관골홍역생남, 준홍인홍, 역주생남, 와잠황자생녀, 삼양삼음청자생녀, 이무홍색생녀,**

紅紫則爲男喜, 顴骨紅亦生男, 準紅印紅, 亦主生男, 臥蠶黃者生女, 三陽三陰青者生女, 而無紅色生女.

홍색·자색은 남아여서 기쁘고, 관골이 홍색이면 역시 남아를 낳는다. 준두와 인당이 홍색이면 역시 남아를 낳게 된다. 와잠이 황색이면 여아를 낳고, 삼양삼음이 푸르면 여아를 낳으며, 홍색이 없으면 여아를 낳는다.

서운, 삼양화왕, 갑을병정가생남, 삼음청다, 경신임계응생녀, 간문암참, 와잠청, 처조산액. 준두암체, 어미반, 극자형처.

書云, 三陽火旺, 甲乙丙丁可生男, 三陰青多, 庚辛壬癸應生女, 奸門暗慘, 臥蠶青, 妻遭產厄. 準頭暗滯, 魚尾斑, 剋子刑妻.

책에 이르기를 '삼양(왼쪽 눈자위)에 화기가 왕성하면 甲乙丙丁일에 남아를 낳을 수 있고, 삼음(오른쪽 눈자위)에 푸른 기운이 많으면 庚辛壬癸일에 여아를 낳게 된다. 간문이 어두침침하고 와잠이 푸르면 처가 산액을 당하게 된다. 준두가 어둡고 체하며 어미에 반점이 있으면 처자를 극한다'라고 했다.

입아문; 범입공문, 간조문준두, 백여수색, 이견귀인, 쌍이색명, 귀인득희, 가흥가업. 이진몽, 준두청암, 변지불명, 즉불의입공문.

入衙門; 凡入公門, 看灶門準頭, 白如水色, 利見貴人, 雙耳色明, 貴人得喜, 可興家業. 耳塵濛, 準頭青暗, 邊地不明, 則不宜入公門.

관청에 들어갈 때; 관청에 들어갈 때는 콧구멍과 준두를 본다. 물처럼 흰색이면 귀인을 만나 이롭고, 두 귀의 색이 밝으면 귀인을 만나 기쁜 일이 있어 가업을 일으킬 수 있다. 귀가 먼지처럼 흐리고 준두가 푸르고 어두우며 변지가 밝지 않으면 관청에 들어가는 것이 좋지 않다.

조선항; 재하고변, 주거상간, 약유중문, 일생리어재생수상, 약백색유수재, 백황명즉유수리, 정조명적, 주거명량, 의조선항.

造船航; 在下庫邊, 舟車上看, 若有重紋, 一生利於財生水上, 若白色有水災, 白黃明則有水利, 井灶明赤, 舟車明亮, 宜造船航.

배를 타고 항해할 때; 지고 옆의 舟車를 보아 겹친 주름이 있으면 일생 물 위에서 재물이 생기는 이로움이 있다. 백색은 수재(水災)가 있고, 백색이나 황색, 밝으면 물로 인한 이로움이 있고, 정조가 밝고 붉으며 舟車가 밝고 맑으면 항해하는 데 좋다.

표양과해; 범표양과해불구관서, 구간승장, 약기흑색, 불과허경, 백색우수수경공.

飄洋過海; 凡飄洋過海不拘官庶, 俱看承漿, 若起黑色, 不過虛驚, 白色遇水獸驚恐.

바다를 건너 먼 곳으로 갈 때; 바다를 건너 먼 곳으로 갈 때는 관리나 서민을 막론하고 모두 승장을 본다. 흑색이 나타나면 놀라는 일에 불과하지만, 백색은 물짐승을 만나 놀라게 될까 두렵다.

*飄洋過海(표양과해): 명나라 오승은(吳承恩, 1500-1583)의 《서유기》 가운데 '바다를 건너 먼 곳으로 가서 신선의 도를

찾으니, 뜻을 세우고 마음에 담아 큰 공을 세운다(飄洋過海尋仙道, 立志潛心建大功.).'라고 한데서 유래한 성어로 바다를 건너 먼 곳을 여행한다는 뜻이다.

기황색불가행, 적근기역불가행, 청여전불가행, 범승장지색, 지의백광명윤, 즉위이편.

**起黃色不可行, 赤筋起亦不可行, 靑如靛不可行, 凡承漿之色, 只宜白光明潤, 則爲利便.**

황색이나 적색 힘줄, 놋그릇에 생기는 녹과 같이 푸르게 나타나면 가면 안 된다. 승장의 색이 백색으로 밝고 윤택하면 이롭고 편안하다.

고서운, 승장문심, 공투낭리, 청근약현, 일세불가입호해연원심처.

**古書云, 承漿紋深, 恐投浪裏, 靑筋若現, 一世不可入湖海淵源深處.**

고서에 이르기를 '승장에 문양이 깊으면 물결 속에 빠질까 두렵다.'라고 했으니 푸른 힘줄이 나타나면 일생 호수나 바다·연못 등 깊은 곳에 들어가지 말라.

전묘가색; 천창적색조수엄, 하고황색조한재, 사고색암반불기, 사고명묘대숙, 정조적색전토불수.

**田苗稼穡; 天倉赤色遭水淹, 下庫黃色遭旱災, 四庫色暗反不忌, 四庫明苗大熟, 井灶赤色田土不收.**

농사에 관해; 천창이 적색이면 농토가 물에 잠기게 되고, 하고가 황색이면 가뭄으로 피해를 보며, 사고의 색이 어두우면 오히려 나쁘지 않다. 사고가 밝으면 곡식이 잘 익고, 정조가 적색이면 농토에서 수확을 거두지 못한다.

산근부자, 막망전묘, 하수수간산근, 추수요간정조, 잡곡유간삼양.

山根不紫, 莫望田苗, 夏收須看山根, 秋收要看井灶, 雜穀唯看三陽.

산근에 자색이 없으면 농토의 곡식을 바라지 말고, 여름에 수확하는 것은 반드시 산근을 보며, 가을 추수는 정조를 보고, 잡곡은 삼양을 본다.

분거; 범분거지색, 내흥패지조, 만면희용미간자, 지의공취, 불의분. 체색삼양창고암, 다생간계야환궁.

分居; 凡分居之色, 乃興敗之兆, 滿面喜容眉間紫, 只宜共炊, 不宜分. 滯色三陽倉庫暗, 多生奸計也還窮.

분가; 분가하는 색은 흥성하거나 실패할 조짐이 있는데, 만면에 기쁜 용모와 미간이 자색이면 함께 사는 것이 좋고 분가하면 좋지 않다. 체한 색이 삼양에 있고 천창 지고가 어두우면 간사한 계교가 생기는 일이 많고 또한 궁핍해진다.

형제각거, 지위미, 생암체신광민면, 동기삼세왕전장, 미모명윤, 분거필부. 미생암색, 분후필빈. 적색주구설, 황색주파재, 백색대불리.

兄弟各居, 只爲眉, 生暗滯新光滿面, 同居三世旺田莊, 眉毛明潤, 分居必富. 眉生暗色, 分後必貧. 赤色主口舌, 黃色主破財, 白色大不利.

형제가 따로 사는 것은, 다만 눈썹을 본다. 어둡고 체한 색이 생기고 만면이 새롭게 빛나면 3대가 한집에 살게 되면 농토가 크게 넓혀진다. 눈썹 털이 밝고 윤택하면 분가하면 반드시 부를 이루지만, 눈썹에 어두운색이 생기면 분가한 후 반드시 빈한해진다. 적색이 나타나면 분가로 인한 구설이 있고, 황색이면 실패하며, 백색은 매우 불리하다.

수구; 암내유명의수구. 삼양청흑적색발동, 준홍백색발, 지각사건구의수구. 기색불개, 역수구. 종유일이처명윤지색, 역불의경개.

守舊; 暗內有明宜守舊. 三陽靑黑赤色發動, 準紅白色發, 地閣四件俱宜守舊. 氣色不開, 亦守舊. 縱有一二處明潤之色, 亦不宜輕改.

해오던 것을 지키는 문제; 어두운 가운데 밝음이 있으면 그대로 있는 것이 좋다. 삼양에 청색·흑색·적색이 발동하거나, 준두에 홍색·백색이 나타나거나, 지각에 4건(청흑적백색)이 나타나면 그대로 있는 것이 좋다. 기색이 열리지 않으면 그대로 지켜라. 비록 한두 곳에 밝고 윤택한 색이 있더라도 가볍게 바꾸는 것은 좋지 않다.

경개; 범경개지간천창위천이, 차처홍황백자방리, 적흑백불여, 명색의경개, 삼양홍, 명문량, 황소홍중, 구의경개.

更改; 凡更改只看天倉爲遷移, 此處紅黃白者方利, 赤黑白不如, 明色宜更改, 三陽紅, 命門亮, 黃少紅重, 俱宜更改.

직업을 바꾸는 문제; 직업을 바꾸는 것은 천창을 보아 움직이는데, 이곳이 홍색이나 황색·백색인 사람은 이롭고, 적색·흑색·백색이면 그렇지 않다. 밝은색이면 바꾸는 것이 좋고, 삼양에 홍색이 나타나고 명문이 밝으며, 황색이 적고 홍색이 많으면 바꾸는 것이 좋다.

범경개지간천창위천이, 차처적흑백구불묘, 홍황백자, 방대길리.

凡更改只看天倉爲遷移, 此處赤黑白俱不妙, 紅黃白者, 方大吉利.

직업을 바꾸는 것은 천창을 보아 결정하는데, 이곳이 적색·흑색·백색이 함께 나타나면 좋지 않고, 홍황하고 백색인 사람은 크게 길하고 이롭다.

가납; 범가납공명, 간천창관록명궁, 차수처구요황명, 방의행차사, 약일처불명, 종가납야불성.

加納; 凡加納功名, 看天倉官祿命宮, 此數處俱要黃明, 方宜行此事, 若一處不明, 縱加納也不成.

뇌물을 바칠 때; 뇌물을 바쳐 공명을 구할 때는 천창·관록궁·명궁을 보는데, 이곳들이 모두 밝은 황색이라야 이 일이 행해질 수 있다. 만약 한곳이라도 밝지 않으면 비록 뇌물을 바치고도 성과가 없게 된다.

승천; 범관리승천요청황관비, 홍투명궁, 자투미미, 정주고천.

升遷; 凡官吏升遷要靑黃貫鼻, 紅透命宮, 紫透眉尾, 定主高遷.

승진; 관리의 승진은 청황한 색이 코를 덮고 홍색이 명궁에 나타나야 한다. 자색이 눈썹 끝에 나타나면 틀림없이 높이 승진한다.

상간; 진본간천창변, 역마주서, 청황암불의, 공조난, 백명홍자, 방득은희.
上諫; 進本看天倉邊, 驛馬奏書, 青黃暗不宜, 恐遭難, 白明紅紫, 方得恩喜.

임금에게 간언할 때; 임금 앞에 나아가 간언할 때는 천창 옆과 역마·주서를 보아 청색·황색·어두운색이면 좋지 않아서 어려움을 만날까 두렵다. 밝은 백색이나 홍색·자색은 은혜를 얻어 기쁘게 된다.

출정; 범출정, 항피기색, 불의적, 후상불의기홍사, 명궁암, 인수청, 항피적, 차내장군대기. 인수명문윤, 하파출정?
出征; 凡出征, 項皮氣色, 不宜赤, 喉上不宜起紅絲, 命宮暗, 印綬青, 項皮赤, 此乃將軍大忌. 印綬命門潤, 何怕出征.

출정; 전쟁에 나갈 때는 목 피부의 기색을 보는데, 적색이면 좋지 않고, 목에 붉은 실같은 주름이 있으면 좋지 않고, 명궁이 어둡거나 인수가 푸르거나 목 피부가 붉은 것은 장군에게 매우 좋지 않다. 인수와 명문이 밝고 윤택하면 출정함에 무슨 두려움이 있으랴.

행군; 행군요간역마변지변성, 주수요간당부국인, 구요자색홍윤색위대진, 암체적삼색조간, 청적이색전자불리, 절불의행.
行軍; 行軍要看驛馬邊地邊城, 主帥要看唐符國印,俱要紫色紅潤色爲大進．暗滯赤三色遭奸，青赤二色全者不利，切不宜行．

행군; 행군은 역마·변지·변성을 봐야 하는데, 장수는 당부(현벽)와 국인(이마)을 본다. 모두 자색이나 윤택한 홍색이면 크게 나아갈 수 있고, 어둡고 체하고 적색 등 세 가지 색이면 간사함을 만나게 되며, 청색과 적색 두 가지 색이 전체적으로 나타나면 불리하니 절대로 가서는 안 된다.

교우; 범색적불의교우, 색명태과, 불의교우. 도원결의, 개인미두미미색여하. 손빈조방연대해, 지위나계내색생청, 백여분.

交友；凡色赤不宜交友，色明太過，不宜交友．桃園結義，皆因眉頭眉尾色如霞．孫臏遭龐涓大害，只爲羅計內色生青，白如粉．

교우관계; 적색이면 벗을 사귀어서 안되고, 밝은색이 지나치면 벗을 사귀어도 안좋다. 도원결의하는 것은 모두 눈썹머리와 눈썹꼬리 부분이 노을색 같아야 한다. 손빈이 방연을 만나 크게 해를 입은 것은 눈썹 속의 색이 푸르고 분과 같이 희었기 때문이다.

범미내생청백이색, 기악심지우, 한독지붕. 차법세인한지.

凡眉內生青白二色，忌惡心之友，狠毒之朋．此法世人罕知．

눈썹 속에 청색·백색 두 가지 색이 나타나면 악심을 품은 벗과 악독한 벗을 주의해야 한다. 이 법은 세상 사람들 가운데 아는 이가 드물다.

*孫臏(손빈, BC328-BC316): 전국시대 제나라 사람으로 걸출한 전략가이다. 《손자병법》을 저술한 것으로 전해지는 손무의 5대손으로 알려져 있다. 제나라 위왕과 선왕 재위 기간 활동했다. 그는 스승 귀곡자 문하에서 방연(龐涓)과 함께 병법을 배웠는데, 항상 방연을 앞질러 시기와 질투 대상이 되었다. 학업을 마친 뒤 방연은 위(魏)나라에 가서 혜왕(惠王)의 장수가 되었다. 제나라와 위나라는 중원의 패권을 놓고 다툴 때였다. 방연은 비밀리에 손빈을 위나라로 초빙했다. 손빈이 위나라에 오자 이번에는 혜왕이 뛰어난 손빈을 발탁하지 않을까 걱정되어 손빈의 선조 손무가 남긴 병서를 손에 넣기 위해 손빈을 죽이지 않고 무릎 아래를 잘라내는 형벌인 빈형(臏刑)을 가해 앉은뱅이로 만들고, 그의 얼굴에다 죄인임을 나타내는 경형(黥刑)을 가했다. 그리고 손빈에게 마치 은혜를 베푸는 것처럼 꾸몄다. 손빈은 가까스로 제나라로 도망쳐 목숨을 건지고, 군사(君師)가 되어 후일 마릉(馬陵, 지금의 산동성 견성 동북)의 전투에서 위나라 군대를 대파하고 방연이 자살하도록 했다.

숙창; 간문생자색, 만면기도화, 우주창가획리. 미미청암, 만면광부, 인화주패가, 상유재병. 명문재암, 도저경낭. 연수여주, 인표지질.

宿娼; 奸門生紫色, 滿面起桃花, 又主娼家獲利. 眉尾青暗, 滿面光浮, 因花酒敗家, 尚有災病. 命門再暗, 到底傾囊. 年壽如朱, 因嫖至疾.

기생집에서 머물 때; 간문에 자색이 나타나고 만면에 도화색이 나타나면 기생집에서 이로움을 얻게 된다. 눈썹꼬리가 푸르고 어두우며 만면에 빛이 들뜨면 주색으로 인해 패가하고 재액과 질병이 있게 된다. 그에 더해 명문이 어두워지면 마침내 주머니가 비게 되며, 연상 수상이 주사를 바른 듯 붉으면 음란함으로 인해 질병이 이르게 된다.

유렵; 간산림변성, 유청황자, 부득중리, 적암자우괴수지경. 우유일법, 지갑기백색, 불의입산림심처, 준두발암, 역불허입산림.

游獵; 看山林邊城, 有靑黃者, 不得重利, 赤暗者遇怪獸之驚. 又有一法, 指甲起白色, 不宜入山林深處, 準頭發暗, 亦不許入山林.

수렵; 산림과 변성을 보아 청황한 색이 있으면 큰 이로움을 얻을 수 없고, 적색이나 어두운 사람은 괴상한 짐승에게 놀라게 된다. 또 한가지 법이 있으니, 손톱에 백색이 나타나면 깊은 산림으로 들어가는 것이 좋지 않다. 준두에 어두운색이 나타나면 산림에 들어갈 수 없다.

포어; 자해이궁기황광, 불의입수. 산악기청색, 불의입수. 하고백광명윤, 의입심연, 필득중리.

捕魚; 子亥二宮起黃光, 不宜入水. 山嶽起靑色, 不宜入水. 下庫白光明潤, 宜入深淵, 必得重利.

물고기를 잡으려 할 때; 子亥(아래턱 부분) 2궁에 황색 빛이 일어나면 물에 들어가는 것이 좋지 않다. 산악(오악)에 청색이 나타나면 물에 들어가는 것이 좋지 않다. 하고(지각과 지고)에 흰빛이 나고 밝고 윤택하면 깊은 물 속에 들어가도 좋고 반드시 큰 이로움을 얻게 된다.

음신; 쌍미미위문서궁, 문신의간차. 부문자신의명, 자구부서의홍, 처문부의백, 부문처의혈백황구리.

音信; 雙眉尾爲文書宮, 問信宜看此. 父問子信宜明, 子求父書宜紅, 妻問夫宜白, 夫問妻宜血白黃俱利.

소식을 물을 때; 두 눈썹꼬리는 문서궁이므로 소식을 물을 때는 이곳을 보아야 한다. 아비가 자식의 소식을 물을 때는 밝아야 하고, 자식이 아비의 소식을 물을 때는 홍색이 좋다. 처가 남편을 물을 때는 흰 것이 좋고, 남편이 처의 소식을 물을 때는 혈색과 흰색·황색이 모두 좋다.

약문서발동, 즉유신지, 부동불통음신. 구은조, 역요간미쌍미, 암체득음불희, 명윤주약희신, 의혈황위용, 청암위재, 적색자색역주서신도.

若文書發動, 卽有信至, 不動不通音信. 求恩詔, 亦要看眉雙尾, 暗滯得音不喜, 明潤主約喜信, 宜血黃爲用, 靑暗爲災, 赤色紫色亦主書信到.

만약 문서궁이 발동하면 곧 소식이 오게 되지만, 발동하지 않으면 소식이 통하지 않는다. 임금으로부터 조서(詔書)가 오기를 기다릴 때는 또한 두 눈썹꼬리를 보는데, 어둡고 체한 색은 좋지 않은 소식이 오게 되고, 밝고 윤택하면 기쁜 소식이 오게 된다. 혈색과 황색은 좋고, 청색과 어두운색은 재앙이 오며, 적색과 자색이면 서신이 오게 된다.

구설; 범적색주구설, 간발동하처, 즉주하사구설, 독명궁연수기적, 변지역기적, 기외경.

口舌； 凡赤色主口舌, 看發動何處, 則主何事口舌, 獨命宮年壽忌赤, 邊地亦忌赤, 其外輕.

구설； 적색은 구설이 있게 되는데, 어느 곳에 발동하는가에 따라 그에 따른 구설이 있게 된다. 명궁·연상·수상의 적색은 좋지 않고 변지의 적색도 좋지 않으며 그 외는 가볍다.

구의; 명궁명윤이륜적, 필유양방내제. 정조적연수청, 심병난의.

求醫； 命宮明潤耳輪赤, 必有良方來濟. 井灶赤年壽靑, 沉病難醫.

치료를 구할 때； 명궁이 밝고 윤택하며 귓바퀴가 붉으면 반드시 좋은 처방을 만나 구제받게 된다. 정조가 붉고 연상·수상이 푸르면 병이 깊어 치료하기 어렵다.

취색: 범기색족불명위취, 내외구명위대취, 사고신개위대취, 혈화기장위취, 장색족면부족역위취, 장색족면암체역위취.

聚色； 凡氣色足不明爲聚, 內外俱明爲大聚, 四庫新開爲大聚, 血和氣壯爲聚, 掌色足面不足亦爲聚, 掌色足面暗滯亦爲聚.

재물이 모이는 색; 기색이 족한데 밝지 않으면 재물이 조금 모이고, 안과 밖이 모두 밝으면 크게 모이며, 사고가 새롭게 열리면 크게 모이고, 혈기가 온화하고 기가 강하면 조금 모이고, 손바닥 색이 족하고 얼굴색이 부족하면 조금 모이는 색이며, 손바닥 색이 족하고 얼굴 기색이 어둡고 체하면 또한 조금 모이는 색이다.

범차수건, 수색암, 제사불여, 역유성망, 내취색지의. 다즉주연내흥왕, 소즉일계흥왕, 고낙불원의.

凡此數件, 雖色暗, 諸事不如, 亦有成望, 乃聚色至矣. 多則主年內興旺, 少則一季興旺, 故樂不遠矣.

이 몇 가지는 비록 색이 어두워도 일은 그와 같지 않아 바라는 바를 이룰 수 있으니 재물이 모이는 색이 이른 것이다. 이러한 기색이 많으면 일 년 내내 흥왕하고, 적으면 한 계절만 흥왕하니 즐거움이 길지 않은 것이다.

산색; 유색무기, 위만면광채, 화잡위산. 명중생암위산, 면색영윤, 장무기역위산, 면명이비암위산, 차수건구주대패.

散色; 有色無氣, 爲滿面光彩, 花雜爲散. 明中生暗爲散, 面色瑩潤, 掌無氣亦爲散, 面明耳鼻暗爲散, 此數件俱主大敗.

재물이 흩어지는 색; 색은 있어도 기가 없어서 만면에 광채가 나거나 화잡(여러색)은 흩어지는 색이다. 밝은 가운데 어두운 기색이 나타나면 흩어지고, 얼굴색이 밝고 윤택한데 손바닥에 기색이 없으면 흩어지고, 얼굴이 밝은데 귀와 코가 어두우면 흩어진다. 이와 같으면 크게 실패하게 된다.

부변; 암부명위변희, 명부암위변우. 유차변란작태지색, 수촌분호색, 역불위미.

復變; 暗復明爲變喜, 明復暗爲變憂. 有此變亂作態之色, 雖寸分好色, 亦不爲美.

기색이 변함; 어두운데 다시 밝아지면 기쁜 기색으로 변하고, 밝은 기색이 어두워지면 근심스런 기색으로 변한다. 이것은 어지럽게 변하여 나타나는 색으로 비록 조금 좋은 색이 있다해도 좋지 않다.

약일일홀변, 즉부대묘, 삼사일일변역불묘, 취시명역불호, 차내근불온, 즉면유왕래변색야.

若一日忽變, 則不大妙, 三四日一變亦不妙, 就是明亦不好, 此乃根不穩, 則面有往來變色也.

하루 사이에 홀연히 변하면 매우 좋지 않고, 3-4일에 변해도 좋지 않으며, 밝기만 한 것도 좋지 않다. 이것은 근본이 평안치 않아 얼굴색이 자주 변하는 것이다.

동색; 명윤신개의동, 거수불리, 약적중, 역불의동.

動色; 明潤新開宜動, 居守不利, 若赤重, 亦不宜動.

움직이려 할 때; 밝고 윤택하며 새롭게 열리면 움직이는 것이 좋고 지키고만 있는 것은 이롭지 않다. 적색이 짙어도 좋지 않다.

수색; 체암적흑의수, 대색개, 방의동.

守色; 滯暗赤黑宜守, 待色開, 方宜動.

움직이지 않아야 하는 색; 체한 색과 적색·흑색은 움직이지 않아야 하는데, 색이 밝아지기를 기다려 움직여야 한다.

성색; 범성사기조구모재희, 구의이명인홍준명, 방위희조, 기험여신, 이비인불명, 결비희조.

成色; 凡成事起造求謀財喜, 俱宜耳明印紅準明, 方爲喜兆, 其驗如神, 耳鼻印不明, 決非喜兆.

성취하는 색; 일을 성취하고 재물로 인한 기쁨을 구하는 것은, 모두 귀가 밝고 인당이 홍색이며 준두가 밝아야 길조가 된다. 그 영험함이 귀신 같으니 귀와 코·인당이 밝지 않으면 결코 길조가 아니다.

해색; 연수적, 기관형해, 사고암, 기도로여인해. 정조적, 기파모지해.

害色; 年壽赤, 忌官刑害, 四庫暗, 忌途路女人害. 井灶赤, 忌破耗之害.

해로운 색; 연상·수상이 적색이면 관청의 형벌로 해롭고, 사고가 어두우면 도로와 여인으로 인해 해를 당하게 된다. 정조가 적색이면 실패하고 손해 보게 된다.

산림적, 기화광지해, 인당청, 기견연지해, 화잡만면, 기출행지해, 지각흑, 기수액지해.

山林赤, 忌火光之害, 印堂青, 忌牽連之害, 花雜滿面, 忌出行之害, 地閣黑, 忌水厄之害.

산림에 적색이 나타나면 화재의 해로움이 있고, 인당이 청색이면 감옥에 가는 해로움이 있으며, 만면에 화잡이 나타나면 출행의 해로움이 있고, 지각이 흑색이면 수액의 해로움이 있다.

이편색; 암중유명, 이준유백, 장심기윤, 피혈광채, 안내신족, 행사편리.

利便色; 暗中有明, 耳準有白, 掌心氣潤, 皮血光彩, 眼內神足, 行事便利.

이롭고 편안한 색; 어두운 가운데 밝음이 있고, 귀와 준두가 희며, 손바닥의 기색이 윤택하고, 피부에 혈색이 광채 나고, 눈에 신기가 족하면 일을 함에 편안하고 이롭다.

건체색; 사고여니, 이준여연, 삼양불개, 만면여몽, 면홍여화, 명량여유, 구시대궁대패지색.

蹇滯色; 四庫如泥, 耳準如烟, 三陽不開, 滿面如濛, 面紅如火, 明亮如油, 俱是大窮大敗之色.

막히고 체하는 색; 사고가 진흙처럼 어둡고, 귀와 준두가 연기처럼 어두우며, 삼양(이마와 관골)이 열리지 않고, 만면이 흐릿하며, 얼굴이 불처럼 붉고, 기름을 바른 듯 밝으면 이것은 모두 크게 막히고 크게 실패하는 색이다.

기일기범색; 범색불의행사, 적색기병정화일, 토불리, 홍색기임계수일, 흑색역기수일, 황색기갑을목일, 백색기화일, 청색역기갑을목일기.

忌日期犯色; 犯色不宜行事, 赤色忌丙丁火日, 土不利, 紅色忌壬癸水日, 黑色亦忌水日, 黃色忌甲乙木日, 白色忌火日, 青色亦忌甲乙木日期.

날짜에 따라 꺼리는 색; 꺼리는 색이 나타나면 일을 행함에 좋지 않다. 적색은 丙丁 火일을 꺼리고, 土일은 이롭지 않다. 홍색은 壬癸 水일을 꺼리며, 흑색은 水일을 꺼린다. 황색은 甲乙 木일을 꺼리고, 白色은 火일을 꺼리며 청색은 甲乙일을 꺼린다.

시왈; 오색지중변불명, 도연비력왕노심, 약시부지방위자, 종유호색역성공.

詩曰; 五色之中辨不明, 徒然費力枉勞心, 若是不知方位者, 縱有好色亦成空.

詩로써 이른다. 오색 가운데 명확하지 않은 것을 가려라. 헛되이 힘을 허비하고 마음을 수고롭게 하니 만약 방위를 알지 못하는 자는 비록 좋은 색이 있어도 또한 헛것이 된다.

대기오건; 천창청, 불가출행. 연수적, 불가견관. 인당암, 불가기조. 지고암, 불가용인. 면다광분, 불가교우, 공유대해, 위도화, 즉면상광채.

大忌五件; 天倉青, 不可出行. 年壽赤, 不可見官. 印堂暗, 不可起造. 地庫暗, 不可用人. 面多光粉, 不可交友, 恐有大害, 爲桃花, 卽面上光彩.

크게 꺼리는 다섯 가지; 천창이 푸르면 출행할 수 없고, 연상 수상이 적색이면 관청 일을 볼 수 없으며, 인당이 어두우면 일을 시작할 수 없다. 지고가 어두우면 사람을 쓸 수 없고, 얼굴빛이 분을 바른듯하면 벗을 사귈 수 없으니 크게 해를 입을까 두렵다. 이것은 도화로써 얼굴이 빛나는 것이다.

오행기색, 정요찰득분명, 각위각궁, 가심경중, 각궁경계, 간인요세입신, 불가대개, 정요용심, 여호리지차, 유천리지착.

五行氣色, 定要察得分明, 各位各宮, 可審輕重, 各宮境界, 看人要細入神, 不可大槪, 定要用心, 如毫釐之差, 有千里之錯.

오행의 기색은 반드시 분명하게 살펴야 하니, 각 부위 각 궁의 경중과 각궁의 경계를 자세히 살펴 神의 경지에 들어야 한다. 적당히 할 수 없고 반드시 마음을 써야 한다. 터럭만큼의 차이가 천 리로 벌어짐과 같은 것이다.

논신논기, 가간주신, 논색논광, 가관각부, 수만사천단, 각유두항, 불가일리이추.

論神論氣, 可看周身, 論色論光, 可觀各部, 雖萬事千端, 各有頭項, 不可一理而推.

神을 논하고 氣를 논함은 두루 몸을 보고, 색과 빛은 각 부위를 보아 논한다. 만 가지 일과 천 가지 단서가 모두 머리와 목(순서)이 있으니 한가지 이치로만 추단할 수는 없다.

유장상법정해

# 秘傳口訣 비전구결

유장상법정해

상수응험, 난득입신, 금강비전재서, 사신이상전, 서무천오. 기중재약심천, 상량경중, 이활법변심추정위용, 자연술기어화의.

相雖應驗, 難得入神, 今講秘傳梓書, 使神異相傳, 庶無舛誤. 其中再約深淺, 詳量輕重, 以活法變心推情爲用, 自然術幾於化矣.

相이 비록 영험하지만 입신의 경지에 들기는 어려우니 지금 梓書(귀한 글)를 비전하여 神과 같은 상법을 전하여 모두 어그러지거나 잘못됨이 없도록 하겠다. 그 가운데 깊고 얕음을 가려 묶고 경중을 자세히 헤아려 사람을 살리는 법도로 마음을 바꿔 추정하여 쓴다면 자연히 기미를 알아 변화시킬 수 있다.

미기골수분연미, 주다형자식. 안대노광, 주범형사. 비기절, 주파가, 사재외향. 비인면적, 주성심악.

眉起骨鬚分鷰尾, 主多刑子息. 眼大露光, 主犯刑死. 鼻起節, 主破家, 死在外鄉. 肥人面赤, 主性心惡.

눈썹뼈가 일어나고 수염이 제비 꼬리처럼 갈라지면 자식을 형상함이 많다. 눈이 크고 눈빛이 드러나면 형벌로 죽게 된다. 코에 마디가 일어나면 가정을 파하고 타향에서 죽게 된다. 살찐 사람의 얼굴이 적색이면 심성이 악하다.

수인발황, 주다탐, 간살지도. 발황자, 하류지론. 유두무항, 삼십전사. 항원두소, 경편두삭, 일생불성사, 여항재불원, 주소년사.

瘦人髮黃, 主多貪, 奸殺之徒. 髮黃者, 下流之論. 有頭無項, 三十前死. 項圓頭小, 頸偏頭削, 一生不成事，如項再不圓，主少年死.

야윈 사람이 머리카락이 황색이면 탐심이 많아 간계로 사람을 죽이는 무리이다. 머리카락이 황색인 자는 하류로 논한다. 머리는 있는데 목이 없으면 30세 전에 죽는다. 목이 둥글고 머리가 작거나, 목이 기울고 머리가 깎였으면 일생 이루어지는 일이 없다. 목이 둥글지 않으면 어린 나이에 죽게 된다.

남녀정황, 성다주조급, 재로자범형명. 안대상초음인구설. 남인세미, 주득음인재백. 여인발심, 다호색, 남인역동.

男女睛黃，性多主燥急，再露者犯刑名. 眼大常招陰人口舌. 男人細眉，主得陰人財帛. 女人髮深，多好色，男人亦同.

남녀 모두 눈동자가 황색이면 성격이 조급하고 눈동자마저 드러나면 형벌을 당한다. 눈이 크면 항상 여자로 인한 구설이 있고, 남자의 눈썹이 가늘면 여자의 재물을 얻게 된다. 여인의 머리카락이 짙으면 호색하고 남자도 또한 같다.

남녀유결후자, 초악몽. 미경구활, 장초수경. 이간생흑자, 장초수경, 재본명불방.

男女有結喉者，招惡夢. 眉輕口闊，長招水驚. 耳間生黑子，長招水驚，在本命不妨.

남녀 모두 결후가 있는 사람은 악몽을 꾸고, 눈썹이 엷고 입이 넓으면 물에 놀라게 된다. 귀에 검은 점이 있으면 물에 놀라게 되지만 목숨에는 해롭지 않다.

**미생흑자, 초음인구설, 우주수액. 남녀권발, 범형호색.**
眉生黑子, 招陰人口舌, 又主水厄. 男女卷髮, 犯刑好色.

눈썹에 검은 점이 생기면 여자로 인해 구설과 수액이 있다. 남녀 모두 고수머리는 호색으로 형벌을 당한다.

**항배상생육여퇴, 항후발각처, 생고육여퇴, 안심발황, 삼자구주범인명.**
項背上生肉如堆, 項後髮脚處, 生高肉如堆, 眼深髮黃, 三者俱主犯人命.

목덜미에 살이 쌓인듯하거나, 목 뒤 머리털이 난 끝 부위에 살이 쌓인듯하거나, 눈이 깊고 머리카락이 황색인 이 세 부류의 사람은 모두 인명을 손상한다.

**미초개화, 운불통. 수미개화, 다건체. 미생모, 이태소, 약범차이건, 구주외가양대지인.**
眉梢開花, 運不通. 鬚尾開花, 多蹇滯. 眉生毛, 耳太小, 若犯此二件, 俱主外家養大之人.

눈썹 끝이 꽃핀듯하면 운이 통하지 않고 수염 끝이 꽃핀듯하면 막히는 일이 많다. 눈썹이 털같고 귀가 너무 작으면 이 두 가지는 모두 외가에서 길러지는 사람이다.

**안부전정, 상하좌우시자, 구주주적. 미수이저, 다시사생서출.**

眼不轉睛, 上下左右視者, 俱主做賊. 眉垂耳低, 多是私生庶出.

눈동자를 굴리지 않고 상하좌우를 보는 자는 모두 도적이 된다. 눈썹이 늘어지고 귀가 낮으면 사생아이거나 서출이 많다.

여이무륜, 액삭골조이자, 다주위첩. 부인앙면, 다유간음. 남인수두, 일심탐혹.

女耳無輪, 額削骨粗二者, 多主爲妾. 婦人仰面, 多有奸淫. 男人垂頭, 一心貪酷.

여자가 귓바퀴가 없거나, 이마가 깎이고 뼈가 거친 두 가지는 첩이 되는 일이 많다. 부인이 얼굴을 높이 들고 다니면 간사하고 음란하며, 남자가 머리를 수그리면 마음에 욕심이 많고 혹독하다.

신대수소, 일생불취재. 신소수대, 일생하우. 사피다기가, 사피다파가; 사피자사사어피일양, 과한천즉기, 초년불묘, 만년백수성가.

身大手小, 一生不聚財. 身小手大, 一生下愚. 沙皮多起家, 蛇皮多破家; 沙皮者似沙魚皮一樣, 過寒天卽起, 初年不妙, 晚年白手成家.

몸이 큰데 손이 작으면 일생 재산이 모이지 않고, 몸은 작은데 손이 크면 일생 하천하고 어리석다. 상어 피부는 집안을 일으키고, 뱀 껍질 같으면 집안을 파한다; 沙皮는 상어 껍질과 같은 것으로 추운 날 소름이 돋은 것과 같다. 초년에는 좋지 않지만, 만년에는 자수성가한다.

면대부인, 다불효. 원정여자필방고. 취첨면함, 위노일일요타삼조. 면대비소지복, 충직흥가왕주.

面大婦人, 多不孝. 圓睛女子必妨姑. 嘴尖面陷, 爲奴一日要打三遭. 面大鼻小之僕, 忠直興家旺主.

얼굴이 큰 부인은 불효가 많고 눈동자가 둥근 여자는 시어머니를 해롭게 한다. 입 부리가 뾰족하고 얼굴이 움푹한 여자는 노비가 되어 하루에 3번씩 매를 맞게 된다. 얼굴이 크고 코가 작은 남자 하인은 충직하고 주인 집안을 흥성하게 한다.

구활순홍, 다탐음식. 두소배함, 일생무록.

口闊唇紅, 多貪飮食. 肚小背陷, 一生無祿.

입이 넓고 입술이 붉으면 음식을 탐하며, 배가 작고 등이 움푹하면 일생 복록이 없다.

요편제심, 다유사음. 목홍어결, 호색무궁. 안대소, 수편좌, 구주구내.

腰偏臍深, 多有邪淫. 目紅語結, 好色無窮. 眼大小, 鬚偏左, 俱主懼內.

허리가 기울고 배꼽이 깊으면 요사스럽고 음란하며, 눈이 붉고 말을 단정적으로 하면 호색함이 끝이 없다. 눈 크기가 다르고 수염이 좌측으로 치우쳐 나면 모두 내실(처)을 두려워한다.

좌견고, 주백수대부, 우견고, 주대빈대고. 몽어자, 일생다호설망언.

左肩高, 主白手大富, 右肩高, 主大貧大苦. 夢語者, 一生多胡說妄言.

좌측 어깨가 높으면 백수라도 큰 부자가 되고, 우측 어깨가 높으면 가난하고 고생한다. 꿈꾸면서 말하는 사람은 일생 허황되고 망녕된 말을 한다.

포아다주구내, 처병, 소년불온. 순박동자, 다간, 불취재, 불신행.

包牙多主懼內, 妻病, 少年不穩. 脣薄動者, 多奸, 不聚財, 不信行.

뻐드렁니는 내실을 두려워하고 처에게 병이 있으며 소년 시기가 평온치 않다. 입술이 얇고 자주 움직이는 사람은 간사함이 많고 재물을 모으지 못하며 신용이 없다.

순청, 주노래기아지병. 여인한다, 주일생노고, 무한무자, 한향자귀, 한탁자천. 소아설치, 주방부모, 개구수, 난양.

脣青, 主老來飢餓之病. 女人汗多, 主一生勞苦, 無汗無子, 汗香子貴, 汗濁子賤. 小兒齧齒, 主妨父母, 開口睡, 難養.

입술이 푸르면 늙어서 굶주리는 병에 걸리게 된다. 여자가 땀이 많으면 일생 노고가 많고, 땀이 없으면 자식이 없으며, 땀 냄새가 향기로우면 자식이 귀하고 땀 냄새가 탁하면 자식이 천하다. 소아가 이를 악물면 부모에게 해롭고 입을 벌리고 자면 기르기 어렵다.

관중불기, 남녀주초사마; 장후고골위관, 재대지근하, 위중처.

關中不起, 男女主招邪魔; 掌後高骨爲關, 在大指根下, 爲中處.

관중이 솟지 않으면 남녀 모두 사악한 마귀를 부른다(마음에 변동이 많다); 손등뼈가 높은 것이 關으로 엄지 뿌리 아래 중간 부분이다.

자언자어, 주초귀미, 역주수요. 간문유십자문자, 주타처. 여인관골고어안각상자, 주타부. 여관고대, 수골조, 능작생애.

自言自語, 主招鬼迷, 亦主壽夭. 奸門有十字紋者, 主打妻. 女人顴骨高於眼角上者, 主打夫. 女顴高大, 手骨粗, 能作生涯.

혼자 묻고 대답하는 사람은 귀신에게 미혹됨이 많고 수명이 짧다. 간문에 十자 문양이 있으면 처를 때린다. 여자의 관골이 눈꼬리보다 높으면 남편을 때린다. 여자의 관골이 높고 크며 손뼈가 거칠면 생계를 꾸려간다.

남안중유지, 총명. 여안중유지, 음란. 이박양저, 취궁흉철, 범차사건, 주위인노, 사건전자, 일생위노, 부득인의.

男眼中有痣, 聰明. 女眼中有痣, 淫亂. 耳薄梁低, 嘴弓胸凸, 犯此四件, 主爲人奴, 四件全者, 一生爲奴, 不得人意.

남자의 눈 속에 검은 점이 있으면 총명하고, 여자의 눈 속에 검은 점이 있으면 음란하다. 귀가 얇고, 비량이 낮으며, 입술 중간 부리가 활을 당긴 듯하고, 가슴이 불룩한

이 네 가지 가운데 하나라도 해당하면 노비가 되며, 네 가지에 모두 해당하면 일생 노비가 되어 뜻을 얻지 못한다.

**소자신산즉사, 노자두항피건즉사. 여인순백득병, 순청즉사.**

少者神散卽死, 老者頭項皮乾卽死. 女人脣白得病, 脣靑卽死.

소년이 눈의 신기가 흩어지면 죽고 노인은 머리와 목 피부가 마르면 죽는다. 여인은 입술이 희면 병에 걸리고, 입술이 푸르면 죽는다.

**소아안흑, 십무일대. 남자두편, 백무일성. 부인순백, 십무일자. 노래두건, 십무일생. 차내진법.**

小兒眼黑, 十無一大. 男子頭偏, 百無一成. 婦人脣白, 十無一子. 老來頭乾, 十無一生. 此乃眞法.

소아의 눈이 검으면 열 명 가운데 하나도 클 수 없고, 남자의 머리가 기울면 백 명 가운데 하나도 성공이 없다. 부인의 입술이 희면 열 명 중 하나도 자식이 없다. 노인이 머리가 마르면 열 명 중 하나도 살지 못한다. 이것은 眞法이다.

**미모생호, 불과주수, 조상자, 극자극처. 수분연미, 십자사구. 노래면백무문, 수발유황, 미백여양염, 수건구주극자.**

眉毛生毫, 不過主壽, 朝上者, 克子克妻. 鬚分燕尾, 十子死九. 老來面白無紋, 鬚髮有黃, 尾白如羊髥, 數件俱主克子.

눈썹에 긴 털이 나면 장수하지만, 긴 털이 위로 솟은 자는 처자를 극한다. 수염이 제비 꼬리처럼 갈라지면 열 자식 가운데 아홉이 죽는다. 늙어서 얼굴이 희고 주름이 없으며, 수염과 머리카락이 누렇고, 수염 끝이 양의 수염처럼 희면, 모두 자식을 극한다.

노래이백, 주자귀, 순자주자귀. 노래방사다, 주유수, 주자귀. 노락수주극자. 노불락발주노록. 여노불락발, 주대수.

老來耳白, 主子貴, 脣紫主子貴. 老來房事多, 主有壽, 主子貴. 老落鬚主克子, 老不落髮主勞碌. 女老不落髮, 主大壽.

늙어서 귀가 희면 자식이 귀하게 되고, 입술이 자색이면 자식이 귀하게 된다. 늙어서 방사가 많으면 수명이 길고 자식이 귀하게 된다. 늙어서 수염이 빠지면 자식을 극하고, 늙어서 머리카락이 빠지지 않으면 고생하게 된다. 여자가 늙어서 머리카락이 빠지지 않으면 장수하게 된다.

귀두흑색, 자조, 백색자지. 귀두편, 주현자. 각근삭소, 주후대불여. 혈홍윤, 초가.

龜頭黑色, 子早, 白色子遲. 龜頭偏, 主賢子. 脚根削小, 主後代不如. 血紅潤, 稍可.

귀두가 검은색이면 자식을 빨리 두고, 백색이면 자식이 늦으며, 귀두가 치우치면 자식이 현명하다. 장딴지가 깎이고 작으면 후손이 변변치 못하고, 혈색이 붉고 윤택하면 후손이 잘된다.

고봉독용, 형파패가, 지존본신, 환요수궁.
**孤峰獨聳, 刑破敗家, 只存本身, 還要受窮.**

코가 외로운 봉우리처럼 홀로 솟으면 형벌을 당하고 가업을 실패한다. 자신이 살아있어도 곤궁함을 당하게 된다.

수생항하, 다득외가재산. 항하기골절, 다생외가파모. 승장무수, 순재자, 정조수액.
**鬚生項下, 多得外家財産. 項下起骨節, 多生外家破耗. 承漿無鬚, 脣再紫, 定遭水厄.**

목 아래 수염이 나면 外家의 재산을 얻고, 목 아래 뼈마디가 일어나면 외가를 실패하게 한다. 승장에 수염이 없고 입술 또한 자색이면 틀림없이 수액을 당하게 된다.

지상유모, 정시호걸. 유변생호, 자필청고, 이삼방호, 다자위초.
**痣上有毛, 定是豪傑. 乳邊生毫, 子必淸高, 二三方好, 多者爲草.**

검은 점 위에 털이 있으면 틀림없이 호걸이고, 젖가슴 주위에 털이 있으면 자식이 반드시 청수하고 고귀하지만, 2-3가닥이 좋고, 많은 것은 잡초와 같다.

여인하순포상, 일생구설도로. 상순포하, 위뇌공취, 주무자우불현. 여인개성무운, 주천, 남자개성무운, 주빈.
**女人下脣包上, 一生口舌到老. 上脣包下, 爲雷公嘴,**

主無子又不賢. 女人開聲無韻, 主賤, 男子開聲無韻, 主貧.

여인의 아랫입술이 윗입술을 덮으면 일생 남과 시비하고 험담하며 늦게 되고, 윗입술이 아랫입술을 덮은 것을 뇌공취라고 하는데 자식이 없고 어질지 않다. 여자의 음성에 울림이 없으면 천하고, 남자의 음성에 울림이 없으면 가난하다.

족지단, 족심함, 족다골, 삼자범일, 필주빈천. 족생육, 족생연모, 구주일생 안락. 족홍윤, 주다귀.

足指短, 足心陷, 足多骨, 三者犯一, 必主貧賤. 足生肉, 足生軟毛, 俱主一生安樂. 足紅潤, 主多貴.

발가락이 짧거나, 발바닥이 함몰되었거나, 발에 뼈가 많이 나온 것 등 이 세 가지 가운데 하나라도 해당하면 반드시 빈천하다. 발에 살이 두텁고 발의 털이 부드러우면 모두 일생이 안락하다. 발이 붉고 윤택하면 귀하다.

이내청색, 혈질망신. 남자발조, 다범형명, 여인발조, 형부극자. 색여분설, 막언호, 공조중형.

耳內青色, 血疾亡身. 男子髮粗, 多犯刑名, 女人髮粗, 刑夫克子. 色如粉雪, 莫言好, 恐遭重刑.

귀 안이 청색이면 각혈이나 피를 흘리는 병으로 죽는다. 남자의 머리카락이 거칠면 형벌을 당하는 수가 많고, 여인의 머리카락이 거칠면 남편과 자식을 형극한다. 안색이 분을 바른 듯하거나 눈처럼 희면 좋다고 하지 말라. 중형을 당할까 두렵다.

육지자다방부, 일생부득영현, 하천지상. 신백면황, 불구수곤, 신황면백, 불구신영.

**六指者多妨父, 一生不得榮顯, 下賤之相. 身白面黃, 不久守困, 身黃面白, 不久身榮.**

육손은 아버지에게 해롭고 일생 영화와 현달할 수 없으니 하천한 상이다. 몸이 희고 얼굴이 황색이면 곤란이 오래가지 않고, 몸이 황색이고 얼굴이 희면 영화가 오래가지 않는다.

여인장상유문심, 방언유자. 남인음낭상무문, 필주절사.

**女人掌上有紋深, 方言有子. 男人陰囊上無紋, 必主絕嗣.**

여인의 손바닥에 주름이 깊으면 자식이 있다고 말할 수 있지만, 남자의 음낭에 주름이 없으면 반드시 후사가 끊긴다.

여인수기골절, 일생신근주다천. 여인두원, 주생호자. 남자액삭, 일생부득현달.

**女人手起骨節, 一生辛勤主多賤. 女人頭圓, 主生好子. 男子額削, 一生不得顯達.**

여인의 손에 뼈마디가 일어나면 일생 고생스럽고 천하다. 여인의 머리가 둥글면 좋은 자식을 낳고, 남자의 이마가 깎였으면 일생 현달할 수 없다.

여무지갑, 일생하우. 제하생모, 음천. 천박역불묘. 제하, 내자궁야.

女無指甲, 一生下愚. 臍下生毛, 淫賤. 淺薄亦不妙. 臍下, 乃子宮也.

여인의 손톱이 없으면 일생 하천하고 어리석으며, 배꼽 아래 털이 있으면 음란하고 천하다. 배꼽이 얕고 얇으면 또한 좋지 않다. 배꼽 아래는 자궁이다.

주심유적맥, 여주귀, 남주부. 요복기일근횡, 주귀, 직주빈, 적위귀, 청위차. 남녀구의횡기직.

周心有赤脈, 女主貴, 男主富. 腰腹起一筋橫, 主貴, 直主貧, 赤爲貴, 青爲次. 男女俱宜橫忌直.

가슴 주위에 붉은 힘줄이 있으면 여자는 귀하고 남자는 부유하다. 허리와 배에 옆으로 한줄기 힘줄이 있으면 귀하지만, 세로로 있으면 가난하다. 적색은 귀하고 청색은 그 다음이다. 남녀 모두 옆으로 있는 것이 좋고 세로로 있는 것은 좋지 않다.

인장수단, 일생불성기. 어미문직상천창, 백수성대귀.

人長手短, 一生不成器. 魚尾紋直上天倉, 白手成大貴.

키가 큰데 손이 짧으면 일생 큰 인물이 되지 못한다. 어미의 문양이 천창으로 곧게 이어지면 맨손으로 시작하여 크게 귀해진다.

여면불의유지, 독천창생, 응주생사자. 여인치조외, 주형상, 조내주고상.

女面不宜有痣, 獨天倉生, 應主生四子. 女人齒朝外, 主刑傷, 朝內主孤孀.

여자의 얼굴에 점이 있으면 좋지 않은데, 다만 천창에 생기면 네 명의 아들을 낳는다. 여인의 치아가 밖으로 향했으면 형상이 있고, 안으로 향했으면 고독한 과부가 된다.

여인면흑신백천, 면반신청천. 여상수인순홍, 생자성군. 수인순백, 수원단촉.

女人面黑身白賤, 面斑身靑賤. 女相瘦人脣紅, 生子成群. 瘦人脣白, 壽元短促.

여인의 얼굴이 검고 몸이 희면 천하고, 얼굴에 반점이 있고 몸이 푸르면 천하다. 여자의 상에서, 몸이 야윈 사람이 입술이 붉으면 자식을 낳아 무리를 이룬다. 마른 사람이 입술이 희면 수명이 짧다.

황면부인다호색, 순청순백결무아. 수인혈백, 주심한, 비인홍백주심자.

黃面婦人多好色, 脣靑脣白決無兒. 瘦人血白, 主心狠, 肥人紅白主心慈.

얼굴이 황색인 부인은 호색하고, 입술이 푸르거나 희면 자식이 없다. 몸이 마르고 핏기가 희면 마음이 독하다. 살찐 사람의 얼굴이 홍백색이면 마음이 자비롭다.

면상무한모, 빈궁도이향. 봉두순취, 기심극간.

面上無寒毛, 貧窮逃異鄉. 蓬頭脣嘴, 其心極奸.

얼굴에 잔털이 없으면 빈궁하여 타향으로 달아나게 되고, 머리카락이 쑥대머리이고 입술이 부리와 같으면 마음이 극히 간교하다.

소년피생흑반주사, 소아요활필수. 노인생반위수, 고흑방호, 평황주빈.
少年皮生黑斑主死, 小兒腰闊必壽. 老人生斑爲壽, 高黑方好, 平黃主貧.

소년의 피부에 검은 반점이 생기면 죽고, 어린아이가 허리가 넓으면 반드시 장수한다. 노인은 반점이 생기면 장수하는데, 높고 검어야 좋고 평평하고 황색은 가난하다.

범인생육, 선종요상기, 방위유용, 흉상면상생, 비호야.
凡人生肉, 先從腰上起, 方爲有用, 胸上面上生, 非好也.

살찌는 것은 먼저 허리로부터 위로 올라와야 좋고, 가슴이나 얼굴에 찌는 것은 좋지 않다.

사지건, 일년주사, 사지활, 이년주부. 노전흑발, 노생치, 주수, 연필극자형손, 내대고독상.
四肢乾, 一年主死, 四肢闊, 二年主富. 老轉黑髮, 老生齒, 主壽, 然必克子刑孫, 乃大孤獨相.

사지가 마르면 일 년 후에 죽고, 사지가 넓어지면 2년 후에 부유해진다. 노인이 머리카락이 검어지거나 치아가 다시 나면 장수하지만, 반드시 자손을 형극하는 매우 고독한 상이다.

액각유선모, 주과방. 액다난문, 주과방. 액유삼사문, 액대면소첨, 액대무량, 구시화개액. 양태양병천정, 유일고방, 명위화개골, 화개골, 여화개액부동.

額角有旋毛, 主過房. 額多亂紋, 主過房. 額有三四紋, 額大面小尖, 額大無梁, 俱是華蓋額. 兩太陽並天庭, 有一股方, 名爲華蓋骨, 華蓋骨, 與華蓋額不同.

액각에 말린 털이 있으면 양자를 들이게 되고, 이마에 어지러운 주름이 많으면 양자를 들이게 된다. 이마에 서너 개 주름이 있거나, 이마가 크고 얼굴이 작고 뾰족하거나, 이마가 크고 비량이 없는 것 등은 모두 화개액이다. 두 눈 넓이로 천정에 한가닥 모난 것이 있는 것을 화개골이라고 하는데, 화개골과 화개액은 다르다.

골여삼조천자양, 하수금방부제명. 산림득일지, 주득대재. 지상생쌍호, 주생귀자. 와잠발자색, 주생귀자. 현상유소흑자, 주생귀자.

骨如三條川字樣, 何愁金榜不題名. 山林得一痣, 主得大財. 痣上生雙毫, 主生貴子. 臥蠶發紫色, 主生貴子. 弦上有小黑子, 主生貴子.

이마에 뼈가 세 가닥이 있어 川자와 같으면 과거에 급제하여 이름이 걸리지 않는다고 어찌 근심하랴. 산림에 점이 하나 있으면 큰 재물을 얻게 되고, 점 위에 두가닥 털이 있으면 귀한 자식을 낳는다. 와잠에 자색이 나타나면 귀한 자식을 낳고, 눈썹에 작고 검은 점이 있으면 귀한 자식을 낳는다.

현저흑암, 자요극진. 간문유잡색, 취창부위처첩. 연수유일결일함, 혹일문일흔, 주성패일차, 유이문성패이차.

弦低黑暗, 子要克盡. 奸門有雜色, 娶娼婦爲妻妾. 年壽有一缺一陷, 或一紋一痕, 主成敗一次, 有二紋成敗二次.

눈썹이 낮고 검고 어두우면 자식을 극하고, 간문에 여러 가지 섞인 색이 있으면 창부를 취해 처첩을 삼는다. 연상 수상에 이지러지거나 함몰된 것 또는 문양이나 흉터가 하나 있으면 한번 실패하고, 두 개 있으면 두 번 실패한다.

십이해궁기백포속립, 주조노복지해. 미간상하생백포, 주초화주망신. 안변생포, 주자녀다형. 만면생포, 주상처손자. 내박사염조, 출속미지설.

十二亥宮起白包粟粒, 主遭奴僕之害. 眉間上下生白包, 主招花酒亡身. 眼邊生包, 主子女多刑. 滿面生包, 主傷妻損子. 乃薄沙染皂, 出粟米之說.

12월 亥宮에 흰 좁쌀 같은 것이 나타나면 노복의 해를 당한다. 미간 상하에 희게 나타나면 주색으로 죽게 된다. 눈 주위에 나타나면 자녀에게 형상이 있고, 만면에 나타나면 처와 자식을 잃는다. 이것을 박사염조라고 하는데 좁쌀 같은 것이 나타난다는 말이다.

족저문의직, 불의횡, 의쌍, 불의교란, 여란다형, 자손역지.

足底紋宜直, 不宜橫, 宜雙, 不宜交亂, 如亂多刑, 子孫亦遲.

발바닥의 문양은 세로로 있는 것이 좋고 옆으로 있는 것은 좋지 않다. 두 줄이 있는 것이 좋고 교차하거나 어지러우면 좋지 않다. 어지러우면 형벌이 많고 자손이 늦다.

수지족지, 여사두아취, 주일생간교고독, 여인주형부모. 부생아아, 주형부극자, 남인주극자극처, 일생빈천.

手指足指, 如蛇頭鵝嘴, 主一生奸狡孤獨, 女人主刑父母. 婦生兒牙, 主刑夫克子, 男人主克子克妻, 一生貧賤.

손가락과 발가락이 뱀 머리나 거위 부리 같으면 일생 간교하고 고독하다. 여인은 부모를 형상한다. 부인이 어린아이 치아가 생기면 남편과 자식을 형극하고, 남자는 처자를 극하고 일생 빈천하다.

여인압각, 다시이파, 남인압각, 일생하우. 남인제천, 개무의록, 여인제천, 결불생자.

女人鴨脚, 多是姨婆, 男人鴨脚, 一生下愚. 男人臍淺, 豈無衣祿, 女人臍淺, 決不生子.

여인이 오리 다리이면 첩이나 중매쟁이가 많고, 남자가 오리 다리이면 일생 하천하고 어리석다. 남자의 배꼽이 얕으면 모두 의록이 없고, 여자의 배꼽이 얕으면 결코 자식을 낳지 못한다.

범인생자발재, 구요혈장기족. 형처극자, 구인색불윤, 기불화, 비간문와잠 일처위용, 환요기색위용. 일본상서, 독이기혈이자위묘, 정신위용.

凡人生子發財, 俱要血壯氣足. 刑妻克子, 俱因色不潤, 氣不和, 非奸門臥蠶一處爲用, 還要氣色爲用. 一本相書, 獨以氣血二字爲妙, 精神爲用.

사람이 자식을 낳거나 재운이 발하는 것은 혈기가 강하고 기가 족하기 때문이다. 처자를 형극하는 것은 모두 색이 윤택하지 않고 기가 온화하지 못하기 때문이니 간문과 와잠 한 곳만 쓸 것이 아니라 또한 기색을 써야 한다. 어떤 책에는 '다만 氣와 血 두 자가 신묘하고 精과 神을 쓴다' 라고 했다.

만면부위인당위용. 인당가관일신일세, 각양사구간인당위주.

滿面部位印堂爲用. 印堂可管一身一世, 各樣事俱看印堂爲主.

만면 부위에서는 인당이 중요한데, 인당은 한 몸의 일생을 주관하니 여러 가지 일에서 인당을 위주로 한다.

여인간유제음호, 이변자손귀천. 음호전상자가, 후하자불여, 모란생제자불여.

女人看乳臍陰戶, 以辨子孫貴賤. 陰戶前上者佳, 後下者不如, 毛亂生臍者不如.

여인은 유방과 배꼽·음문을 보아 자손의 귀천을 판단한다. 음문이 앞과 위에 있으면 좋고 뒤와 아래 있으면 그만 못하다. 털이 어지럽게 배꼽에 있는 것도 그만 못하다.

산근유일근횡문, 주이조, 이근횡문, 주이육친, 삼근횡문, 백수대성가.
山根有一根橫紋, 主離祖, 二根橫紋, 主離六親, 三根橫紋, 白手大成家.

산근에 가로 주름이 한 줄 있으면 고향을 떠나고 두 줄 있으면 육친을 떠난다. 세 줄 있으면 맨손으로 크게 가문을 일으킨다.

구수위야조조, 노인희, 소년혐, 삼십유이년사, 사십유삼년사, 오십유오년망, 육십유륙년망.
口水爲夜漕漕, 老人喜, 少年嫌, 三十有二年死, 四十有三年死, 五十有五年亡, 六十有六年亡.

잠을 자면서 입의 침을 흘리는 것을 야조조라고 하는데, 노인에겐 좋고 젊은이에게 좋지 않아서 30대는 2년 후에 죽고, 40대는 3년 후에 죽고, 50대는 5년 후에 죽으며, 60대는 6년 후에 죽는다.

고서왈, 미호불여이호, 이호불여항조, 항조불여야조조. 유인언, 야조내소수, 비야. 소수빈자, 노래주족질, 하지역유질.
古書曰, 眉毫不如耳毫, 耳毫不如項絛, 項絛不如夜漕漕. 有人言, 夜漕乃小水, 非也. 小水頻者, 老來主足疾, 下肢亦有疾.

고서에 이르기를 '눈썹의 긴 털이 귀의 긴 털만 못하고, 귀의 긴 털이 항조만 못하며, 항조가 야조조만 못하다'고

하였다. 누군가 말하기를 '야조는 침을 흘리는 것이다'라고 하였으나 그렇지 않다. 침을 자주 흘리는 사람은 늙어서 발에 질병이 있고 하체에도 질병이 있다.

노래다수주사, 소년다수주우. 홀연안수하시주사, 홀연성조, 주중질, 건운주사.

老來多睡主死, 少年多睡主愚. 忽然眼垂下視主死, 忽然聲燥, 主重疾, 乾韻主死.

노인이 잠이 많아지면 죽고, 젊은이가 잠이 많으면 어리석다. 갑자기 눈을 늘어뜨리고 아래로 보는 사람은 죽고, 홀연히 목소리가 건조해지면 중병에 걸리며, 음성이 마르면 죽는다.

총연기색호, 이순백역불호. 남녀중년정발낙, 노래최고. 발생융모자, 남녀구주곤궁. 관상유문, 주대파모. 소년발백, 주상부모, 대불리.

總然氣色好, 而脣白亦不好. 男女中年頂髮落, 老來最苦. 髮生絨毛者, 男女俱主困窮. 顴上有紋, 主大破耗. 少年髮白, 主傷父母, 大不利.

결론적으로 기색이 좋아도 입술이 희면 좋지 않다. 남녀 모두 중년에 정수리의 머리카락이 빠지면 늙어서 고통스럽다. 머리카락에 솜털이 나면 남녀 모두 곤궁해진다. 관골에 주름이 있으면 크게 실패하게 되고, 소년의 머리가 희어지면 부모를 잃게 되고 매우 좋지 않다.

어미유매화, 주인처파가. 유직문, 대곤고. 천창횡직문, 주파가, 서운, 지고요문, 천창요명.

魚尾有梅花, 主因妻破家. 有直紋, 大困苦. 天倉橫直紋, 主破家. 書云, 地庫要紋, 天倉要明.

어미에 매화 반점이 있으면 처로 인해 가정을 파하고, 세로 주름이 있으면 크게 곤란하고 고생스럽다. 천창에 가로세로 주름이 있으면 가정이 깨어진다. 책에 이르기를 '지고에는 주름이 있어야 하고, 천창은 밝아야 한다'라고 했다.

준두남방불기편, 유기곡. 북방인기편, 편좌외가파, 편우노래궁.
準頭南方不忌偏, 惟忌曲. 北方人忌偏, 偏左外家破, 偏右老來窮.

준두가 한쪽으로 치우친 것을 남방 사람은 꺼리지 않고 굽은 것을 꺼린다. 북방 사람은 치우친 것을 꺼리는데, 좌측으로 치우쳤으면 외가를 파하고 우측으로 치우쳤으면 늙어서 곤궁해진다.

비공유일이호, 장자위장창, 다자위여량, 영사창고유여량, 막사정조유장창. 정조박이능동, 이세휴망취재, 내패가지자야.
鼻孔有一二毫, 長者爲長槍, 多者爲餘糧, 寧使倉庫有餘糧, 莫使井灶有長槍. 井灶薄而能動, 二世休望聚財, 乃敗家之子也.

콧구멍에 1-2개 긴털이 있는 것을 장창이라고 하고, 많은 것은 여량이라고 한다. 창고에 양식 여유가 있도록 할지언정 부뚜막에 장창이 있게 하지는 않아야 한다. 콧방울이 얇고 움직이면 2세가 재물이 모이기를 기대하지 말라. 패가할 자식이다.

지각유일처문생, 일처전장, 이처문생, 이처전장.
**地閣有一處紋生, 一處田莊, 二處紋生, 二處田莊.**

지각에 주름이 하나 생기면 한곳에 토지가 있고, 두 곳에 주름이 생기면 두 곳에 토지를 갖게 된다.

와중대광규자, 주조악인사. 병인복와, 주생, 상인복와, 주사.
**臥中大狂叫者, 主遭惡人死. 病人伏臥, 主生, 常人伏臥, 主死.**

잠을 자면서 크게 미친 듯 부르짖는 자는 악인을 만나서 죽게 된다. 병자가 엎드려 자면 살게 되고, 보통 사람이 엎드려 자면 죽게 된다.

와중탄기, 결비길조. 와중절치, 해자해처. 와중여취화, 소년주형사, 노래불선종.
**臥中嘆氣, 決非吉兆. 臥中切齒, 害子害妻. 臥中如吹火, 少年主刑死, 老來不善終.**

잠을 자면서 탄식을 하는 것은 결코 길조가 아니고, 잠을 자면서 이를 갈면 처자에게 해롭다. 잠을 자면서 불을 부는 듯 푸푸 소리를 내면 소년은 형벌로 죽고 노인은 선종하지 못한다.

범육류홍자가, 백자불호, 생배후주부, 연역부장구야. 면상생류, 주궁, 하신주천.

凡肉瘤紅者佳, 白者不好, 生背後主富, 然亦不長久也. 面上生瘤, 主窮, 下身主賤.

살혹이 붉은 것은 좋고 흰 것은 좋지 않다. 등 뒤에 생기면 부유해지지만 오래가지 않는다. 얼굴에 혹이 생기면 곤궁해지고 하체에 생기면 천하다.

지갑조외주고. 항내발육권라자, 주대발재, 항내발, 육여퇴자, 구주초흥.
指甲朝外主孤. 項內發肉拳螺者, 主大發財, 項內髮, 肉如堆者, 俱主招凶.

손톱이 위로 향하면 고독하다. 목에 살이 소라처럼 생기면 크게 재운이 발하지만, 목에 머리털이 나고 살이 쌓인 듯하면 흉하다.

면생흑지, 의대의고, 주귀, 약저소불수.
面生黑痣, 宜大宜高, 主貴, 若低小不壽.

얼굴의 검은 점은 크고 높아야 귀하고, 낮고 작으면 장수하지 못한다.

안생모자, 의연의세의소, 다란여초, 자손불현, 무모주자손불효. 식록이창생문, 주노빈.
眼生毛者, 宜軟宜細宜少, 多亂如草, 子孫不賢, 無毛主子孫不孝. 食祿二倉生紋, 主老貧.

눈 주위에 있는 털은 부드럽고 가늘고 적어야 좋다. 많고 풀처럼 어지러우면 자손이 현명하지 않다. 털이 없으면 자손이 불효한다. 식창·녹창에 주름이 있으면 늙어서 가난하다.

남인소기사십일종, 범자빈궁지상.
**男人所忌四十一種, 犯者貧窮之相.**

남자에게 꺼리는 41종이 있는데, 이에 해당하는 사람은 빈궁한 상이다.

두기편삭, 발기조중, 미기미수, 이기개화, 정기노광.
**頭忌偏削, 髮忌粗重, 眉忌尾垂, 耳忌開花, 睛忌露光.**

머리는 치우치고 깎인 것을 꺼리고, 머리카락은 거칠고 많은 것을 꺼리며, 눈썹은 꼬리가 늘어진 것을 꺼리고, 귀는 꽃이 핀 듯한 것을 꺼리며, 눈동자는 안광(眼光)이 드러나는 것을 꺼린다.

양기함삭, 연수기절, 준기첨봉, 지각기첨, 정조기앙.
**梁忌陷削, 年壽忌節, 準忌尖峰, 地閣忌尖, 井灶忌仰.**

비량은 함몰되고 깎인 것을 꺼리고, 연상·수상은 마디가 있는 것을 꺼리며, 준두는 뾰족한 봉우리를 꺼리고, 지각은 뾰족한 것을 꺼리며, 콧구멍은 번쩍 들린 것을 꺼린다.

태위기삭, 인중변기문, 구기여취, 하고기삭, 항기노골.
**台尉忌削, 人中邊忌紋, 口忌如吹, 下庫忌削, 項忌露**

骨.

난대·정위는 깎인 것을 꺼리고, 인중변은 주름이 있는 것을 꺼리며, 입은 바람 부는 것 같은 것을 꺼리고, 지고는 깎인 것을 꺼리며, 목은 뼈가 드러난 것을 꺼린다.

변지기한모, 흉기고로, 배기함감, 유기백소, 복기상대.
**邊地忌寒毛, 胸忌高露, 背忌陷坎, 乳忌白小, 腹忌上大.**

변지는 잔털이 있는 것을 꺼리고, 가슴은 높이 드러난 것을 꺼리며, 등은 구덩이처럼 함몰된 것을 꺼리고, 젖꼭지는 희고 작은 것을 꺼리며, 배는 윗배가 큰 것을 꺼린다.

제기근하, 슬기편사, 슬기노근, 족기함삭, 지기조경.
**臍忌近下, 膝忌偏斜, 膝忌露筋, 足忌陷削, 指忌粗硬.**

배꼽은 아래쪽으로 가까운 것을 꺼리고, 무릎은 치우치고 기운 것을 꺼리며, 무릎은 근육이 드러난 것을 꺼리고, 발은 함몰되고 깎인 것을 꺼리며, 손가락은 거칠고 단단한 것을 꺼린다.

근기삭하, 성기저소, 비기첨소, 수기장삭, 지기단편.
**跟忌削下, 聲忌低小, 臂忌尖小, 手忌掌削, 指忌短偏.**

발꿈치는 아래가 깎인 것을 꺼리고, 음성은 낮고 작은 것을 꺼리며, 팔은 뽀족하고 작은 것을 꺼리고, 손은 손바닥이 깎인 것을 꺼리며, 손가락은 짧고 삐뚤어진 것을 꺼린다.

치기소소, 보기사행, 성기저루, 신기단소, 색기여유.
齒忌疏小, 步忌蛇行, 聲忌低淚, 神忌短少, 色忌如油.

치아는 드물고 작은 것을 꺼리고, 걸음걸이는 뱀처럼 가는 것을 꺼리며, 음성은 낮고 눈물을 머금은 듯한 것을 꺼리고, 신기는 약한 것을 꺼리며, 기색은 기름을 바른 듯한 것을 꺼린다.

기기조탁, 육기허부, 육기조경, 혈기체암, 발기개화, 제기조하.
氣忌粗濁, 肉忌虛浮, 肉忌粗硬, 血忌滯暗, 髮忌開花,
臍忌朝下.

氣는 거칠고 탁한 것을 꺼리고, 살은 부은 듯 들뜬 것을 꺼리며, 살은 거칠고 단단한 것을 꺼리고, 혈색은 체하고 어두운 것을 꺼리며, 머리카락은 꽃핀 듯 말린 것을 꺼리며, 배꼽은 아래를 향한 것을 꺼린다.

여인소기이십사종, 범자빈천지상.
女人所忌二十四種, 犯者貧賤之相.

여인에게 꺼리는 24가지가 있는데, 이에 해당하면 빈천한 상이다.

**두기첨삭, 발기황탁, 이기반복, 미기미수, 목기황광.**

頭忌尖削, 髮忌黃濁, 耳忌反復, 眉忌尾垂, 目忌黃光

머리는 뾰족하고 깎인 것을 꺼리고, 모발은 누렇고 탁한 것을 꺼리며, 귀는 뒤집힌 것을 꺼리고, 눈썹은 꼬리가 늘어진 것을 꺼리며, 눈은 누런빛을 꺼린다.

**비기첨함, 취기첨철, 치기백소, 관기고용, 구기첨편.**

鼻忌尖陷, 嘴忌尖凸, 齒忌白小, 顴忌高聳, 口忌尖偏.

코는 뾰족하거나 함몰된 것을 꺼리고, 입술 부리는 뾰족하거나 볼록한 것을 꺼리며, 치아는 희고 작은 것을 꺼리고, 관골은 높이 솟은 것을 꺼리며, 입은 뾰족하거나 치우친 것을 꺼린다.

**항기조단, 발기과명문, 배대기함, 흉대기고, 유기백소.**

項忌粗短, 髮忌過命門, 背大忌陷, 胸大忌高, 乳忌白小.

목은 거칠고 짧은 것을 꺼리고, 모발은 명문을 지나는 것을 꺼리며, 등은 움푹한 것을 크게 꺼리고, 가슴은 높은 것을 크게 꺼리며, 유두는 희고 작은 것을 꺼린다.

**제기천저, 요기편사, 퇴기다근, 육기허부, 혈기적암.**

臍忌淺低, 腰忌偏斜, 腿忌多筋, 肉忌虛浮, 血忌赤暗.

배꼽은 얕고 낮은 것을 꺼리고, 허리는 치우치거나 기운 것을 꺼리며, 다리는 힘줄이 많은 것을 꺼리고, 살은 부은 듯하고 들뜬 것을 꺼리며, 혈색은 붉고 어두운 것을 꺼린다.

골기조대, 성기굉대, 면기여앙, 색기광부.

**骨忌粗大, 聲忌宏大, 面忌如仰, 色忌光浮.**

뼈는 거칠고 큰 것을 꺼리고, 음성은 우렁차고 큰 것을 꺼리며, 얼굴은 쳐든 것을 꺼리고, 색은 빛이 들뜬 것을 꺼린다.

범인당삼표시근기, 이위외표, 인위중표, 비위상표. 당부, 내미상보골, 국인, 내쌍관야.

**凡印堂三表是根基, 耳爲外表, 印爲中表, 鼻爲上表. 唐符, 乃眉上輔骨, 國印, 乃雙顴也.**

인당을 포함한 삼표는 근본적 기틀이다. 귀는 외표이고, 인당은 중표이며, 코는 상표이다. 당부는 눈썹 위 보골이며, 국인은 양쪽 관골이다.

화창녹마, 화내안, 창내천창, 녹위구, 마위비. 차내사정. 양궁음후역동도, 흉내양, 배내음야. 혹운안하, 심속무담.

**禾倉祿馬, 禾乃眼, 倉乃天倉, 祿爲口, 馬爲鼻. 此乃四停. 陽宮陰後亦同途, 胸乃陽, 背乃陰也. 或云眼下, 甚屬誣談.**

화창과 녹마: 禾는 눈이고, 倉은 천창이며, 祿은 입이고,

馬는 코인데, 이것이 四停이다. 陽宮과 陰後도 같은 것인데, 가슴은 양이고 등은 음이다. 어떤 사람은 눈 아래라고 하지만 이것은 심히 허황된 말이다.

피육관실위회굉, 육부골소위비반. 상중최기낭군면, 피박색백혈부족, 내낭군지면야.

## 皮肉寬實爲恢宏, 肉浮骨少爲肥胖. 相中最忌郎君面, 皮薄色白血不足, 乃郎君之面也.

피부와 살이 너그럽고 건실한 것이 회굉이고, 살이 들뜨고 뼈가 적은 것이 비반이다. 相에서 가장 꺼리는 것이 낭군면인데, 피부가 얇고 색이 희며 혈기가 부족한 것이 낭군면이다.

*恢宏(회굉): 광대함·넓음·발양(發揚)의 뜻. 제갈량의 《전출사표》에 '선제(유비)께서 남기신 덕을 빛내어 뜻있는 선비들의 기를 발양하시며, 함부로 스스로를 변변하지 않다고 하며 이끌어 비유함에 의를 잃어 충간하는 길을 막으시는 것은 옳지 않습니다(以光先帝遺德, 恢弘志士之氣, 不宜妄自菲薄, 引喩失義, 以塞忠諫之路也.).'라고 한데서 유래한 성어로 원(元)대의 마치원(馬致遠)은 《진단고와(陳搏高臥)》제1절에서 '뜻과 기량이 넓으면 백 가지 냇물을 받아들여 사해의 무수한 영재 현인과 즐겁게 인연을 맺게 되나(志量恢弘納百川, 遨遊四海結英賢.).'라고 하여 '넓음'의 뜻으로 썼다.
*肥胖(비반): 살쪄서 뚱뚱함.

삼산돌윤, 내양관일비. 화창천창, 이위화창, 안위천창. 묘유전여이, 묘유즉관야. 차즉관골불고지담.

三山突潤, 乃兩顴一鼻. 禾倉天倉, 耳爲禾倉, 眼爲天倉. 卯酉前如移, 卯酉卽顴也. 此卽顴骨不高之談.

삼산이 불룩하고 윤택하다는 것은 양쪽 관골과 코를 말한다. 禾倉天倉은, 귀는 화창이고, 눈이 천창이다. 卯酉는 위치가 다르다. 卯酉는 관골이다. 이것은 뼈의 위치, 관골이 높지 않다는 말이다.

**막교사반오륙, 이비구위사반, 오위오관, 육위육부. 사독청명, 목위하, 비위제, 구위회, 이위강, 공위사독.**

莫敎四反五六, 耳鼻口爲四反, 五爲五官, 六爲六府. 四瀆淸明, 目爲河, 鼻爲濟, 口爲淮, 耳爲江, 共爲四瀆.

四反五六이 되지 않아야 한다. 귀 코 입이 뒤집힌 것이 사반이고, 五는 五官이며, 六은 六府이다. 사독이 맑고 밝아야 한다. 눈은 河, 코는 濟, 입은 淮, 귀는 江이다. 이 모두를 사독이라고 한다.

**문무쌍전, 안부동위문, 구출납위무, 이궁고요득배. 용골삽천, 우명일월각, 우명산근, 내천성대골시야.**

文武雙全, 眼不動爲文, 口出納爲武, 二宮故要得配. 龍骨揷天, 又名日月角, 又名山根, 乃天城大骨是也.

문무쌍전은, 눈이 움직이지 않는 것이 文이고, 입 출납관이 武이다. 이 두 기관은 균형이 맞아야 한다. 龍骨揷天은, 일월각이라고 하고, 산근이라고도 하는데 이것은 이마의 큰 뼈를 말한다.

삼각유광, 심장독해, 위안야. 박사염조출속미, 위기색사사, 육대체황백의.

三角有光, 深藏毒害, 謂眼也. 薄紗染皂出粟米, 謂其色似紗, 肉帶滯黃白衣.

삼각이고 광채가 있으면 독함과 해로움을 깊이 감추고 있다는 것은 눈을 말한다. 박사염조에서 속미가 나온다는 것은, 색이 얇은 천과 같고 살빛이 황백색의 옷처럼 체한 것이다.

육해미심친우절, 미박일야, 희소이야, 저압삼야, 교련사야, 산란오야, 미미수육야.

六害眉心親又絶, 眉薄一也, 稀疎二也, 低壓三也, 交連四也, 散亂五也, 眉尾垂六也.

육해미는 육친과 인연이 끊긴다. 눈썹이 얇은 것이 첫째이고, 드문 것이 두 번째이며, 낮게 눈을 누른 것이 세 번째이고, 두 눈썹이 인당을 침범해서 연결된 것이 네 번째이며, 산란한 것이 다섯 번째, 눈썹꼬리가 늘어진 것이 여섯 번째이다.

곡도난모, 호작음모, 주호색야. 분수문후, 재항불광, 약유이조분개, 주사어수. 후하우유문, 주액사.

穀道亂毛, 號作淫耗, 主好色也. 分水紋後, 再抗不光, 若有二條分開, 主死於水. 喉下又有紋, 主縊死.

항문에 털이 어지러운 것을 淫耗라고 하는데 호색하다. 입 끝이 아래로 늘어져 빛이 없으며 두 줄기로 갈라졌으면 물에 빠져 죽는다. 목 아래 가로 주름이 있으면 목을 매서 죽는다.

사여자, 지갑내근지여, 발내혈지여, 치내골지여, 색내기지여.
**四餘者, 指甲乃筋之餘, 髮乃血之餘, 齒乃骨之餘, 色乃氣之餘.**

네 가지 여분이란, 손톱은 힘줄의 여분이고, 머리카락은 피의 여분이며, 치아는 뼈의 여분이고, 색은 氣의 여분이다.

삼당자, 내양복당, 일인당. 삼태자, 내양관일비야.
**三堂者, 乃兩福堂, 一印堂. 三台者, 乃兩顴一鼻也.**

삼당은 양쪽 복당과 인당이며, 삼태는 양쪽 관골과 코이다.

유장상법 끝